Leitfäden und Monographien der Informatik

B. Heinemann/K. Weihrauch
Logik für Informatiker

Leitfäden und Monographien der Informatik

Die Leitfäden und Monographien behandeln Themen aus der Theoretischen, Praktischen und Technischen Informatik entsprechend dem aktuellen Stand der Wissenschaft. Besonderer Wert wird auf eine systematische und fundierte Darstellung des jeweiligen Gebietes gelegt. Die Bücher dieser Reihe sind einerseits als Grundlage und Ergänzung zu Vorlesungen der Informatik und andererseits als Standardwerke für die selbständige Einarbeitung in umfassende Themenbereiche der Informatik konzipiert. Sie sprechen vorwiegend Studierende und Lehrende in Informatik-Studiengängen an Hochschulen an, dienen aber auch in Wirtschaft, Industrie und Verwaltung tätigen Informatikern zur Fortbildung im Zuge der fortschreitenden Wissenschaft.

Logik für Informatiker

Eine Einführung

Von Dr. rer. nat. Bernhard Heinemann
und Prof. Dr. rer. nat. Klaus Weihrauch
FernUniversität Hagen

2., durchgesehene Auflage

B. G. Teubner Stuttgart 1992

Dr. rer. nat. Bernhard Heinemann

Geboren 1950 in Goslar. Von 1969 bis 1976 Studium der Mathematik und Physik an den Universitäten Göttingen und Bonn. Von 1977 bis 1982 wiss. Mitarbeiter an der Universität Konstanz und 1982 Promotion bei A. Prestel. Bis 1985 Hochschulassistent in Konstanz. Seit 1985 wiss. Mitarbeiter am Lehrgebiet Theoretische Informatik I der FernUniversität Hagen.

Prof. Dr. rer. nat. Klaus Weihrauch

Geboren 1943 in Frankfurt/Oder. Von 1963 bis 1970 Studium der Physik an der Universität Hamburg, Diplom 1970. Von 1970 bis 1972 wiss. Mitarbeiter an der Gesellschaft für Mathematik und Datenverarbeitung, von 1973 bis 1976 wiss. Assistent an der Universität Bonn, Promotion 1973 und Habilitation in Theoretischer Informatik 1975; zwischenzeitlich ein Forschungsaufenthalt an der Cornell-University. Von 1976 bis 1979 wiss. Rat und Professor an der RWTH Aachen, seit 1979 C4-Professor an der Fern-Universität in Hagen.

Die Deutsche Bibliothek - CIP-Einheitsaufnahme

Heinemann, Bernhard:
Logik für Informatiker : eine Einführung / von Bernhard Heinemann und Klaus Weihrauch. - 2., durchges. Aufl. - Stuttgart : Teubner, 1992
(Leitfäden und Monographien der Informatik)

ISBN-13: 978-3-519-12248-7 e-ISBN-13: 978-3-322-80138-8
DOI: 10.1007/978-3-322-80138-8

NE: Weihrauch, Klaus:

Gesamtherstellung: Zechnersche Buchdruckerei GmbH, Speyer
Einband: P.P.K,S-Konzepte Tabea Koch, Ostfildern/Stgt.

Vorwort

Die Gedankenwelt der Logik gewinnt in der Informatik zunehmend an Bedeutung. Der Anspruch, immer komplexere Aufgaben auch aus Bereichen, die bis vor kurzem ausschließlich dem menschlichen Denken vorbehalten waren, einem Rechner zu übertragen, setzt ein durchgreifendes Verständnis der logischen Prinzipien voraus, die dem Prozeß des Modellbildens und dem Denken in Modellen zugrunde liegen. Umgekehrt eröffnet das Verstehen dieser Prinzipien oft neue Anwendungsmöglichkeiten in der Informatik. Die Mathematische Logik erweist sich dabei als ein äußerst nützliches Hilfsmittel. Wir stellen hier drei ihrer Teilgebiete vor. Wir beginnen mit der *Aussagenlogik.* Den Hauptteil des Buches nimmt die Darstellung der *Prädikatenlogik 1. Stufe* ein. Schließlich behandeln wir die *modale Aussagenlogik.* Damit ist ein dem einführenden Charakter dieses Buches entsprechender Grundstock bereitgestellt. Darauf aufbauend kann der interessierte Leser mit weiterführender Literatur in aktuelle Fragestellungen der Informatik–orientierten Logik eindringen.

Das Buch richtet sich durch die Auswahl des Stoffes und die Art der Darstellung hauptsächlich an Informatik–Studenten nach dem ersten Studienjahr. Vorausgesetzt werden die üblicherweise in den ersten Semestern vermittelten mathematischen Grundbegriffe. Eine gewisse Vertrautheit mit mathematischen Methoden ist zum Verständnis des Stoffes unerläßlich, da Mathematik sowohl ein Gegenstand der Untersuchungen als auch das hierbei verwendete Werkzeug ist. Darüber hinaus setzen wir die Kenntnis des Berechenbarkeitsbegriffs und der damit zusammenhängenden Begriffe „rekursiv“ und „rekursiv–aufzählbar“ in dem Maße voraus, wie sie ein Informatik–Student im ersten Studienjahr erlernt.

Das Buch ist aus einem Kurs im Umfang von 4 Semesterwochenstunden entstanden, der mehrfach an der FernUniversität Hagen abgehalten wurde. Wie der Fernstudienkurs enthält auch dieses Buch in den Text eingestreute sog. Selbsttestaufgaben. Sie können (und sollten) direkt beim Durcharbeiten gelöst werden, um das Erlernte an Ort und Stelle zu überprüfen. Des weiteren sind ans Ende des Buches eine Reihe von Übungsaufgaben angefügt, deren Bearbeitung wir dem Leser dringend empfehlen.

Studenten der FernUniversität haben uns auf Druckfehler in früheren Versionen des Textes hingewiesen. Ihnen sei an dieser Stelle gedankt. Einige Anmerkungen von U. Friedrichsdorf konnten wir nutzbringend in Kapitel 5 verwenden. Für die mühevolle Erstellung der Druckvorlage sind wir Frau D. Zorzi zu großem Dank verpflichtet. Schließlich danken wir dem Teubner–Verlag für die unkomplizierte Zusammenarbeit.

Hagen, im Dezember 1990

B. Heinemann
K. Weihrauch

Vorwort zur zweiten Auflage

Wir haben kleinere Fehler korrigiert, einige Formulierungen geändert und an wenigen Stellen Ergänzungen vorgenommen. Im wesentlichen jedoch bleibt die zweite Auflage gegenüber der ersten unverändert.

Hagen, im Mai 1992

B. Heinemann
K. Weihrauch

Inhaltsverzeichnis

1 Einführung und mathematische Grundlagen

Schlägt man in einem Lexikon nach, so findet man z.B. *Logik* erklärt als die "Lehre vom folgerichtigen Schließen in Begriffen" oder „Lehre von formalen Beziehungen zwischen Denkinhalten".

Fragen der Logik werden in verschiedenen wissenschaftlichen Disziplinen untersucht, so schon seit alters her in der Philosophie, in der Mathematik, in der Sprachwissenschaft, in der Psychologie und neuerdings auch in der Informatik. Einen besonderen Beitrag zur Entwicklung der Logik hat die Mathematik erbracht. Schwierige Grundlagenprobleme über Wahrheit und Beweisbarkeit von Sätzen veranlaßten die Mathematiker, die von ihnen benutzte Sprache und die Schlußweisen immer mehr zu präzisieren und schließlich selbst zum Gegenstand exakter Untersuchungen zu machen. Dabei entstand als selbständiges Teilgebiet der Mathematik die *Mathematische Logik.* Sie hat eine Reihe z.T. erstaunlicher tiefliegender Resultate mit weit über die speziellen Anwendungen in der Mathematik hinausgehender Bedeutung hervorgebracht.

Eine besondere Rolle spielt die Logik in der *Informatik.* Die Entwicklung leistungsfähiger Rechenanlagen in neuerer Zeit gab der Erforschung der Mathematischen Logik wichtige Impulse. Rechner sollen dem Menschen Denkarbeit abnehmen. Da folgerichtiges Schließen ein entscheidender Teil des menschlichen Denkens ist, setzt die Entwicklung „intelligenter" Rechnerprogramme eine sehr eingehende Analyse der dem Denken zugrundeliegenden Logik voraus. Die Informatik bedient sich dabei der Mathematischen Logik und ihrer Methoden. Im Bereich des *Automatischen Beweisens* z.B. sucht man nach allgemeinen und leistungsfähigen Verfahren zum Beweisen von (mathematisch formulierbaren) Sätzen. In *Informationssystemen* soll umfangreiches logisch kompliziert strukturiertes Expertenwissen unkundigen Anwendern leicht zugänglich gemacht werden. Im Bereich der *Programmierung* werden Formalismen zur *Spezifikation* und *Entwicklung* von Programmen, zur *Semantik* (d.h. Zuordnung von Bedeutung) von Programmiersprachen und zum *Beweisen von Programmeigenschaften* entwickelt und untersucht. Es gibt schließlich spezielle Programmiersprachen, z.B. PROLOG, in denen eine formallogische Spezifikation im wesentlichen schon ein Programm ist. Die Erforschung und Weiterentwicklung der Mathematischen Logik dient damit nicht mehr wie früher nur dem reinen Erkenntnisgewinn sondern mittlerweile auch sehr anwendungsnahen Zielen.

Dieses Buch stellt eine Einführung in die Mathematische Logik dar, die sich durch die Auswahl des Stoffes und die Art der Darstellung an den besonderen Bedürfnissen der Informatik orientiert.

Mathematische Konzepte liefern sowohl Gegenstände als auch Werkzeuge für die Mathematische Logik. Daher sind ein Grundwissen aus der Mathematik und eine gewisse Vertrautheit mit mathematischen Methoden für ein erfolgreiches Bearbeiten dieses Buches unerläßlich.

Im ersten Kapitel sind nach einer allgemeinen Betrachtung über Fragestellungen der

Logik einige mathematische Voraussetzungen, die im späteren Text verwendet werden, zusammengestellt. Insbesondere wird dabei auf *Berechenbarkeit* sowie *Erzeugungssysteme* und *Termmengen* eingegangen. Kapitel 2 befaßt sich mit der *Aussagenlogik.* In Kapitel 3 wird als eine universelle Sprache der Mathematik die *Prädikatenlogik 1. Stufe* vorgestellt, wobei insbesondere die *rekursive Aufzählbarkeit* und die *Unentscheidbarkeit* der *allgemeingültigen Aussagen* bewiesen wird. Kapitel 4 behandelt die logischen Grundlagen der Programmiersprache PROLOG. Schließlich wird in Kapitel 5 die *Modale Logik* diskutiert. Sie ist ihrerseits Grundlage für weitere wichtige Logiken wie die *Temporale Logik* zur Beschreibung zeitlicher Vorgänge (auf die wir am Schluß noch kurz zu sprechen kommen) und die *Dynamische Logik* zur Beschreibung des Ein–/Ausgabeverhaltens von Programmen.

1.1 Einführung in die Fragestellung

Im täglichen Leben benutzen wir „Sprache" zum Mitteilen und „Alltagslogik" beim Argumentieren. Die Mathematiker haben im Laufe der Zeit daraus eine eigene „mathematische Sprache" und eine eigene sog. „naive Logik" zum Führen von Beweisen herauskristallisiert. Die mathematische Sprache ist zwar in mancher Hinsicht ausdrucksschwächer als die Alltagssprache, dafür aber bei weitem präziser. Die naive Logik der Mathematiker spiegelt nicht in jeder Hinsicht die Alltagslogik wieder, ist dafür aber sehr durchsichtig und äußerst zuverlässig.

Die *Mathematische Logik* ist nun eine mathematische Theorie (ähnlich wie die Gruppentheorie, die lineare Algebra oder die Theorie der Differentialgleichungen), in der Modelle der mathematischen Sprache und der naiven Logik studiert werden. Sie will damit nicht Logik begründen, sondern bereits vorhandene Strukturen exakt untersuchen. Als mathematische Theorie wird die Mathematische Logik wiederum in der Sprache der Mathematik formuliert (Logiker bezeichnen diese Sprache als ihre *Metasprache*) und unter Verwendung der naiven Logik als Hilfsmittel betrieben. Dies ist jedoch keine in die Irre führende Selbstanwendung, denn es soll – dies sei noch einmal betont – nicht etwa die Logik begründet werden, sondern es sollen (lediglich) mit den bewährten allgemein anerkannten Methoden der Mathematik, zu denen auch die naive Logik gehört, Strukturen der mathematischen Sprache und naiven Logik formuliert und Gesetzmäßigkeiten, die z.T. nicht mehr einer direkten Einsicht zugänglich sind, erforscht werden.

In der Sprache der Mathematik werden Definitionen, Rechenvorschriften (wie Terme), Sätze (auch Aussagen genannt) oder Eigenschaften usw. formuliert. Das folgende Beispiel soll dies verdeutlichen. Wir verwenden dabei zum großen Teil die in der Mathematik auch erlaubte Formelschreibweise.

Beispiel 1

(1) $(x+1)(y-2)/5$

(2) 3+2=5.

(3) 29 ist eine Primzahl.

(4) 29 ist keine Primzahl.

(5) 3+2=5 und 29 ist keine Primzahl.

(6) Wenn 29 keine Primzahl ist, dann ist $0 = 1$.

(7) Jede gerade Zahl, die größer als 2 ist, ist die Summe zweier Primzahlen.

(8) $2 \leq x$ und $(\forall y \in \mathbb{N})((2 \leq y$ und $y+1 \leq x) \Longrightarrow$ nicht $(\exists z \in \mathbb{N})\ y \cdot z = x)$.

(9) $(\forall x \in \mathbb{R})(0 < x \wedge x < 1 \Longrightarrow 0 < \sin\ x)$.

(10) $0 < \sin 0,5$.

(11) $(\forall X \subseteq \mathbb{N})(0 \in X \wedge (\forall x \in \mathbb{N})(x \in X \Longrightarrow x+1 \in X) \Longrightarrow X = \mathbb{N})$.

(12) $(\forall X \subseteq \mathbb{N})(X \neq \emptyset \Longrightarrow X$ hat ein kleinstes Element$)$.

(13) $(\exists y \in \mathbb{Q})(\forall x \in \mathbb{Q})\ x \cdot y = 0 \Longrightarrow (\forall x \in \mathbb{Q})(\exists y \in \mathbb{Q})\ x \cdot y = 0$.

(1) ist ein Term, der als Rechenvorschrift für eine Funktion $f : \mathbb{R}^2 \longrightarrow \mathbb{R}$ gedeutet werden kann, und (8) kann als Definition der Primzahleigenschaft aufgefaßt werden. Die übrigen Beispiele stellen Aussagen dar. Jede dieser Aussagen ist bei der üblichen Verwendung der Begriffe entweder *wahr* oder *falsch* . Da wir die einfachen Rechenregeln mit natürlichen Zahlen und die naive Logik des Mathematikers beherrschen, wissen wir, daß (2) und (3) wahr und (4) und (5) falsch sind. Da (4) falsch ist, ergibt sich aus der Bedeutung des „wenn ... dann“, daß (6) wahr ist. (11), der Satz über *vollständige Induktion* , und (9), eine Eigenschaft der Sinusfunktion, sind wahr. Ebenso sind (10), (12) und (13) wahr. Ob (7), die *Goldbachsche Vermutung* , wahr ist, wissen wir zwar bis heute nicht, jedoch läßt sich bei der üblichen Verwendung der Begriffe „natürliche Zahl“, ... , „wahr“ und „falsch“ schwer bezweifeln, daß sie entweder wahr oder falsch ist.

Die meistens benutzten Konzepte von „Aussage“, „wahr“ und „falsch“ beinhalten:

Jede Aussage ist entweder wahr oder falsch.

Dieser „Satz vom ausgeschlossenen Dritten“ („tertium non datur“) ist Grundlage der sog. *zweiwertigen* oder *Klassischen Logik* . Die von den meisten Mathematikern benutzte bereits mehrfach genannte naive Logik erkennt den Satz vom ausgeschlossenen Dritten an, ist also zweiwertig. Man kann aber durchaus die Begriffe „Aussage“, „wahr“ und „falsch“ auch anders auffassen, so daß der Satz vom ausgeschlossenen

Dritten nicht mehr gilt. Eine Aussage, die nicht falsch ist, muß dann nicht notwendigerweise wahr sein. So könnte man z.B. die Aussage (7) in Beispiel 1 in die Kategorie „weder wahr noch falsch“ einordnen. Die *intuitionistische Logik* und die *Quantenlogik* sind Beispiele für nicht klassische Logiken. Wir werden uns in diesem Buch ausschließlich mit zweiwertiger Logik befassen.

Der Wahrheitswert einer Aussage kann auf verschiedene Weise gewonnen werden. Eine Möglichkeit ist die direkte Beobachtung oder eine direkte inhaltliche Einsicht in den behaupteten Sachverhalt. So könnte man in Beispiel 1 in den Fällen (2) bis (6), (9) und (11) verfahren. Aufgrund der begrenzten menschlichen Fähigkeiten ist es aber bisher nicht gelungen, den Wahrheitswert der Goldbachschen Vermutung durch direkte inhaltliche Einsicht zu gewinnen. Eine (oder gar die einzige) andere Möglichkeit, den Wahrheitswert einer Aussage zu gewinnen, besteht darin, ihn in einer Kette von *logischen Schlüssen* aus anderen Aussagen mit bereits bekannten Wahrheitswerten herzuleiten.

Eine einfache Art von logischen Schlüssen beruht nur auf den Bedeutungen der sog. *aussagenlogischen Junktoren.* Wenn wir z.B wissen, daß (2) und (3) wahr sind, so müssen bereits (4) und (5) aus logischen Gründen falsch und (6) wahr sein. Diese Feststellungen über Wahrheitswerte ergeben sich allein aus der „Struktur“ der Aussagen und den Bedeutungen von Junktoren wie „nicht“, „wenn ... dann“, und „und“, welche gegebene Aussagen zu neuen kombinieren. Ein inhaltliches Verständnis der Aussagen ist in diesen Fällen nicht erforderlich. Die *Aussagenlogik* ist eine mathematische Theorie, welche in einem geeigneten Modell Abhängigkeiten der Wahrheitswerte von Aussagen, die sich lediglich aus der Bedeutung der aussagenlogischen Junktoren ergeben, untersucht.

Leistungsfähigere Arten des logischen Schließens ergeben sich bei zusätzlicher Berücksichtigung der sog. *prädikatenlogischen Quantoren.* Daß (13) wahr ist, ergibt sich allein aus der formalen Struktur dieser Aussage und den inhaltlichen Bedeutungen des Junktors “ $\Longrightarrow$ ” und der beiden Quantoren “$\forall$” (für alle) und “$\exists$” (es gibt). Man braucht dabei die Menge $\mathbb{Q}$ (rationale Zahlen) und die Operation “ $\cdot$ ” (Multiplikation) gar nicht zu kennen. Aussage (10) ist eine *Spezialisierung* von (9). Dies ergibt sich aus $0,5 \in \mathbb{R}$, $0 < 0,5$ und $0,5 < 1$, den Bedeutungen des Quantors “$\forall$” und der Junktoren “ $\wedge$ ” und “ $\Longrightarrow$ ”, sowie aus der Struktur der Aussagen. Weiterhin kann man die Äquivalenz von (11) und (12) zeigen. Dabei braucht man nicht die Menge $\mathbb{N}$ der natürlichen Zahlen zu kennen, sondern außer der Struktur der Aussagen nur ein paar einfach formulierbare Eigenschaften der Nachfolgerfunktion $x \mapsto x + 1$ und der $<$-Relation. Strukturelemente in Aussagen sind also nun außer den aussagenlogischen Junktoren auch Konstanten, Variablen, Funktionen (wie “ $\cdot$ ”), Prädikate (wie “ $\leq$ ”) und die beiden Quantoren “$\forall$” und “$\exists$”. Die *Prädikatenlogik* ist eine mathematische Theorie, die in einem geeigneten Modell Eigenschaften und Abhängigkeiten der Wahrheitswerte von Aussagen untersucht, die sich lediglich aus den Strukturen der Aussagen und den Bedeutungen der aussagenlogischen Junktoren und der Quantoren “$\forall$” und “$\exists$” ergeben, nicht jedoch aus den inhaltlichen Bedeutungen der vorkommenden Mengen, Funktionen und Prädikate.

Neben den aussagenlogischen Junktoren und den prädikatenlogischen Quantoren kann man noch andere Strukturelemente in Formeln verwenden und mit festen Bedeutungen versehen. Man führt auf diese Weise die Prädikatenlogik 2. Stufe, die Modale Logik und andere Logiken ein. In jeder Logik ist dann das Vorgehen dasselbe. Zunächst werden Schreibweisen der mathematischen Umgangssprache, die oft noch etwas ungenau sind, präzisiert und streng formal als Zeichenreihen definiert. Diese Zeichenreihen heißen dann Formeln. Die Formeln bilden die *Syntax* der jeweils untersuchten Logik. Durch eine *Semantik* werden den Formeln Bedeutungen zugeordnet. Dies geschieht, indem man angibt, unter welchen näheren Umständen Formeln „wahr" werden.

Ein Computer kann (im wesentlichen) nur Zeichenreihen nach festgelegten Programmen verarbeiten. Er kann damit auch Formeln einer Logik verarbeiten, kann aber nicht deren Semantik „verstehen". Eine zentrale Frage in der Logik ist nun, welche semantisch definierten Eigenschaften von Formeln und Beziehungen zwischen Formeln von Computern entschieden oder erkannt werden können, wieweit also Logik „mechanisierbar" ist. So ist, wie wir zeigen werden, z.B. die Menge der aussagenlogischen Tautologien entscheidbar und die Menge der prädikatenlogischen allgemeingültigen Formeln rekursiv–aufzählbar.

1.2 Allgemeine mathematische Grundbegriffe

Die Mathematische Logik ist eine mathematische Theorie vergleichbar mit der Algebra oder der Theorie der Differentialgleichungen. Wie diese wird sie in der von den meisten Mathematikern benutzten Sprache der Naiven Mengenlehre formuliert. Wir wollen im folgenden zur Unterscheidung von den noch einzuführenden formalen Sprachen diese Sprache die *Metasprache* nennen. In dieser Metasprache werden wir also Sätze der Mathematischen Logik formulieren und mit den gebräuchlichen Methoden der naiven Logik (indirekter Beweis, vollständige Induktion, ...) beweisen. Im folgenden sind zur Klarstellung einige Schreibweisen und Begriffe der Metasprache aufgelistet. Im übrigen benutzen wir die gängigen mathematischen Sprech– und Bezeichnungsweisen.

Wie üblich bezeichnen wir mit $\emptyset$ die leere Menge. Falls A und B Mengen sind, dann sei $2^A := \{X \mid X \subseteq A\}$ eine Bezeichnung für die Potenzmenge von A und $(A \longrightarrow B) := \{f : A \longrightarrow B\}$ eine Bezeichnung für die Menge aller Funktionen von A nach B. Für $n \in \mathbb{N}$ sei $A^n = A \times \ldots \times A$ das n–fache Kreuzprodukt von A. Die Menge A^0 bestehe dabei aus einem einzigen Element, dem nullstelligen Tupel, welches wir mit () bezeichnen, d.h. $A^0 = \{()\}$.

Die metasprachliche logische Äquivalenz kürzen wir oft durch „gdw." (genau dann, wenn) oder „$\Longleftrightarrow$" ab, die Implikation durch „$\Longrightarrow$" . $A \Longrightarrow B \Longrightarrow C \Longrightarrow \ldots$ bedeutet $A \Longrightarrow B$ und $B \Longrightarrow C$ und .... Analog ist $A \Longleftrightarrow B \Longleftrightarrow C \Longleftrightarrow \ldots$ eine Kurzschreibweise für $A \Longleftrightarrow B$ und $B \Longleftrightarrow C$ und ....

Es sei $\mathbb{N} := \{0, 1, 2, \ldots\}$ die Menge der *natürlichen Zahlen* (beachte: $0 \in \mathbb{N}$), und es sei $\mathbb{R}$ die Menge der *reellen Zahlen.* Sätze der Form „Für alle $n \in \mathbb{N}$ gilt: ... n ..." lassen sich oft durch *vollständige Induktion* beweisen. Funktionen $f : \mathbb{N} \longrightarrow X$ (also auch Folgen $(a_i)_{i\in\mathbb{N}}$ mit $a_i \in X$) werden oft *induktiv* oder *rekursiv* definiert : $f(0) := a_0, f(n+1) := H(n, f(n))$ für alle $n \in \mathbb{N}$, wobei $a_0 \in X$ und H eine Funktion passenden Typs ist. Gelegentlich werden auch (formal) allgemeinere Methoden, wie die *Wertverlaufsinduktion* und die *Wertverlaufsrekursion* benutzt, bei denen nicht nur auf den direkten Vorgänger sondern auf alle Vorgänger zurückgegriffen wird.

Die Mathematische Logik befaßt sich u.a. mit *Formeln.* Formeln sind gewisse Worte oder Zeichenreihen über einem geeigneten *Alphabet.* Wir definieren die vorkommenden Grundbegriffe genauer. Ein *Alphabet* Σ ist eine nicht leere endliche Menge. So sind z.B.

$$\Sigma_1 := \{a, A, b, B, \ \ldots \ , z, Z\}, \quad \Sigma_2 := \{0, 1, (,), +\}$$

Alphabete mit 52 bzw. 5 Elementen. Die Elemente eines Alphabets werden auch *Symbole* genannt.

Es sei Σ eine nicht leere Menge. Ein *Wort über* Σ ist eine endliche Folge von Elementen aus Σ. Ein Wort w ist vollständig festgelegt durch seine Länge $lg(w) \in \mathbb{N}$ und durch eine Funktion $f : \{1, \ldots, lg(w)\} \longrightarrow \Sigma$, wobei $f(i)$ das i-te Symbol von w ist. Es sei

$$W(\Sigma) := \text{Menge der Wörter über } \Sigma.$$

Wie die Menge $\mathbb{N}$ der natürlichen Zahlen wollen wir auch die Menge $W(\Sigma)$ der Wörter über Σ als bekannt voraussetzen und die Definition nicht weiter hinterfragen. Es gibt genau ein Wort der Länge $0 \in \mathbb{N}$, das *leere Wort*, welches wir mit ε bezeichnen. Um ein konkretes Wort $w \in W(\Sigma)$ zu definieren genügt es, seine Länge $n \in \mathbb{N}$ festzulegen und für jedes i mit $1 \leq i \leq n$ das i-te Symbol anzugeben. Wir benutzen hierzu einige suggestive Schreibweisen. Seien $a_1, \ldots, a_n \in \Sigma$ für $i = 1, \ldots, n$. Dann sei $a_1 a_2 \ \ldots \ a_n$ eine Bezeichnung für das Wort der Länge n, welches a_i als i-tes Symbol hat $(1 \leq i \leq n)$. Sei $x = a_1 \ldots a_m$ und $y = a_{m+1} \ \ldots \ a_n$ $(a_i \in \Sigma)$. Dann bezeichne xy das Wort $a_1 \ \ldots \ a_m \ a_{m+1} \ \ldots \ a_n$. Insbesondere ist $x\varepsilon = \varepsilon x = x$ für jedes $x \in W(\Sigma)$. Das Wort der Länge 1 mit dem ersten (und einzigen) Symbol $a \in \Sigma$ wollen wir ebenfalls mit a bezeichnen. Aus dem Kontext wird hervorgehen, ob $a \in \Sigma$ oder $a \in W(\Sigma)$ gemeint ist. Weiter sei für $a \in \Sigma$ und $n \in \mathbb{N}$

$$a^n := \underbrace{aa \cdots a}_{n-mal}, \quad \text{wobei } a^0 := \varepsilon, \text{ und für } w \in W(\Sigma) \text{ sei}$$

$$w^n := \underbrace{ww \cdots w}_{n-mal} \quad \text{mit } w^0 := \varepsilon.$$

Bei Bedarf wird eine Textstelle in Anführungsstriche gesetzt um anzudeuten, daß damit ein Wort $w \in W(\Sigma)$ gemeint ist, z.B. "Hund" $\in W(\Sigma_1)$, "$(1+1)+0$" $\in W(\Sigma_2)$. Seien $w, x, y, z \in W(\Sigma)$ mit $w = xyz$. Dann heißen x, y, z *Infixe* (oder *Teilwörter*) von w, x heißt ein *Präfix* (oder *Anfangsstück*), z heißt ein *Suffix* (oder *Endstück*) von

w . Für $a \in \Sigma$ und $w \in W(\Sigma)$ bezeichne $\sharp_a(w)$ die Anzahl der in w vorkommenden a's.

1.3 Berechenbarkeit

Berechenbarkeit, Entscheidbarkeit und *rekursive Aufzählbarkeit* sind zentrale Begriffe in der Mathematischen Logik. In vielen Einführungen in die Logik wird der Berechenbarkeitsbegriff erst im Rahmen der Prädikatenlogik unter Verwendung von *Kalkülen* eingeführt. Eine Menge (von Formeln) läßt sich durch einen Kalkül erzeugen, gdw. sie rekursiv-aufzählbar ist. Berechenbarkeit von Funktionen und Entscheidbarkeit von Mengen lassen sich dann mit Hilfe der rekursiven Aufzählbarkeit definieren. Da sich dieser Text an Informatiker richtet, wollen wir elementare Kenntnisse über Berechenbarkeit voraussetzen. Zum einen ersparen wir uns damit eine nochmalige Einführung und Untersuchung der Berechenbarkeit. Zum anderen können wir unabhängig vom Begriff des Kalküls außer Entscheidbarkeit und rekursiver Aufzählbarkeit, insbesondere unter Verwendung von Maschinenmodellen, auch die *Komplexität* von Formelmengen untersuchen. Dieses Vorgehen hat u.a. zur Folge, daß im Gegensatz zu anderen Logik–Texten der Kalkülbegriff zunächst nur eine untergeordnete Rolle als Darstellung einer speziellen Art von Aufzählungsverfahren spielt. — Zur Wiederholung wollen wir in diesem Abschnitt einige einfache Begriffe und Fakten aus der Theorie der Berechenbarkeit (oft auch *Rekursionstheorie* genannt) zusammenstellen.

Zunächst soll noch einmal der von Mathematikern meistens nicht benutzte Begriff der *partiellen Funktion* erläutert werden. Eine *partielle Funktion* oder *partielle Abbildung* f ist ein Tripel (A, B, ρ), wobei A und B Mengen sind und $\rho \subseteq A \times B$ eine rechtseindeutige Relation ist. Dabei heißt A *Vorbereich*, B *Nachbereich* und ρ *Graph* von f. Die Schreibweise $f :\subseteq A \longrightarrow B$ (sprich: f partiell von A nach B) soll besagen, daß f eine partielle Funktion mit Vorbereich A und Nachbereich B ist. Die Menge $Def(f) := \{a \in A \mid (\exists b \in B)(a, b) \in \rho\}$ heißt *Definitionsbereich* von f, die Menge $Bild(f) := \{b \in B \mid (\exists a \in A)(a, b) \in \rho\}$ heißt *Bildbereich* von f. Eine partielle Funktion $f :\subseteq A \longrightarrow B$ heißt *total,* gdw. $A = Def(f)$ gilt. In diesen Fall ist f eine Funktion im herkömmlichen Sinne, und wir schreiben wie üblich $f : A \longrightarrow B$.

Ein zweckmäßiger Weg in die Theorie der Berechenbarkeit beginnt mit der expliziten Definition der *berechenbaren Wortfunktionen* durch *Turingmaschinen*. Eine solche Definition hat dann folgende Form: Es sei Σ ein Alphabet. Eine partielle Wortfunktion $f :\subseteq (W(\Sigma))^k \longrightarrow W(\Sigma)$ heißt *berechenbar*, gdw. es eine Turingmaschine mit folgender Eigenschaft gibt: $f(x_1, \ldots, x_k) = y$, gdw. M bei Eingabe von $(x_1, \ldots, x_k)$ nach endlich vielen Rechenschritten hält und y als Ausgabe liefert. Nach der *Churchschen These* ist die Funktion f berechenbar, gdw. sie im intuitiven Sinne (mit „Papier und Bleistift") berechenbar ist. Turingmaschinen lassen sich z.B. durch PASCAL–Programme simulieren. Umgekehrt gibt es PASCAL–Programme, welche sich zum Berechnen von Funktionen $f :\subseteq (W(\Sigma))^k \longrightarrow W(\Sigma)$ eignen. Diese wiederum lassen sich durch Turingmaschinen simulieren. Um nachzuweisen, daß $f :\subseteq (W(\Sigma))^k \longrightarrow W(\Sigma)$ berechenbar ist, genügt es daher zu zeigen, daß f von einem PASCAL–Programm berechnet wird. Im Laufe des Textes werden wir gelegentlich Berechnungsverfahren umgangssprachlich skizzieren. Wir gehen davon aus, daß der Leser wenigstens im Prinzip in der Lage ist, daraus ein PASCAL–Programm oder eine Turingmaschine zu entwickeln. Statt *berechenbare* Funktion sagt man auch *partiell–rekursive* Funktion. Die totalen berechenbaren Funktionen heißen auch *total–rekursive* Funktionen.

Will man über die reine Berechenbarkeit hinaus auch noch Aussagen über den *Speicherbedarf* oder *Zeitbedarf* von Berechnungen auf realen Rechnern machen, so kann man diese Begriffe durch Band- bzw. Zeitkomplexität für Turingmaschinen angemessen präzisieren.

Mit Hilfe des Berechenbarkeitsbegriffs werden *rekursive Mengen* und *rekursiv–aufzählbare* Mengen erklärt. Es sei $M \subseteq (W(\Sigma))^k$. M heißt *rekursiv* (oder *entscheidbar*), gdw. es eine total–rekursive Funktion $f : (W(\Sigma))^k \longrightarrow W(\Sigma)$ gibt mit $M = f^{-1}\{\varepsilon\} := \{x \in (W(\Sigma))^k \mid f(x) = \varepsilon\}$. Die Menge M heißt *rekursiv–aufzählbar* oder *beweisbar* (abgekürzt r.a.), gdw. es eine partiell–rekursive Funktion $g :\subseteq (W(\Sigma))^k \longrightarrow W(\Sigma)$ gibt mit $M = Def(g)$. In der Literatur werden gelegentlich auch Begriffe wie *partiell–entscheidbar, semi–rekursiv* o.ä. benutzt.

Es gibt r.a. Mengen, die nicht rekursiv sind, z.B. das *Halteproblem* . Es gilt jedoch: M ist rekursiv, gdw. M r.a. ist und $(W(\Sigma))^k \setminus M$ r.a. ist. Insbesondere ist jede rekursive Menge auch r.a. Die nicht leeren r.a. Teilmengen von $W(\Sigma)$ lassen sich als Bildbereiche der total–rekursiven Funktionen $f : W(\Sigma) \longrightarrow W(\Sigma)$ charakterisieren: Sei $A \subseteq W(\Sigma), A \neq \emptyset$. Dann ist A r.a., gdw. es eine total–rekursive Funktion $f : W(\Sigma) \longrightarrow W(\Sigma)$ gibt mit $A = Bild(f)$ („f zählt A auf"). Urbilder r.a. Mengen unter partiell–rekursiven Funktionen sind wiederum r.a. Darüber hinaus sind r.a. Mengen u.a. unter endlicher Durchschnittsbildung abgeschlossen.

Um Berechenbarkeit von $W(\Sigma)$ auf eine andere Menge M zu übertragen, benutzt man *Notationen* $\nu :\subseteq W(\Sigma) \longrightarrow M$, ν surjektiv. $\nu(x) = m$ bedeutet dann, daß $x \in W(\Sigma)$ ein Name für $m \in M$ ist. Als Beispiele seien die Dual- und die Dezimalnotation von $\mathbb{N}$ genannt.

1.4 Erzeugungssysteme, Termmengen

Sowohl in der Informatik als auch in der Logik werden wichtige Mengen zu untersuchender Objekte konstruktiv eingeführt. Man gibt dazu eine Ausgangsmenge A an und Regeln, mit deren Hilfe man aus bereits erzeugten Elementen weitere Elemente konstruieren kann. Die neue Menge besteht dann aus allen Objekten, die sich durch endlichmalig wiederholtes Anwenden von Regeln auf Elemente von A und bereits erzeugte Elemente gewinnen lassen. Wir geben zunächst einige Beispiele an und definieren dann exakt, was mit den obigen Formulierungen gemeint ist.

Beispiel 1

(1) Ausgangsmenge: $A = \{0\} \subseteq \mathbb{N}$.
Erzeugungsregel: aus n darf $n+1$ erzeugt werden.
Dann stimmt die Menge der erzeugbaren Elemente offenbar mit $\mathbb{N}$ überein.

(2) Es sei Σ ein Alphabet.
Ausgangsmenge: $A = \{\varepsilon\}$.
Erzeugungsregel: Aus $u \in W(\Sigma)$ und $a \in \Sigma$ darf das Wort ua gebildet werden.
Dann ist $W(\Sigma)$ die erzeugte Menge.

(3) Ausgangsmenge: $A = \{0, 1\} \subseteq \mathbb{N}$.
Erzeugungsregeln: aus m und n dürfen $m + n$ und $m \cdot n$ erzeugt werden.
Dann ist $\mathbb{N}$ die Menge der erzeugbaren Elemente.

(4) Es sei $\Sigma := \{0, 1, (,), +, \cdot\}$.
Ausgangsmenge: $A := \{0, 1\} \subseteq W(\Sigma)$.
Erzeugungsregeln: aus $u \in W(\Sigma)$ und $v \in W(\Sigma)$ dürfen "$(u + v)$" $\in W(\Sigma)$ und "$(u \cdot v)$" $\in W(\Sigma)$ erzeugt werden.
Die erzeugte Menge ist die Menge aller *Terme* mit den Atomen "0" und "1" und den zweistelligen Funktionssymbolen " + " und " · ".

(5) Ausgangsmenge: einige einfache Funktionen $f : \mathbb{N}^k \longrightarrow \mathbb{N}$, z. B. nullstellige und einstellige Nullfunktion, Nachfolgerfunktion und alle Projektionen von k–Tupeln auf eine der Komponenten.
Zum Erzeugen neuer Funktionen sind die Substitution, die primitive Rekursion und die μ–Rekursion zugelassen.
Die so erzeugbare Menge ist die Menge der berechenbaren Zahlenfunktionen.

(6) Ausgangsmenge: $A := \{0\}$.
Erzeugungsregel: aus b_1 und b_2 kann man das Paar (b_1, b_2) bilden.
Das Erzeugnis ist die Menge der endlichen binären Bäume.
(Anm.: Es gibt formal andere äquivalente Definitionen der binären Bäume.)

(7) Es sei A eine Menge von Aussagen, und es seien logische Schlußregeln gegeben. Die Menge der in endlich vielen Schritten aus A mit Hilfe der Schlußregeln erzeugbaren Sätze nennt man die (in diesem System) *beweisbaren Sätze*. Die Elemente von A werden *Axiome* oder *Voraussetzungen* genannt. Präzisiert werden solche *Beweissysteme* durch den Begriff des *logischen Kalküls*, auf den wir später noch eingehen werden.

Weitere Mengen, die als „Erzeugnisse“ definiert werden, sind arithmetische Terme mit Variablen und Satzformen von Chomsky–Grammatiken. Wir werden später u.a. die *aussagenlogischen Formeln*, die *prädikatenlogischen Terme* und die *prädikatenlogischen Formeln* als Erzeugnisse definieren.

Als formale Abstraktion, die das Gemeinsame dieser Beispiele beschreibt, führen wir *Relationalstrukturen* und ihre *Erzeugnisse* ein.

1.4.1 Definition *(Signatur, Relationalstruktur, Erzeugnis)*

(1) Eine *Signatur* ist eine Abbildung $\nu : I \longrightarrow \mathbb{N}$. I heißt dabei *Indexmenge*.

(2) Eine *Relationalstruktur* der Signatur ν ist ein Paar $RS = (U, R)$, wobei U eine nicht leere Menge (der *Träger* von RS) ist und R eine Abbildung, so daß $R_i := R(i) \subseteq U^{\nu(i)+1}$ für alle $i \in I$.

(3) Es sei $u \in U$. Eine *Ableitung* von u in RS ist eine Folge $(u_0, u_1, \ldots, u_n)$ von Elementen aus U mit $u_n = u$, so daß für jedes $l \in \{0, \ldots, n\}$ gilt: Es gibt einen Index $i \in I$ und Zahlen $k_1, \ldots, k_{\nu(i)} \in \{0, \ldots, l-1\}$, so daß $(u_{k_1}, \ldots, u_{k_{\nu(i)}}, u_l) \in R_i$.

(4) $Erz(RS) := \{u \in U \mid$ es gibt eine Ableitung von u in $RS\}$ heißt das *Erzeugnis* der Relationalstruktur RS.

Im Fall $\nu(i) = 0$ soll $(u_{k_1}, \ldots, u_{k_{\nu(i)}}, u_l) \in R_i$ nichts weiter als $u_l \in R_i$ bedeuten, da dann die Folge $k_1, \ldots, k_{\nu(i)}$ leer ist. Jedes R_i mit $\nu(i) \geq 1$ läßt sich als Regel zum Erzeugen neuer Elemente auffassen: wenn $(u_1, \ldots, u_{\nu(i)}, v) \in R_i$ gilt, dann darf man aus den Werten $u_1, \ldots, u_{\nu(i)}$ mittels der Regel R_i das Element v erzeugen. Die Relationen R_i mit $\nu(i) = 0$ können als Regeln „ohne Voraussetzungen“ aufgefaßt werden. In unseren obigen Beispielen entspricht die Ausgangsmenge A der Vereinigung aller R_i mit $\nu(i) = 0$. Ein Element $u \in U$ liegt damit im Erzeugnis der Relationalstruktur RS, wenn es sich durch endlichmaliges Anwenden von Regeln R_i $(i \in I)$ erzeugen läßt. Alle oben angegebenen Beispiele lassen sich mit Def. 1.4.1 einheitlich formulieren. Wir zeigen dies exemplarisch für die arithmetischen Terme.

Beispiel 2

Es sei $\Sigma := \{0, 1, (,), +, \cdot, x, y\}$. Es sei $I := \{0, 1, 2, 3, 4\}$ und $\nu : I \longrightarrow \mathbb{N}$ festgelegt durch $\nu(0) := \nu(1) := \nu(2) := 0$ und $\nu(3) = \nu(4) = 2$. Wir definieren $RS = (U, R)$ durch:

$$
\begin{aligned}
U &:= W(\Sigma) \\
R_0 &:= \{\text{“}xy^n\text{”} \mid n \in \mathbb{N}\} \\
R_1 &:= \{\text{“}0\text{”}\} \\
R_2 &:= \{\text{“}1\text{”}\} \\
R_3 &:= \{(w_1, w_2, \text{“}(w_1 + w_2)\text{”}) \mid w_1, w_2 \in W(\Sigma)\} \\
R_4 &:= \{(w_1, w_2, \text{“}(w_1 \cdot w_2)\text{”}) \mid w_1, w_2 \in W(\Sigma)\}
\end{aligned}
$$

Das Wort $xy^n \in W(\Sigma)$ soll dabei der metasprachlichen Variablen x_n entsprechen $(n \in \mathbb{N})$. Zum Beispiel ist die Folge

$$\text{“1”}, \text{“}xyy\text{”}, \text{“}x\text{”}, \text{“}(x + xyy)\text{”}, \text{“0”}, \text{“}(0 \cdot x)\text{”}, \text{“}((0 \cdot x) + (x + xyy))\text{”}$$

eine Ableitung des Terms “$((0 \cdot x) + (x + xyy))$” $\in Erz(RS)$.

Selbsttestaufgabe S1
Präzisieren Sie Beispiel 1(3) durch eine geeignete Relationalstruktur RS.

Will man in der mathematischen Praxis eine Menge X als Erzeugnis der Relationalstruktur $RS = (U, R)$ mit der Signatur ν definieren, so gibt man meistens nicht U, I, ν und R explizit an, sondern definiert X unmißverständlich in folgender Form:

- Alle Elemente von A (hier wird $A = \bigcup\{R_i \mid \nu(i) = 0\}$ genauer spezifiziert) gehören zu X.
- Falls $x_1, \ldots, x_m$ zu X gehören, dann gehören auch ... (hier werden die Elemente genannt, die sich durch einmaliges Anwenden einer Regel aus Elementen der Menge $\{x_1, \ldots, x_m\}$ erzeugen lassen) zur Menge X.
- Keine weiteren Elemente gehören zu X.

Später werden wir Erzeugnisse auf diese Weise definieren. In Def. 1.4.1 haben wir $Erz(RS)$ konstruktiv unter Benutzung des Begriffs „endliche Folge“ definiert. Wenn wir

$$M_n := \{u \in U \mid u \text{ hat eine Ableitung der Länge } n + 1 \text{ in } RS = (U, R)\}$$

definieren, dann gilt $Erz(RS) = \bigcup\{M_n \mid n \in \mathbb{N}\}$. (Nach Def. 1.4.1 ist eine Ableitung eine endliche Folge; ihre *Länge* ist definiert als die Anzahl ihrer Glieder.)

Selbsttestaufgabe S2
Zeigen Sie:

(1) $M_0 = \bigcup\{R_i \mid \nu(i) = 0\}$;

(2) $M_n \subseteq M_{n+1}$ für alle $n \in \mathbb{N}$;

(3) $(M_n = \emptyset \Longrightarrow M_{n+1} = \emptyset)$ für alle $n \in \mathbb{N}$.

Mengen, die sich durch Erzeugen nicht vergrößern lassen, heißen *abgeschlossen*.

1.4.2 Definition *(abgeschlossen in RS)*

Es sei $RS = (U, R)$ eine Relationalstruktur der Signatur ν. Eine Teilmenge $V \subseteq U$ heißt *abgeschlossen in RS*, gdw. für alle $i \in I$ und alle $u_1, \ldots, u_{\nu(i)}, u \in U$ gilt:
$(\{u_1, \ldots, u_{\nu(i)}\} \subseteq V$ und $(u_1, \ldots, u_{\nu(i)}, u) \in R_i) \Longrightarrow u \in V$

Im speziellen Fall $\nu(i) = 0$ lautet die Bedingung: $u \in R_i \Longrightarrow u \in V$ (woraus $R_i \subseteq V$ folgt). Eine Menge $V \subseteq U$ ist also abgeschlossen in RS, gdw. das Anwenden von Regeln nicht aus V hinausführt. Das Erzeugnis $Erz(RS)$ ist die kleinste Teilmenge von U, die in RS abgeschlossen ist.

1.4.3 Satz *(Charakterisierung von $Erz(RS)$)*

(1) $Erz(RS)$ ist abgeschlossen in RS.

(2) $Erz(RS) \subseteq V$ für jede in RS abgeschlossene Teilmenge $V \subseteq U$.

Beweis

Wir zeigen zunächst, daß $Erz(RS)$ in RS abgeschlossen ist. Es sei $i \in I$, $\{u_1, \ldots, u_{\nu(i)}\} \subseteq Erz(RS)$ und $(u_1, \ldots, u_{\nu(i)}, u) \in R_i$. Es gibt dann für jedes u_j $(1 \leq j \leq \nu(i))$ eine Ableitung $(v_{j0}, \ldots, v_{jn(j)})$ mit $v_{jn(j)} = u_j$. Dann ist aber $(v_{10}, \ldots, v_{1n(1)}, v_{20}, \ldots, v_{2n(2)}, \ldots, v_{\nu(i)0}, \ldots, v_{\nu(i)n(\nu(i))}, u)$ eine Ableitung von u. Es folgt $u \in Erz(RS)$. Damit ist $Erz(RS)$ abgeschlossen in RS.
Es sei nun $V \subseteq U$ eine in RS abgeschlossene Menge.
Es sei

$$M_n := \{u \in U \mid u \text{ hat eine Ableitung der Länge } n+1\}.$$

Wir zeigen durch vollständige Induktion: für alle $n \in \mathbb{N}$ gilt $M_n \subseteq V$. Daraus folgt dann $Erz(RS) = \bigcup\{M_n \mid n \in \mathbb{N}\} \subseteq V$.

$n = 0$: Es sei $x \in M_0$. Dann hat x eine Ableitung der Länge 1. Diese Ableitung ist (x). Damit gibt es $i \in I$ mit $\nu(i) = 0$ und $x \in R_i$. Da V abgeschlossen ist, gilt $R_i \subseteq V$, also auch $x \in V$. Es folgt $M_0 \subseteq V$.

$n \Longrightarrow n+1$: Es sei $M_n \subseteq V$ bereits gezeigt. Sei nun $x \in M_{n+1}$. Dann gibt es eine Ableitung $\sigma := (x_0, x_1, \ldots, x_n, x)$ von x. Für alle $j \leq n$ gilt $x_j \in M_j$. Wegen $M_0 \subseteq M_1 \subseteq \ldots \subseteq M_n$ gilt $x_j \in M_n$ für alle $j \leq n$. Aus der Induktionsannahme folgt $\{x_0, \ldots, x_n\} \subseteq V$. Da σ eine Ableitung ist, gibt es eine Regel R_i und Zahlen $k_1, \ldots, k_{\nu(i)} \in \{0, \ldots, n\}$, so daß $(x_{k_1}, \ldots, x_{k_{\nu(i)}}, x) \in R_i$. Da V abgeschlossen ist, gilt $x \in V$. Damit ist $M_{n+1} \subseteq V$ gezeigt, und die Induktion ist beendet.
□

Wir wollen nun den *Satz über vollständige Induktion* von den natürlichen Zahlen auf Erzeugnisse verallgemeinern. Der Satz kann wie folgt formuliert werden:

Eine Teilmenge $V \subseteq \mathbb{N}$ habe die folgenden Eigenschaften:

(1) $0 \in V$

(2) $(\forall n \in \mathbb{N})\,(n \in V \Longrightarrow n+1 \in V)$

Dann gilt $V = \mathbb{N}$.

Aus Beispiel 1 wissen wir, daß sich $\mathbb{N}$ in einfacher Weise als Erzeugnis einer Relationalstruktur $RS = (\mathbb{N}, R)$ gewinnen läßt:
Setze $I := \{a, b\}$, $\nu(a) := 0$, $\nu(b) := 1$, $R_a := \{0\}$, $R_b := \{(n, n+1) \mid n \in \mathbb{N}\}$.
Es gilt dann $\mathbb{N} = Erz(RS)$. Die Eigenschaften (1) und (2) besagen nun genau, daß V in RS abgeschlossen ist. Wir können den Satz über vollständige Induktion damit wie folgt formulieren:

Falls $V \subseteq Erz(RS)$ in RS abgeschlossen ist, dann gilt $V = Erz(RS)$.

In dieser Form läßt er sich auf beliebige Relationalstrukturen RS verallgemeinern. Der Beweis folgt unmittelbar aus Satz 1.4.3.

1.4.4 Satz *(strukturelle Induktion)*

Es sei $RS = (U, R)$ eine Relationalstruktur einer Signatur ν. Es sei $V \subseteq Erz(RS)$ in RS abgeschlossen. Dann gilt $V = Erz(RS)$.

Beweis

Aus Satz 1.4.3 folgt $Erz(RS) \subseteq V$. Also gilt $Erz(RS) = V$.
□

Um also $V = Erz(RS)$ zu beweisen, braucht man nur für alle $i \in I$ zeigen: Falls $u_1, \ldots, u_{\nu(i)} \in V$ und $(u_1, \ldots, u_{\nu(i)}, u) \in R_i$, dann gilt $u \in V$. Im Falle $\nu(i) = 0$ muß dann lediglich $(u \in R_i \Longrightarrow u \in V)$, also $R_i \subseteq V$, gezeigt werden. Im Spezialfall der vollständigen Induktion sind 2 Fälle zu betrachten, da I zwei Elemente enthält:
der Fall $i = a$ mit $\nu(a) = 0$ (Induktionsverankerung, $n = 0$) und der Fall $i = b$ mit $\nu(b) = 1$ (Induktionsschluß, $n \Longrightarrow n+1$).
Beweist man einen Satz der Form $(\forall u \in Erz(RS))\ Q(u)$ durch strukturelle Induktion (wobei man $V := \{u \in Erz(RS) \mid Q(u)\}$ setzt), so spricht man von „struktureller Induktion über u“.

In der Prädikatenlogik werden wir *Kalküle* einführen, die sich als spezielle Relationalstrukturen mit Wortmengen $W(\Sigma)$ als Träger beschreiben lassen (s. Beispiel 1(7)). Oft liegt jedoch eine Relationalstruktur (U, R) vor, für die jedes R_i Graph einer totalen Funktion $f_i : U^{\nu(i)} \longrightarrow U$ ist. In diesem Fall nennt man das Paar (U, R) eine *Algebra*. Es ist üblich, statt der Relationen R_i die zugehörigen Funktionen $f_i := (U^{\nu(i)}, U, R_i)$ zu verwenden.

1.4.5 Definition *(Algebra)*

(1) Eine *Algebra* der Signatur $\nu : I \longrightarrow \mathbb{N}$ (kurz ν*–Algebra*) ist ein Paar $AL = (U, f)$, wobei U eine nicht leere Menge und für alle $i \in I$ $f_i := f(i)$ eine Funktion $f_i : U^{\nu(i)} \longrightarrow U$ ist.

(2) Sei $AL = (U, f)$ eine ν–Algebra. Die zugeordnete Relationalstruktur $RS = (U, R)$ der Signatur ν sei definiert durch $R_i := Graph(f_i)$ für alle $i \in I$. Wir definieren:

- $Erz(AL) := Erz(RS)$ (das *Erzeugnis* von AL).
- $V \subseteq U$ heißt *abgeschlossen in* AL, gdw. V abgeschlossen in RS ist.
- AL heißt *minimal* , gdw. $U = Erz(AL)$.

Damit ist V abgeschlossen in AL, gdw. $f_i(\ ) \in V$ für alle $i \in I$ mit $\nu(i) = 0$, und für jedes andere $i \in I$ und alle $v_1, \ldots, v_{\nu(i)} \in V$ gilt: $f_i(v_1, \ldots, v_{\nu(i)}) \in V$. $Erz(AL)$ ist die kleinste in AL abgeschlossene Teilmenge von U. $Erz(AL)$ ist die Menge derjenigen Elemente von U, die sich aus $M_0 := \{f_i(\ ) \mid \nu(i) = 0\}$ durch endlichmaliges Anwenden von Funktionen f_i mit $\nu(i) \geq 1$ gewinnen lassen. Der Satz über strukturelle Induktion gilt natürlich auch für Algebren: Falls $V \subseteq Erz(AL)$ abgeschlossen in AL ist, dann gilt $V = Erz(AL)$. Für unsere Beispiele 1(1) bis 1(4) und 1(6) lassen sich Algebren definieren, deren Erzeugnisse die angegebenen Mengen sind. In Beispiel 1(5) erhalten wir den etwas allgemeineren Fall einer Algebra mit partiellen Funktionen.

Algebren lassen sich auf abgeschlossene Mengen einschränken.

1.4.6 Definition *(Einschränkung einer Algebra)*

Es sei $AL = (U, f)$ eine ν–Algebra, und es sei $A \subseteq U$ abgeschlossen in AL. Die *Einschränkung* von AL auf A ist die ν–Algebra $AL' = (A, f')$ mit

$$f_i'(a_1, \ldots, a_{\nu(i)}) = f_i(a_1, \ldots, a_{\nu(i)})$$

für alle $i \in I$ und $a_1, \ldots, a_{\nu(i)} \in A$.

Die Einschränkung AL' von AL auf A ist wohldefiniert, da A abgeschlossen ist in AL. Vom konstruktiven Standpunkt sind minimale Algebren besonders interessant, da ihre Träger nur aus denjenigen Elementen bestehen, die in endlich vielen Schritten erzeugt werden können. Für jede Algebra ist die Einschränkung auf ihr Erzeugnis eine minimale Algebra. Algebren lassen sich untereinander durch *strukturerhaltende* Abbildungen, sog. *Homomorphismen,* in Beziehung setzen.

1.4.7 Definition *(Homomorphismus)*

Es sei ν eine Signatur, und es seien $AL = (U, f)$ und $AL' = (U', f')$ ν–Algebren. Ein *Homomorphismus* von AL nach AL' ist eine Funktion $h : U \longrightarrow U'$, so daß

$$h\, f_i(x_1, \ldots, x_{\nu(i)}) = f_i'(h(x_1), \ldots, h(x_{\nu(i)}))$$

für alle $i \in I$ und $x_1, \ldots, x_{\nu(i)} \in U$. Ein *Epimorphismus* ist ein surjektiver Homomorphismus, ein *Monomorphismus* ist ein injektiver Homomorphismus, und ein *Isomorphismus* ist ein bijektiver Homomorphismus.

Selbsttestaufgabe S3

Es sei $I = \{a, b, c\}$, $\nu(a) = 0$, $\nu(b) = 1$, $\nu(c) = 2$. Beschreiben Sie Gruppen als ν–Algebren. Zeigen Sie, daß ein Gruppenhomomorphismus (def. durch die Eigenschaft $h(x \circ y) = h(x) \circ h(y)$ und $h(e) = e'$) ein Algebra–Homomorphismus ist.

Im Spezialfall $\nu(i) = 0$ lautet die obige Gleichung $hf_i() = f'_i()$. Isomorphe Strukturen „stimmen überein bis auf eine Umbenennung der Elemente". Wenn h ein Isomorphismus von AL nach AL' ist, so ist h^{-1} ein Isomorphismus von AL' nach AL.

Selbsttestaufgabe S4

Zeigen Sie dies!

Im allgemeinen läßt sich ein Element $x \in Erz(AL)$ des Erzeugnisses einer Algebra auf verschiedene Weise erzeugen. In Beispiel 1(3) gilt z.B. $4 = ((1+1)+(1+1)) = ((1+1) \cdot ((0+1)+1))$. In manchen Algebren AL, so in Bsp.1(1), 1(2), 1(4), 1(6) und in Bsp. 2, läßt sich jedes Element aus $Erz(AL)$ auf genau eine Weise erzeugen. Algebren dieser Art heißen *Peano–Algebren.*

1.4.8 Definition *(Peano–Algebra, absolut freie Algebra)*

Es sei $AL = (U, f)$ eine ν–Algebra. AL heißt *Peano–Algebra* (oder *absolut freie Algebra*) gdw. (1) und (2) gelten.

(1) AL ist minimal (d.h. $Erz(AL) = U$) .

(2) Für jedes $x \in U$ gibt es genau ein $i \in I$ und eindeutig bestimmte Werte $x_1, \ldots, x_{\nu(i)} \in U$ mit

$$x = f_i(x_1, \ldots, x_{\nu(i)}).$$

Wie immer soll $f_i(x_1, \ldots, x_{\nu(i)})$ im Falle $\nu(i) = 0$ den Wert $f_i(\ )$ bezeichnen. Die Methode der rekursiven Definition von Funktionen $f : \mathbb{N} \longrightarrow Y$ durch $(f(0) := a$, $f(n+1) := h(n, f(n)))$, wobei $a \in Y$ und $h : \mathbb{N} \times Y \longrightarrow Y$ gilt, läßt sich von den natürlichen Zahlen auf beliebige Peano–Algebren verallgemeinern.

1.4.9 Satz *(rekursive Definition, Rekursionssatz)*

Es sei $\nu : I \longrightarrow \mathbb{N}$ eine Signatur, und es sei $AL = (U, f)$ eine Peano–Algebra der Signatur ν. Es sei $Y \neq \emptyset$ eine Menge, und für jedes $i \in I$ sei

$$h_i : U^{\nu(i)} \times Y^{\nu(i)} \longrightarrow Y$$

eine Funktion. Dann gibt es genau eine Funktion $h : U \longrightarrow Y$ mit

$$h(f_i(x_1,\ldots,x_{\nu(i)})) = h_i(x_1,\ldots,x_{\nu(i)},h(x_1),\ldots,h(x_{\nu(i)}))$$

für alle $i \in I$ und $x_1,\ldots,x_{\nu(i)} \in U$.

Beweis

Wir betrachten das Relationalsystem $RS = (U \times Y, R)$ über der Signatur ν, definiert durch

$R_i := \{((x_1,y_1),\ldots,(x_{\nu(i)},y_{\nu(i)}),(x,y)) \mid x = f_i(x_1,\ldots,x_{\nu(i)})$ und
$y = h_i(x_1,\ldots,x_{\nu(i)},y_1,\ldots,y_{\nu(i)})\}$.

Es sei $\rho := Erz(RS)$.

Beh.1: $(\forall x \in U)\quad (x,y) \in \rho$ für genau ein $y \in Y$.

Bew.1: (durch strukturelle Induktion) Sei $V := \{x \in U \mid (x,y) \in \rho$ für genau ein $y \in Y\}$. Nach Satz 1.4.4 genügt es zu zeigen, daß V in AL abgeschlossen ist. Sei also $i \in I$ und seien $x_1,\ldots,x_{\nu(i)} \in V$. Dann gibt es eindeutig bestimmte Werte $y_1,\ldots,y_{\nu(i)} \in Y$ mit $(x_1,y_1),\ldots,(x_{\nu(i)},y_{\nu(i)}) \in \rho$. Sei $x := f_i(x_1,\ldots,x_{\nu(i)})$, $y := h_i(x_1,\ldots,x_{\nu(i)},\ y_1,\ldots,y_{\nu(i)})$. Da ρ nach Satz 1.4.3 in RS abgeschlossen ist, gilt $(x,y) \in \rho$ nach Def. von R_i. Damit gibt es mindestens ein y mit $(x,y) \in \rho$. Sei nun $y' \in Y$ mit $(x,y') \in \rho$. Wegen $\rho = Erz(RS)$ gibt es nach Def. 1.4.1(4) ein j und Paare $(u_1,z_1),\ldots,(u_{\nu(j)},z_{\nu(j)}) \in \rho$, so daß $x = f_j(u_1,\ldots,u_{\nu(j)})$ und $y' = h_j(u_1,\ldots,u_{\nu(j)},z_1,\ldots,z_{\nu(j)})$. Da AL eine Peano–Algebra ist, gilt $j = i$ und $u_1 = x_1,\ldots,u_{\nu(i)} = x_{\nu(i)}$. Da die Werte $y_1,\ldots,y_{\nu(i)}$ durch $x_1,\ldots,x_{\nu(i)}$ eindeutig festgelegt sind, folgt $z_1 = y_1,\ldots,z_{\nu(i)} = y_{\nu(i)}$. Daraus wiederum ergibt sich $y = y'$. Also gibt es auch zu $x = f_i(x_1,\ldots,x_{\nu(i)})$ genau ein y mit $(x,y) \in \rho$.

Damit ist V abgeschlossen in AL. Man beachte, daß der Fall $\nu(i) = 0$ mit erfaßt ist. Aus Beh.1 folgt, daß ρ der Graph einer Funktion $h : U \longrightarrow Y$ ist. Seien nun $i \in I$ und $x_1,\ldots,x_{\nu(i)} \in U$. Dann gilt $(x_1,h(x_1)) \in \rho,\ldots,(x_{\nu(i)},h(x_{\nu(i)})) \in \rho$. Da ρ in RS abgeschlossen ist, folgt $(x,y) \in \rho$, wobei $x = f_i(x_1,\ldots,x_{\nu(i)})$ und $y = h_i(x_1,\ldots,x_{\nu(i)},h(x_1),\ldots,h(x_{\nu(i)}))$, also $h(x) = y$. Damit erfüllt h die Rekursionsgleichungen.

Beh.2: Es gibt höchstens eine Funktion $h : U \longrightarrow Y$, welche die gegebenen Gleichungen erfüllt.

Der Beweis läßt sich leicht durch strukturelle Induktion führen.

□

Selbsttestaufgabe S5

Beweisen Sie die Eindeutigkeit von h im Rekursionssatz.

Beispiel 3

Wir greifen Beispiel 1(3) und 1(4) auf. Es sei $I := \{a,b,c,d\}$ und $\nu(a) := \nu(b) := 0$, $\nu(c) := \nu(d) := 2$. Es sei $AL_1 := (W(\Sigma), f_1)$ definiert durch $f_{1a}() :=$ "0", $f_{1b}() :=$ "1", $f_{1c}(v,w) :=$ "$(v + w)$", $f_{1d}(v,w) :=$ "$(v \cdot w)$" . Es sei $Tm := Erz(AL_1)$ und $AL := (Tm, f)$ die Einschränkung von AL_1 auf Tm. Wie wir aus Erfahrung wissen, ist jeder Term $t \in Tm$ eindeutig zerlegbar, d.h. AL ist eine Peano–Algebra. Sei nun

$Y := \mathbb{N}$ und seien $h_a, h_b : Tm^0 \times \mathbb{N}^0 \longrightarrow \mathbb{N}$ und $h_c, h_d : Tm^2 \times \mathbb{N}^2 \longrightarrow \mathbb{N}$ definiert durch $h_a() := 0$, $h_b() := 1$, $h_c(w,x,y,z) := y + z$, $h_d(w,x,y,z) := y \cdot z$. Dann gibt es nach dem Rekursionssatz genau eine Funktion $h : Tm \rightarrow \mathbb{N}$ mit

$$\begin{aligned} h(\text{``0''}) &= 0 \\ h(\text{``1''}) &= 1 \\ h(\text{``}(s+t)\text{''}) &= h(s) + h(t) \\ h(\text{``}(s \cdot t)\text{''}) &= h(s) \cdot h(t) \end{aligned}$$

Die Funktion h „rechnet die Werte des Terms aus“. Wenn wir zu Beispiel 1(3) die ν–Algebra $AL' := (\mathbb{N}, f')$ mit $f'_a() := 0 \in \mathbb{N}$, $f'_b() = 1 \in \mathbb{N}$, $f'_c(x,y) = x + y$ und $f'_d(x,y) = x \cdot y$ betrachten, dann ist offenbar h ein Epimorphismus von AL auf AL'.

Die Beobachtungen in Beispiel 3 führen sofort zum folgenden fundamentalen Satz über Peano–Algebren. Der Beweis des Hauptteils folgt leicht aus dem Rekursionssatz.

1.4.10 Satz *(Hauptsatz über Peano–Algebren)*

Es sei ν eine Signatur und $AL = (U, f)$ eine Peano–Algebra über ν. Sei $AL' = (U', f')$ eine ν–Algebra. Dann gibt es genau einen Homomorphismus $h : U \longrightarrow U'$. Darüber hinaus gilt:

(1) *Bild*$(h) = Erz(AL')$.

(2) h ist surjektiv, falls AL' minimal ist.

(3) h ist ein Isomorphismus, falls AL' eine Peano–Algebra ist.

Insbesondere sind damit alle Peano–Algebren der Signatur ν isomorph.

Beweis
(Wir skizzieren lediglich den Beweisgang.)
Für $i \in I$ sei $h_i : U^{\nu(i)} \times U'^{\nu(i)} \longrightarrow U'$ definiert durch

$$h_i(x_1, \ldots, x_{\nu(i)}, y_1, \ldots, y_{\nu(i)}) := f'_i(y_1, \ldots, y_{\nu(i)}).$$

Nach dem Rekursionssatz gibt es genau eine Funktion $h : U \longrightarrow U'$ mit

$$h(f_i(x_1, \ldots, x_{\nu(i)})) = f'_i(h(x_1), \ldots, h(x_{\nu(i)})),$$

also einen Homomorphismus h. Durch strukturelle Induktion zeigt man leicht *Bild*$(h) = Erz(AL')$. Es folgen (1) und (2). Eine weitere strukturelle Induktion liefert die Injektivität von h, falls AL' eine Peano–Algebra ist. Damit gilt auch (3).
□

Im obigen Satz kann jedes Element x der Peano–Algebra AL als „Name“ des Elementes $h(x)$ aufgefaßt werden. Die Homomorphismus–Gleichungen liefern dann ein Verfahren, mit dem der Wert $h(x) \in U'$ aus dem Namen x in endlich vielen Schritten unter Verwendung der Funktionen f_i' „berechnet“ werden kann.

Der gewohnte Gebrauch von Klammerausdrücken (s. auch Beispiel 3) läßt vermuten, daß es zu jeder Signatur eine Peano–Algebra gibt, deren Träger aus „Termen“ besteht. Wir werden dies nun zeigen.

1.4.11 Satz *(kanonische Peano–Algebra)*

Es sei $\nu : I \longrightarrow \mathbb{N}$ eine Signatur. Es sei $\Gamma := \{(;);,\}$ ein 3–elementiges Alphabet mit $I \cap \Gamma = \emptyset$. Wir setzen $\Sigma := I \cup \Gamma$.

(1) Eine ν–Algebra $AL' = (W(\Sigma), f')$ sei definiert durch

$$f_i'(w_1, \ldots, w_{\nu(i)}) := \text{“}i(w_1, w_2, \ldots, w_{\nu(i)})\text{”}$$

für alle $i \in I$ und $w_1, \ldots, w_{\nu(i)} \in W(\Sigma)$.

(2) $AL = (Tm, f)$ sei die Einschränkung von AL' auf $Tm := Erz(AL')$.

Dann ist AL eine Peano–Algebra der Signatur ν. Wir wollen AL die *kanonische Peano–Algebra der Signatur* ν nennen. Die Elemente von Tm werden *Terme* genannt.

Offenbar ist AL eine ν–Algebra. Es bleibt zu zeigen, daß AL eine Peano–Algebra ist. Dies bedeutet nichts weiter, als daß sich jeder Term eindeutig in seine Bestandteile zerlegen läßt. Zunächst beweisen wir als technisches Lemma, daß von zwei einander überlappenden Termen einer ein Suffix des anderen sein muß.

1.4.12 Lemma

Es sei AL die kanonische Peano–Algebra der Signatur ν. Dann gilt für alle $\alpha, \beta \in Tm$ und alle $x, y, z \in W(\Sigma)$ mit $y \neq \varepsilon$:

$$(\alpha = xy \text{ und } \beta = yz) \Longrightarrow z = \varepsilon.$$

Beweis

Der Beweis wird durch strukturelle Induktion geführt. Sei $A := \{\alpha \in Tm \mid (\forall \beta \in Tm)(\forall x, y, z \in W(\Sigma) \text{ mit } y \neq \varepsilon)$ [falls $(\alpha = xy \wedge \beta = yz)$ oder $(\beta = xy \wedge \alpha = yz)$, dann gilt $z = \varepsilon$]$\}$. Zum Beweis der Abgeschlossenheit von A genügt es zu zeigen: Sei $i \in I$ und seien $t_1, \ldots, t_{\nu(i)} \in A$, dann gilt “$i(t_1, \ldots, t_{\nu(i)})$” $\in A$. Für diesen „Induktionsschluß“ muß man einige einfache Fallunterscheidungen machen. Wir führen Einzelheiten nicht weiter aus.

□

Der Beweis der eindeutigen Zerlegbarkeit jedes Terms $t \in Tm$ der kanonischen Peano–Algebra AL läßt sich nun leicht mit Lemma 1.4.12 führen. Wir überlassen dies dem Leser.

Falls in Satz 1.4.10 AL die kanonische Peano–Algebra ist, dann kann jeder Term $t \in Tm$ auch als Vorschrift zur Berechnung eines Elementes aus $Erz(AL')$ aufgefaßt werden, und der Homomorphismus h ist das allgemeine Verfahren zur Termauswertung.

Die Elemente einer Peano–Algebra $AL = (U, f)$ der Signatur ν lassen sich mit *endlichen Bäumen* identifizieren. Jedem $f_i(\,)$ mit $\nu(i) = 0$ wird dabei der nur aus dem Blatt i bestehende Baum

$$i$$

zugeordnet, und falls $j \in I$ und für $1 \leq k \leq \nu(j)$ das Element $x_k \in U$ dem Baum t_k zugeordnet ist, dann entspricht dem Element $f_j(x_1, \ldots, x_{\nu(j)})$ der Baum

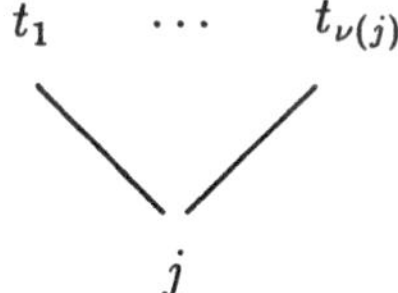

Die Elemente der kanonischen Peano–Algebra können also auch als naheliegende Bezeichnungen dieser Bäume durch Terme aufgefaßt werden.

Bei den in der mathematischen Praxis verwendeten Termsystemen kann man Äquivalenzumformungen durchführen: jedes Teilwort, das ein Term ist, darf durch einen „äquivalenten" Term ersetzt werden. Wir formulieren dies nun für die Terme der kanonischen Peano–Algebra.

1.4.13 Satz *(äquivalente Ersetzung von Teiltermen)*

Es sei ν eine Signatur und $AL_0 = (Tm, f_0)$ die kanonische Peano–Algebra der Signatur ν. Es sei $AL = (U, f)$ eine ν–Algebra und $h : Tm \longrightarrow U$ ein Homomorphismus. Weiter seien $\alpha, \beta, \gamma \in Tm$ und x, y Worte mit $\alpha = x\beta y$. Dann gelten (1) und (2):

(1) $x\gamma y \in Tm$,

(2) $h(x\beta y) = h(x\gamma y)$ falls $h(\beta) = h(\gamma)$.

Der Beweis erfolgt mühelos durch strukturelle Induktion über α unter Verwendung von Lemma 1.4.12.

Falls die Indexmenge I nicht endlich ist, ist auch Σ nicht endlich, und auf $W(\Sigma)$ ist dann kein Berechenbarkeitsbegriff erklärt. Um in diesem Falle dennoch Berechenbarkeit auf der Termmenge zu erhalten, codiert man die Menge I durch eine geeignete Funktion $c : I \to W(\Delta)$, wobei Δ ein Alphabet (also eine endliche Menge) ist mit $\Delta \cap \Gamma = \emptyset$ (Γ wie in Satz 1.4.11).

1.4.14 Satz *(Termalgebra)*

Es sei $\nu : I \longrightarrow \mathbb{N}$ eine Signatur, es sei $\Gamma := \{(;\ );\ ,\}$ ein 3–elementiges Alphabet, und es sei Δ ein Alphabet mit $\Delta \cap \Gamma = \emptyset$. Wir setzen $\Sigma := \Delta \cup \Gamma$.

(1) Es sei $c : I \longrightarrow W(\Delta)$ eine Funktion, so daß für alle $i, j \in I$ mit $i \neq j$ gilt: $c(i)$ ist nicht Teilwort von $c(j)$.

(2) Die Menge $Tmc \subseteq W(\Sigma)$ der *Terme* sei wie folgt definiert:
- "$c(i)(\,)$" $\in Tmc$ für alle $i \in I$ mit $\nu(i) = 0$.
- Falls $i \in I$ mit $\nu(i) \geq 1$ und $t_1, \ldots, t_{\nu(i)} \in Tmc$, dann gilt "$c(i)(t_1, \ldots, t_{\nu(i)})$" $\in Tmc$.
- Keine weiteren Elemente gehören zu Tmc.

(3) Es sei eine ν–Algebra $AL = (Tmc, f)$ definiert durch

$$f_i(t_1, \ldots, t_{\nu(i)}) := \text{"}c(i)(t_1, \ldots, t_{\nu(i)})\text{"}$$

für alle $i \in I$ und $t_1, \ldots, t_{\nu(i)} \in Tmc$.

Dann ist AL eine Peano–Algebra.

Der Beweis verläuft ganz analog zu dem von Satz 1.4.11 über eine entsprechende Version von Lemma 1.4.12. Auch Satz 1.4.13 über die äquivalente Ersetzung von Teilformeln gilt analog. Die Bedingung (1) für die Codierung c in Satz 1.4.14 garantiert insbesondere, daß c injektiv ist. Sie läßt sich abschwächen, jedoch kann dadurch der Beweis der eindeutigen Zerlegbarkeit aufwendiger werden.

Die in Satz 1.4.11 und Satz 1.4.14 eingeführten Terme nennt man Terme in *Präfixnotation mit Klammern*. Der Funktionsname steht vorn als Präfix, die „Argumente" dahinter in einer Klammer und durch Kommata getrennt. Eine wichtige andere Notation ist die sog. *Polnische Präfixnotation* oder *klammerfreie Präfixnotation*. Um sie zu erhalten, ersetze man in 1.4.11 in der Def. von f_i' das Wort

$$\text{"}i(w_1, \ldots, w_{\nu(i)})\text{" durch das Wort "}iw_1 \ldots w_{\nu(i)}\text{"}$$

bzw. in Satz 1.4.14 das Wort "$c(i)(\,)$" durch das Wort "$c(i)$" und das Wort "$c(i)(t_1, \ldots, t_{\nu(i)})$" durch "$c(i)t_1 \ldots t_{\nu(i)}$".
Im Falle $\nu(i) = 2$ verwendet man oft die *Infixnotation mit Außenklammern*, also z.B.

"$(t_1 i t_2)$" statt "$i(t_1, t_2)$" (Bsp.: $(x + y), (x \vee y)$).

In jedem Falle erhält man wieder eine Peano–Algebra. Meist werden sogar gemischte Schreibweisen benutzt, wobei in Abhängigkeit von i die eine oder die andere Definition verwendet wird. Stets erhält man Peano–Algebren, für die der Ersetzungssatz 1.4.13 entsprechend gilt. Zum Beweis kann dabei jedesmal Lemma 1.4.12 als Hilfsmittel verwendet werden. In der Praxis werden noch weitere Arten von Termen benutzt, z. B. $a + b + c$ statt $((a + b) + c)$ oder $ab^2 + c$ statt $((a \cdot qu(b)) + c)$. Einzelheiten werden in der Theorie der Formalen Sprachen und der Syntaxanalyse behandelt.
Wir beschließen diesen Abschnitt mit einer Fortsetzung von Beispiel 2.

Beispiel 4
Wir definieren zunächst eine Algebra $AL' = (W(\Sigma), f')$ wie folgt. Es sei $\Sigma := \{0, 1, (,), +, \cdot, x, y\}$ und $I := \mathbb{N} \cup \{a, b, d, e\}$ mit $\nu(i) := 0$ für $i \in \mathbb{N} \cup \{a, b\}$ und $\nu(d) := \nu(e) := 2$. Weiter sei $c(n) :=$ "$xy^n x$" für $n \in \mathbb{N}$, $c(a) :=$ "0", $c(b) :=$ "1", $c(d) :=$ " + ", $c(e) :=$ " · " Die Funktionen $f'_i : (W(\Sigma))^{\nu(i)} \longrightarrow W(\Sigma)$ legen wir wie folgt fest:

$$\begin{aligned}
f'_i() &:= c(i) = \text{"}xy^i x\text{" für } i \in \mathbb{N} \\
f'_a() &:= c(a) = \text{"0"} \\
f'_b() &:= c(b) = \text{"1"} \\
f'_d(v_1, v_2) &:= \text{"}(v_1 + v_2)\text{"} \\
f'_e(v_1, v_2) &:= \text{"}(v_1 \cdot v_2)\text{"}.
\end{aligned}$$

Nun sei $AL = (Tmc, f)$ die Einschränkung von AL' auf das Erzeugnis $Tmc := Erz(AL')$. Dann ist AL eine Peano–Algebra.

2 Aussagenlogik

Wegen ihrer grundlegenden Bedeutung und ihrer Einfachheit beginnen wir mit der Darstellung der *Aussagenlogik* (engl.: *propositional logic, sentential logic*). In Abschnitt 1.1 wurde gezeigt, daß man Feststellungen über Wahrheitswerte von Aussagen und deren Zusammenhang oft schon allein aufgrund der Bedeutungen von Junktoren wie „nicht", „und", „oder", „wenn ... dann" usw. und der *Form* der Aussagen treffen kann. Die Aussagenlogik ist eine mathematische Theorie, in der dies erschöpfend untersucht wird. Die Aussagenlogik befaßt sich wegen der mangelnden Präzisierbarkeit aber nicht mit umgangssprachlichen Aussagen und ihren inhaltlichen Bedeutungen, sondern mit *Formeln* und *Belegungen* der *Aussagensymbole* mit *Wahrheitswerten.* Es werden dann Sätze über Formeln und Belegungen bewiesen. Dabei sind Definitionen und Sätze jedoch der Art, daß sie natürliche Deutungen in der naiven Logik zulassen. Wir werden in Abschnitt 2.2 näher darauf eingehen. In Abschnitt 2.3 werden u.a. *Tautologien* und die *logische Äquivalenz* eingeführt. Es wird auch kurz die *Komplexität* von Verfahren zur Entscheidung der *Erfüllbarkeit* diskutiert. In Abschnitt 2.4 werden die *Ausdrucksstärke* der aussagenlogischen Formeln und *Normalformen* behandelt. Als tieferliegendes Resultat wird schließlich der *Kompaktheitssatz* (oder *Endlichkeitssatz*) der Aussagenlogik bewiesen.

2.1 Aussagenlogische Formeln, die Syntax

Allgemeine Feststellungen über Aussagen könnten z.B. wie folgt lauten:

- Wenn eine Aussage wahr ist, dann ist ihre Verneinung falsch.
- Wenn aus einer Aussage eine andere folgt, dann folgt aus der Verneinung der letzteren die Verneinung der ersteren.

Zur Vermeidung von Pronomen verwenden wir in unserer Metasprache die Technik der *Platzhalter* . Die obigen Feststellungen können dann unter Verwendung der Platzhalter A und B so formuliert werden:

- Sei A eine Aussage. Falls A wahr ist, dann ist „nicht A" falsch.
- Seien A und B Aussagen. Dann gilt:
  „(A impliziert B) impliziert (nicht B impliziert nicht A)"

In der Aussagenlogik werden im wesentlichen solche aus Platzhaltern, Junktoren und strukturierenden Klammern gebildeten Ausdrücke der Metasprache zum Gegenstand der Untersuchungen gemacht. Diese Ausdrücke werden dabei durch *Formeln* präzisiert.

Nach diesen einführenden Bemerkungen wollen wir nun als ganz konkrete Menge von Zeichenreihen die *aussagenlogischen Formeln* definieren. Sie bilden die *Syntax* der Aussagenlogik. Wir definieren die Menge der aussagenlogischen Formeln als ein Erzeugnis im Sinne von Abschnitt 1.4. Dabei bedienen wir uns der abgekürzten Schreibweise.

2.1.1 Definition *(Aussagensymbole, aussagenlogische Formeln)*

Es sei $\Sigma := \{A, 0, (,), \top, \bot, \neg, \vee, \wedge, \rightarrow\}$. Im Hinblick auf die spätere Bedeutung wird $\top$ als *verum*, $\bot$ als *falsum*, $\neg$ als *nicht*, $\vee$ als *oder*, $\wedge$ als *und* sowie $\rightarrow$ als *impliziert* gelesen. Σ heißt *Alphabet der Aussagenlogik.*

(1) $AS := \{A0^iA \mid i \in \mathbb{N}\}$ heißt Menge der *Aussagensymbole.*

(2) Die Menge $AF \subseteq W(\Sigma)$ der *aussagenlogischen Formeln* sei wie folgt definiert:

- $A0^iA \in AF$ für alle $i \in \mathbb{N}$.
- $\{\top, \bot\} \subseteq AF$.
- $\{\text{“}\neg\alpha\text{”}, \text{“}(\alpha \vee \beta)\text{”}, \text{“}(\alpha \wedge \beta)\text{”}, \text{“}(\alpha \rightarrow \beta)\text{”}\} \subseteq AF$, falls $\alpha, \beta \in AF$.
- Keine weiteren Elemente gehören zu AF.

Statt „aussagenlogische Formeln“ werden wir in Kapitel 2 kurz „Formeln“ sagen.

Es ist üblich, sowohl die Symbole der Menge $\{\top, \bot, \neg, \vee, \wedge, \rightarrow\}$ als auch ihre in der Metasprache intendierten Bedeutungen „wahr“, „falsch“, „nicht“, „oder“, „und“ und „impliziert“ zu nennen. Da wir einerseits unbegrenzt viele verschiedene Platzhalter benötigen, andererseits zum Notieren aber nur endlich viele Symbole zur Verfügung haben, repräsentieren wir die Platzhalter durch die abzählbar unendliche Menge der Worte $A0^iA$ $(i \in \mathbb{N})$, die wir der Einfachheit halber „Symbole“ nennen.

Selbsttestaufgabe S6

Zeigen Sie ausführlich, daß die folgenden Wörter aussagenlogische Formeln sind: $A0A$, $\neg A00A$, $(\bot \vee (\top \rightarrow AA))$, $\neg(\neg A000A \wedge (AA \rightarrow \neg A0A))$.

Man beachte, daß Formeln keine Aussagen, sondern lediglich gewisse Zeichenreihen sind. Allerdings sind Formeln bereits in sinnvoller Weise durch Klammern usw. strukturiert. Wir geben nun diese Struktur mittels einer Peano–Algebra explizit an. Der folgende Satz ist im wesentlichen ein Spezialfall von Satz 1.4.14 über Termsysteme.

2.1.2 Satz *(Peano–Algebra der aussagenlogischen Formeln)*

Es sei $I := \mathbb{N} \cup \{\top, \bot, \neg, \vee, \wedge, \rightarrow\}$ eine Indexmenge und $\nu : I \rightarrow \mathbb{N}$ eine Signatur, definiert durch $\nu(i) = 0$ für $i \in \mathbb{N}$, $\nu(\top) := \nu(\bot) := 0$, $\nu(\neg) :=$

1, $\nu(\vee) := \nu(\wedge) := \nu(\rightarrow) := 2$. Eine ν–Algebra $\widehat{AF} = (AF, f)$ sei definiert durch

$$\begin{aligned}
f_i(\ ) &:= \text{“}A0^iA\text{”}\\
f_\top(\ ) &:= \top\\
f_\bot(\ ) &:= \bot\\
f_\neg(\alpha) &:= \text{“}\neg\alpha\text{”}\\
f_\vee(\alpha,\beta) &:= \text{“}(\alpha \vee \beta)\text{”}\\
f_\wedge(\alpha,\beta) &:= \text{“}(\alpha \wedge \beta)\text{”}\\
f_\rightarrow(\alpha,\beta) &:= \text{“}(\alpha \rightarrow \beta)\text{”}
\end{aligned}$$

für alle $i \in \mathbb{N}$ und $\alpha, \beta \in AF$. Dann ist $\widehat{AF}$ eine Peano–Algebra.

Wir erhalten die obige Definition von $\widehat{AF}$ aus der allgemeinen in Satz 1.4.14, wenn wir $c(i) = A0^iA$ $(i \in \mathbb{N}), c(\top) :=$ “$\top$”, $c(\bot) :=$ “$\bot$”, $c(\neg) :=$ “$\neg$”, $c(\vee) :=$ “ $\vee$ ”, $c(\wedge) :=$ “$\wedge$” und $c(\rightarrow) :=$ “ $\rightarrow$ ” setzen, und wenn wir statt der Präfixnotation mit Klammern die klammerfreie Präfixnotation bzw. die Infixnotation mit Klammern verwenden. Damit ist $\widehat{AF}$ eine Peano–Algebra, für die zusätzlich der Ersetzungssatz (analog zu Satz 1.4.13) gilt. Da AF als Erzeugnis definiert ist, kann man Sätze der Form „Für alle $\alpha \in AF$ gilt ...“ oft durch *strukturelle Induktion* (s. Satz 1.4.4 und Kommentar zu Def. 1.4.5) beweisen. Da $\widehat{AF}$ eine Peano–Algebra ist, kann man die Methode der *rekursiven Definition* (Satz 1.4.9) für Funktionen $h : AF \longrightarrow Y$ verwenden.

Selbsttestaufgabe S7

Sind die folgenden Wörter aussagenlogische Formeln?

$A00A0$, $A0A\neg AA$, $\neg AA \vee (A0A \wedge A0A)$

Selbsttestaufgabe S8

Definieren Sie rekursiv die Funktion $h : AF \rightarrow 2^{AS}$ informal definiert durch $h(\alpha) :=$ „die Menge der in α vorkommenden Aussagensymbole“.

2.2 Interpretationen und Belegungen

In Abschnitt 2.1 haben wir die Syntax der Aussagenlogik, nämlich die Menge AF der aussagenlogischen Formeln, definiert. Eine Formel wie z.B. "$((\neg AA \rightarrow AA) \vee A0A)$" ist zunächst einmal eine Zeichenreihe. Die Peano–Algebra $\widehat{AF}$ gibt ihr eine Struktur. Wir wollen nun in diesem Abschnitt erklären, wie man nach Interpretation der Aussagensymbole durch Aussagen aus einer Formel anhand ihrer Struktur eine zusammengesetzte Aussage erhält. Es zeigt sich dabei, daß der Wahrheitswert der zusammengesetzten Aussage nur von den Wahrheitswerten, nicht aber von anderen Eigenschaften der Teilaussagen abhängt. Um das Verhalten einer Formel bei beliebigen Interpretationen mit konkreten Aussagen zu erfahren, genügt es also, die Aussagensymbole der Formel auf verschiedenste Weise mit den Wahrheitswerten „wahr" oder „falsch" zu belegen. Die Interpretation von aussagenlogischen Formeln durch Aussagen der Metasprache ist aber nicht Gegenstand der Aussagenlogik, sondern Anwendung. Die mathematische Aussagenlogik (s. 2.3 und 2.4) befaßt sich nur mit Formeln und Belegungen.

Die metasprachlichen Junktoren „und", „oder", „nicht" und „impliziert" werden wir wie in der naiven Logik der Mathematik üblich benutzen. Um alle Mißverständnisse auszuschließen, geben wir noch einmal explizit an, wie jeweils die Wahrheitswerte der zusammengesetzten Aussagen von denen der Teilaussagen A und B abhängen. Dabei stehe W für „wahr" und F für „falsch".

A	B	nicht A	A und B	A oder B	A impliziert B
W	W	F	W	W	W
W	F	F	F	W	F
F	W	W	F	W	W
F	F	W	F	F	W

Das „oder" ist das mathematische und nicht das in der Umgangssprache meist gemeinte ausschließende „entweder ... oder". Das „impliziert" berücksichtigt keinerlei inhaltlichen Zusammenhang zwischen den verknüpften Aussagen. Man nennt es auch *materiale Implikation.* Man beachte, daß „A impliziert B" nur dann falsch ist, wenn A wahr und B falsch ist. Statt „A impliziert B" sagt man auch „aus A folgt B", „wenn A dann B", „B ist notwendig für A" oder „A ist hinreichend für B". Die obigen Festlegungen sind nicht zwingend, haben sich aber als zweckmäßig erwiesen.

Wir schlagen zunächst eine Brücke von den Formeln zu strukturierten Aussagen unserer Metasprache. Wir nehmen an, daß wir Mengen von Aussagen der Metasprache bilden können und daß jede Aussage einer solchen Menge entweder wahr oder falsch ist.

2.2.1 Definition

(1) Eine Menge AUS von Aussagen der Metasprache heißt *abgeschlossen*, gdw. eine immer wahre Aussage $WAHR$ und eine immer falsche Aussage $FALSCH$ Elemente von AUS sind und wenn {nicht A, A und B, A oder B, A impliziert B} $\subseteq AUS$, falls $A, B \in AUS$.

(2) Eine *Interpretation der Aussagenlogik* ist eine Abbildung $I : AS \longrightarrow AUS$ der Aussagensymbole in eine abgeschlossene Menge von Aussagen.

(3) Zu einer Interpretation der Aussagenlogik I sei eine Funktion $\hat{I} : AF \longrightarrow AUS$ der Formeln in die Aussagen rekursiv wie folgt definiert:

$$\begin{array}{lcl} \hat{I}(B) & = & I(B) \\ \hat{I}(\top) & = & WAHR \\ \hat{I}(\bot) & = & FALSCH \\ \hat{I}(\text{“}\neg\,\alpha\text{”}) & = & \text{nicht } \hat{I}(\alpha) \\ \hat{I}(\text{“}(\alpha \wedge \beta)\text{”}) & = & \hat{I}(\alpha) \text{ und } \hat{I}(\beta) \\ \hat{I}(\text{“}(\alpha \vee \beta)\text{”}) & = & \hat{I}(\alpha) \text{ oder } \hat{I}(\beta) \\ \hat{I}(\text{“}(\alpha \rightarrow \beta)\text{”}) & = & \hat{I}(\alpha) \text{ impliziert } \hat{I}(\beta) \end{array}$$

für alle $B \in AS$ und alle $\alpha, \beta \in AF$.

Es ist klar, welche Aussagen unter (3) rechts vom Gleichheitszeichen jeweils gemeint sind. Nach dem Rekursionssatz 1.4.9 ist $\hat{I}$ wohldefiniert (beachte, daß AUS abgeschlossen ist). Zur Erläuterung gehen wir auf Beispiel 1 aus Abschnitt 1.1 zurück. Es sei $\alpha :=$ “$(AA \wedge \neg A0A)$”. Es sei nun I eine Interpretation mit $I(\text{“}AA\text{”}) = [3 + 2 = 5], I(\text{“}A0A\text{”}) =$ [29 ist eine Primzahl]. Dann ist $\hat{I}(\text{“}(AA \wedge \neg A0A)\text{”})$ die Aussage [$3 + 2 = 5$ und nicht: 29 ist eine Primzahl]. Offenbar hängt der Wahrheitswert einer Aussage $\hat{I}(\alpha)$ nur von den Wahrheitswerten der Aussagen $I(B), B \in AS$, ab, nicht jedoch von ihren Inhalten. Wir formulieren dies als Lemma.

2.2.2 Lemma

Es seien $I_1 : AS \longrightarrow AUS$ und $I_2 : AS \longrightarrow AUS$ Interpretationen, so daß für alle Aussagensymbole $B \in AS$ gilt: $I_1(B)$ ist wahr, gdw. $I_2(B)$ ist wahr. Dann gilt für alle Formeln $\alpha \in AF : \hat{I}_1(\alpha)$ ist wahr, gdw. $\hat{I}_2(\alpha)$ ist wahr.

Selbsttestaufgabe S9

Beweisen Sie Lemma 2.2.2 durch strukturelle Induktion.

Um das Verhalten von Formeln bei Interpretationen zu untersuchen, genügt es, Interpretationen zu Äquivalenzklassen zusammenzufassen, wobei *Äquivalenz* bedeutet: $(\forall B \in AS)$ ($I_1(B)$ ist wahr gdw. $I_2(B)$ ist wahr). Jede Äquivalenzklasse K von Interpretationen läßt sich umkehrbar eindeutig durch eine *Belegung* $\sigma : AS \longrightarrow \{0,1\}$ charakterisieren, wobei für jedes $I \in K$ gilt : $(\forall B \in AS)$ ($\sigma(B) = 1$ gdw. $I(B)$ ist wahr). Wir deuten dabei 0 als falsch und 1 als wahr. Wir vervollständigen nun den formalen Apparat der Aussagenlogik, indem wir die Wahrheitswerte von Formeln unter Belegungen exakt definieren.

2.2.3 Definition *(Belegung, Auswertungsfunktion)*

(1) Eine *Belegung* (der Aussagensymbole) ist eine Abbildung $\sigma : AS \longrightarrow \{0,1\}$. Es sei $BEL := \{0,1\}^{AS}$ die Menge aller Belegungen.

(2) Zu jeder Belegung $\sigma \in BEL$ sei die *Auswertungsfunktion* $<\sigma>: AF \longrightarrow \{0,1\}$ von den Formeln in die Menge $\{0,1\}$ der *Wahrheitswerte* rekursiv wie folgt definiert:

$$\begin{aligned}
<\sigma>(\top) &= 1\\
<\sigma>(\bot) &= 0\\
<\sigma>(B) &= \sigma(B)\\
<\sigma>(\text{“}\neg\alpha\text{”}) &= 1 \text{ gdw. } <\sigma>(\alpha) = 0\\
<\sigma>(\text{“}(\alpha \vee \beta)\text{”}) &= 1 \text{ gdw. } <\sigma>(\alpha) = 1 \text{ oder } <\sigma>(\beta) = 1\\
<\sigma>(\text{“}(\alpha \wedge \beta)\text{”}) &= 1 \text{ gdw. } <\sigma>(\alpha) = 1 \text{ und } <\sigma>(\beta) = 1\\
<\sigma>(\text{“}(\alpha \rightarrow \beta)\text{”}) &= 1 \text{ gdw. } (<\sigma>(\alpha) = 1 \text{ impliziert } <\sigma>(\beta) = 1)
\end{aligned}$$

für alle $B \in AS$ und $\alpha, \beta \in AF$.

Selbsttestaufgabe S10

Es sei $\alpha =$ “$(\neg(\neg A0A \rightarrow AA) \rightarrow (A00A \vee \neg AA))$”.

(1) Es sei $\sigma \in BEL$ mit $\sigma(AA) = \sigma(A0A) = 0$, $\sigma(A00A) = 1$.
Bestimmen Sie $<\sigma>(\alpha)$!

(2) Gibt es eine Belegung $\sigma \in BEL$ mit $<\sigma>(\alpha) = 0$?

Während in Def. 2.2.1 $\hat{I}$ Aussagen bei einer Interpretation I der Aussagensymbole erzeugt, liefert $<\sigma>$ Wahrheitwerte bei einer Belegung σ der Aussagensymbole. Falls für alle Aussagensymbole $B \in AS$ gilt:

$I(B)$ ist wahr gdw. $\sigma(B) = 1$,

dann ergibt sich für alle Formeln $\alpha \in AF$:

$\hat{I}(\alpha)$ ist wahr gdw. $< \sigma > (\alpha) = 1$.

Als Konsequenz erhalten wir z.B. folgende Äquivalenzen:

(1) $\hat{I}(\alpha)$ ist wahr für alle Interpretationen I, gdw. $< \sigma > (\alpha) = 1$ für alle Belegungen σ.

(2) Es gibt eine Interpretation I mit $\hat{I}(\alpha) =$ wahr, gdw. es eine Belegung σ gibt mit $< \sigma > (\alpha) = 1$.

Diese und ähnliche Beispiele zeigen, wie man allein unter Benutzung der Begriffe „Formel" und „Belegung" allgemeine Feststellungen über Eigenschaften von Aussagen treffen kann. Wir werden in den folgenden Abschnitten die Aussagenlogik als mathematische Theorie über Formeln und Belegungen entwickeln.

2.3 Tautologien und logische Äquivalenz

In Abschnitt 2.1 haben wir die Syntax der Aussagenlogik, d.h. die Menge AF der aussagenlogischen Formeln, eingeführt . In Abschnitt 2.2 haben wir dann Belegungen der Aussagensymbole definiert und für jede Belegung σ die Auswertungsfunktion $< \sigma >$: $AF \longrightarrow \{0,1\}$ erklärt. Schließlich haben wir den Zusammenhang zwischen der mathematischen Aussagenlogik, die von Formeln und Belegungen handelt, und der naiven Logik beleuchtet. Wir wollen nun mit der Darstellung der eigentlichen mathematischen Aussagenlogik beginnen und in diesem Abschnitt insbesondere die Begriffe *Tautologie, Erfüllbarkeit* und *logische Äquivalenz* diskutieren.

Wie bereits erwähnt, sind die *Objekte*, über die wir sprechen wollen, *Formeln* und *Belegungen.* Um in der *Metasprache* nicht nur über konkrete Objekte sprechen zu müssen sondern allgemein über Aussagensymbole und Formeln sprechen zu können, werden wir Symbole wie $A, B, C, A_0, B_0, C_0, A_1, B_1, C_1, \ldots$ als Platzhalter für Aussagensymbole (d.h. für Elemente aus AS) und, wie bereits geschehen, Symbole wie $\alpha, \beta, \alpha_0, \beta_0, \alpha_1, \beta_1, \ldots$ als Platzhalter für Formeln verwenden. Zur bequemeren Lesbarkeit von Formeln führen wir noch einige metasprachliche Kurzschreibweisen ein.

2.3.1 Schreibweisen

Es seien $\alpha_1, \ldots, \alpha_n$ Formeln ($n \geq 2$).

(1) Generell lassen wir Außenklammern fort. So bezeichnet $\alpha_1 \vee \alpha_2$ die Formel "$(\alpha_1 \vee \alpha_2)$" $\in AF$ usw.

(2) $\alpha_1 \vee \alpha_2 \vee \ldots \vee \alpha_n$ bezeichne die Formel $(\alpha_1 \vee (\alpha_2 \vee \ldots \vee (\alpha_{n-1} \vee \alpha_n) \ldots))$.

(3) $\alpha_1 \wedge \alpha_2 \wedge \ldots \wedge \alpha_n$ bezeichne die Formel $(\alpha_1 \wedge (\alpha_2 \wedge \ldots \wedge (\alpha_{n-1} \wedge \alpha_n) \ldots))$.

(4) $\alpha_1 \leftrightarrow \alpha_2$ bezeichne die Formel "$((\alpha_1 \rightarrow \alpha_2) \wedge (\alpha_2 \rightarrow \alpha_1))$".
Das Symbol $\leftrightarrow$ wollen wir als *formal äquivalent* lesen.

Offenbar gilt für alle $\alpha, \beta \in AF$ und $\sigma \in BEL$:

$< \sigma > (\alpha \leftrightarrow \beta) = 1$

gdw.

$< \sigma > (\alpha \rightarrow \beta) = 1$ und $< \sigma > (\beta \rightarrow \alpha) = 1$

gdw.

($< \sigma > (\alpha) = 1$ impliziert $< \sigma > (\beta) = 1$) und ($< \sigma > (\beta) = 1$ impliziert $< \sigma > (\alpha) = 1$)

gdw.

($< \sigma > (\alpha) = 1$ gdw. $< \sigma > (\beta) = 1$)

gdw.

$< \sigma > (\alpha) =< \sigma > (\beta)$

Dies begründet die Sprechweise „formal äquivalent".

Wir führen nun Eigenschaften von Formeln ein, die mit Hilfe von Belegungen, also „semantisch", definiert werden.

2.3.2 Definition

Es seien $\alpha, \beta \in AF$ Formeln.

(1) α heißt *tautologisch* oder eine *Tautologie*, gdw. $< \sigma > (\alpha) = 1$ für alle Belegungen $\sigma \in BEL$.

(2) α heißt *erfüllbar*, gdw. es eine Belegung $\sigma \in BEL$ gibt mit $< \sigma > (\alpha) = 1$.

(3) α heißt *kontradiktorisch* oder eine *Kontradiktion*, gdw. $< \sigma > (\alpha) = 0$ für alle Belegungen $\sigma \in BEL$.

(4) α *impliziert logisch* β oder β ist eine *logische Konsequenz* von α (in Zeichen $\alpha \models \beta$), gdw. für alle Belegungen $\sigma \in BEL$ gilt: $< \sigma > (\alpha) = 1$ impliziert $< \sigma > (\beta) = 1$.

(5) α ist *logisch äquivalent* zu β (in Zeichen $\alpha \equiv \beta$), gdw. für alle Belegungen $< \sigma > (\alpha) =< \sigma > (\beta)$.

Die folgende Selbsttestaufgabe dient zum Einüben der soeben eingeführten Begriffe.

Selbsttestaufgabe S11

Es seien $\alpha, \beta \in AF$ aussagenlogische Formeln. Zeigen Sie:

(1) α ist tautologisch, gdw. "$\neg\ \alpha$" kontradiktorisch ist.

(2) β ist kontradiktorisch , gdw. β nicht erfüllbar ist.

(3) $\alpha \equiv \beta$, gdw. ($\alpha \models \beta$ und $\beta \models \alpha$).

Alle diese Eigenschaften sind mit Hilfe des Belegungsbegriffes definiert. Durch Quantifizieren wurde in jedem Fall eine Unabhängigkeit der Eigenschaften von speziellen Belegungen erreicht. Man beachte, daß $\alpha \models \beta$ und $\alpha \equiv \beta$ keine Formeln, d.h. Elemente von AF sind, sondern metasprachliche Schreibweisen. Es sei α eine Tautologie. Dann ist nach Abschnitt 2.2 $\hat{I}(\alpha)$ wahr für jede Interpretation I. Mit anderen Worten: jede Aussage mit der „logischen Struktur“ α ist wahr. Analog führen auch die anderen Begriffe zu Feststellungen über umgangssprachliche Aussagen, die sich allein aus der logischen Struktur, d.h. der Art und Weise, wie sie mit Junktoren zusammengesetzt sind, ergeben. Im folgenden Beispiel ist eine Anzahl von Tautologien aufgelistet.

Beispiel 1 *(Tautologien)*
Es seien $A, B, C \in AS$ Aussagensymbole. Dann sind die folgenden Formeln Tautologien. (Wir verwenden wieder Kurzschreibweisen.)

(1) $\top$

(2) $\neg\bot$

(3) $A \vee \top$

(4) $A \vee \neg A$

(5) $A \rightarrow A$

(6) $(\neg B \rightarrow B) \rightarrow B$

(7) $B \rightarrow (A \rightarrow B)$

(8) $(A \rightarrow (B \rightarrow C)) \rightarrow ((A \rightarrow B) \rightarrow (A \rightarrow C))$

(9) $(\neg B \rightarrow \neg A) \rightarrow ((\neg B \rightarrow A) \rightarrow B)$

(10) $(A \vee (B \vee C)) \leftrightarrow ((A \vee B) \vee C)$

Es sei $AS(\alpha) \subseteq AS$ die endliche Menge der in α vorkommenden Aussagensymbole. Offenbar hängt $<\sigma>(\alpha)$ nur von den Werten $\sigma(D)$ mit $D \in AS(\alpha)$ ab. Wir formulieren dies später noch einmal exakt als *Koinzidenzlemma* . Für $\sigma \in BEL$ definieren wir $\sigma_\alpha \in BEL$ durch

$$\sigma_\alpha(D) = \begin{cases} \sigma(D) & \text{falls } D \in AS(\alpha) \\ 0 & \text{sonst .} \end{cases}$$

Die Menge $BEL_\alpha := \{\sigma_\alpha \mid \sigma \in BEL\}$ ist endlich. Falls $AS(\alpha)$ n Elemente hat, dann hat BEL_α 2^n Elemente. Offenbar gilt $< \sigma > (\alpha) =< \sigma_\alpha > (\alpha)$ für alle $\sigma \in BEL$. Damit ist α eine Tautologie, gdw. $< \sigma' > (\alpha) = 1$ für alle $\sigma' \in BEL_\alpha$. Um zu entscheiden, ob α eine Tautologie ist, braucht man also nur für die endlich vielen $\sigma' \in BEL_\alpha$ zu testen, ob $< \sigma' > (\alpha) = 1$ gilt. Man kann diesen endlichen Test in einer *Wahrheitstafel* ausführen.

Beispiel 2

Sei $\alpha = (A \vee (B \vee C)) \leftrightarrow ((A \vee B) \vee C)$.
Zur Abkürzung setzen wir $\alpha_1 := B \vee C, \alpha_2 := A \vee B, \alpha_3 := A \vee (B \vee C), \alpha_4 := (A \vee B) \vee C$.
Es ist $AS(\alpha) = \{A, B, C\}$. Wir bestimmen $< \sigma > (\alpha)$ für alle $\sigma \in BEL_\alpha$.

$\sigma(A)$	$\sigma(B)$	$\sigma(C)$	$<\sigma>(\alpha_1)$	$<\sigma>(\alpha_2)$	$<\sigma>(\alpha_3)$	$<\sigma>(\alpha_4)$	$<\sigma>(\alpha)$
0	0	0	0	0	0	0	1
0	0	1	1	0	1	1	1
0	1	0	1	1	1	1	1
0	1	1	1	1	1	1	1
1	0	0	0	1	1	1	1
1	0	1	1	1	1	1	1
1	1	0	1	1	1	1	1
1	1	1	1	1	1	1	1

Da in der letzten Spalte nur Einsen vorkommen, ist $(\forall \sigma \in BEL_\alpha) < \sigma > (\alpha) = 1$, also $(\forall \sigma \in BEL) < \sigma > (\alpha) = 1$, also α eine Tautologie.

Ähnlich wie die Tautologie–Eigenschaft lassen sich auch die anderen in Def. 2.3.2 angegebenen Eigenschaften anhand der Wahrheitstafel entscheiden.

Selbsttestaufgabe S12

Es seien A, B, C Aussagensymbole. Stellen Sie mit der Wahrheitstafelmethode fest, ob die folgende Formel α erfüllbar, kontradiktorisch oder tautologisch ist, wobei

$$\alpha := ((A \vee B) \rightarrow \neg C) \wedge ((A \wedge B) \vee C) .$$

Wir haben oben den Begriff „entscheiden“ im naiven Sinne benutzt mit der Bedeutung: Es gibt ein Verfahren, welches bei Eingabe einer Formel $\alpha \in AF$ die Antwort „ja“ liefert, falls α eine Tautologie ist, die Anwort „nein“ sonst. Ein mögliches Verfahren besteht im Aufstellen der Wahrheitstafel und Testen ihrer letzten Spalte. Obwohl dieses Verfahren sehr einfach zu beschreiben ist, erfordert es i.a. sehr viel Rechenzeit, wie wir nun erläutern wollen. Es sei $\alpha \in AF$ eine aussagenlogische Formel, in der n verschiedene Aussagensymbole vorkommen (d.h. $AS(\alpha)$ hat n Elemente). Dann hat die Wahrheitstafel 2^n Zeilen. Die Formel α hat an mindestens $(n-1)$ Stellen einen Junktor (warum?). Damit hat die Wahrheitstafel mindestens $(n-1)$ Spalten. Allein um die Wahrheitstafel aufzuschreiben benötigt man also mindestens $(n-1)\cdot 2^n$ „elementare" Operationen.

Zur exakten Festlegung der Begriffe *Rechenzeit* und *Speicherplatzbedarf* werden in der Informatik Maschinenmodelle benutzt. Als sehr realitätsnahes Modell haben sich dabei *Turingmaschinen,* die als Arbeitsspeicher endlich viele Turing–Bänder haben, bewährt. Programmiert man die Wahrheitstafelmethode in naheliegender Weise durch eine Turingmaschine M, so benötigt M bei Eingabe von $\alpha \in AF$ mindestens 2^n Schritte, sofern $AS(\alpha)$ n Elemente hat. Formeln α mit mindestens 100 Aussagensymbole sind in Anwendungen nicht unrealistisch. Bei (optimistisch geschätzten) 10^9 Schritten pro Sekunde würde man mehr als 10^{14} Jahre (also weit länger als das bisherige Alter des Weltalls) benötigen, um mit der Wahrheitstafelmethode zu entscheiden, ob α eine Tautologie ist. Ließe man statt einer Maschine gleich 10^9 Maschinen parallel arbeiten, so betrüge die Zeit immer noch über 100 000 Jahre.
Es stellt sich die Frage, ob es nicht ein Verfahren gibt, welches die Tautologieeigenschaft aussagenlogischer Formeln wesentlich schneller entscheidet, z.B. in polynomialer Zeit, d.h. in Zeit n^k für ein $k \in \mathbb{N}$, statt in exponentieller Zeit 2^n . In der *Komplexitätstheorie* wird die Klasse aller derjenigen Sprachen, die sich in polynomialer Zeit mit einer Turingmaschine entscheiden lassen, mit P bezeichnet. Mit NP (von „nichtdeterministisch polynomiale Zeit") wird die Klasse derjenigen Sprachen bezeichnet, für die ein Beweisverfahren auf einer Turingmaschine mit Beweisen polynomialer Rechenzeit existiert. So ist die Sprache $X = \{\alpha \in AF \mid \alpha \text{ nicht Tautologie}\}$ ein Element von NP. Ein Beweis für $\alpha \in X$ besteht z.B. darin, für eine geeignete Belegung σ die Eigenschaft $<\sigma>(\alpha) = 0$ nachzuweisen. Dieses Nachprüfen einer einzigen Zeile der Wahrheitstafel geht offenbar sehr schnell. Das Problem, eine geeignete Zeile der Wahrheitstafel, und damit einen Beweis, überhaupt erst zu finden, wird bei dieser Definition gerade ausgeklammert. Die Menge X liegt also in NP. Ob sie in P liegt, ist bis heute nicht bekannt. Man hat lediglich den (erstaunlichen) Satz: $X \in P$ gdw. $P = NP$. Man nimmt heute $P \neq NP$ an. Dies würde bedeuten, daß weder X noch die Tautologieeigenschaft in Polynomzeit entscheidbar sind.

Wir führen nun zwei neue Schreibweisen ein, eine für das Abändern einer Belegung und eine für das Ersetzen von Aussagensymbolen durch Formeln.

2.3.3 Definition

Es seien $B_1, \ldots, B_n \in AS$ paarweise verschieden, $\beta_1, \ldots, \beta_n \in AF$, $a_1, \ldots, a_n \in \{0,1\}$, es sei $\alpha \in AF$ und $\sigma \in BEL$.

(1) Es sei $\hat{\sigma} \in BEL$ definiert durch

$$\hat{\sigma}(B) := \begin{cases} a_i & \text{falls } B = B_i \ (1 \leq i \leq n) \\ \sigma(B) & \textit{sonst.} \end{cases}$$

Schreibweise: $\sigma[B_1/a_1, B_2/a_2, \ldots, B_n/a_n] := \hat{\sigma}$

(2) Es sei eine Funktion $h : AF \longrightarrow AF$ rekursiv wie folgt definiert:

$$\begin{aligned} h(\top) &= \top \\ h(\bot) &= \bot \\ h(B_i) &= \beta_i \ (i = 1, \ldots, n) \\ h(B) &= B \text{ für } B \in AS \backslash \{B_1, \ldots, B_n\} \\ h(\neg\, \alpha_1) &= \neg\, h(\alpha_1) \\ h(\alpha_1 \vee \alpha_2) &= h(\alpha_1) \vee h(\alpha_2) \\ h(\alpha_1 \wedge \alpha_2) &= h(\alpha_1) \wedge h(\alpha_2), \\ h(\alpha_1 \rightarrow \alpha_2) &= h(\alpha_1) \rightarrow h(\alpha_2). \end{aligned}$$

Schreibweise: $\alpha^{\beta_1,\ldots,\beta_n}_{B_1,\ldots,B_n} := h(\alpha)$

Damit entsteht $\sigma[B_1/a_1, \ldots, B_n/a_n]$ durch *Abändern* von σ an den Stellen B_1 bis B_n. Die Formel $\alpha^{\beta_1,\ldots,\beta_n}_{B_1,\ldots,B_n} := h(\alpha)$ entsteht aus α durch *simultanes Ersetzen* von B_i durch β_i $(i = 1, \ldots, n)$. Nach dem Rekursionssatz 1.4.9 ist die Funktion h unter (2) wohldefiniert. Das folgende technische Lemma verknüpft beide Definitionen.

2.3.4 Lemma *(Überführungslemma)*

Es seien $B_1, \ldots, B_n \in AS$ paarweise verschieden, $\alpha, \beta_1, \ldots, \beta_n \in AF$ und $\sigma \in BEL$. Dann gilt:

$$<\sigma> \left(\alpha^{\beta_1,\ldots,\beta_n}_{B_1,\ldots,B_n}\right) = <\sigma[B_1/<\sigma>(\beta_1), \ldots, B_n/<\sigma>(\beta_n)]>(\alpha)$$

Beweis

Eine strukturelle Induktion über α unter Benutzung von Def. 2.3.3 und Def. 2.2.3 von $<\sigma>$ führt mühelos zum Ziel.

□

Selbsttestaufgabe S13

Beweisen Sie Lemma 2.3.4.

Der nächste Satz zeigt zwei Möglichkeiten auf, um aus gegebenen Tautologien weitere zu gewinnen.

2.3.5 Satz *(Abschluß der Tautologien unter Substitution und modus ponens)*

(1) Es sei $\alpha \in AF$ eine Tautologie, es seien $B_1, \ldots, B_n \in AS$ paarweise verschieden und $\beta_1, \ldots, \beta_n \in AF$. Dann ist $\alpha^{\beta_1,\ldots,\beta_n}_{B_1,\ldots,B_n}$ eine Tautologie.

(2) Es seien $\alpha, \beta \in AF$. Falls α und $\alpha \rightarrow \beta$ Tautologien sind, dann ist β eine Tautologie.

Beweis

(1) Sei σ eine beliebige Belegung. Dann gilt

$$<\sigma> (\alpha^{\beta_1,\ldots,\beta_n}_{B_1,\ldots,B_n}) =< \sigma[B_1/ <\sigma> (\beta_1), \ldots, B_n/ <\sigma> (\beta_n)] > (\alpha) = 1,$$

denn α ist eine Tautologie. Damit ist auch $\alpha^{\beta_1,\ldots,\beta_n}_{B_1,\ldots,B_n}$ eine Tautologie.

(2) Sei σ eine Belegung. Da α eine Tautologie ist, gilt $<\sigma> (\alpha) = 1$. Da $\alpha \rightarrow \beta$ eine Tautologie ist, gilt ($<\sigma> (\alpha) = 1$ impliziert $<\sigma> (\beta) = 1$) nach Def. 2.2.3. Damit muß $<\sigma> (\beta) = 1$ gelten. Es folgt $<\sigma> (\beta) = 1$ für alle Belegungen σ, somit ist β eine Tautologie.

□

Aus Satz 2.3.5 (1) folgt, daß alle aus den Formeln in Beispiel 1 durch Substitution erzeugbaren Formeln Tautologien sind. Es seien $\alpha, \beta \in AF$. Dann sind z.B. folgende Formeln Tautologien:

(3′) $\alpha \vee \top$
(4′) $\alpha \vee \neg\, \alpha$
(5′) $\alpha \rightarrow \alpha$
(6′) $(\neg\, \beta \rightarrow \beta) \rightarrow \beta$
(7′) $\beta \rightarrow (\alpha \rightarrow \beta)$

Satz 2.3.5 (2) beschreibt eine wichtige Art des logischen Schließens (*modus ponens*).

Man kann die logische Implikation auch mittels formaler Implikation und die logische Äquivalenz auch mittels formaler Äquivalenz ausdrücken und umgekehrt.

2.3.6 Satz *(logische und formale Implikation und Äquivalenz)*

Für beliebige Formeln $\alpha, \beta \in AF$ gilt

(1) $\alpha \models \beta$ gdw. $(\alpha \rightarrow \beta)$ eine Tautologie ist.
(2) $\alpha \equiv \beta$ gdw. $(\alpha \leftrightarrow \beta)$ eine Tautologie ist.

Der Beweis ergibt sich unmittelbar aus den Definitionen. Man beachte die verschiedenen Sprachebenen in Satz 2.3.6 .

Selbsttestaufgabe S14

Beweisen Sie Satz 2.3.6 .

Das folgende Lemma faßt eine Reihe häufig benutzter logischer Äquivalenzen zusammen.

2.3.7 Lemma *(logische Äquivalenzen)*

Es seien $\alpha, \beta, \gamma \in AF$ aussagenlogische Formeln. Dann gilt:

(1)	$\neg\neg\alpha$	$\equiv$	α			
(2)	$\alpha \vee \beta$	$\equiv$	$\beta \vee \alpha$	$\alpha \wedge \beta$	$\equiv$	$\beta \wedge \alpha$
(3)	$\neg(\alpha \vee \beta)$	$\equiv$	$\neg\alpha \wedge \neg\beta$	$\neg(\alpha \wedge \beta)$	$\equiv$	$\neg\alpha \vee \neg\beta$
(4)	$\alpha \vee (\beta \vee \gamma)$	$\equiv$	$(\alpha \vee \beta) \vee \gamma$	$\alpha \wedge (\beta \wedge \gamma)$	$\equiv$	$(\alpha \wedge \beta) \wedge \gamma$
(5)	$\alpha \vee (\beta \wedge \gamma)$	$\equiv$	$(\alpha \vee \beta) \wedge (\alpha \vee \gamma)$	$\alpha \wedge (\beta \vee \gamma)$	$\equiv$	$(\alpha \wedge \beta) \vee (\alpha \wedge \gamma)$
(6)	$\alpha \rightarrow \beta$	$\equiv$	$\neg\alpha \vee \beta$			
(7)	$\alpha \rightarrow \beta$	$\equiv$	$\neg\beta \rightarrow \neg\alpha$			
(8)	$\alpha \vee \bot$	$\equiv$	α	$\alpha \wedge \top$	$\equiv$	α
(9)	$\alpha \vee \top$	$\equiv$	$\top$	$\alpha \wedge \bot$	$\equiv$	$\bot$
(10)	$\alpha \vee \neg\alpha$	$\equiv$	$\top$	$\alpha \wedge \neg\alpha$	$\equiv$	$\bot$

Für einige der angegebenen Äquivalenzen finden sich in der Literatur besondere Namen: (2) sind die *Kommutativgesetze,* (3) die *Gesetze von de Morgan,* (4) drückt die *Assoziativität* von $\wedge$ und $\vee$ aus, (5) sind die *Distributivgesetze* für $\wedge$ und $\vee$, und (7) ist das Prinzip der *Kontraposition.* Die erste Formel in (10) spiegelt das *tertium non datur* wieder. Zum Beweis kann man Satz 2.3.5 (1) und Satz 2.3.6 (2) benutzen.

Beweis

Die Äquivalenzen (8) und (9) zeigt man direkt. Wir skizzieren lediglich einen Beweis von (6). Die verbleibenden Fälle werden analog gezeigt. Es seien $A, B \in AS$ Aussagensymbole. Mit der Wahrheitstafelmethode zeigt man, daß $(A \rightarrow B) \leftrightarrow (\neg A \vee B)$ eine Tautologie ist. Nach Satz 2.3.5(1) ist dann auch $(\alpha \rightarrow \beta) \leftrightarrow (\neg\alpha \vee \beta)$ eine Tautologie. Aus Satz 2.3.6(2) folgt $\alpha \rightarrow \beta \equiv \neg\alpha \vee \beta$.
□

Selbsttestaufgabe S15

Beweisen Sie die erste Behauptung aus Lemma 2.3.7 (5).

Logische Äquivalenzen lassen sich zum äquivalenten Umformen und Vereinfachen von Formeln benutzen. Wie bereits erwähnt, gilt Satz 1.4.13 über die äquivalente Ersetzung von Teiltermen entsprechend für unsere Peano–Algebra $\widehat{AF} = (AF, f)$ der aussagenlogischen Formeln (s. Satz 2.1.2). Als Spezialfall erhalten wir den folgenden Satz.

2.3.8 Satz *(äquivalente Ersetzung von Teilformeln)*

Es seien $\beta, \hat{\beta}$ Formeln und $x, y \in W(\Sigma)$ mit $x\beta y \in AF$. Dann gilt

(1) $x\hat{\beta}y \in AF$.

(2) Für alle $\sigma \in BEL$ gilt: $<\sigma>(\beta) = <\sigma>(\beta')$ impliziert $<\sigma>(x\beta y) = <\sigma>(x\beta' y)$.

(3) $\beta \equiv \beta'$ impliziert $x\beta y \equiv x\beta' y$.

Beweis

Wir beweisen (1) und (2). (3) ist dann eine einfache Folgerung. Es sei $\sigma \in BEL$. Es sei $\nu : I \longrightarrow \mathbb{N}$ die Signatur von $\widehat{AF}$, also $\nu(i) = 0$ für $i \in \mathbb{N}, \nu(\top) := \nu(\bot) := 0$, $\nu(\neg) = 1$, $\nu(\vee) = \nu(\wedge) = \nu(\rightarrow) = 2$. Zu σ definieren wir eine ν–Algebra $AL = (\{0,1\}, g)$ durch

$$
\begin{array}{lcllllllll}
g_i(\ ) & = & \sigma(A0^iA) & & & & & & & \\
g_\top(\ ) & = & 1 & & & & & & & \\
g_\bot(\ ) & = & 0 & & & & & & & \\
g_\neg(a) & = & 1 & \text{gdw.} & a & = & 0 & & & \\
g_\vee(a,b) & = & 1 & \text{gdw.} & a & = & 1 & \text{oder} & b = & 1 \\
g_\wedge(a,b) & = & 1 & \text{gdw.} & a & = & 1 & \text{und} & b = & 1 \\
g_\rightarrow(a,b) & = & 1 & \text{gdw.} & a & = & 0 & \text{oder} & b = & 1
\end{array}
$$

für alle $i \in \mathbb{N}$ und $a, b \in \{0,1\}$. Nach Satz 1.4.10 gibt es genau einen Algebra–Homomorphismus von $\widehat{AF}$ nach AL . Man zeigt sofort, daß dies $<\sigma>: AF \longrightarrow \{0,1\}$ ist (s. Def. 2.2.3). Da Satz 1.4.13 auch für $\widehat{AF}$ anstelle der kanonischen Termalgebra AL_0 gilt (s. Abschnitt 2.1), erhalten wir (1) und (2) sofort aus Satz 1.4.13.
□

Im folgenden Beispiel zeigen wir, wie eine Formel durch äquivalente Ersetzung „vereinfacht" werden kann.

Beispiel 3

Es seien $A, B, C \in AS$ Aussagensymbole. Gegeben sei die Formel

$$\begin{aligned}\alpha = \ & (\neg A \wedge B \wedge C) \vee (A \wedge \neg B \wedge C) \vee (A \wedge B \wedge \neg C) \\ & \vee (A \wedge \neg B \wedge \neg C) \vee (\neg A \wedge B \wedge \neg C) \vee (\neg A \wedge \neg B \wedge C) \\ & \vee (\neg A \wedge \neg B \wedge \neg C)\end{aligned}$$

Wir versuchen, α schrittweise durch Ersetzen von Teilformeln durch äquivalente zu vereinfachen. Dabei nutzen wir stillschweigend die Assoziativität und Kommutativität von $\wedge$ und $\vee$ aus. Es gilt

$$\begin{aligned} & (\neg A \wedge B \wedge C) \vee (\neg A \wedge \neg B \wedge C) & \\ \equiv \ & (\neg A \wedge C) \wedge (B \vee \neg B) & \text{(Distributivgesetz)} \\ \equiv \ & \neg A \wedge C & (\text{da } B \vee \neg B \equiv \top \text{ und } \alpha \wedge \top \equiv \alpha)\end{aligned}$$

Entsprechend erhält man aus dem 2. und 4. Term $A \wedge \neg B$ und aus dem 5. und 7. Term $\neg A \wedge \neg C$. Es folgt

$$\begin{aligned}\alpha & \equiv (\neg A \wedge C) \vee (A \wedge \neg B) \vee (\neg A \wedge \neg C) \vee (A \wedge B \wedge \neg C) \\ & \equiv (\neg A \wedge (C \vee \neg C)) \vee (A \wedge \neg B) \vee (A \wedge B \wedge \neg C) \ \text{(Distributivgesetz)} \\ & \equiv \neg A \vee (A \wedge \neg B) \vee (A \wedge B \wedge \neg C) \ (\text{da } C \vee \neg C \equiv \top \text{ und } \alpha \wedge \top \equiv \alpha) \\ & \equiv \neg A \vee (A \wedge (\neg B \vee (B \wedge \neg C)))\end{aligned}$$

Für beliebige β, γ gilt

$$\neg\beta \vee (\beta \wedge \gamma) \equiv (\neg\beta \vee \beta) \wedge (\neg\beta \vee \gamma) \equiv \neg\beta \vee \gamma.$$

Es folgt unter zweimaligem Anwenden dieser Äquivalenz:

$$\begin{aligned}\alpha & \equiv \neg A \vee (A \wedge (\neg B \vee \neg C)) \\ & \equiv \neg A \vee \neg B \vee \neg C \\ & \equiv \neg(A \wedge B \wedge C) \ \text{(de Morgan)}\end{aligned}$$

2.4 Ausdrucksstärke, Normalformen, Kompaktheitssatz

Durch die Zuordnung $\sigma \longmapsto <\sigma> (\alpha)$ ist zu jeder aussagenlogischen Formel α eine Funktion $h_\alpha : BEL \longrightarrow \{0,1\}$ definiert. Der Wert $h_\alpha(\sigma) = <\sigma> (\alpha)$ hängt nicht von ganz σ sondern nur von den Werten $\sigma(B)$, für die B in α vorkommt, ab. Wir werden diese Eigenschaft als *Koinzidenzlemma* formulieren.
Betrachten wir nur Belegungen der in α vorkommenden Aussagensymbole, so liefert α eine Boolesche Funktion $g_\alpha : \{0,1\}^n \longrightarrow \{0,1\}$. Wir werden beweisen, daß sich jede Boolesche Funktion $f : \{0,1\}^n \longrightarrow \{0,1\}$ durch eine Formel erzeugen läßt. Damit hat die Menge der aussagenlogischen Formeln, die mit den Junktoren der Menge $\{\top, \bot, \neg, \vee, \wedge, \rightarrow\}$ aufgebaut ist, die maximal mögliche Ausdrucksstärke. Wir diskutieren in diesem Zusammenhang die Ausdrucksstärke bei anderen zugrunde gelegten Junktorenmengen. Als Nebenresultat erhalten wir den Satz über die *konjunktive* und die *disjunktive Normalform* aussagenlogischer Formeln. Schließlich untersuchen wir Erfüllbarkeit und logische Konsequenz für Formelmengen und beweisen als Hauptresultat den *Kompaktheitssatz* der Aussagenlogik.

Eine Belegung σ ist eine Abbildung, die jedem Aussagensymbol $A \in AS$ einen Wert aus $\{0,1\}$ zuordnet. In einer Formel $\alpha \in AF$ kommen nur endlich viele Aussagensymbole vor, daher ist $<\sigma> (\alpha)$ bereits durch die Werte auf diesen Symbolen bestimmt. Diesen schon bei der Wahrheitstafelmethode benutzten Sachverhalt formulieren wir nun als Lemma, dessen Beweis wir dem Leser überlassen.

2.4.1 Lemma *(Koinzidenzlemma)*

Für alle $\alpha \in AF$ sei $AS(\alpha) \subseteq AS$ die Menge der *in α vorkommenden Aussagensymbole.* (Man kann die Funktion AS rekursiv definieren durch: $AS(\top) = AS(\bot) = \emptyset, AS(B) = \{B\}$ für $B \in AS, AS(\neg\alpha) = AS(\alpha), AS(\alpha \vee \beta) := AS(\alpha \wedge \beta) := AS(\alpha \rightarrow \beta) := AS(\alpha) \cup AS(\beta)$.) Es sei $\alpha \in AF$. Ferner seien $\sigma, \sigma' \in BEL$ mit $\sigma(B) = \sigma'(B)$ für alle $B \in AS(\alpha)$. Dann gilt $<\sigma> (\alpha) = <\sigma'> (\alpha)$.

Selbsttestaufgabe S16

Beweisen Sie das Koinzidenzlemma.

Da $<\sigma> (\alpha)$ bereits durch endlich viele Werte $\sigma(B) \in \{0,1\}$ festgelegt ist, kann man eine aussagenlogische Formel α als Vorschrift zur Berechnung einer Booleschen Funktion $g_\alpha : \{0,1\}^n \longrightarrow \{0,1\}$ auffassen. Wir definieren dies genauer.

2.4.2 Definition

Es sei $\alpha \in AF$ eine aussagenlogische Formel, und $C : \{1, \ldots, n\} \longrightarrow AS$ injektiv, so daß $AS(\alpha) \subseteq \{C_1, \ldots, C_n\}$. Dann heißt $f_{\alpha,C} : \{0,1\}^n \longrightarrow \{0,1\}$, definiert durch

$$f_{\alpha,C}(a_1, \ldots, a_n) := < \sigma_0[C_1/a_1, \ldots, C_n/a_n] > (\alpha),$$

die *durch* α und C *festgelegte Boolesche Funktion.* (Dabei sei $(\forall B \in AS)\ \sigma_0(B) := 0$.)

Man beachte, daß der Fall $n = 0$ eingeschlossen ist. Wir zeigen nun, daß jede Boolesche Funktion auf diese Weise erzeugt werden kann.

2.4.3 Satz

Zu jeder Booleschen Funktion $g : \{0,1\}^n \longrightarrow \{0,1\}$ und jeder injektiven Funktion $C : \{1, \ldots, n\} \longrightarrow AS$ gibt es eine Formel $\alpha \in AF$ mit $g = f_{\alpha,C}$.

Beweis

Es seien $v_1, \ldots, v_k \in \{0,1\}^n$ paarweise verschiedene Vektoren mit $g^{-1}\{1\} = \{v_1, \ldots, v_k\}$. Wir definieren

$$\alpha := \text{“}h(v_1) \vee h(v_2) \vee \ldots \vee h(v_k)\text{”}.$$

Im Falle $k = 0$ setzen wir $\alpha :=$ “$\bot$”. Dabei sei $h(v) \in AF$ definiert durch

$$h(a_1, \ldots, a_n) := \text{“}(q(a_1, C_1) \wedge \ldots \wedge q(a_n, C_n))\text{”},$$

wobei wiederum

$$q(0, B) := \text{“}\neg B\text{”} \text{ und } q(1, B) := \text{“}B\text{”}$$

für alle $B \in AS$. Im Falle $n = 0$ sei $h(\ ) :=$ “$\top$”. Wir müssen nun $g = f_{\alpha,C}$ nachweisen. Offenbar gilt $AS(\alpha) = \{C_1, \ldots, C_n\}$. Damit ist $f_{\alpha,C}$ definiert. Als Vorbereitung stellen wir fest, daß für alle $\sigma \in BEL$, $B \in AS$ und $a \in \{0,1\}$ gilt:

$$< \sigma > (q(a, B)) = 1 \text{ gdw. } \sigma(B) = a.$$

Für alle $w = (a_1, \ldots, a_n) \in \{0,1\}^n$ erhalten wir:

$$\begin{aligned}
f_{\alpha,C}(w) = 1 \quad & \text{gdw.} \quad < \sigma_0[C_1/a_1, \ldots, C_n/a_n] > (\alpha) = 1 \\
& \text{gdw.} \quad (\exists v \in g^{-1}\{1\}) < \sigma_0[C_1/a_1, \ldots, C_n/a_n] > (h(v)) = 1 \\
& \text{gdw.} \quad (\exists b_1, \ldots, b_n \in \{0,1\})[g(b_1, \ldots, b_n) = 1 \\
& \qquad \text{und } < \sigma_0[C_1/a_1, \ldots, C_n/a_n] > (q(b_j, C_j)) = 1 \text{ für } j = 1, \ldots, n] \\
& \text{gdw.} \quad (\exists b_1, \ldots, b_n \in \{0,1\})[g(b_1, \ldots, b_n) = 1 \\
& \qquad \text{und } < \sigma_0[C_1/a_1, \ldots, C_n/a_n] > (C_j) = b_j \text{ für } j = 1, \ldots, n]
\end{aligned}$$

$$\begin{aligned} &\text{gdw.} \quad (\exists b_1, \ldots, b_n \in \{0,1\})[g(b_1, \ldots, b_n) = 1 \\ &\qquad\quad \text{und } a_j = b_j \text{ für } j = 1, \ldots n] \\ &\text{gdw.} \quad g(w) = 1 \end{aligned}$$

Es folgt $f_{\alpha,C} = g$.
□

Grob gesagt, läßt sich damit jede Boolesche Funktion mit einer Formel $\alpha \in AF$ „berechnen". Falls wir 0 als falsch und 1 als wahr deuten, so besagt der Satz, daß sich jede mehrstellige Funktion von Wahrheitswerten in Wahrheitswerte durch Schachteln der Funktionen $\top, \bot$ „nicht" , „und", „oder" und „impliziert" erzeugen läßt. Der Beweis zeigt, wie man sofort aus C und der Wertetafel von g eine Formel α mit $g = f_{\alpha,C}$ gewinnen kann.

Selbsttestaufgabe S17
Es sei $g : \{0,1\}^3 \longrightarrow \{0,1\}$ definiert wie folgt:

$$g(a_1, a_2, a_3) = 1 \text{ gdw. } \{i \mid a_i = 1\} \text{ gerade.}$$

Sei $C : \{1,2,3\} \longrightarrow AS$ injektiv. Geben Sie eine Formel $\alpha \in AF$ an, so daß $g = f_{\alpha,C}$.

Die im Beweis von 2.4.3 konstruierten Formeln haben eine bestimmte Form, die *kanonische disjunktive Normalform.*

2.4.4 Definition *(Normalformen)*

(1) Eine Formel $\alpha \in AF$ ist in *disjunktiver Normalform,* gdw. es $k \in \mathbb{N}$ gibt mit

$$\alpha = \text{“}\beta_1 \vee \ldots \vee \beta_k\text{”},$$

wobei jedes der β_j die Form

$$\beta_j = \text{“}(\gamma_{j1} \wedge \ldots \wedge \gamma_{jn_j})\text{”} \quad (n_j \in \mathbb{N} \text{ für } j = 1, \ldots, k)$$

hat mit $\gamma_{ji} \in \{\text{“}B\text{”}, \text{“}\neg B\text{”} \mid B \in AS\}$. Wieder bedeute dies $\alpha = \text{“}\bot\text{”}$ im Falle $k = 0$ und $\beta_j = \text{“}\top\text{”}$ im Falle $n_j = 0$. Die Formel α ist in *kanonischer disjunktiver Normalform,* wenn darüber hinaus jedes Aussagensymbol $B \in AS(\alpha)$ in jeder Teilformel β_j genau einmal (negiert oder nicht negiert) vorkommt.

(2) Die Definition der *konjunktiven Normalform* und der *kanonischen konjunktiven* Normalform erhält man aus (1) durch Vertauschen von $\wedge$ mit $\vee$ (und $\top$ mit $\bot$).

Mit Satz 2.4.3 haben wir gleichzeitig gezeigt:

2.4.5 Satz *(Normalformen)*

(1) Zu jeder Formel $\alpha \in AF$ gibt es eine Formel $\beta \in AF$ in kanonischer disjunktiver Normalform mit $\alpha \equiv \beta$ und $AS(\alpha) = AS(\beta)$.

(2) Zu jeder Formel $\alpha \in AF$ gibt es eine Formel $\gamma \in AF$ in kanonischer konjunktiver Normalform mit $\alpha \equiv \gamma$ und $AS(\alpha) = AS(\gamma)$.

Beweis

(1) Sei $\alpha \in AF$. Sei $C : \{1,\ldots,n\} \longrightarrow AS(\alpha)$ eine beliebige Bijektion. Es sei $g := f_{\alpha,C}$. Im Beweis zu Satz 2.4.3 wird zu g eine Formel β mit $g = f_{\beta,C}$ konstruiert. Der Beweis zeigt, daß $AS(\alpha) = AS(\beta)$ gilt und daß β in kanonischer disjunktiver Normalform ist. Aus $f_{\alpha,C} = f_{\beta,C}$ folgt mit dem Koinzidenzlemma $\alpha \equiv \beta$.

(2) Es sei δ eine kanonische disjunktive Normalform der Formel $\neg\alpha \in AF$ im Sinne von (1). Anwenden der Gesetze von de Morgan transformiert die Formel $\neg\delta$ in eine äquivalente Formel γ in kanonischer konjunktiver Normalform. Es gilt $\neg\alpha \equiv \delta$ und $\neg\delta \equiv \gamma$, also $\gamma \equiv \alpha$. Offenbar gilt auch $AS(\alpha) = AS(\gamma)$.

□

Selbsttestaufgabe S18

Es seien B_1, B_2, B_3 Aussagensymbole. Transformieren Sie die Formel $\alpha := (B_1 \rightarrow B_2) \vee (B_3 \wedge \neg B_1)$ in kanonische konjunktive Normalform.

Nach Satz 2.4.3 läßt sich jede Boolesche Funktion mit Formeln über der Junktorenmenge $X := \{\top, \bot, \neg, \vee, \wedge, \rightarrow\}$ erzeugen. Man sagt, X ist *vollständig.* Wegen der Äquivalenzen $\top \equiv AA \vee \neg AA$, $\bot \equiv \neg\top$, $\alpha \wedge \beta \equiv \neg(\neg\alpha \vee \neg\beta)$, und $\alpha \rightarrow \beta \equiv \neg\alpha \vee \beta$ gibt es zu jeder Formel α eine äquivalente Formel β, so daß β nur mit Junktoren $\neg$ und $\vee$ aufgebaut ist. Damit ist auch die Menge $\{\neg, \vee\}$ von Junktoren vollständig. Entsprechend sind die Mengen $\{\neg, \wedge\}$ und $\{\neg, \rightarrow\}$ vollständig.

Wir hätten uns bei der Definition der aussagenlogischen Formeln also z.B. auf die Junktorenmenge $\{\vee, \neg\}$ beschränken und dann Junktoren wie $\wedge, \rightarrow$ als metasprachliche Kurzschreibweisen einführen können, so wie wir es bereits mit dem Junktor $\leftrightarrow$ praktiziert haben. Unser Vorgehen bei der Definition von AF stellt einen Kompromiß dar: $\top, \bot, \neg, \vee, \wedge$ und $\rightarrow$ als formallogische Junktoren und $\leftrightarrow$ als metasprachliche Abkürzung.

Wir hatten zu jeder Formel α und jeder Belegung σ den Wahrheitswert $< \sigma > (\alpha) \in \{0,1\}$ von α bei der Belegung σ definiert. Man sagt „σ erfüllt α“, gdw. $< \sigma > (\alpha) = 1$ gilt. Wir wollen nun *Erfüllungsmengen* zu Formelmengen betrachten.

2.4.6 Definition

Es sei $X \subseteq AF$ eine Formelmenge und $\alpha \in AF$ eine Formel.

(1) $Erf(X) := \{\sigma \in BEL \mid <\sigma> (\beta) = 1$ für alle $\beta \in X\}$ heißt *Erfüllungsmenge* von X. (Schreibweise: $Erf(\alpha) := Erf(\{\alpha\})$ für $\alpha \in AF$)

(2) X heißt *erfüllbar*, gdw. $Erf(X) \neq \emptyset$.

(3) X heißt *endlich erfüllbar*, gdw. Y erfüllbar ist für jede endliche Teilmenge $Y \subseteq X$.

(4) Wir sagen „*X impliziert logisch α*" oder „*α ist logische Konsequenz von X*" oder „*α folgt logisch aus X*", in Zeichen $X \models \alpha$, gdw. $Erf(X) \subseteq Erf(\alpha)$.

Die obigen Definitionen verallgemeinern die entsprechenden Begriffe aus Def. 2.3.2. Die Formelmenge $\{\beta\}$ ist erfüllbar, gdw. β erfüllbar im Sinne von Def. 2.3.2 (2) ist; $\{\beta\} \models \alpha$, gdw. $\beta \models \alpha$ (2.3.2 (4)); α ist tautologisch, gdw. $\emptyset \models \alpha$. $X \models \alpha$ bedeutet: „ unter allen Umständen", d.h. für jede Belegung σ, darf man aus der Gültigkeit aller $\beta \in X$ auf die Gültigkeit von α schließen. Durch die logische Konsequenz $\models$ wird in der Aussagenlogik ein Teil des logischen Schließens der naiven Logik modelliert. Das folgende Lemma faßt ein paar einfache Eigenschaften der Erfüllungsmengen und der Folgerungsrelation $\models$ zusammen.

2.4.7 Lemma

Es seien $X, Y \subseteq AF$ und $\alpha, \beta, \alpha_1, \ldots, \alpha_n \in AF$. Dann gilt:

(1) $Erf(X \cup Y) = Erf(X) \cap Erf(Y)$.

(2) $X \cup \{\alpha\} \models \beta$ gdw. $X \models (\alpha \to \beta)$.

(3) $Erf(\{\alpha_1, \ldots, \alpha_n\}) = Erf\,(\alpha_1 \wedge \ldots \wedge \alpha_n)$.

(4) $\{\alpha_1, \ldots, \alpha_n\} \models \beta$ gdw. $(\alpha_1 \wedge \ldots \wedge \alpha_n) \models \beta$.

(5) $X \models \alpha$ gdw. $Erf(X \cup \{\neg\alpha\}) = \emptyset$ (d.h. $X \cup \{\neg\, \alpha\}$ ist nicht erfüllbar).

Beweis

Die Eigenschaften lassen sich mit elementaren Schlüssen zeigen. Als Beispiel beweisen wir Eigenschaft (5).

$\Longrightarrow$:

Es gelte $X \models \alpha$. Es sei $\sigma \in Erf(X \cup \{\neg\, \alpha\})$. Dann gilt $\sigma \in Erf(X)$ und $\sigma \in Erf(\neg\, \alpha)$. Mit $X \models \alpha$ folgt $\sigma \in Erf(\alpha)$. Es folgt $<\sigma> (\neg\, \alpha) = 1$ und $<\sigma> (\alpha) = 1$, ein Widerspruch. Damit kann $\sigma \in Erf(X \cup \{\neg\, \alpha\})$ nicht existieren.

$\Longleftarrow$:

Sei andererseits $Erf(X \cup \{\neg\, \alpha\}) = \emptyset$. Es sei $\sigma \in Erf(X)$. Dann ist $\sigma \notin Erf(\neg\, \alpha)$, also

$< \sigma > (\neg\, \alpha) = 0$, also $< \sigma > (\alpha) = 1$, also $\sigma \in Erf(\alpha)$. Es folgt $X \models \alpha$.
□

Selbsttestaufgabe S19
Beweisen Sie (1) bis (4) aus Lemma 2.4.7.

In der Mathematischen Logik und ihren Anwendungen spielt die Relation $\models$, d.h. die logische Konsequenz, eine besondere Rolle. Für eine endliche Prämissenmenge $X = \{\alpha_1, \ldots, \alpha_n\}$ läßt sich $X \models \alpha$ unter Verwendung des Koinzidenzlemmas 2.4.1 durch Aufstellen einer Wahrheitstafel (wenigstens im Prinzip) entscheiden. Für eine unendliche Menge X von Prämissen ist diese Methode nicht anwendbar, da alle (also unendlich viele) Belegungen getestet werden müßten,wobei jede dieser Belegungen erst durch Angabe der Wahrheitswerte für unendlich viele Argumente festgelegt ist. Glücklicherweise ist die Folgerungsrelation $\models$ sehr gutartig, und zwar läßt sich $X \models \alpha$, sofern es zutrifft, noch mit endlichen Mitteln beweisen. Dies besagt der Kompaktheitssatz der Aussagenlogik, den wir sogleich in zwei Versionen formulieren.

2.4.8 Satz (*Kompaktheitssatz, Endlichkeitssatz*)

Es sei $X \subseteq AF$ eine Menge von Formeln und es sei $\alpha \in AF$. Dann gilt:
(1) $Erf(X) = \emptyset$ gdw. $Erf(Y) = \emptyset$ für eine endliche Menge $Y \subseteq X$.
(2) $Erf(X) \neq \emptyset$ gdw. X endlich erfüllbar ist.
(3) $X \models \alpha$ gdw. $Y \models \alpha$ für eine endliche Menge $Y \subseteq X$.

Beweis
Wir beweisen zunächst Eigenschaft (2).
“ $\Longrightarrow$ ” :
Es sei $Erf(X) \neq \emptyset$. Sei $Y \subseteq X$ endlich. Dann gilt $Erf(X) \subseteq Erf(Y)$. Damit ist $Erf(Y) \neq \emptyset$.
“ $\Longleftarrow$ ”:
Wir beweisen zunächst eine Zwischenbehauptung.
Beh. 1: Sei $Z \subseteq AF$ endlich erfüllbar und sei $B \in AS$. Dann ist $Z \cup \{B\}$ endlich erfüllbar oder $Z \cup \{\neg B\}$ endlich erfüllbar.

Bew. 1: Falls $Z \cup \{B\}$ endlich erfüllbar ist, bleibt nichts zu zeigen. Sei also $Z \cup \{B\}$ nicht endlich erfüllbar. Dann gibt es eine endliche Teilmenge $U \subseteq Z$, mit $Erf(U \cup \{B\}) = \emptyset$. Sei nun $V \subseteq Z \cup \{\neg B\}$ endlich. Falls $V \subseteq Z$, dann ist V erfüllbar. Sei $V = W \cup \{\neg B\}$ mit $W \subseteq Z$. Dann ist $W \cup U$ erfüllbar und $W \cup U \cup \{B\}$ nicht erfüllbar. Sei $\sigma \in Erf(W \cup U)$. Dann gilt $\sigma(B) = 0$. Es folgt $< \sigma > (\neg B) = 1$. Somit ist $W \cup U \cup \{\neg B\}$ erfüllbar, also auch $V = W \cup \{\neg B\}$ erfüllbar. Insgesamt folgt, daß $Z \cup \{\neg B\}$ endlich erfüllbar ist.
q.e.d.(Beh.1)

Wir definieren nun induktiv eine Folge $X_0, X_1, \ldots$ von Formelmengen:

$$X_0 := X$$
$$X_{i+1} := \begin{cases} X_i \cup \{A0^iA\} & \text{falls } X_i \cup \{A0^iA\} \text{ endlich erfüllbar} \\ X_i \cup \{\neg A0^iA\} & \text{sonst.} \end{cases}$$

Durch vollständige Induktion zeigt man leicht mit Behauptung 1, daß für jedes $i \in \mathbb{N}$ die Menge X_i endlich erfüllbar ist.

Es sei $\overline{X} := \bigcup\{X_i \mid i \in \mathbb{N}\}$. $\overline{X}$ ist endlich erfüllbar, denn jede endliche Teilmenge $Y \subseteq \overline{X}$ ist bereits Teilmenge eines X_i (beachte $X_0 \subseteq X_1 \subseteq X_2 \subseteq \ldots$) und X_i ist nach Beh. 1 endlich erfüllbar. Nach Konstruktion enthält die Formelmenge $\overline{X}$ für jedes Aussagensymbol $D \in AS$ entweder die Formel D oder die Formel $\neg D$. (Beides ist nicht möglich, anderenfalls wäre $\overline{X}$ nicht endlich erfüllbar). Es sei nun eine Belegung $\sigma : AS \longrightarrow \{0,1\}$ definiert durch

$$\sigma(D) = \begin{cases} 1 & \text{falls} \quad D \in \overline{X} \\ 0 & \text{sonst.} \end{cases}$$

Beh. 2: $<\sigma>(\alpha) = 1$ für alle $\alpha \in \overline{X}$.

Bew. 2: Es sei $\alpha \in \overline{X}$ und $AS(\alpha) \subseteq AS$ die Menge der in α vorkommenden Aussagensymbole. Es sei

$$Y := \{\alpha\} \cup \{D \mid D \in AS(\alpha) \text{ und } D \in \overline{X}\} \cup \{\neg D \mid D \in AS(\alpha) \text{ und } \neg D \in \overline{X}\}.$$

Als endliche Teilmenge von $\overline{X}$ ist Y erfüllbar. Es sei $\hat{\sigma} \in BEL$ mit $<\hat{\sigma}>(\beta) = 1$ für alle $\beta \in Y$. Offenbar gilt dann $\hat{\sigma}(D) = \sigma(D)$ für alle $D \in AS(\alpha)$. Aus dem Koinzidenzlemma 2.4.1 folgt $<\sigma>(\alpha) = <\hat{\sigma}>(\alpha) = 1$.
q.e.d.(Beh. 2)

Aus Beh. 2 folgt $Erf(\overline{X}) \neq \emptyset$, also $Erf(X) \neq \emptyset$ (wegen $X \subseteq \overline{X}$).

(1) Dies folgt unmittelbar aus der soeben bewiesenen Eigenschaft (2).

(3) $\Longleftarrow$: Sei $Y \subseteq X$ endlich und $Y \models \alpha$. Dann gilt $Erf(X) \subseteq Erf(Y) \subseteq Erf(\alpha)$, also $X \models \alpha$.

$\Longrightarrow$: Sei umgekehrt $X \models \alpha$. Es folgt $Erf(X \cup \{\neg\alpha\}) = \emptyset$ (Lemma 2.4.7). Nach (1) gibt es eine endliche Teilmenge $V \subseteq X \cup \{\neg\alpha\}$ mit $Erf(V) = \emptyset$. Es sei $Y := V \setminus \{\neg\alpha\}$. Dann gilt $Erf(Y \cup \{\neg\alpha\}) = \emptyset$ (da $V \subseteq Y \cup \{\neg\alpha\}$), also ist Y endliche Teilmenge von X und $Y \models \alpha$.

□

Die Behauptung (1) läßt sich auch auf abstrakterem Wege beweisen. Auf der Menge BEL der Belegungen kann man eine *Metrik* einführen durch $d(\sigma, \sigma) = 0$ und

$$d(\sigma, \hat{\sigma}) := 2^{-n} \quad \text{mit} \quad n = Min\{i \mid \sigma(A0^iA) \neq \hat{\sigma}(A0^iA)\}$$

für $\sigma \neq \hat{\sigma}$. Der so definierte metrische Raum ist *kompakt.* Das heißt: zu jeder Menge V abgeschlossener Teilmengen von BEL mit $\bigcap V = \emptyset$ gibt es eine endliche Teilmenge $E \subseteq V$ mit $\bigcap E = \emptyset$. Ein Beweis dafür ist nicht schwierig. Nun zeigt man leicht, daß $\mathit{Erf}(\alpha)$ abgeschlossen ist für jede Formel α. Falls $\mathit{Erf}(X) = \bigcap\{\mathit{Erf}(\alpha) \mid \alpha \in X\} = \emptyset$, dann gibt es also eine endliche Teilmenge $Y \subseteq X$ mit $\bigcap\{\mathit{Erf}(\alpha) \mid \alpha \in Y\} = \emptyset$, also $\mathit{Erf}(Y) = \emptyset$. Dies beweist Satz 2.4.8(1). Der Kompaktheitssatz der Aussagenlogik folgt damit direkt aus der topologischen Kompaktheit des *Cantorschen Raumes* BEL.

3 Prädikatenlogik

Dieses Kapitel dient dem Studium eines bedeutenden Teils der in der Mathematik üblicherweise benutzen formelhaften Kunstsprache und der bei ihrem Gebrauch von den meisten Mathematikern verwendeten Denk- und Schlußweisen.

Es werden zunächst die Syntax und die Semantik dieser Sprache exakt definiert. Danach wird ein Ansatz vorgestellt, das logische Schließen in der Mathematik zu formalisieren und damit einer Mechanisierung zugänglich zu machen. Als nächstes zeigen wir die Hauptresultate dieses Kapitels: die rekursive Aufzählbarkeit und die Unentscheidbarkeit der allgemeingültigen prädikatenlogischen Formeln. Es folgt ein Abschnitt über die Prädikatenlogik mit Identität. Wir sprechen dann noch kurz die Frage der Entscheidbarkeit spezieller mathematischer Theorien an, ehe eine Diskussion der Ausdrucksstärke der Prädikatenlogik 1. Stufe das vorliegende Kapitel beschließt.

3.1 Einleitung

In der Einführung (Abschnitt 1.1) hatten wir bereits versucht, die Prädikatenlogik zu charakterisieren. Wir wollen diese Überlegungen nun vertiefen. Das folgende Beispiel enthält Ausdrücke aus der Sprache der Mathematik.

Beispiel 1

(1) $(1+1)\cdot(1+1)$

(2) $(1+sin(x))^2$

(3) $x \in \mathrm{IN} \wedge 2 \leq x \wedge (\forall y \in \mathrm{IN})((2 \leq y \wedge y \leq x \wedge \neg\, x = y) \Longrightarrow \neg(\exists z \in \mathrm{IN})\, y \cdot z = x)$

(4) $(\forall x \in \mathrm{IR})((0 < x \wedge x < 1) \Longrightarrow 0 < sin(x))$

(5) $(\forall X \subseteq \mathrm{IN})((0 \in X \wedge (\forall x \in \mathrm{IN})(x \in X \Longrightarrow x+1 \in X)) \Longrightarrow X = \mathrm{IN})$

Solche Ausdrücke haben normalerweise für den Mathematiker eine unmittelbare Bedeutung. Die formelhafte Schreibweise dient dabei lediglich der unmißverständlichen Mitteilung von Rechenvorschriften, Eigenschaften, Behauptungen, Definitionen usw. Ausdrücke wie (1) und (2) heißen *Terme.* Sie kommen u.a. als Teile von Formeln vor. Terme werden in der Mathematik benutzt, um die *Reihenfolge von Rechenschritten* festzulegen. Term (1) kann als Rechenvorschrift auf den natürlichen Zahlen gedeutet werden (Rechenergebnis 4). Term (2) enthält eine Variable x. Im Bereich der reellen Zahlen stellt er eine Vorschrift dar, wie zu jeder reellen Zahl $x \in \mathrm{IR}$ ein Funktionswert $y \in \mathrm{IR}$ zu berechnen ist. Ausdruck (3) läßt sich im Bereich der natürlichen Zahlen als eine Präzisierung von „x ist eine Primzahl" auffassen, d.h. er liefert genau dann eine wahre Aussage, wenn x für eine Primzahl steht. Ausdruck (4) ist eine Schreibweise für die (wahre) Behauptung, daß die reelle Sinusfunktion im offenen Intervall (0,1) positiv ist. Schließlich beschreibt Ausdruck (5) eine fundamentale Eigenschaft der natürlichen Zahlen, das sog. Induktionsaxiom. Ausdrücke wie (3), (4) und (5) nennt man *Formeln.*

Selbsttestaufgabe S20

(1) Geben Sie eine (metasprachliche) Formel an, welche ausdrückt, daß eine Funktion $f : \mathbb{R} \longrightarrow \mathbb{R}$ stetig ist. Sie dürfen in der Formel noch die Funktionen $|\ |: \mathbb{R} \longrightarrow \mathbb{R}$ (Betrag) und $- : \mathbb{R}^2 \longrightarrow \mathbb{R}$ (Differenz) und das Prädikat $\leq$ (kleiner oder gleich) verwenden.

(2) Geben Sie eine (metasprachliche) Formel an, welche ausdrückt, daß eine Relation $R \subseteq X \times X$ eine Äquivalenzrelation ist.

Während der Mathematiker sich unmittelbar für die Bedeutung der Ausdrücke interessiert, betrachtet der Logiker ihre formale Struktur mit dem Ziel, Gesetzmäßigkeiten über Wahrheitswerte bereits aus den Formeln abzulesen, ohne ihre *volle* Bedeutung zu kennen. In der Aussagenlogik erhalten dabei lediglich die vorkommenden Junktoren "$\wedge$", "$\vee$", usw. ihre beabsichtigten Bedeutungen. Im Sinne der Prädikatenlogik sind Formeln reicher strukturiert.

Rein syntaktisch aufgrund ihrer Stellung in Ausdrücken lassen sich verschiedene Typen von Symbolen unterscheiden:

(1) aussagenlogische Junktoren wie $\neg$, $\wedge$, $\Longrightarrow$;

(2) Bezeichnungen für bestimmte Elemente wie 0, 1, 2;

(3) Bezeichnungen für bestimmte Mengen wie $\mathbb{N}$, $\mathbb{R}$;

(4) Variablen für Elemente wie x, y, z;

(5) Variablen für Mengen wie X;

(6) Bezeichnungen für Funktionen auf Elementen wie $+$, $\cdot$, sin, ^{2};

(7) Bezeichnungen für Relationen zwischen Elementen wie $\leq$, $<$;

(8) die Quantoren $\exists$ und $\forall$ für Elemente (in $\forall x \in \mathbb{R}$);

(9) den Quantor $\forall$ für Mengen (in $\forall X \subseteq \mathbb{N}$);

(10) das Gleichheitssymbol für Elemente (in $x = y$ usw.);

(11) das Gleichheitssymbol für Mengen (in $X = \mathbb{N}$);

(12) das Elementsymbol $\in$;

(13) das Teilmengensymbol $\subseteq$.

Diese Liste könnte noch erweitert werden. Charakteristisch für die Prädikatenlogik ist der Gebrauch der Quantoren $\exists$ und $\forall$. Allerdings kann man verschiedene Arten von Prädikatenlogiken unterscheiden, je nachdem welche Symbole (mit ihrer syntaktisch korrekten Verwendung) erlaubt sind und welche der erlaubten Symbole fest vorgegebene Bedeutungen erhalten, wie z.B. die Symbole $\wedge, \vee, \rightarrow$ usw. in der Aussagenlogik.

Wir werden uns in diesem Kapitel zunächst ausschließlich mit der *einsortigen Prädikatenlogik 1. Stufe ohne Gleichheit* befassen. „1. Stufe" bedeutet, daß keine Mengenvariablen vorkommen dürfen, also auch keine Quantifizierungen über Mengen. Es entfallen (5), (9), (11). „einsortig" bedeutet, daß nur eine einzige konstante Mengenbezeichnung, z.B. M, vorkommen darf und zwar nur in der Form "$(\forall x \in M)$" oder "$(\exists y \in M)$". Es genügt dann, "$\forall x$" bzw. "$\exists y$" zu schreiben. Außerdem wird das Teilmengensymbol (13) überflüssig. Schließlich bedeutet „ohne Gleichheit", daß das Gleichheitssymbol nicht vorkommt (zumindest nicht mit seiner üblichen Bedeutung). Eine feste Bedeutung erhalten nur die aussagenlogischen Junktoren sowie die Quantoren "$\forall$" (für alle) und "$\exists$" (es gibt).

Zur einsortigen Prädikatenlogik 1. Stufe ohne Gleichheit gibt es unwesentliche und wesentliche Erweiterungen. Mehrsortigkeit tritt bereits in Formeln wie $(\forall x \in \mathbb{R})(\exists y \in \mathbb{N})\ x \leq y$ oder bei der Behandlung von Vektorräumen (Skalare und Vektoren) auf. Wir zeigen in Abschnitt 3.10, wie sich mehrsortige Prädikatenlogik auf einsortige zurückführen läßt. Das Zufügen einer zweistelligen Relation " $=$ " mit der festen Bedeutung „Gleichheit auf der betrachteten Menge" liefert die *Prädikatenlogik mit Gleichheit*. Sie unterscheidet sich aber nur unwesentlich von der Prädikatenlogik ohne Gleichheit, wie wir zeigen werden. Eine wesentliche Erweiterung stellt die Quantifizierung über Mengen (oder auch über Funktionen und Relationen) dar. Die resultierende *Prädikatenlogik 2. Stufe* ist (in einem noch zu erklärenden Sinne) ausdrucksstärker als die Prädikatenlogik 1. Stufe, was allerdings damit erkauft wird, daß u.a. wichtige formale Eigenschaften nicht mehr „algorithmisch" sind. Wir werden dies in Abschnitt 3.10 kurz diskutieren. Durch Einführen weiterer „logischer Operatoren" neben den Junktoren und den Quantoren lassen sich außer der Aussagenlogik und den verschiedenen Formen von Prädikatenlogik andere Logiken wie die *Modale Logik* und die *Temporale Logik* behandeln. Darauf werden wir im letzten Kapitel genauer eingehen. Wir werden uns schließlich überlegen, daß in einem gewissen Sinne bereits die Sprache der Prädikatenlogik 1. Stufe ausreicht, um den größten Teil der heutigen Mathematik zu formulieren.

In den nächsten Kapiteln werden wir die einsortige Prädikatenlogik 1. Stufe ohne Gleichheit, die wir bis auf weiteres kurz *Prädikatenlogik* nennen wollen, eingehend untersuchen. Dabei werden zunächst Terme und Formeln als Präzisierung der mathematischen Umgangssprache definiert. Während der Mathematiker diese Ausdrücke normalerweise nur zur unmißverständlichen Mitteilung benutzt und lediglich ihre inhaltliche Bedeutung sieht, unterscheidet man in der Logik zwischen den Ausdrücken als Zeichenreihen (der *Syntax*) und ihrer Bedeutung (der *Semantik*). Dabei wird, wie bei der Aussagenlogik, wieder nur ein Modell (eines Teiles) der mathematischen Umgangssprache und der naiven Logik entwickelt. Insbesondere werden Ausdrücken nicht inhaltliche Bedeutungen zugeordnet, sondern in einer *formalen* Semantik Werte oder Wahrheitswerte bzw. gewisse Funktionen. Für den Informatiker steht dann letztlich die Frage im Vordergrund, welche semantischen Eigenschaften auch syntaktisch, also als Eigenschaften von Formeln, definierbar sind, und wie sich diese Eigenschaften auf der Menge der Formeln algorithmisch behandeln lassen.

3.2 Syntax der Prädikatenlogik

In diesem Abschnitt werden wir als *Syntax* unserer prädikatenlogischen Sprache *Terme* und *Formeln* als Wortmengen über einem geeigneten Alphabet definieren. Um die Vielzahl der in der Mathematik untersuchten Strukturen angemessen behandeln zu können, werden wir zu jedem *Typ* (s.u.) eine Menge von Termen und eine Menge von Formeln festlegen. Ähnlich wie im Fall der aussagenlogischen Formeln werden wir Terme und Formeln jeweils mit einer Peano–Algebra strukturieren. Wir werden eine Reihe später benötigter Funktionen auf Termen bzw. Formeln definieren, und zwar rekursiv über den Formelaufbau anhand der jeweiligen Peano–Algebra. Für Beweise bietet sich dann in natürlicher Weise die strukturelle Induktion an. Wir beginnen mit der Festlegung des verfügbaren (endlichen) Zeichenvorrats Σ_P. Dann legen wir uns einen Vorrat von Variablen und für jede Stelligkeit einen Vorrat von Prädikatsbezeichnern und einen Vorrat von Funktionsbezeichnern an. Jeder dieser Vorräte ist abzählbar unendlich. Lediglich aus technischen Gründen werden die Bezeichner eine etwas andere Gestalt haben als die in der mathematischen Praxis übliche.

3.2.1 Definition *(Alphabet der Prädikatenlogik, Variablen, Prädikats-* und *Funktionsbezeichner)*

(1) Die Menge $\Sigma_P := \{x; 0; (;); ,; \neg\ ; \wedge; \vee; \rightarrow; \forall; \exists; R; f; \top; \bot\}$ ist das *Alphabet der Prädikatenlogik.*
(Später werden wir $\neg, \wedge, \vee, \rightarrow, \top, \bot$ wie in der Aussagenlogik, $\forall$ als *für alle* und $\exists$ als *es gibt* lesen; "0", ")", "(" und "," sind Hilfszeichen; aus x, R und f werden mit Hilfe von 0, wie im folgenden beschrieben, die Variablen sowie die Prädikats- und Funktionsbezeichner gebildet.)

(2) $Var := \{x0^n x \mid n \in \mathbb{N}\}$ heißt Menge der *Individuenvariablen,* kurz *Variablen, Präd* $:= \{R0^n R0^m R \mid n, m \in \mathbb{N}\}$ Menge der *Prädikatsbezeichner* und *Funk* $:= \{f0^n f0^m f \mid n, m \in \mathbb{N}\}$ Menge der *Funktionsbezeichner* der Prädikatenlogik.

(3) $\mu : Präd \cup Funk \longrightarrow \mathbb{N}$ definiert durch $\mu(b0^n b0^m b) := m$ für alle $m, n \in \mathbb{N}$ und $b \in \{f, R\}$ heißt *Stellenzahlfunktion,* $m = \mu(b0^n b0^m b)$ *Stelligkeit* des (Prädikats-, Funktions-) Bezeichners $b0^n b0^m b$.

Um über beliebige Variablen, Prädikatsbezeichner und Funktionsbezeichner sprechen zu können, werden wir in unserer Metasprache wie gewohnt Platzhalter verwenden und zwar im allgemeinen:

$x, y, z, x_0, y_0, z_0, x_1, y_1, z_1, \ldots, x', \hat{x}, \tilde{x}, \ldots$	für Elemente aus *Var*,
$P, Q, R, P_0, Q_0, R_0, P_1, Q_1, R_1, \ldots, P', \hat{P}, \tilde{P}, \ldots$	für Elemente aus *Präd*,
$f, g, h, f_0, g_0, h_0, f_1, g_1, h_1, \ldots, f', \hat{f}, \tilde{f}, \ldots$	für Elemente aus *Funk*.

Aus dem Zusammenhang wird stets hervorgehen, ob $x \in \Sigma_P$ ($R \in \Sigma_P, f \in \Sigma_P$) gemeint ist oder der metasprachliche Platzhalter. Die Stelligkeit der jeweils verwendeten Bezeichner werden wir bei Bedarf explizit nennen.

Die nächste Begriffsbildung dient dazu, die für eine konkrete Sprache benötigten Bezeichner aus den entsprechenden Bezeichnervorräten auszusondern und damit den *Typ* der Sprache festzulegen.

3.2.2 Definition *(Typ)*

Ein *Typ* ist ein Paar $\tau = (I, J)$, wobei $I \subseteq$*Präd* und $J \subseteq$ *Funk*.

Nullstellige Funktionen können mit *Konstanten* identifiziert werden. Wir benutzen daher nullstellige Funktionsbezeichner als *Konstantenbezeichner.* Manche Autoren fordern dagegen $\mu(h) \geq 1$ für alle $h \in J$ und führen zusätzlich noch eine Menge K von Konstantenbezeichnern ein. Oft wird auch der Trivialfall $I = \emptyset$ ausgeschlossen. Schließlich könnte man noch $\mu(P) \geq 1$ für alle $P \in I$ fordern, ohne die Ausdrucksfähigkeit der Prädikatenlogik wesentlich zu beschneiden.

Zunächst definieren wir *Terme* eines Typs τ. Grob gesprochen ist ein Term eine Zeichenreihe, die durch „sinnvolles", den Stelligkeiten entsprechendes Zusammensetzen von Funktionsbezeichnern und Variablen entsteht. Wir verwenden die in Abschnitt 1.4 beschriebene Methode der Definition als Erzeugnis.

3.2.3 Definition *((prädikatenlogische) Terme)*

Es sei $\tau = (I, J)$ ein Typ. Die Menge $Tm_\tau \subseteq W(\Sigma_P)$ aller *(prädikatenlogischen) Terme vom Typ* τ sei wie folgt als Erzeugnis definiert:

(1) "y" $\in Tm_\tau$ für alle $y \in Var$.

(2) Für alle $h \in J$ ist "$h(t_1, \ldots, t_{\mu(h)})$" $\in Tm_\tau$, falls $\{t_1, \ldots, t_{\mu(h)}\} \subseteq Tm_\tau$.

(3) Keine weiteren Wörter aus $W(\Sigma_P)$ sind Elemente von Tm_τ.

Der Leser beachte, daß im Falle $\mu(h) = 0$ aufgrund der zweiten Bedingung in der Definition die Zeichenreihe "$h($ $)$" ein Term vom Typ τ ist. Wie in der Definition werden wir stets $t, \hat{t}$ usw. (evtl. indiziert) als metasprachliche Platzhalter für Terme verwenden.

Beispiel 1
Sei $\tau = (I, \{f_0, f_1, h_1, f_2, h_2\})$ ein Typ mit $\mu(f_0) = 0$, $\mu(f_1) = \mu(h_1) = 1$ und $\mu(f_2) = \mu(h_2) = 2$, und sei $y \in Var$ eine Variable. Dann sind $f_2(h_2(f_0(\ ), f_0(\ ))$, $h_2(f_0(\ ), f_0(\ )))$ und $f_1(f_2(f_0(\ ), h_1(y)))$ Terme vom Typ τ (vgl. mit (1) und (2) von Beispiel 1 der Einleitung 3.1!).
Wie bei den aussagenlogischen Formeln kann man dies jeweils durch Angabe einer Ableitung begründen. So ist z.B.

$$(\text{“}y\text{”}, \text{“}h_1(y)\text{”}, \text{“}f_0(\ )\text{”}, \text{“}f_2(f_0(\ ), h_1(y))\text{”}, \text{“}f_1(f_2(f_0(\ ), h_1(y)))\text{”})$$

eine Ableitung der zweiten Zeichenreihe.

Aus der obigen Definition ersieht man, daß Terme Zeichenreihen mit einer gewissen Struktur sind. Ähnlich wie bei den aussagenlogischen Formeln können wir diese durch Angabe einer Algebra–Struktur auf Tm_τ beschreiben. Dazu wählen wir $\mathbb{N} \cup J$ als Indexmenge, die Signatur $\nu : \mathbb{N} \cup J \longrightarrow \mathbb{N}$ mit $\nu(i) = 0$ für alle $i \in \mathbb{N}$ und $\nu(h) := \mu(h)$ für alle $h \in J$ und definieren

$$\widehat{Tm}_\tau := (Tm_\tau, g)$$

durch

$$g_i(\ ) := \text{“}x0^i x\text{”} \text{ für alle } i \in \mathbb{N},$$

und, für jedes $h \in J$,

$$g_h(t_1, \ldots, t_{\mu(h)}) := \text{“}h(t_1, \ldots, t_{\mu(h)})\text{”} \text{ für alle } t_1, \ldots, t_{\mu(h)} \in Tm_\tau.$$

$\widehat{Tm}_\tau$ ist dann sogar eine Peano-Algebra. Das heißt, daß sich jedes Element $t \in TM_\tau$ auf genau eine Weise gemäß Def. 3.2.3 erzeugen läßt.

Unser nächstes Ziel ist die Definition der (prädikatenlogischen) *Formeln* vom Typ τ. Formeln werden im wesentlichen wie aus der Mathematik gewohnt gebildet, jedoch normieren wir hier den Aufbau etwas strenger. Wir definieren Formeln wiederum als Erzeugnis.

3.2.4 Definition *((prädikatenlogische) Formeln)*

Sei $\tau = (I, J)$ ein Typ.

(1) Die Menge $PAT_\tau := \{\text{“}Q(t_1, \ldots, t_{\mu(Q)})\text{”} \mid Q \in I;\ t_1, \ldots, t_{\mu(Q)} \in Tm_\tau\} \cup \{\top, \bot\} \subseteq W(\Sigma_P)$ heißt Menge der *(prädikatenlogischen) Primformeln* oder *Atome vom Typ* τ.

(2) Die Menge $PF_\tau \subseteq W(\Sigma_P)$ aller *(prädikatenlogischen) Formeln vom Typ* τ sei wie folgt als Erzeugnis definiert:
- $PAT_\tau \subseteq PF_\tau$.
- "$\neg\alpha$" $\in PF_\tau$, falls $\alpha \in PF_\tau$.
- $\{$"$(\alpha \wedge \beta)$", "$(\alpha \vee \beta)$", "$(\alpha \rightarrow \beta)$"$\} \subseteq PF_\tau$, falls $\{\alpha, \beta\} \subseteq PF_\tau$.
- Für alle $y \in Var$ ist "$\forall y\alpha$" $\in PF_\tau$ und "$\exists y\alpha$" $\in PF_\tau$, falls $\alpha \in PF_\tau$.
- Keine weiteren Zeichenreihen über Σ_P sind Elemente von PF_τ .

Formeln sind also entweder Primformeln oder lassen sich aus diesen durch endlichmaliges Anwenden der oben angegebenen Erzeugungsregeln gewinnen. Zum Erzeugen von Formeln benötigt man also einen zweistufigen Prozeß: Zunächst müssen die erforderlichen Terme erzeugt werden, dann können aus Primformeln die Formeln generiert werden. - Wir vereinbaren, wie in der Definition kleine griechische Buchstaben (evtl. indiziert usw.) als metasprachliche Variablen für Formeln zu benutzen.

Beispiel 2

Sei $\tau = (\{P, Q\}, \{f_0, f_1, g, h\})$ ein Typ, wobei $\mu(P) = \mu(Q) = 2, \mu(f_0) = \mu(f_1) = 0$, $\mu(g) = 1$ und $\mu(h) = 2$. Dann sind die folgenden Wörter aus $W(\Sigma_P)$ Formeln vom Typ τ (vergl. (2) und (3) mit (3) bzw. (4) aus Beispiel 1 in Abschnitt 3.1):

(1) $\forall y \top$
(2) $(P(f_0(), y) \wedge \forall z((P(f_0(), z) \wedge (P(z, y) \wedge \neg Q(z, y))) \rightarrow \neg \exists v Q(h(z, v), y)))$
(3) $\forall y((P(f_0(), y) \wedge P(y, f_1())) \rightarrow P(f_0(), g(y)))$
(4) $(\exists z P(z, f_0()) \vee P(f_0(), z))$

Dabei nehmen wir an, daß die Variablen $v, y, z \in Var$ paarweise verschieden sind.

Selbsttestaufgabe S21

Beweisen Sie, daß die Wörter (1) — (4) aus Beispiel 2 Formeln vom Typ τ sind.

Da sowohl die Terme als auch die Formeln als Erzeugnis definiert sind, kann man in vielen Fällen Aussagen der Gestalt „Für alle $t \in Tm_\tau$ gilt die Eigenschaft $E(t)$" und „Für alle $\alpha \in PF_\tau$ gilt die Eigenschaft $\hat{E}(\alpha)$" durch strukturelle Induktion über t bzw. α beweisen (s. Satz 1.4.4). Der Vollständigkeit halber formulieren wir dies noch einmal explizit.

3.2.5 Satz *(strukturelle Induktion)*

Sei $\tau = (I, J)$ ein Typ.

(1) Sei $Y \subseteq Tm_\tau$ eine Menge von Termen, für die gilt:

(i) $Var \subseteq Y$.

(ii) Für alle $h \in J$ und $t_1, \ldots, t_{\mu(h)} \in Y$ ist auch "$h(t_1, \ldots, t_{\mu(h)})$" $\in Y$.
Dann gilt $Y = Tm_\tau$.

(2) Sei $X \subseteq PF_\tau$ eine Menge von Formeln mit folgenden Eigenschaften:
(i) $PAT_\tau \subseteq X$.
(ii) Für alle $\alpha, \beta \in X$ und $y \in Var$ ist $\{\neg\, \alpha, (\alpha \wedge \beta), (\alpha \vee \beta), (\alpha \rightarrow \beta), \forall y\alpha, \exists y\alpha\} \subseteq X$.
Dann gilt $X = PF_\tau$.

Auch die Definition der prädikatenlogischen Formeln liefert in natürlicher Weise eine Peano–Algebra–Struktur.

3.2.6 Lemma

Es gibt eine Signatur ν und eine Funktion g, so daß (PF_τ, g) die natürliche Peano–Algebra der Signatur ν zu Definition 3.2.4 ist.

Selbsttestaufgabe S22
Geben Sie ν und g explizit an.

Von nun an sei bis auf weiteres $\tau = (I, J)$ ein fest vorgegebener Typ. Wir lassen dann den Index "τ" weg und schreiben PF statt PF_τ und Tm statt Tm_τ. Aufgrund der Peano–Algebra–Struktur der Terme und Formeln lassen sich Funktionen auf Tm bzw. PF *rekursiv*, d.h. über den Aufbau der Terme bzw. Formeln definieren. Wir formulieren zur Wiederholung den entsprechenden Satz in beiden Versionen.

3.2.7 Satz *(rekursive Definition, Rekursionssatz)*

Sei Y eine Menge.

(1) Gegeben seien Abbildungen $\varphi : Var \longrightarrow Y$ und $\psi_h : Tm^{\mu(h)} \times Y^{\mu(h)} \longrightarrow Y$ für alle $h \in J$. Dann existiert genau eine Funktion $\Phi : Tm \longrightarrow Y$ mit

$$\Phi(y) = \varphi(y) \text{ für alle } y \in Var \text{ und}$$

$$\Phi(\text{“}h(t_1, \ldots, t_{\mu(h)})\text{”}) = \psi_h(t_1, \ldots, t_{\mu(h)}, \Phi(t_1), \ldots, \Phi(t_{\mu(h)}))$$

für alle $h \in J$ und alle $t_1, \ldots, t_{\mu(h)} \in Tm$.

(2) Es seien Funktionen $\varphi : PAT \longrightarrow Y$; $\psi_\wedge, \psi_\vee, \psi_\rightarrow : PF^2 \times Y^2 \longrightarrow Y$ sowie $\psi_\neg, \psi_{\forall y}, \psi_{\exists y} : PF \times Y \longrightarrow Y$ für alle $y \in Var$ gegeben. Dann gibt es genau eine Funktion $\Phi : PF \longrightarrow Y$ mit

$$\begin{aligned}
\Phi(\alpha) &= \varphi(\alpha)\\
\Phi(\text{“}\neg\ \beta\text{”}) &= \psi_{\neg}(\beta, \Phi(\beta))\\
\Phi(\text{“}(\beta_1 \wedge \beta_2)\text{”}) &= \psi_{\wedge}(\beta_1, \beta_2, \Phi(\beta_1), \Phi(\beta_2))\\
\Phi(\text{“}(\beta_1 \vee \beta_2)\text{”}) &= \psi_{\vee}(\beta_1, \beta_2, \Phi(\beta_1), \Phi(\beta_2))\\
\Phi(\text{“}(\beta_1 \rightarrow \beta_2)\text{”}) &= \psi_{\rightarrow}(\beta_1, \beta_2, \Phi(\beta_1), \Phi(\beta_2))\\
\Phi(\text{“}\forall y \beta\text{”}) &= \psi_{\forall y}(\beta, \Phi(\beta))\\
\Phi(\text{“}\exists y \beta\text{”}) &= \psi_{\exists y}(\beta, \Phi(\beta))
\end{aligned}$$

für alle $\alpha \in PAT$, $\beta, \beta_1, \beta_2 \in PF$ und $y \in Var$.

Wir werden den Rekursionssatz 3.2.7 in der Folge immer wieder benutzen. Dabei werden wir die Funktionen $\varphi, \psi_h, \psi_{\neg}$ usw. meistens nicht explizit definieren, sondern sofort Rekursionsgleichungen der suggestiven Form

$\Phi(\neg\ \alpha) = \ldots \alpha \ldots \Phi(\alpha) \ldots$ usw.

angeben. Zwar sind viele der später folgenden Definitionen immer noch recht lang. Die Länge rührt aber lediglich von der Vielzahl der zu nennenden Fälle her. Die einzuführenden Funktionen sind dabei nicht schwierig und meistens am besten aus der rekursiven Definition direkt zu verstehen.

Für die weiteren Untersuchungen benötigen wir einige Begriffe, welche Eigenschaften von Variablen und ihren Positionen in Formeln ausdrücken. Das folgende Beispiel soll zu den exakten Definitionen hinführen.

Beispiel 3

Es sei α die folgende prädikatenlogische Formel. (Zur Übersichtlichkeit haben wir die drei Hauptklammerpaare markiert. Unter der Formel haben wir die Variablenpositionen der Reihe nach numeriert.)

$\bar{(}P(x, f(y)) \wedge \exists v \forall y \bar{(}\exists x Q(g(x, z), y) \vee \exists v \bar{(}R(h(y, z), v) \vee \forall v S(x, y, v))\bar{)}\bar{)}\bar{)}$

1 2 3 4 5 6 7 8 9 10 11 12 13 14 15 16

Wir setzen noch voraus, daß u, v, x, y und z paarweise verschiedene Variablen sind. Unserem mathematisch–umgangssprachlichen Gebrauch von Formeln entsprechend können wir folgendes feststellen:

Die Positionen 3, 4, 5, 9 und 13 sind die *quantifizierten* Variablenpositionen.

v	in Position	16	wird durch	v	in Position	13	gebunden
v	in Position	12	wird durch	v	in Position	9	gebunden
x	in Position	6	wird durch	x	in Position	5	gebunden
y	in Position	8, 10, 15	wird durch	y	in Position	4	gebunden
	keine Variable		wird durch	v	in Position	3	gebunden

Beachten Sie, daß v in Position 16 nicht durch v in Position 9 oder durch v in Position 3 gebunden wird.

Eine Variablenposition, die nicht quantifiziert oder durch eine Quantifizierung gebunden ist, heißt *frei*. Damit sind die Positionen 1, 2, 7, 11 und 14 frei in α. Wenn $\exists u\beta$ oder $\forall u\beta$ eine Teilformel von α ist, so sagt man, daß die freien Variablen der Formel β im *Wirkungsbereich* der quantifizierten Variablen u liegen. So liegen z.B. die Variablen in den Positionen 10, 11, 12, 14 und 15 im Wirkungsbereich der quantifizierten Variablen in Position 9 und die Variablen in den Positionen 7, 11 und 14 im Wirkungsbereich der quantifizierten Variablen in Position 3.

Wir definieren nun exakt durch Rekursion die *vorkommenden Variablen* und die *freien Variablen* einer Formel. Dabei kommt es uns nur auf die *Mengen* solcher Variablen an und nicht auf deren genaue Positionen in den Formeln.

3.2.8 Definition (Menge der *vorkommenden* bzw. *freien Variablen*)

(1) Es sei eine Funktion $Vkt : Tm \longrightarrow 2^{Var}$ rekursiv definiert durch

$$\begin{aligned} Vkt(x) &= \{x\} \text{ für alle } x \in Var \text{ und} \\ Vkt(\text{“}h(t_1,\ldots,t_{\mu(h)})\text{”}) &= Vkt(t_1) \cup \ldots \cup Vkt(t_{\mu(h)}) \end{aligned}$$

für alle $h \in J$ und $t_1,\ldots,t_{\mu(h)} \in Tm$.

(2) Es sei eine Funktion $Vkf : PF \longrightarrow 2^{Var}$ rekursiv definiert durch

$$\begin{aligned} Vkf(\top) &= Vkf(\bot) = \emptyset \\ Vkf(\text{“}Q(t_1,\ldots,t_{\mu(Q)})\text{”}) &= Vkt(t_1) \cup \ldots \cup Vkt(t_{\mu(Q)}) \\ Vkf(\text{“}\neg\,\alpha\text{”}) &= Vkf(\alpha) \\ Vkf(\text{“}(\alpha \wedge \beta)\text{”}) &= Vkf(\alpha) \cup Vkf(\beta) \\ Vkf(\text{“}(\alpha \vee \beta)\text{”}) &= Vkf(\alpha) \cup Vkf(\beta) \\ Vkf(\text{“}(\alpha \rightarrow \beta)\text{”}) &= Vkf(\alpha) \cup Vkf(\beta) \\ Vkf(\text{“}\forall y\alpha\text{”}) &= \{y\} \cup Vkf(\alpha) \\ Vkf(\text{“}\exists y\alpha\text{”}) &= \{y\} \cup Vkf(\alpha) \end{aligned}$$

für alle $Q \in I,\ t_1,\ldots,t_{\mu(Q)} \in Tm,\ y \in Var$ und $\alpha,\beta \in PF$.

(3) Zur Vereinfachung führen wir Vk: $Tm \cup PF \longrightarrow 2^{Var}$ ein durch $Vk(t) := Vkt(t)$ für $t \in Tm$ und $Vk(\alpha) := Vkf(\alpha)$ für $\alpha \in PF$.
Sprechweise: x *kommt in* w *vor* : $\Longleftrightarrow x \in Vk(w)$, wobei $w \in Tm \cup PF$.

(4) Es sei eine Funktion $Fr : PF \longrightarrow 2^{Var}$ rekursiv definiert durch

$$\begin{aligned}
Fr(\alpha) &= \{y \in Var \mid y \text{ kommt in } \alpha \text{ vor}\} \\
Fr(\text{"}\neg\, \beta\text{"}) &= Fr(\beta) \\
Fr(\text{"}(\beta_1 \wedge \beta_2)\text{"}) &= Fr(\beta_1) \cup Fr(\beta_2) \\
Fr(\text{"}(\beta_1 \vee \beta_2)\text{"}) &= Fr(\beta_1) \cup Fr(\beta_2) \\
Fr(\text{"}(\beta_1 \rightarrow \beta_2)\text{"}) &= Fr(\beta_1) \cup Fr(\beta_2) \\
Fr(\text{"}\forall y \beta\text{"}) &= Fr(\beta) \backslash \{y\} \\
Fr(\text{"}\exists y \beta\text{"}) &= Fr(\beta) \backslash \{y\}
\end{aligned}$$

für alle $\alpha \in PAT$, $\beta, \beta_1, \beta_2 \in PF$ und $y \in Var$. $Fr(\beta)$ heißt Menge der *freien Variablen* von β.
Sprechweise: *y kommt frei in β vor:* $\iff y \in Fr(\beta)$.

Unsere Syntaxdefinition stellt sicher, daß eine Variable in einem Term oder einer Formel genau dann vorkommt, wenn sie ein Teilwort ist. Dies müßte strenggenommen noch bewiesen werden. Eine Variable y kommt frei in α vor, wenn sie nicht im Wirkungsbereich einer Quantifizierung $\exists y$ oder $\forall y$ steht. Was darunter *genau* zu verstehen ist, wird gerade durch Def. 3.2.8(4) gesagt. Der Leser beachte, daß eine Variable sowohl frei als auch gebunden in einer Formel vorkommen kann.

Selbsttestaufgabe S23

Bestimmen Sie für jede Formel α aus Beispiel 2 die Mengen $Vk(\alpha)$ und $Fr(\alpha)$! (Beachten Sie, daß v, y und z paarweise verschieden sind.)

Eine besondere Rolle spielen Formeln *ohne* freie Variablen. Solche Formeln heißen *geschlossen* oder *Aussagen.* Wir machen den Leser nochmals darauf aufmerksam, daß diese prädikatenlogischen Aussagen zunächst nur bestimmte Wörter einer formalen Sprache sind (ohne die inhaltliche Komponente „realer“ Aussagen der Umgangssprache). Erst die Semantik (s. Abschnitt 3.3) gibt ihnen eine Bedeutung.
Wir führen in diesem Zusammenhang auch den *Allabschluß* von Formeln ein, aufgrund dessen jeder Formel durch Abbinden ihrer freien Variablen mittels Allquantoren eine Aussage zugeordnet wird.

3.2.9 Definition *((prädikatenlogische) Aussage, Allabschluß)*

(1) Die Menge $Aus := \{\alpha \in PF \mid Fr(\alpha) = \emptyset\}$ heißt Menge der *geschlossenen* Formeln oder *(prädikatenlogischen) Aussagen.*

(2) Der *Allabschluß* einer Formel $\alpha \in PF$ ist die Formel

$$\forall \alpha := \forall x_{i_1} \ldots \forall x_{i_n} \alpha,$$

wobei $Fr(\alpha) = \{x_{i_1}, \ldots, x_{i_n}\}$, $i_1 < \ldots < i_n$ und $x_k =$ "$x0^k x$" $\in Var$ ist.

Wir werden später gelegentlich $\forall X$ statt $\{\forall\alpha \mid \alpha \in X\}$ für $X \subseteq PF$ schreiben.

Neben der Bildung des Allabschlusses werden später weitere syntaktische Operationen auf Formeln benötigt. Wir stellen zunächst die *simultane Substitution von Variablen durch Terme* vor. Die Definition ist so angelegt, daß nur bei den freien Vorkommen der Variablen eine Ersetzung vorgenommen wird. Sie ist aus einer rekursiven Definition über Terme und einer rekursiven Definition über Formeln zusammengesetzt. Einzelheiten werden unten erläutert.

3.2.10 Definition *(simultanes Substituieren von freien Variablen)*

Es sei $\Theta := (Var \longrightarrow Tm) = \{\theta : Var \longrightarrow Tm\}$ die Menge aller *Substitutionen.* In zwei Schritten definieren wir für jedes $\theta \in \Theta$ eine Funktion $Sub_\theta : Tm \cup PF \longrightarrow Tm \cup PF$.

(1)
$$\begin{aligned} Sub_\theta(y) &= \theta(y) \\ Sub_\theta(\text{"}h(t_1, \ldots, t_{\mu(h)})\text{"}) &= \text{"}h(Sub_\theta(t_1), \ldots, Sub_\theta(t_{\mu(h)}))\text{"} \end{aligned}$$

für alle $y \in Var$, $h \in J$, $t_1, \ldots, t_{\mu(h)} \in Tm$ und $\theta \in \Theta$.

(2)
$$\begin{aligned} Sub_\theta(\text{"}Q(t_1, \ldots, t_{\mu(Q)})\text{"}) &= \text{"}Q(Sub_\theta(t_1), \ldots, Sub_\theta(t_{\mu(Q)}))\text{"} \\ Sub_\theta(\top) &= \top \\ Sub_\theta(\bot) &= \bot \\ Sub_\theta(\text{"}\neg\alpha\text{"}) &= \text{"}\neg Sub_\theta(\alpha)\text{"} \\ Sub_\theta(\text{"}(\alpha \vee \beta)\text{"}) &= \text{"}(Sub_\theta(\alpha) \vee Sub_\theta(\beta))\text{"} \end{aligned}$$

(analog mit $\wedge$ und $\rightarrow$ statt $\vee$)

$$\begin{aligned} Sub_\theta(\text{"}\forall y\alpha\text{"}) &= \text{"}\forall y \; Sub_{\theta[y]}(\alpha)\text{"} \\ Sub_\theta(\text{"}\exists y\alpha\text{"}) &= \text{"}\exists y \; Sub_{\theta[y]}(\alpha)\text{"} \end{aligned}$$

(wobei $\theta[y] \in \Theta$ durch $\theta[y](y) := y$ und $\theta[y](x) := \theta(x)$ für $x \neq y$ festgelegt ist) für alle $\theta \in \Theta$, $Q \in I$, $t_1, \ldots, t_{\mu(Q)} \in Tm$, $\alpha, \beta \in PF$ und $y \in Var$.

(3) Es seien $y_1, \ldots, y_k \in Var$ paarweise verschieden, und es seien $t_1, \ldots, t_k \in Tm$. Ferner sei $\theta : Var \longrightarrow Tm$ definiert durch $\theta(y_i) = t_i$ $(i = 1, \ldots, k)$ und $\theta(z) = z$ sonst. Dann schreiben wir statt Sub_θ auch

$$Sub^{t_1, \ldots, t_k}_{y_1, \ldots, y_k},$$

und im Falle $z = Sub_\theta(w)$ sagen wir, daß z aus w durch *(simultanes) Substituieren* oder *Ersetzen* der freien (Vorkommen der) Variablen $y_1, \ldots, y_k$ durch die Terme $t_1, \ldots, t_k$ entsteht.

In (1) ist, für sich gesehen, eine Funktion $Sub_\theta : Tm \longrightarrow Tm$ für jede Substitution $\theta \in \Theta$ rekursiv definiert. Damit ist $Sub_\theta(t)$ wohldefiniert für alle $\theta \in \Theta$ und $t \in Tm$. (2) für sich gesehen kann nicht ohne weiteres analog gedeutet werden, da in den Rekursionsgleichungen für $\forall$ und $\exists$ die Substitution verändert wird. Wenn wir in (2) für $\alpha \in PF$ jeweils $S(\alpha)(\theta)$ statt $Sub_\theta(\alpha)$ schreiben, also auch $S(\alpha)(\theta[y])$ statt $Sub_{\theta[y]}(\alpha)$, dann können wir (2) als rekursive Definition einer Funktion $S : PF \longrightarrow (\Theta \longrightarrow PF)$ auffassen (wobei $(\Theta \longrightarrow PF) = \{\theta : \Theta \longrightarrow PF\}$). Diese ist nach dem Rekursionssatz wohldefiniert. Damit ist $Sub_\theta(\alpha)$ durch (2) auch für alle $\alpha \in PF$ und $\theta \in \Theta$ wohldefiniert.

Wir werden die Funktionen Sub_θ später nur für den Spezialfall der endlichen Ersetzung benutzen. Das folgende Lemma beschreibt einige einfache Eigenschaften.

3.2.11 Lemma

(1) Für alle $\hat{t} \in Tm$ und alle $\theta \in \Theta$ gilt:

$$Sub_\theta(\hat{t}) = \hat{t}, \text{ falls } \theta(y) = y \text{ für alle } y \in Vk(\hat{t}).$$

(2) Für alle $\alpha \in PF$ und alle $\theta \in \Theta$ gilt:

$$Sub_\theta(\alpha) = \alpha, \text{ falls } \theta(y) = y \text{ für alle } y \in Fr(\alpha).$$

(3) $Sub_y^t(\exists z\beta) = \exists z\ Sub_y^t(\beta)$, falls $z \neq y$.
$Sub_y^t(\exists y\beta) = \exists y\beta$.
(Analoges gilt mit "$\forall$" statt "$\exists$".)

(4) Für alle $\hat{t} \in Tm$, alle $x \in Var$ und alle $\theta \in \Theta$ gilt:

$$Sub_\theta(\hat{t}) = Sub_{\theta[x]} Sub_x^{\theta(x)}(\hat{t}),$$

falls $\theta(y) = y$ für alle $y \in Vk(\theta(x)) \setminus \{x\}$.

(5) Für alle $\alpha \in PF$, alle $x \in Var$ und alle $\theta \in \Theta$ gilt:

$$Sub_\theta(\alpha) = Sub_{\theta[x]} Sub_x^{\theta(x)}(\alpha),$$

falls $\theta(y) = y$ für alle $y \in Vk(\theta(x)) \setminus \{x\}$.

Nach (1) und (2) ist Sub_θ „unwirksam", falls die vorkommenden freien Variablen durch θ nicht verändert werden. (4) und (5) zeigen, wie man bei geeigneten Voraussetzungen von der gleichzeitigen Substitution die Substitution einer einzigen Variablen abtrennen kann.

Beweis

(1) (als Selbsttestaufgabe)

(2) Wir beweisen die folgende Behauptung durch strukturelle Induktion über α:

$$(\forall \theta \in \Theta)(\forall y \in Fr(\alpha))\,(\theta(y) = y \Longrightarrow Sub_\theta(\alpha) = \alpha)$$

(Man beachte, daß $(\forall \theta \in \Theta)$ innerhalb der Induktionsbehauptung steht, um Def. 3.2.10(2) anwenden zu können.)

Fall $\alpha = Q(t_1, \ldots, t_{\mu(Q)})$: Es sei $\theta(y) = y$ für alle $y \in Fr(\alpha) = Vk(t_1) \cup \ldots \cup Vk(t_{\mu(Q)})$. Aus (1) wissen wir $Sub_\theta(t_i) = t_i$ für $i = 1, \ldots, \mu(Q)$, also

$$\begin{aligned} Sub_\theta(\alpha) &= Sub_\theta(Q(t_1, \ldots, t_{\mu(Q)})) \\ &= Q(Sub_\theta(t_1), \ldots, Sub_\theta(t_{\mu(Q)})) \\ &= \alpha. \end{aligned}$$

Fall $\alpha = (\alpha_1 \vee \alpha_2)$: Die Behauptung gelte für α_1 und α_2.
Es sei $\theta \in \Theta$ und $\theta(y) = y$ für alle $y \in Fr(\alpha) = Fr(\alpha_1) \cup Fr(\alpha_2)$. Aus der Induktionsannahme folgt $Sub_\theta(\alpha_i) = \alpha_i \quad (i = 1, 2)$.
Damit gilt

$$Sub_\theta(\alpha) = (Sub_\theta(\alpha_1) \vee Sub_\theta(\alpha_2)) = (\alpha_1 \vee \alpha_2) = \alpha.$$

Die Fälle $\top, \bot$ sind trivial, die Fälle $\neg, \wedge$ und $\rightarrow$ werden analog behandelt.

Fall $\alpha = \exists x \beta$: Die Behauptung gelte für β. Es sei $\theta \in \Theta$ und $\theta(y) = y$ für alle $y \in Fr(\alpha) = Fr(\beta) \backslash \{x\}$. Es gilt $Sub_\theta(\alpha) = \exists x \ Sub_{\theta[x]}(\beta)$. Nun ist $\theta[x](y) = \theta(y) = y$ für alle $y \in Fr(\alpha)$ und $\theta[x](x) = x$. Damit gilt $\theta[x](y) = y$ für alle $y \in Fr(\beta)$. Aus der Induktionsannahme ergibt sich $Sub_{\theta[x]}(\beta) = \beta$. Es folgt $Sub_\theta(\alpha) = \alpha$.

Der Fall $\alpha = \forall x \beta$ wird analog behandelt.

(3) und (4) (als Selbsttestaufgabe)

(5) Sei $x \in Var$ fest gewählt. Wir beweisen durch strukturelle Induktion über α, daß für alle $\theta \in \Theta$ gilt:

$$(\forall y \in Vk(\theta(x)) \setminus \{x\})(\theta(y) = y \Longrightarrow Sub_\theta(\alpha) = Sub_{\theta[x]} Sub_x^{\theta(x)}(\alpha))$$

Fall $\alpha = Q(t_1, \ldots, t_{\mu(Q)})$: Es sei $\theta \in \Theta$ mit $\theta(y) = y$ für alle $y \in Vk(\theta(x)) \setminus \{x\}$. Aus (4) folgt $Sub_\theta(t_i) = Sub_{\theta[x]} Sub_x^{\theta(x)}(t_i) \ (i = 1, \ldots, \mu(Q))$.
Damit ergibt sich:

$$\begin{aligned} Sub_\theta(\alpha) &= Q(Sub_\theta(t_1), \ldots, Sub_\theta(t_{\mu(Q)})) \\ &= Q(Sub_{\theta[x]} Sub_x^{\theta(x)}(t_1), \ldots, Sub_{\theta[x]} Sub_x^{\theta(x)}(t_{\mu(Q)})) \\ &= Sub_{\theta[x]}(Q(Sub_x^{\theta(x)}(t_1), \ldots, Sub_x^{\theta(x)}(t_{\mu(Q)}))) \\ &= Sub_{\theta[x]} Sub_x^{\theta(x)}(\alpha) \end{aligned}$$

Die Fälle $\alpha = \top$, $\alpha = \bot$, $\alpha = \neg\beta$, $\alpha = (\alpha_1 \wedge \alpha_2)$, $\alpha = (\alpha_1 \vee \alpha_2)$ und $\alpha = (\alpha_1 \rightarrow \alpha_2)$ sind einfach und werden hier nicht weiter ausgeführt.

Fall $\alpha = \exists z\beta$: Die Behauptung gelte für β. Es sei $\theta \in \Theta$ mit $\theta(y) = y$ für alle $y \in Vk(\theta(x)) \setminus \{x\}$. Dann gilt auch $\theta[z](y) = y$ für alle $y \in Vk(\theta(x)) \setminus \{x\}$. Es folgt

$$\begin{array}{rcll} Sub_\theta(\exists z\beta) & = & \exists z\ Sub_{\theta[z]}(\beta) & \text{(nach Def. von } Sub_\theta) \\ & = & \exists z\ Sub_{\theta[z][x]} Sub_x^{\theta[z](x)}(\beta) & \text{(nach Ind.Ann.)} \\ & = & Sub_{\theta[x]}(\exists z\ Sub_x^{\theta[z](x)}(\beta)) & \text{(wegen } \theta[z][x] = \theta[x][z]). \end{array}$$

Im Fall $z \neq x$ ist $\exists z\ Sub_x^{\theta[z](x)}(\beta) = \exists z\ Sub_x^{\theta(x)}(\beta) = Sub_x^{\theta(x)}(\exists z\beta)$ (nach (3)). Im Fall $z = x$ ist $\exists z\ Sub_x^{\theta[z](\bar{x})}(\beta) = \exists z\beta = Sub_x^{\bar{\theta}(x)}(\exists z\beta)$ (mit (2) und (3)). Die geforderte Eigenschaft von $\alpha = \exists z\beta$ folgt unmittelbar.
Der Fall $\forall z\beta$ wird analog behandelt.

□

Selbsttestaufgabe S24

(1) Eliminieren Sie *Sub* in der Formel $Sub_z^{g(y)}(\exists y(S(z,y) \vee \exists z \neg S(z,y)))$, wobei $z \neq y$.

(2) Beweisen Sie Lemma 3.2.11(1).

(3) Beweisen Sie Lemma 3.2.11(3).

(4) Beweisen Sie Lemma 3.2.11(4).

Als nächstes führen wir die *Variablenumbenennung* sowie die *gebundene Umbenennung* von Variablen ein. Wir behandeln jeweils nur den Fall einer Variablen.

3.2.12 Definition *(Variablenumbenennung, gebundene Umbenennung)*

(1) Seien $y, z \in Var$. Die Funktion $VU_y^z : PF \longrightarrow PF$ sei definiert durch

$$\begin{array}{lcl} VU_y^z(\alpha) & = & Sub_y^z(\alpha) \\ VU_y^z(\neg\beta) & = & \neg VU_y^z(\beta) \\ VU_y^z((\beta_1 \wedge \beta_2)) & = & (VU_y^z(\beta_1) \wedge VU_y^z(\beta_2)) \end{array}$$

(entsprechend mit $\vee$ und $\rightarrow$ statt $\wedge$)

$$\begin{array}{lcll} VU_y^z(\forall x\beta) & = & \forall x\, VU_y^z(\beta) & \text{(falls } x \neq y) \\ VU_y^z(\forall y\beta) & = & \forall z\, VU_y^z(\beta) & \end{array}$$

(entsprechend mit $\exists$ statt $\forall$)
für alle $\alpha \in PAT$, $\beta, \beta_1, \beta_2 \in PF$ und $x \in Var$.
Wir sagen: $\delta := VU_y^z(\gamma)$ entsteht aus γ durch *Umbenennung der Variablen y in z.*

(2) Seien wiederum $y, z \in Var$. Die Funktion $GU_y^z : PF \longrightarrow PF$ sei definiert durch

$$\begin{aligned} GU_y^z(\alpha) &= \alpha \\ GU_y^z(\neg\beta) &= \neg GU_y^z(\beta) \\ GU_y^z((\beta_1 \wedge \beta_2)) &= (GU_y^z(\beta_1) \wedge GU_y^z(\beta_2)) \end{aligned}$$

(entsprechend mit $\vee$ und $\rightarrow$ statt $\wedge$)

$$\begin{aligned} GU_y^z(\forall x\beta) &= \forall x\, GU_y^z(\beta) \quad (\text{falls } x \neq y) \\ GU_y^z(\forall y\beta) &= \forall z\, VU_y^z(\beta) \end{aligned}$$

(entsprechend mit $\exists$ statt $\forall$)
für alle $\alpha \in PAT$, $\beta, \beta_1, \beta_2 \in PF$ und $x \in Var$.
Dann sagen wir: $\delta := GU_y^z(\gamma)$ ergibt sich aus γ durch *gebundene Umbenennung* von y in z.

VU_y^z ersetzt in Formeln jedes y durch z, dagegen ersetzt GU_y^z nur diejenigen Vorkommen von y durch z, die nicht frei sind.

Selbsttestaufgabe S25

Bestimmen Sie $GU_z^y(\exists y(S(z,y) \vee \exists z \neg S(z,y)))$. Dabei seien y und z verschieden.

Wir werden später nur solche Ersetzungen von freien Variablen y in α durch Terme t betrachten, bei denen keine in t vorkommende Variable z in den Wirkungsbereich einer Quantifizierung "$\exists z$" oder "$\forall z$" von α gerät. In diesem Falle nennt man *t frei (zur Substitution) für y in α.* Wir definieren das exakt.

3.2.13 Definition (*t frei für y*)

Es sei $y \in Var$, und es sei $t \in Tm$. Wir definieren eine von y und t abhängige Funktion $G : PF \longrightarrow \{0,1\}$ rekursiv wie folgt:

$$\begin{aligned} G(\alpha) &= 1 \quad \text{für alle } \alpha \in PAT; \\ G(\neg\, \beta) &= 1 \quad \text{gdw. } G(\beta) = 1 \\ G((\beta_1 \vee \beta_2)) &= 1 \quad \text{gdw. } G(\beta_1) = 1 \text{ und } G(\beta_2) = 1 \end{aligned}$$

$$\begin{array}{lcl} G((\beta_1 \wedge \beta_2)) & = & 1 \text{ gdw. } G(\beta_1) = 1 \text{ und } G(\beta_2) = 1 \\ G((\beta_1 \rightarrow \beta_2)) & = & 1 \text{ gdw. } G(\beta_1) = 1 \text{ und } G(\beta_2) = 1 \\ G(\forall z\beta) & = & 1 \text{ gdw. } y \notin Fr(\forall z\beta) \text{ oder } (G(\beta) = 1 \text{ und } z \notin Vk(t)) \\ G(\exists z\beta) & = & 1 \text{ gdw. } y \notin Fr(\exists z\beta) \text{ oder } (G(\beta) = 1 \text{ und } z \notin Vk(t)) \end{array}$$

für alle $\beta, \beta_1, \beta_2 \in PF$ und $z \in Var$.

Dann sagen wir : „Der Term t ist *frei für* die Variable y *in* der Formel α“, gdw. $G(\alpha) = 1$.

Selbsttestaufgabe S26

Sei $\alpha = (P(z) \rightarrow \forall z\exists yQ(y, z))$ und $t = f(x, z)$. Ist t frei für z in α?

Wie in der Aussagenlogik lassen sich auch in der Prädikatenlogik der *Teilterm*- bzw. *Teilformel*begriff exakt, d.h. rekursiv über den Term- bzw. Formelaufbau, definieren.

Selbsttestaufgabe S27

Führen Sie dies genauer aus!

Unsere Syntax ist offenbar so eingerichtet, daß Teilformeln Teilworte von α sind. Es gilt aber auch: jedes Teilwort $w \in PF$ von α ist eine Teilformel von α. Dies ist – wie in der Aussagenlogik – eine Konsequenz der kanonischen Peano–Algebra–Struktur der Formeln. Wir wollen hier nicht weiter auf den Beweis eingehen.

Die Struktur unserer Formeln garantiert, daß sich ähnlich wie in der Aussagenlogik (s. 2.3.8) die Bedeutung einer Formel nicht ändert, wenn eine Teilformel durch eine äquivalente ersetzt wird. Nach Definition der Semantik werden wir darauf zurückkommen.

Wir werden manchmal spezielle Teilmengen von PF betrachten, z.B. $QfrPF := \{\alpha \in PF \mid \sharp_\forall(\alpha) = \sharp_\exists(\alpha) = 0\}$, die Menge der *quantorenfreien Formeln*. Für $QfrPF$ gilt offenbar ebenfalls das Prinzip der strukturellen Induktion, da diese Menge sich als Erzeugnis gewinnen läßt. $QfrPF$ trägt sogar eine Peano–Algebra–Struktur, so daß wir hierfür auch (u.a.) eine entsprechende Version des Rekursionssatzes (s. 3.2.7) anwenden können.

Zum Abschluß dieses Paragraphen vereinbaren wir einige gängige Konventionen zur Klammerersparnis bei der metasprachlichen Notation von Formeln:
Zunächst einmal benutzen wir $c, c_0, c_1, c_2, \ldots$ als Platzhalter für Terme der Gestalt "$h()$" ($h \in J, \mu(h) = 0$). Dann sollen die Vereinbarungen aus 2.3.1 auch für die prädikatenlogischen Formeln gelten (insbesondere benutzen wir fortan auch " $\leftrightarrow$ "). Darüber hinaus wird "$\neg$", "$\forall y$" und "$\exists y$" eine höhere Priorität zugesprochen als "$\wedge$"

und "$\vee$", während "$\wedge$" und "$\vee$" ihrerseits stärker binden sollen als " $\rightarrow$ " und " $\leftrightarrow$ ". Innerhalb der drei Gruppen werden die Bindungen weiterhin durch Klammern geregelt. Schließlich dürfen Außenklammern weggelassen werden, sofern die Notation dann noch den eindeutigen Formelaufbau erkennen läßt.

Damit schreiben wir etwa für (2) aus Beispiel 2 kürzer $P(c,y) \wedge \forall z(P(c,z) \wedge P(z,y) \wedge \neg Q(z,y) \rightarrow \neg \exists v Q(h(z,v),y))$, wobei $f_0()$ durch c ersetzt wurde.

3.3 Semantik und logische Grundbegriffe

In diesem Abschnitt werden wir die *Semantik* der prädikatenlogischen Terme und Formeln definieren und einige später benötigte semantische Lemmata beweisen. Mit „Semantik" ist dabei „Zuordnung von Bedeutungen" gemeint. Wir führen zudem wichtige logische Begriffe ein, die für die Aussagenlogik bereits in ähnlicher Weise definiert wurden: *Allgemeingültigkeit, logische Äquivalenz* und *Konsequenz* sowie *Erfüllbarkeit.* Diese Begriffe werden später genauer studiert. Hier werden wir nur einige ihrer einfach zu beweisenden Eigenschaften vorstellen.

In Abschnitt 3.2 haben wir Terme und Formeln als zwar strukturierte, aber bedeutungslose Zeichenreihen eingeführt. Wir wollen nun definieren, wie man diesen syntaktischen Konstrukten Bedeutung zuordnen kann. Es sei $t :=$ "$f_2(h_2(f_0(), f_0()), h_2(f_0(), f_0()))$" der Term aus Beispiel 3.2.1. Wenn wir $f_0()$ als die Konstante $1 \in \mathbb{N}$, h_2 als die Addition und f_2 als die Multiplikation interpretieren, dann wird aus dem Term t der mathematisch–umgangssprachliche Term $(1+1)\cdot(1+1)$ (s. Beispiel 3.1.1). In der Mathematischen Logik erhält der Term t unter der angegebenen Interpretation der vorkommenden Bezeichner die Bedeutung $4 \in \mathbb{N}$. Wenn wir in Beispiel 3.2.2(2) $f_0()$ als $2 \in \mathbb{N}$, P als die $\leq$-Relation auf $\mathbb{N}$, Q als die Gleichheit auf $\mathbb{N}$ und h als die Multiplikation auf $\mathbb{N}$ interpretieren, dann erhalten wir (im wesentlichen) den mathematisch–umgangssprachlichen Ausdruck aus Beispiel 3.1.1(3), welcher behauptet, daß x eine Primzahl ist. In der Mathematischen Logik ist die Bedeutung dieser Formel unter der angegebenen Interpretation eine Funktion $\alpha : \mathbb{N} \longrightarrow \{0,1\}$ mit $\alpha(x) = 1$ gdw. x eine Primzahl ist. Man beachte, daß wir die aussagenlogischen Junktoren und die Quantoren $\exists$ und $\forall$ stets in ihrer üblichen Bedeutung benutzt haben.

Die Semantik einer Formel oder eines Terms unter einer Interpretation, wie sie in der Mathematischen Logik definiert wird, liefert nicht unbedingt die in der mathematischen Umgangssprache gemeinte volle inhaltliche Bedeutung, sondern u.U. nur einen Teilaspekt davon. Die „formale" Semantik modelliert lediglich die „reale" Semantik eines Teils der mathematischen Umgangssprache. Wir werden uns ausschließlich mit der durch die Syntax- und Semantikdefinition festgelegten prädikatenlogischen Sprache befassen. Insbesondere behandeln wir hier nicht die philosophischen Fragen, inwiefern unsere Modellbildung auch „inhaltlich“ der mathematischen Umgangssprache voll entspricht oder diese „erklärt“.

Grundlegend für unsere Semantikdefinition ist der Begriff der *Struktur*. Stets beziehen sich die Aussagen des („klassischen“) Mathematikers auf Strukturen: sei es auf einzelne Strukturen wie z.B. $\mathbb{N}$ (in der Zahlentheorie) oder $\mathbb{R}$ (in der Analysis), sei es auf eine ganze Klasse von Strukturen wie z.B. Gruppen (in der Gruppentheorie). Unsere Strukturen „passen“ zu einem bestimmten Typ und sind mögliche Wertebereiche von Termen bzw. Geltungsbereiche von Formeln dieses Typs. Sie bestehen aus einer Menge von Objekten und den Interpretationen der durch den Typ gegebenen Bezeichner über diesem Objektbereich. - In der folgenden Definition bezeichnet μ wieder die Stellenzahlfunktion (s. Def. 3.2.1).

3.3.1 Definition (τ*–Struktur*)

Sei $\tau = (I, J)$ ein Typ. Eine *(mathematische) Struktur vom Typ* τ, kurz: eine τ*–Struktur*, ist ein Tripel

$$\mathcal{S} = (S, \mathbf{P}, \mathbf{g}),$$

so daß gilt:

(1) S ist eine nicht leere Menge. S heißt *Träger(menge)* oder *Individuenbereich* von $\mathcal{S}$.

(2) $\mathbf{P}$ ist eine Abbildung, die jedem $R \in I$ eine $\mu(R)$–stellige Relation auf S zuordnet, also $\mathbf{P}(R) =: \mathbf{P}_R \subseteq S^{\mu(R)}$ für alle $R \in I$.

(3) $\mathbf{g}$ ist eine Abbildung, die jedem $f \in J$ eine eine $\mu(f)$–stellige Funktion $\mathbf{g}(f) =: \mathbf{g}_f : S^{\mu(f)} \longrightarrow S$ zuordnet.

Ein Prädikat wird also in der Prädikatenlogik als eine *Relation* zwischen den Objekten aufgefaßt. Dabei ist eine nullstellige Relation entweder leer oder sie besteht nur aus dem leeren Tupel. Eine nullstellige Funktion bezeichnen wir, wenn sie konkret gegeben ist, mit ihrem einzigen Funktionswert. In der Literatur werden auch anstelle nullstelliger Funktionen ausgezeichnete Konstanten in Strukturen zugelassen.

Wir vereinbaren zwei weitere Schreibweisen:

- Statt $(s_1, \ldots, s_{\mu(R)}) \in \mathbf{P}_R$ wollen wir in Zukunft auch $\mathbf{P}_R(s_1, \ldots, s_{\mu(R)})$ schreiben.
- Sind I und J endlich und konkret gegeben, dann schreiben wir Strukturen als Tripel, in denen wir anstelle von $\mathbf{P}$ und $\mathbf{g}$ die *Graphen* von $\mathbf{P}$ und $\mathbf{g}$ notieren.

Wir geben ein Beispiel:

Beispiel 1

Es sei $\tau = (\{P\}, \{f_0, f_1, g\})$ ein Typ mit $\mu(P) = 2, \mu(f_0) = \mu(f_1) = 0$ und $\mu(g) = 1$. Es seien $\mathcal{S}_1$, $\mathcal{S}_2$ und $\mathcal{S}_3$ wie folgt definiert:

(1) $\mathcal{S}_1 := (\mathbb{R}, \{(P,<)\}, \{(f_0,0),(f_1,1),(g,sin)\})$,
wobei $0 \in \mathbb{R}$, $1 \in \mathbb{R}$, $< \subseteq \mathbb{R}^2$ und $sin : \mathbb{R} \longrightarrow \mathbb{R}$ die üblichen Bedeutungen haben.

(2) $\mathcal{S}_2 := (\mathbb{N}, \{(P, \neq)\}, \{(f_0,1),(f_1,0),(g,V)\})$,
wobei $0 \in \mathbb{N}$, $1 \in \mathbb{N}$, $\neq \subseteq \mathbb{N}^2$ die Ungleichheit ist und $V(0) = 0, V(i+1) = i$ für alle $i \in \mathbb{N}$.

(3) $\mathcal{S}_3 := (2^{\mathbb{N}}, \{(P,\subseteq)\}, \{(f_0,\{0,2\}),(f_1,\mathbb{N}),(g,nl)\})$,
wobei $2^{\mathbb{N}} = \{X \mid X \subseteq \mathbb{N}\}$ und $nl : 2^{\mathbb{N}} \longrightarrow 2^{\mathbb{N}}$ definiert ist durch $nl(X) = X \setminus \{0\}$.

Dann sind $\mathcal{S}_1$ und $\mathcal{S}_2$ und $\mathcal{S}_3$ Strukturen vom Typ τ.

Mit der Bedeutungsgebung für Prädikats- und Funktionssymbole durch Strukturen werden auch Termen und Formeln Bedeutungen zugeordnet. Als Beispiel betrachten wir die Formel

$$\alpha := \text{“}P(c,y) \wedge \forall z(P(c,z) \wedge P(z,y) \wedge \neg Q(z,y) \rightarrow \neg \exists x Q(h(z,x),y))\text{”}$$

vom Typ $\tau = (\{P,Q\},\{f,h\})$ mit $\mu(P) = \mu(Q) = \mu(h) = 2$ und $\mu(f) = 0$, wobei c eine Abkürzung für “$f(\,)$” sei. Die τ–Struktur

$$(\mathbb{N}, \{(P,\leq),(Q,=)\}, \{(f,2),(h,\cdot)\})$$

(wobei “$\leq$ ” die Relation $\{(a,b) \in \mathbb{N}^2 \mid a \leq b\}$, “ $=$ ” die Gleichheitsrelation, $2 = \mathbf{g}_f$ und “ $\cdot$ ” die Multiplikation auf $\mathbb{N}$ sei), gibt den vorkommenden Prädikats– und Funktionssymbolen Bedeutungen. Die Formel α wird in dieser Struktur genau dann wahr, wenn für y eine Primzahl eingesetzt wird. Wie die obige Formel kann jede Formel in einer Struktur nach Belegen der freien Variablen mit Elementen des Trägers S zu einem Wahrheitswert ausgewertet werden. Entsprechend kann ein Term in einer Struktur nach Belegen der Variablen mit Elementen des Trägers S zu einem Element von S ausgewertet werden. Um nicht auf die jeweils vorkommende Menge freier Variablen einer Formel oder eines Terms Rücksicht nehmen zu müssen, definieren wir zur technischen Vereinfachung Belegungen von gleichzeitig allen Variablen. Später beweisen wir dann das Koinzidenzlemma der Prädikatenlogik, welches besagt, daß nur die tatsächlich vorkommenden freien Variablen für die Bedeutung eines Terms bzw. einer Formel eine Rolle spielen. Wir präzisieren nun den Begriff der *Belegung von Variablen mit Werten.*

3.3.2 Definition *(Belegung)*

Sei τ ein Typ und $\mathcal{S}$ eine τ–Struktur mit Trägermenge S.

(1) Eine *Belegung der Variablen über $\mathcal{S}$* ist eine Abbildung

$$\sigma : \; Var \longrightarrow S.$$

(2) Für Belegungen σ vereinbaren wir die folgende von der Aussagenlogik her gewohnte Schreibweise: Ist $a \in S$ und $x \in Var$, so sei $\sigma[x/a] : \; Var \longrightarrow S$ definiert durch

$$\sigma[x/a](y) = \begin{cases} a & \text{falls} \quad y = x \\ \sigma(y) & \text{sonst} \end{cases}$$

für alle $y \in Var$; wir sagen: $\sigma[x/a]$ ist die *Abänderung von σ an der Stelle x durch a.*

(3) Es sei $Bel_{\mathcal{S}} := \{\sigma \mid \sigma : \; Var \longrightarrow S\}$ die Menge aller Belegungen der Variablen über $\mathcal{S}$.

Offenbar gilt $\sigma[x/a][y/b] = \sigma[y/b][x/a]$, falls $x \neq y$.
Durch eine Struktur $\mathcal{S}$ (vom Typ τ) wird jedem Term (vom Typ τ) und jeder Belegung ein Element ihres Trägers S als Wert zugeordnet. Damit läßt sich jedem Term t eine Wertfunktion $W_{\mathcal{S}}(t) : Bel_{\mathcal{S}} \longrightarrow S$ zuordnen. Entsprechend läßt sich jeder Formel α durch die Struktur $\mathcal{S}$ eine Wahrheitswertfunktion $WW_{\mathcal{S}}(\alpha) : Bel_{\mathcal{S}} \longrightarrow \{0,1\}$ zuordnen.
Wir definieren nun die Term–Auswertungsfunktion $W_{\mathcal{S}}$ und die Formelauswertungsfunktion $WW_{\mathcal{S}}$ zu einer gegebenen τ–Struktur $\mathcal{S}$. Anders als in der Aussagenlogik verläuft die rekursive Definition nun parallel über alle Belegungen. Die Definition ist wieder lang, aber leicht zu verstehen, da sie genau das beschreibt, was man in der Metasprache beim Auswerten eines Terms bzw. einer Formel macht.
Für die folgende Definition erinnern wir nochmals: $(X \longrightarrow Y) := \{f : X \longrightarrow Y\}$.

3.3.3 Definition *(Semantik der Prädikatenlogik)*

Sei $\tau = (I, J)$ ein Typ und $\mathcal{S} = (S, \mathbf{P}, \mathbf{g})$ eine τ–Struktur.

(1) Die Abbildung $W_{\mathcal{S}} : Tm \longrightarrow (Bel_{\mathcal{S}} \longrightarrow S)$ sei rekursiv definiert durch

$$W_{\mathcal{S}}(x)(\sigma) = \sigma(x)$$
$$W_{\mathcal{S}}(f(t_1, \ldots, t_{\mu(f)}))(\sigma) = \mathbf{g}_f(W_{\mathcal{S}}(t_1)(\sigma), \ldots, W_{\mathcal{S}}(t_{\mu(f)})(\sigma))$$

für alle $x \in Var$, $f \in J$, $t_1, \ldots, t_{\mu(f)} \in Tm$ und für alle Belegungen σ der Variablen über $\mathcal{S}$.
Man nennt $W_{\mathcal{S}}(t)(\sigma)$ den *Wert des Terms t in der Struktur $\mathcal{S}$ unter der Belegung σ.*

(2) Sei $WW_{\mathcal{S}} : PF \longrightarrow (Bel_{\mathcal{S}} \longrightarrow \{0,1\})$ durch folgende Rekursionsgleichungen bestimmt:

$$WW_{\mathcal{S}}(\top)(\sigma) = 1$$
$$WW_{\mathcal{S}}(\bot)(\sigma) = 0$$
$$WW_{\mathcal{S}}(R(t_1, \ldots, t_{\mu(R)}))(\sigma) = 1 \text{ gdw. } \mathbf{P}_R(W_{\mathcal{S}}(t_1)(\sigma), \ldots, W_{\mathcal{S}}(t_{\mu(R)})(\sigma))$$

$$
\begin{array}{lcl}
WW_{\mathcal{S}}(\neg\ \alpha)(\sigma) & = & 1 \text{ gdw. } WW_{\mathcal{S}}(\alpha)(\sigma) = 0 \\
WW_{\mathcal{S}}(\alpha \wedge \beta)(\sigma) & = & 1 \text{ gdw. } WW_{\mathcal{S}}(\alpha)(\sigma) = 1 \text{ und } WW_{\mathcal{S}}(\beta)(\sigma) = 1 \\
WW_{\mathcal{S}}(\alpha \vee \beta)(\sigma) & = & 1 \text{ gdw. } WW_{\mathcal{S}}(\alpha)(\sigma) = 1 \text{ oder } WW_{\mathcal{S}}(\beta)(\sigma) = 1 \\
WW_{\mathcal{S}}(\alpha \rightarrow \beta)(\sigma) & = & 1 \text{ gdw. } WW_{\mathcal{S}}(\alpha)(\sigma) = 1 \text{ impliziert } WW_{\mathcal{S}}(\beta)(\sigma) = 1 \\
WW_{\mathcal{S}}(\forall x\alpha)(\sigma) & = & 1 \text{ gdw. } WW_{\mathcal{S}}(\alpha)(\sigma[x/a]) = 1 \text{ für alle } a \in S \\
WW_{\mathcal{S}}(\exists x\alpha)(\sigma) & = & 1 \text{ gdw. es gibt ein } a \in S \text{ mit } WW_{\mathcal{S}}(\alpha)(\sigma[x/a]) = 1
\end{array}
$$

für alle $R \in I$, $t_1, \ldots, t_{\mu(R)} \in Tm$, $\alpha, \beta \in PF$, $x \in Var$ und $\sigma \in Bel_{\mathcal{S}}$. Man nennt $WW_{\mathcal{S}}(\gamma)(\sigma)$ den *Wahrheitswert der Formel γ in der Struktur $\mathcal{S}$ unter der Belegung σ.*

(3) Es sei $\gamma \in PF$ eine Formel und $\sigma \in Bel_{\mathcal{S}}$ eine Belegung. Statt $WW_{\mathcal{S}}(\gamma)(\sigma) = 1$ schreibt man auch $\mathcal{S} \models \gamma(\sigma)$ und sagt: γ *gilt in* $\mathcal{S}$ *unter* σ. Statt $WW_{\mathcal{S}}(\gamma)(\sigma) = 0$ schreibt man auch $\mathcal{S} \not\models \gamma(\sigma)$ und sagt: γ gilt *nicht* in $\mathcal{S}$ unter σ.

Termen der Gestalt "$f(\ )$" und Primformeln des Typs "$R(\ )$" wird mittels Definition 3.3.3 unabhängig von einer Belegung ein Wert bzw. Wahrheitswert zugeordnet.

Durch Definition 3.3.3 wird den prädikatenlogischen Formeln in einer gegebenen Struktur ein Teil ihrer „intendierten Bedeutung“ zugewiesen, den wir exakt fassen können, nämlich ihr Wahrheitswert unter einer Belegung. Dieser ergibt sich rekursiv aus den Wahrheitswerten ihrer Teilformeln unter dieser Belegung (bzw. unter abgeänderten Belegungen). Die „Bedeutung“ einer Formel hängt damit von der jeweils betrachteten τ–Struktur $\mathcal{S}$ ab.

Selbsttestaufgabe S28

Berechnen Sie $WW_{\mathcal{S}}(\alpha)(\sigma)$ für die Formel $\alpha = P(c,y) \wedge \forall z(P(c,z) \wedge P(z,y) \wedge \neg\ Q(z,y) \rightarrow\ \neg\ \exists x\ Q(h(z,x),y))$ in der Struktur $(\mathbb{N}, \{(P,\leq),(Q,=)\}, \{(f,2),(h,\cdot)\})$ unter einer Belegung σ mit $\sigma(y) = 3$ $(c := \text{"}f(\ )\text{"})$.

Die folgenden semantischen Lemmata werden später immer wieder benutzt. Zunächst stellen wir die prädikatenlogische Version des *Koinzidenzlemmas* vor (vgl. 2.4.1). Mit $f\,|_A$ wollen wir, wie üblich, die Einschränkung einer Funktion f im Definitionsbereich auf A bezeichnen. Im Lemma verwenden wir die Funktionen Vk und Fr aus Def. 3.2.8.

3.3.4 Lemma *(Koinzidenzlemma)*

Seien $\mathcal{S} = (S, \mathbf{P}, \mathbf{g})$ eine Struktur vom Typ $\tau, t \in Tm_\tau$ und $\alpha \in PF_\tau$. Ferner seien σ und $\hat{\sigma}$ Belegungen der Variablen über $\mathcal{S}$. Dann gilt:

(1) $\sigma|_{Vk(t)} = \hat{\sigma}|_{Vk(t)} \implies W_{\mathcal{S}}(t)(\sigma) = W_{\mathcal{S}}(t)(\hat{\sigma})$,

(2) $\sigma|_{Fr(\alpha)} = \hat{\sigma}|_{Fr(\alpha)} \implies WW_{\mathcal{S}}(\alpha)(\sigma) = WW_{\mathcal{S}}(\alpha)(\hat{\sigma})$.

Falls also σ und $\hat{\sigma}$ auf allen in t vorkommenden Variablen übereinstimmen, dann stimmen in $\mathcal{S}$ die Werte von t unter σ und von t unter $\hat{\sigma}$ überein. Und falls σ und $\hat{\sigma}$ auf allen in α frei vorkommenden Variablen übereinstimmen, so stimmen in $\mathcal{S}$ die Wahrheitswerte von α unter σ und von α unter $\hat{\sigma}$ überein. – Aus Gründen der Übersichtlichkeit lassen wir im folgenden den Index $\mathcal{S}$ (z.B. bei der Wert- und der Wahrheitswertfunktion) oft weg.

Beweis
Wir zeigen die Behauptungen des Lemmas durch strukturelle Induktion über α.

(1) Es sei $Y := \{t \in Tm_\tau \mid (\forall \sigma, \hat{\sigma} \in Bel_{\mathcal{S}})(\sigma|_{Vk(t)} = \hat{\sigma}|_{Vk(t)} \implies \ldots\}$.
Fall t = "x" $\in Var$: Es gilt $Vk(t) = \{x\}$. Sei $\sigma|_{Vk(t)} = \hat{\sigma}|_{Vk(t)}$. Dann gilt $W(x)(\sigma) = \sigma(x) = \hat{\sigma}(x) = W(x)(\hat{\sigma})$.
Fall t = "$f(t_1, \ldots, t_{\mu(f)})$" : Es sei $\sigma(x) = \hat{\sigma}(x)$ für alle $x \in Vk(t) = Vk(t_1) \cup \ldots \cup Vk(t_{\mu(f)})$. Wir setzen $t_1, \ldots, t_{\mu(f)} \in Y$ voraus. Wegen $\sigma(x) = \hat{\sigma}(x)$ für alle $y \in Vk(t_i)$ gilt dann $W(t_i)(\sigma) = W(t_i)(\hat{\sigma})$ $(i = 1, \ldots, \mu(f))$. Es folgt $t \in Y$ nach Def. 3.3.3(1).
Mit Satz 3.2.5 folgt $Y = Tm_\tau$, also gilt das Behauptete für alle $t \in Tm_\tau$.

(2) Es sei $X := \{\gamma \in PF_\tau \mid (\forall \sigma, \hat{\sigma} \in Bel_{\mathcal{S}}) \ldots\}$. Wie verifizieren die Voraussetzungen des Induktionssatzes 3.2.5. Bei den nicht weiter begründeten Übergängen benutzen wir Definition 3.3.3.
Wir zeigen $PAT \subseteq X$. Sei $\gamma \in PAT$ mit $\sigma|_{Fr(\gamma)} = \hat{\sigma}|_{Fr(\gamma)}$.
Fall $\gamma = \top : WW(\top)(\sigma) = 1 = WW(\top)(\hat{\sigma})$
Fall $\gamma = \bot : WW(\bot)(\sigma) = 0 = WW(\bot)(\hat{\sigma})$
Fall γ = "$R(t_1, \ldots, t_{\mu(R)})$" : Wegen $Fr(\gamma) = Vk(t_1) \cup \ldots \cup Vk(t_{\mu(k})$ gilt $W(t_i)(\sigma) = W(t_i)(\hat{\sigma})$ für $i = 1, \ldots, \mu(k)$ nach (1) dieses Lemmas. Es folgt

$$\begin{aligned} WW(R(t_1, \ldots, t_{\mu(R)}))(\sigma) = 1 \quad &\text{gdw.} \quad \mathbf{P}_R(W(t_1)(\sigma), \ldots, W(t_{\mu(R)})(\sigma)) \\ &\text{gdw.} \quad \mathbf{P}_R(W(t_1)(\hat{\sigma}), \ldots, W(t_{\mu(R)})(\hat{\sigma})) \\ &\text{gdw.} \quad WW(R(t_1, \ldots, t_{\mu(R)}))(\hat{\sigma}) = 1. \end{aligned}$$

Seien $\alpha, \beta \in X$. Sei $\sigma|_{Fr(\gamma)} = \hat{\sigma}|_{Fr(\gamma)}$.
Fall γ = "$\neg\alpha$": Wegen $Fr(\alpha) = Fr(\gamma)$ folgt $WW(\alpha)(\sigma) = WW(\alpha)(\hat{\sigma})$ und

$$\begin{aligned} WW(\neg\, \alpha)(\sigma) = 1 \quad &\text{gdw.} \quad WW(\alpha)(\sigma) = 0 \\ &\text{gdw.} \quad WW(\alpha)(\hat{\sigma}) = 0 \quad \text{(Induktionsvoraussetzung)} \\ &\text{gdw.} \quad WW(\neg\, \alpha)(\hat{\sigma}) = 1. \end{aligned}$$

Fall $\gamma =$ "$\alpha \wedge \beta$": Wegen $Fr(\gamma) = Fr(\alpha) \cup Fr(\beta)$ folgt $WW(\alpha)(\sigma) = WW(\alpha)(\hat{\sigma})$ und $WW(\beta)(\sigma) = WW(\beta)(\hat{\sigma})$ und

$$\begin{aligned} WW(\alpha \wedge \beta)(\sigma) = 1 \quad & \text{gdw.} \quad WW(\alpha)(\sigma) = 1 \text{ und } WW(\beta)(\sigma) = 1 \\ & \text{gdw.} \quad WW(\alpha)(\hat{\sigma}) = 1 \text{ und } WW(\beta)(\hat{\sigma}) = 1 \\ & \qquad \text{(Induktionsvoraussetzung)} \\ & \text{gdw.} \quad WW(\alpha \wedge \beta)(\hat{\sigma}) = 1. \end{aligned}$$

Die Fälle $\alpha \vee \beta$ und $\alpha \to \beta$ werden analog behandelt.

Fall $\gamma =$ "$\forall x \alpha$" mit $x \in Var$: Wir betrachten $\sigma[x/a]$ und $\hat{\sigma}[x/a]$ für ein $a \in S$. Aus der Annahme $\sigma|_{Fr(\gamma)} = \hat{\sigma}|_{Fr(\gamma)}$ folgt wegen $Fr(\alpha) \setminus \{x\} \subseteq Fr(\gamma)$, daß $\sigma[x/a](y) = \hat{\sigma}[x/a](y)$ für alle $y \in Fr(\alpha) \setminus \{x\}$ gilt. Wegen $\sigma[x/a](x) = a = \hat{\sigma}[x/a](x)$ gilt $\sigma[x/a](y) = \hat{\sigma}[x/a](y)$ sogar für alle $y \in Fr(\alpha)$. Wegen $\alpha \in X$ gilt $WW(\alpha)(\sigma[x/a]) = WW(\alpha)(\hat{\sigma}[x/a])$ für alle $a \in S$. Es folgt

$$\begin{aligned} WW(\forall x \alpha)(\sigma) = 1 \quad & \text{gdw.} \quad WW(\alpha)(\sigma[x/a]) = 1 \quad \text{für alle } a \in S \\ & \text{gdw.} \quad WW(\alpha)(\hat{\sigma}[x/a]) = 1 \quad \text{für alle } a \in S \\ & \text{gdw.} \quad WW(\forall x \alpha)(\hat{\sigma}) = 1. \end{aligned}$$

Den Fall "$\exists x \alpha$" behandelt man entsprechend.

Es folgt $X = PF_\tau$ nach Satz 3.2.5. Damit ist auch die Aussage (2) durch strukturelle Induktion gezeigt.

□

Eine andere Schreibweise für Lemma 3.3.4 (2) ist die folgende: $\mathcal{S} \models \alpha(\sigma)$ gdw. $\mathcal{S} \models \alpha(\hat{\sigma})$, sofern die Belegungen σ und $\hat{\sigma}$ auf den in α frei vorkommenden Variablen übereinstimmen. Insbesondere ist die Gültigkeit einer prädikatenlogischen Aussage, also einer geschlossenen Formel, in $\mathcal{S}$ unabhängig von einer gewählten Belegung der Variablen über $\mathcal{S}$.

3.3.5 Korollar

Sei τ ein Typ, $\mathcal{S}$ eine τ–Struktur und $\alpha \in Aus_\tau$ eine geschlossene Formel. Dann gilt:

$$\mathcal{S} \models \alpha(\sigma) \text{ für } \textit{ein } \sigma \in Bel_{\mathcal{S}} \text{ gdw. } \mathcal{S} \models \alpha(\sigma) \text{ für } \textit{alle } \sigma \in Bel_{\mathcal{S}}.$$

Das nächste Lemma beschreibt die Wert- bzw. Wahrheitswertänderung eines Terms $\hat{t}$ bzw. einer Formel α unter einer Belegung σ bei Ersetzung einer Variablen y durch einen Term t. Hierbei erwarten wir, daß $W_{\mathcal{S}}(t)(\sigma)$ anstelle von $\sigma(y)$ den Wahrheitswert von $Sub_y^t(\hat{t})$ bzw. $Sub_y^t(\alpha)$ unter σ mitbestimmt. Ein einfacher Zusammenhang besteht bei Formeln α allerdings nur dann, wenn t frei für y in α ist.

3.3.6 Lemma *(Überführungslemma)*

Sei $\mathcal{S}$ eine τ–Struktur, $\alpha \in PF_\tau$ eine Formel, y eine Variable, und $t, \hat{t} \in Tm_\tau$ seien Terme. Dann gilt für alle Belegungen σ der Variablen über $\mathcal{S}$:

(1) $W_\mathcal{S}(Sub^t_y(\hat{t}))(\sigma) = W_\mathcal{S}(\hat{t})(\sigma[y/W_\mathcal{S}(t)(\sigma)])$.

(2) $\mathcal{S} \models Sub^t_y(\alpha)(\sigma)$ gdw. $\mathcal{S} \models \alpha(\sigma[y/W_\mathcal{S}(t)(\sigma)])$, falls t frei für y in α ist.

Beweis

Beide Teile des Überführungslemmas beweist man durch strukturelle Induktion. Wir betrachten nur Teil (2). Es seien $t \in Tm$ und $y \in Var$. Es sei

$$X := \{\alpha \in PF \mid (\forall\sigma \in Bel)\ WW(Sub^t_y(\alpha))(\sigma) = WW(\alpha)(\sigma[y/W(t)(\sigma)]), \text{ falls } t \text{ frei für } y \text{ in } \alpha\}.$$

Wir beweisen $X = PF$ durch strukturelle Induktion. Wir beschränken uns auf den interessanten Fall $\beta \in X \Longrightarrow$ "$\exists x\beta$" $\in X$. Sei also $\beta \in X$. Wir nehmen an, t sei frei für y in "$\exists x\beta$". Aus Def. 3.2.13 folgt (a) oder (b):

(a) $y \notin Fr(\exists x\beta)$

(b) $G(\beta) = 1$ und $x \notin Vk(t)$

Sei σ irgendeine Belegung der Variablen über $\mathcal{S}$.

Fall $y \notin Fr(\exists x\beta)$:

Es gilt dann $Sub^t_y(\exists x\beta) = \exists x\beta$, wie in Lemma 3.2.11 gezeigt wurde. Wir erhalten

$$\begin{aligned} & WW(Sub^t_y(\exists x\beta))(\sigma) = 1 \\ \text{gdw. } & WW(\exists x\beta)(\sigma) = 1 \\ \text{gdw. } & WW(\exists x\beta))(\sigma[y/W(t)(\sigma)]) = 1 \quad \text{(Lemma 3.3.4 (2))} \end{aligned}$$

Fall $y \in Fr(\exists x\beta)$:

Dann gilt $x \neq y, G(\beta) = 1$ und $x \notin Vk(t)$. Wir erhalten:

$$\begin{aligned} & WW(Sub^t_y(\exists x\beta))(\sigma) = 1 \\ \text{gdw. } & WW(\exists x\, Sub^t_y(\beta))(\sigma) = 1 && \text{(Lemma 3.2.11)} \\ \text{gdw. } & WW(Sub^t_y(\beta))(\sigma[x/a]) = 1 \text{ für ein } a \in S && \text{(Def. 3.3.3)} \\ \text{gdw. } & WW(\beta)(\sigma[x/a][y/W(t)(\sigma[x/a])]) = 1 \text{ für ein } a \in S && (\text{da } \beta \in X) \\ \text{gdw. } & WW(\beta)(\sigma[x/a][y/W(t)(\sigma)]) = 1 \text{ für ein } a \in S && \text{(Lemma 3.3.4 (1))} \\ \text{gdw. } & WW(\exists x\beta)(\sigma[y/W(t)(\sigma)]) = 1 && \text{(Def. 3.3.3)} \end{aligned}$$

□

Selbsttestaufgabe S29

Beweisen Sie Lemma 3.3.6 (1).

Wir beginnen nun mit der Einführung der oben angesprochenen logischen Begriffe der Prädikatenlogik. Zunächst werden wir *Gültigkeit* und *Äquivalenz* von Formeln definieren und einfache Eigenschaften dieser Begriffe beweisen. Da im Gegensatz zur Aussagenlogik die Semantik der Prädikatenlogik mit Hilfe von Belegungen *und* Strukturen definiert ist, erhalten wir zwei „Stufen" des Gültigkeits- bzw. Äquivalenzbegriffs: durch Quantifizierung über Belegungen die Gültigkeit bzw. Äquivalenz *bzgl. einer Struktur* und durch zusätzliche Quantifikation über alle Strukturen die *logische* Gültigkeit bzw. Äquivalenz. Letztere hängt dann nur noch von der „logischen Struktur" der Formeln ab.
Alle auftretenden Formeln und Strukturen beziehen sich auch im folgenden wieder auf einen fest vorgegebenen Typ τ.

3.3.7 Definition *(Gültigkeit, Äquivalenz)*

Seien $\alpha, \beta \in PF$ und $\mathcal{S}$ eine τ–Struktur.

(1) α heißt *gültig* in der Struktur $\mathcal{S}$, oder $\mathcal{S}$ heißt *Modell* von α, in Zeichen: $\mathcal{S} \models \alpha$, gdw. $\mathcal{S} \models \alpha(\sigma)$ für alle Belegungen $\sigma \in Bel_{\mathcal{S}}$. (Ist α nicht gültig in $\mathcal{S}$, so schreiben wir $\mathcal{S} \not\models \alpha$).

(2) Wir nennen α *logisch gültig* (oder auch *allgemeingültig)*, gdw. α in allen τ–Strukturen gültig ist.

(3) Die Formeln α und β heißen *äquivalent in* $\mathcal{S}$, gdw.

$$WW_{\mathcal{S}}(\alpha) = WW_{\mathcal{S}}(\beta).$$

(4) α und β werden als *logisch äquivalent* bezeichnet (in Zeichen: $\alpha \equiv \beta$), gdw. α und β in allen τ–Strukturen $\mathcal{S}$ äquivalent sind.

Zwei Formeln α und β sind damit in einer Struktur $\mathcal{S}$ genau dann äquivalent, wenn die zugeordneten Wahrheitswertfunktionen übereinstimmen. Nach Def. 3.3.3(3) ist dies genau dann der Fall, wenn

$$\mathcal{S} \models \alpha(\sigma) \text{ gdw. } \mathcal{S} \models \beta(\sigma)$$

für alle $\sigma \in Bel_{\mathcal{S}}$ gilt.

Beispiel 2

Seien $\tau, \mathcal{S}_1, \mathcal{S}_2, \mathcal{S}_3$ wie in Beispiel 1. Ferner sei $\alpha = P(c_0, y) \wedge P(y, c_1) \rightarrow P(c_0, g(y))$. (Wir schreiben c_0 für $f_0(\ )$ und c_1 für $f_1(\ )$.) Dann ergibt sich durch leichte Rechnung mit 3.3.5:

$$\begin{array}{lll} \mathcal{S}_1 \models \alpha, & \mathcal{S}_1 \models \forall y\alpha, & \mathcal{S}_1 \models \exists y\alpha \\ \mathcal{S}_2 \not\models \alpha, & \mathcal{S}_2 \not\models \forall y\alpha, & \mathcal{S}_2 \models \exists y\alpha \\ \mathcal{S}_3 \not\models \alpha, & \mathcal{S}_3 \not\models \forall y\alpha, & \mathcal{S}_3 \models \exists y\alpha \end{array}$$

Beispiel 3

Sei $\tau = (\{R\}, \emptyset)$ ein Typ mit $\mu(R) = 2$. Seien ferner $x, y \in Var$ mit $x \neq y$. Dann ist die τ–Formel

$$\exists x \forall y\, R(x,y) \to \forall y \exists x\, R(x,y)$$

logisch gültig.

Um dies einzusehen, betrachten wir irgendeine Struktur $\mathcal{S}$ vom Typ τ mit Träger S. Sei dann σ eine Belegung der Variablen über $\mathcal{S}$. Ferner gelte $\exists x \forall y\, R(x,y)$ in $\mathcal{S}$ unter σ, d.h.: es gibt ein $a \in S$, so daß $\mathcal{S} \models \forall y\, R(x,y)(\sigma[x/a])$. Dies bedeutet: es gibt ein $a \in S$, so daß $\mathcal{S} \models R(x,y)(\sigma[x/a][y/b])$ für alle $b \in S$. Da $x \neq y$, können wir folgern: es gibt ein $a \in S$, so daß $\mathbf{P}_R(a,b)$ für alle $b \in S$. Sei a ein solches Element von S. Ist nun $d \in S$ beliebig vorgegeben, dann gibt es ein $c \in S$ mit $\mathbf{P}_R(c,d)$, nämlich a. D.h.: zu allen $d \in S$ gibt es ein $c \in S$ mit $\mathcal{S} \models R(x,y)(\sigma[y/d][x/c])$. Die Semantikdefinition 3.3.3 liefert $\mathcal{S} \models \exists x\, R(x,y)(\sigma[y/d])$ für alle $d \in S$ und schließlich $\mathcal{S} \models \forall y\, \exists x\, R(x,y)(\sigma)$. Also ist $\forall y\, \exists x\, R(x,y) \to \forall y\, \exists x\, R(x,y)$ allgemeingültig.

Selbsttestaufgabe S30

Zeigen Sie:

(1) $\forall x \exists y R(x,y) \to \exists y \forall x R(x,y)$ ist nicht allgemeingültig.

(2) $\exists y\alpha$ (α wie in Beispiel 2) ist allgemeingültig.

Im folgenden Lemma sind einige einfache Eigenschaften der soeben eingeführten Begriffe aufgelistet. (Zum Allabschluß "$\forall\alpha$" s. Definition 3.2.9.)

3.3.8 Lemma

Sei $\mathcal{S}$ eine τ–Struktur, und es seien $\alpha, \beta \in PF$. Dann gilt:

(1) ($\mathcal{S} \models \alpha$ gdw. $\mathcal{S} \models \forall x\alpha$) für alle $x \in Var$;
$\mathcal{S} \models \alpha$ gdw. $\mathcal{S} \models \forall\alpha$.

(2) α und $\forall\alpha$ sind im allgemeinen nicht logisch äquivalent.

(3) α und β sind äquivalent in $\mathcal{S}$ gdw. $\mathcal{S} \models \alpha \leftrightarrow \beta$.

(4) $\alpha \equiv \beta$ gdw. $\alpha \leftrightarrow \beta$ logisch gültig ist.

Beweis

Wir zeigen hier nur (1).

Aus den Definitionen folgt:

$$\begin{aligned} \mathcal{S} \models \forall x\alpha \quad & \text{gdw.} \quad \mathcal{S} \models \forall x\alpha(\sigma) \text{ für alle } \sigma \in Bel_{\mathcal{S}} \\ & \text{gdw.} \quad \mathcal{S} \models \alpha(\sigma[x/a]) \text{ für alle } \sigma \in Bel_{\mathcal{S}} \text{ und alle } a \in S \\ & \text{gdw.} \quad \mathcal{S} \models \alpha(\hat{\sigma}) \text{ für alle } \hat{\sigma} \in Bel_{\mathcal{S}} \\ & \text{gdw.} \quad \mathcal{S} \models \alpha \end{aligned}$$

Die zweite Behauptung erhält man durch einfache Induktion.
□

Selbsttestaufgabe S31
Beweisen Sie (2) - (4) des obigen Lemmas.

Als nächstes zeigen wir, daß eine gebundene Umbenennung (s. Def. 3.2.12(2)) keinen Einfluß auf die Semantik einer Formel hat, sofern mit einer für die Formel „neuen" Variablen umbenannt wird. Dazu müssen wir wissen, was eine entsprechende Variablenumbenennung für die Gültigkeit von Formeln bewirkt. Wir nehmen das benötigte Resultat in das nächste Lemma mit auf.

3.3.9 Lemma

(1) Sei $\mathcal{S}$ eine τ–Struktur. Dann gilt für alle $\sigma \in Bel_{\mathcal{S}}$: $\mathcal{S} \models VU_y^z(\beta)(\sigma) \Longleftrightarrow$ $\mathcal{S} \models \beta(\sigma[y/\sigma(z)])$, falls z nicht in $\beta \in PF$ vorkommt.

(2) *(gebundene Umbenennung)*
Die Variable z komme in der Formel α nicht vor. Dann sind α und $GU_y^z(\alpha)$ logisch äquivalent.

Beweis
Den Beweis von (1) überlassen wir dem Leser zur Übung. Sei nun $\mathcal{S}$ eine beliebige τ–Struktur mit Trägermenge S. Wir zeigen, daß α und $GU_y^z(\alpha)$ in $\mathcal{S}$ äquivalent sind. Wir führen dabei nur den interessanten Fall "$\forall x\alpha$" der strukturellen Induktion aus. Die Variable z komme in $\forall x\alpha$ nicht vor. Dann kommt z auch nicht in α vor. Sei σ eine beliebige Belegung.
Fall $x \neq y$:

$$\begin{aligned} \mathcal{S} \models GU_y^z(\forall x\alpha)(\sigma) \quad & \text{gdw.} \quad \mathcal{S} \models \forall x GU_y^z(\alpha)(\sigma) \quad \text{(nach Def. 3.2.12)} \\ & \text{gdw.} \quad \mathcal{S} \models GU_y^z(\alpha)(\sigma[x/a]) \text{ für alle } a \in S \\ & \text{gdw.} \quad \mathcal{S} \models \alpha(\sigma[x/a]) \text{ für alle } a \in S \\ & \qquad\quad \text{(nach Induktionsvoraussetzung)} \\ & \text{gdw.} \quad \mathcal{S} \models \forall x\alpha(\sigma) \end{aligned}$$

Fall $x = y$:

$$\begin{aligned}
\mathcal{S} \models GU_y^z(\forall y\alpha)(\sigma) \quad & \text{gdw.} \quad \mathcal{S} \models \forall z VU_y^z(\alpha)(\sigma) \text{ (nach Def. 3.2.12)} \\
& \text{gdw.} \quad \mathcal{S} \models VU_y^z(\alpha)(\sigma[z/a]) \text{ für alle } a \in S \\
& \text{gdw.} \quad \mathcal{S} \models \alpha(\sigma[z/a][y/\sigma[z/a](z)]) \text{ für alle } a \in S \\
& \qquad\quad \text{(nach (1))} \\
& \text{gdw.} \quad \mathcal{S} \models \alpha(\sigma[z/a][y/a]) \text{ für alle } a \in S \\
& \text{gdw.} \quad \mathcal{S} \models \alpha(\sigma[y/a]) \text{ für alle } a \in S \\
& \qquad\quad \text{(nach Lemma 3.3.4 (2))} \\
& \text{gdw.} \quad \mathcal{S} \models \forall y\alpha(\sigma)
\end{aligned}$$

□

Aus Lemma 3.3.9(2) erhalten wir insbesondere, daß wir die Voraussetzung „t frei für y in α“ im Überführungslemma 3.3.6 durch gebundene Umbenennung stets erreichen können, ohne die semantischen Eigenschaften der Ausgangsformel zu verändern.

Damit haben wir für die in Definition 3.3.7 eingeführten Begriffe erste Beispiele und Eigenschaften vorgestellt. Später werden wir darüber hinaus gewisse Typen allgemeingültiger Formeln bzw. logischer Äquivalenzen benötigen, die wir nun auflisten wollen. Wir beginnen mit den *prädikatenlogischen Tautologien.*

Da die semantischen Definitionen der Junktoren $\neg, \wedge, \vee$ und $\rightarrow$ in der Aussagenlogik und in der Prädikatenlogik deren naiven Gebrauch widerspiegeln, sehen wir gewissen prädikatenlogischen Formeln, z.B. $\beta :=$ "$\exists zQ(f(z), x) \vee \neg\exists zQ(f(z), x)$", bereits wegen ihrer aussagenlogischen Struktur an, daß sie allgemeingültig sind. Die obige Formel β kann als *prädikatenlogische Interpretation* der aussagenlogischen Tautologie $\alpha := A \vee \neg A$ bezeichnet werden. Wir wollen diesen Begriff exakt einführen und dann zeigen, daß alle prädikatenlogischen Interpretationen aussagenlogischer Tautologien allgemeingültig sind.

3.3.10 Definition *(prädikatenlogische Interpretation der Aussagenlogik)*

Sei $\varphi : AS \longrightarrow PF$ eine Abbildung der Aussagensymbole in die prädikatenlogischen Formeln (eines festen Typs τ). Durch folgende Eigenschaften sei rekursiv eine Funktion $I_\varphi : AF \longrightarrow PF$ definiert:

$$\begin{aligned}
I_\varphi(\top) &= \top \\
I_\varphi(\bot) &= \bot \\
I_\varphi(B) &= \varphi(B) \\
I_\varphi(\neg\,\alpha) &= \neg\, I_\varphi(\alpha)
\end{aligned}$$

$$I_\varphi(\alpha \wedge \beta) \quad = \quad I_\varphi(\alpha) \wedge I_\varphi(\beta)$$

(entsprechend für "$\alpha \vee \beta$"und "$\alpha \rightarrow \beta$")

für alle $B \in AS$ und $\alpha, \beta \in AF$. I_φ heißt eine *prädikatenlogische Interpretation der Aussagenlogik.* Falls $\alpha \in AF$ eine Tautologie ist, heißt $I_\varphi(\alpha)$ eine *(prädikatenlogische) Tautologie.*

Die zuletzt eingeführte Sprechweise wird durch das folgende Lemma gerechtfertigt.

3.3.11 Lemma

Sei $\alpha \in AF$ eine Tautologie, und sei I_φ eine prädikatenlogische Interpretation der Aussagenlogik. Dann ist $I_\varphi(\alpha)$ allgemeingültig.

Beweis

Sei $\mathcal{S}$ eine τ–Struktur und $\hat{\sigma}$ eine beliebige Belegung der Variablen über $\mathcal{S}$. Wir definieren $\sigma \in BEL$ durch

$$\sigma(B) := WW_{\mathcal{S}}(\varphi(B))(\hat{\sigma}) \quad \text{für alle} \quad B \in AS.$$

Dann zeigt eine einfache strukturelle Induktion:

$$< \sigma > (\gamma) = WW_{\mathcal{S}}(I_\varphi(\gamma))(\hat{\sigma}) \quad \text{für alle} \quad \gamma \in AF.$$

Da nach Voraussetzung $< \sigma > (\alpha) = 1$ ist, gilt auch $WW_{\mathcal{S}}(I_\varphi(\alpha))(\hat{\sigma}) = 1$. Dies gilt für beliebige $\mathcal{S}$ und $\hat{\sigma}$. Damit ist $I_\varphi(\alpha)$ allgemeingültig.
□

Als einfache Folgerung aus Lemma 3.3.11 halten wir fest:

3.3.12 Korollar

Sei I_φ eine prädikatenlogische Interpretation der Aussagenlogik. Ferner seien $\alpha_1, \alpha_2 \in AF$. Dann gilt $\alpha_1 \equiv \alpha_2 \Longrightarrow I_\varphi(\alpha_1) \equiv I_\varphi(\alpha_2)$.

Selbsttestaufgabe S32

Beweisen Sie Korollar 3.3.12.

Zwei weitere Typen logisch gültiger Formeln beschreibt das folgende Lemma.

3.3.13 Lemma

Sei $\alpha \in PF$, $x \in Var$ und $t \in Tm$ frei für x in α. Dann sind

$$\forall x\alpha \rightarrow \mathrm{Sub}_x^t\alpha \quad \text{und} \quad \mathrm{Sub}_x^t\alpha \rightarrow \exists x\alpha$$

allgemeingültige prädikatenlogische Formeln.

Beweis

(1) Sei $\mathcal{S}$ eine τ–Struktur mit Träger S und σ eine Belegung der Variablen über $\mathcal{S}$, so daß $\mathcal{S} \models \forall x\alpha(\sigma)$. Nach Definition 3.3.3 folgt daraus

$$\mathcal{S} \models \alpha(\sigma[x/a]) \text{ für alle } a \in S.$$

Insbesondere gilt:

$$\mathcal{S} \models \alpha(\sigma[x/W_{\mathcal{S}}(t)(\sigma)])$$

Mit dem Überführungslemma 3.3.6 ergibt sich

$$\mathcal{S} \models \; Sub_x^t(\alpha)(\sigma).$$

Also erhalten wir

$$\mathcal{S} \models (\forall x\alpha \rightarrow \; Sub_x^t(\alpha))(\sigma).$$

Es folgt, daß $\forall x\alpha \rightarrow Sub_x^t(\alpha)$ allgemeingültig ist.

(2) Seien $\mathcal{S}$, S und σ wie bei (1). Es gilt

$$\begin{aligned} & \mathcal{S} \models \; Sub_x^t(\alpha)(\sigma) \\ \Longrightarrow \; & \mathcal{S} \models \alpha(\sigma[x/W_{\mathcal{S}}(t)(\sigma)]) \;\; \text{(Überführungslemma)} \\ \Longrightarrow \; & \mathcal{S} \models \alpha(\sigma[x/a]) \;\; \text{für ein } a \in S \\ \Longrightarrow \; & \mathcal{S} \models \exists x\alpha(\sigma) \end{aligned}$$

Also ist auch $Sub_x^t(\alpha) \rightarrow \exists x\alpha$ allgemeingültig.

□

Das folgende Beispiel zeigt, daß man in Lemma 3.3.13 nicht auf die Voraussetzung "t frei für x in α" verzichten kann.

Beispiel 4

Sei $\tau := (\{R\}, \emptyset)$ mit $\mu(R) = 2$, α die Formel "$\forall x R(x, y)$" und $t :=$ "x". Ferner sei $\mathcal{S} := (S, \{(R, \ddot{A}q)\}, \emptyset)$ eine τ–Struktur, so daß $\ddot{A}q$ eine Äquivalenzrelation mit zwei

Äquivalenzklassen ist. (Z.B. könnte $\mathcal{S}$ die Menge $\{0,1\}$ zum Träger haben und $\ddot{A}q$ festgelegt sein durch $\ddot{A}q(a,b)$ gdw. $a = b$ für alle $a, b \in \{0,1\}$.) Dann gilt $Sub_y^t(\alpha)$ in $\mathcal{S}$ wegen der Reflexivität von $\ddot{A}q$. Offenbar gilt jedoch $\exists y\alpha$ = "$\exists y \forall x R(x,y)$" für $y \neq x$ nicht in $\mathcal{S}$, da diese Aussage die Existenz von nur einer Äquivalenzklasse besagt. Folglich ist die Formel $Sub_y^t(\alpha) \rightarrow \exists y\alpha$ nicht allgemeingültig.

Beim Beweis der nachfolgenden speziellen logischen Äquivalenzen (und auch später in anderem Zusammenhang) kann man nutzbringend das *Prinzip der äquivalenten Ersetzung von Teilformeln* anwenden, das wir vorab formulieren.

3.3.14 Lemma *(äquivalente Ersetzung von Teilformeln)*

Seien $\alpha, \beta, \hat{\beta} \in PF$, so daß β Teilwort von α ist. $\hat{\alpha}$ entstehe aus α durch Ersetzung des Teilworts β durch $\hat{\beta}$. Dann ist $\hat{\alpha} \in PF$ und es gilt:

(1) (β und $\hat{\beta}$ äquivalent in $\mathcal{S}$) $\Longrightarrow$ (α und $\hat{\alpha}$ äquivalent in $\mathcal{S}$)

(2) $\beta \equiv \hat{\beta} \Longrightarrow \alpha \equiv \hat{\alpha}$

Den Beweis von Lemma 3.3.14 führt man unter wesentlicher Benutzung der Peano–Algebra–Struktur der Formeln nach dem gleichen Muster wie in der Aussagenlogik (s. 2.3.8). Wir gehen nicht weiter darauf ein.
Einige der folgenden Äquivalenzen werden wir später u.a. bei der Transformation von Formeln in pränexe Normalform (s. Abschnitt 3.5) benutzen.

3.3.15 Lemma *(spezielle Äquivalenzen)*

Seien $\alpha, \beta \in PF$ und sei $x \in Var$. Dann gelten die folgenden Äquivalenzen:

(1) $\neg \forall x\alpha \equiv \exists x \neg \alpha$

(2) $\neg \exists x\alpha \equiv \forall x \neg \alpha$

(3) $\exists x\alpha \vee \beta \equiv \exists x(\alpha \vee \beta)$, falls $x \notin Fr(\beta)$
(entsprechend für "$\forall x$" statt "$\exists x$" und in beiden Fällen analog mit " $\wedge$ " anstelle von " $\vee$ ")

(4) $\alpha \vee \exists x\beta \equiv \exists x(\alpha \vee \beta)$, falls $x \notin Fr(\alpha)$
(entsprechend für "$\forall x$" statt "$\exists x$" und in beiden Fällen analog mit " $\wedge$ " anstelle von " $\vee$ ")

(5) $\forall x\alpha \rightarrow \beta \equiv \exists x(\alpha \rightarrow \beta)$, falls $x \notin Fr(\beta)$

(6) $\exists x\alpha \rightarrow \beta \;\equiv\; \forall x(\alpha \rightarrow \beta)$, falls $x \notin Fr(\beta)$

(7) $\alpha \rightarrow \forall x\beta \;\equiv\; \forall x(\alpha \rightarrow \beta)$, falls $x \notin Fr(\alpha)$

(entsprechend für "$\exists x$" statt "$\forall x$")

(8) $\exists x\alpha \vee \exists x\beta \;\equiv\; \exists x(\alpha \vee \beta)$

(9) $\forall x\alpha \wedge \forall x\beta \;\equiv\; \forall x(\alpha \wedge \beta)$

Beweis:
Wir zeigen exemplarisch (1), (3) und (5).

(1) Sei $\mathcal{S}$ eine τ–Struktur mit Träger S. Ferner sei σ eine beliebige Belegung der Variablen über $\mathcal{S}$. Es folgt:

$$\begin{aligned}
\mathcal{S} \models \neg \forall x\alpha(\sigma) \quad &\text{gdw. nicht } \mathcal{S} \models \forall x\alpha(\sigma)\\
&\text{gdw. nicht } [\mathcal{S} \models \alpha(\sigma[x/a]) \text{ für alle } a \in S]\\
&\text{gdw. es gibt ein } a \in S, \text{ so daß } \mathcal{S} \not\models \alpha(\sigma[x/a])\\
&\text{gdw. } \mathcal{S} \models \neg \alpha(\sigma[x/a]) \text{ für ein } a \in S\\
&\text{gdw. } \mathcal{S} \models \exists x \neg \alpha(\sigma)
\end{aligned}$$

Also gilt $\neg \forall x\alpha \equiv \exists x \neg \alpha$.

(3) Sei $x \in Var \backslash Fr(\beta)$, und $\mathcal{S}, S$ sowie σ seien wie bei (1). Wir erhalten:

$$\begin{aligned}
\mathcal{S} \models (\exists x\alpha \vee \beta)(\sigma) \quad &\text{gdw. } \mathcal{S} \models \exists x\alpha(\sigma) \text{ oder } \mathcal{S} \models \beta(\sigma)\\
&\text{gdw. } \mathcal{S} \models \alpha(\sigma[x/a]) \text{ für ein } a \in S \text{ oder } \mathcal{S} \models \beta(\sigma)\\
&\text{gdw. } \mathcal{S} \models \alpha(\sigma[x/a]) \text{ oder } \mathcal{S} \models \beta(\sigma[x/a]) \text{ für ein } a \in S\\
&\text{(Koinzidenzlemma)}\\
&\text{gdw. } \mathcal{S} \models (\alpha \vee \beta)(\sigma[x/a]) \text{ für ein } a \in S\\
&\text{gdw. } \mathcal{S} \models \exists x(\alpha \vee \beta)(\sigma)
\end{aligned}$$

Folglich gilt $\exists x\alpha \vee \beta \equiv \exists x(\alpha \vee \beta)$.

(5) Es gilt offenbar $\forall x\alpha \rightarrow \beta \equiv \neg\forall x\alpha \vee \beta$ (s. 3.3.12). Aufgrund von Teil (1) und Lemma 3.3.14 ist $\neg\forall x\alpha \vee \beta$ äquivalent zu $\exists x\neg\alpha \vee \beta$. Mit (3) ergibt sich $\exists x\neg\alpha \vee \beta \equiv \exists x(\neg\alpha \vee \beta)$. Da $\neg\alpha \vee \beta \equiv \alpha \rightarrow \beta$, ergibt nochmalige Anwendung von Lemma 3.3.14 zusammen mit der Transitivität von " $\equiv$ " wie gewünscht $\forall x\alpha \rightarrow \beta \equiv \exists x(\alpha \rightarrow \beta)$.

□

Als weitere wichtige logische Grundbegriffe wollen wir die *Folgerungsbeziehung* der Prädikatenlogik und die *Erfüllbarkeit* von Formelmengen einführen.

Beim logischen Folgern in der Metasprache geht man von einer Menge von Aussagen aus und erschließt „rein logisch" eine weitere Aussage. In unserem Formalismus müssen wir somit sinnvoll definieren, wann eine Formel $\alpha \in PF$ logisch aus einer Menge $X \subseteq PF$ von Formeln folgt. In der Aussagenlogik (Def. 2.4.6) hatten wir für Formelmengen $X \subseteq AF$ und Formeln $\alpha \in AF$ definiert:

$$X \models \alpha \text{ gdw. } Erf(X) \subseteq Erf(\alpha),$$

d.h. α ist eine logische Konsequenz von X, wenn „unter allen Umständen", d.h. für alle Belegungen, aus der Gültigkeit aller $\beta \in X$ auf die Gültigkeit von α geschlossen werden kann. Analog gehen wir in der Prädikatenlogik vor, wobei „unter allen Umständen" nun bedeutet: in allen Modellen.

Wir werden eine Menge prädikatenlogischer Formeln *erfüllbar* nennen, wenn sie überhaupt ein Modell besitzt.

Es folgen nun die Definitionen. Danach formulieren wir einige einfache Zusammenhänge der Begriffe untereinander sowie mit dem Gültigkeits- und Äquivalenzbegriff. Es sei wieder τ ein fest vorgegebener Typ. Wir lassen – wie vereinbart – den Index τ im folgenden weg.

3.3.16 Definition *(Modell, logische Konsequenz, Erfüllbarkeit)*

Sei $X \subseteq PF$ und $\alpha \in PF$.

(1) Sei $\mathcal{S}$ eine τ–Struktur. $\mathcal{S}$ heißt *Modell von* X, gdw. $\mathcal{S} \models \beta$ für alle $\beta \in X$. Wir schreiben in diesem Fall auch $\mathcal{S} \models X$.

(2) Wir definieren die *logische Konsequenz* oder *logische Folgerung* durch:

$$X \models \alpha \text{ gdw. } (\mathcal{S} \models X \Longrightarrow \mathcal{S} \models \alpha \text{ für alle } \tau\text{–Strukturen } \mathcal{S})$$

Sprechweise: X *impliziert logisch* α oder α ist *logische Konsequenz* von X.
Ist $X = \{\beta\}$, so schreiben wir $\beta \models \alpha$ anstelle von $\{\beta\} \models \alpha$.
Für $X = \emptyset$ schreibt man statt $\emptyset \models \alpha$ auch einfach $\models \alpha$.

(3) X heißt *erfüllbar*, gdw. es ein Modell von X gibt. $\alpha \in PF$ heißt erfüllbar, gdw. $\{\alpha\}$ erfüllbar ist.

Offenbar ist $\mathcal{S}$ Modell von $\{\alpha\}$, gdw. $\mathcal{S}$ Modell von α im Sinne von Definition 3.3.7 ist. Die Formel α ist logische Konsequenz von X, gdw. jedes Modell von X auch ein Modell von α ist. Beachten Sie die Technik, wie man wiederum durch metasprachliches Quantifizieren über Strukturen zu modellunabhängigen, also rein logischen Begriffen gelangt. – Der Leser wird vielleicht über den vielfältigen Gebrauch des Zeichens " $\models$ " verwundert sein. Er hat sich jedoch in der Logik eingebürgert und dürfte auch kaum zu Verwirrungen führen.

Beim folgenden Lemma gelten einige der Eigenschaften nur für prädikatenlogische Aussagen.

3.3.17 Lemma

Seien $\alpha, \beta \in PF$ und $X \subseteq PF$.

(1) $\models \alpha$ gdw. α allgemeingültig.

(2) Falls $\alpha \in Aus$, so gilt: $\alpha \models \beta$ gdw. $\alpha \to \beta$ allgemeingültig.

(3) Falls $\alpha, \beta \in Aus$, so gilt: $\alpha \equiv \beta$ gdw. $\alpha \models \beta$ und $\beta \models \alpha$.

(4) Falls $\alpha \in Aus$, so gilt: $X \models \alpha$ gdw. $X \cup \{\neg\alpha\}$ nicht erfüllbar.

Beweis

Wir zeigen nur die Teile (2)und (4), da (1) unmittelbar ersichtlich und (3) mit 3.3.8(4) eine einfache Konsequenz von (2) ist. Zunächst zum Beweis von (2):
"$\Longleftarrow$":
Sei $\mathcal{S}$ ein Modell von α. Dann haben wir für alle Belegungen σ der Variablen über $\mathcal{S}$:

$$\mathcal{S} \models \alpha(\sigma)$$

Da $\alpha \to \beta$ allgemeingültig ist, folgt mit Def. 3.3.3

$$\mathcal{S} \models \beta(\sigma) \text{ für alle Belegungen } \sigma \text{ der Variablen über } \mathcal{S}.$$

Also ist $\mathcal{S}$ auch ein Modell von β. Es folgt $\alpha \models \beta$.
"$\Longrightarrow$":
Sei $\mathcal{S}$ nun irgendeine τ-Struktur und σ eine Belegung der Variablen über $\mathcal{S}$, so daß

$$\mathcal{S} \models \alpha(\sigma).$$

Da $\alpha \in Aus$, erhalten wir nach dem Korollar 3.3.5 zum Koinzidenzlemma

$$\mathcal{S} \models \alpha(\hat{\sigma}) \text{ für } \textit{alle} \text{ Belegungen } \hat{\sigma} \text{ der Variablen über } \mathcal{S}.$$

Wegen $\alpha \models \beta$ ergibt sich

$$\mathcal{S} \models \beta(\hat{\sigma}) \text{ für alle Belegungen } \hat{\sigma},$$

also auch

$$\mathcal{S} \models \beta(\sigma).$$

Mithin ist $\alpha \to \beta$ logisch gültig.
Nun zum Beweis von (4):
"$\Longleftarrow$":
Sei zunächst $X \cup \{\neg\, \alpha\}$ nicht erfüllbar und $\mathcal{S}$ ein Modell von X, also $\mathcal{S} \models X$. Dann gilt $\neg\, \alpha$ in $\mathcal{S}$ nicht, da andernfalls $\mathcal{S}$ ein Modell von $X \cup \{\neg\, \alpha\}$ wäre. Da α eine Aussage ist, folgt $\mathcal{S} \models \alpha$ (warum?). Also ist α logische Konsequenz von X.

" $\Longrightarrow$ " :
Sei andererseits $X \models \alpha$. Sei $\mathcal{S}$ ein Modell von X. Dann ist $\mathcal{S}$ ein Modell von α, damit aber kein Modell von $\neg\ \alpha$ (Def. 3.3.3). Also ist $\mathcal{S}$ kein Modell von $X \cup \{\neg\ \alpha\}$. Somit ist $X \cup \{\neg\ \alpha\}$ nicht erfüllbar.
□

Der Beweis zeigt, daß " $\Longleftarrow$ " bei (2) und " $\Longrightarrow$ " bei (4) für beliebige Formeln α, β gelten.

Selbsttestaufgabe S33
Zeigen Sie, daß die Äquivalenz in (2) nicht gilt, falls man "$\alpha \in Aus$" nicht fordert.

Als einfache Folgerung aus Lemma 3.3.8(1) und Lemma 3.3.17(4) erhalten wir:

3.3.18 Korollar

Für jede Formel $\alpha \in PF$ sind die folgenden drei Eigenschaften äquivalent:

(1) α ist allgemeingültig;

(2) $\forall\alpha$ ist allgemeingültig;

(3) $\neg\ \forall\alpha$ ist nicht erfüllbar.

Damit beschließen wir die einführende Darstellung der prädikatenlogischen Grundbegriffe. Zum Schluß dieses Abschnitts formulieren wir noch zwei Lemmata. Im ersten Lemma bringen wir zum Ausdruck, daß die syntaktische Form der verwendeten Bezeichner keinen Einfluß auf die Semantik der prädikatenlogischen Terme und Formeln hat. Im zweiten stellen wir fest, daß nur die in einem Term bzw. einer Formel tatsächlich auftretenden Bezeichner für dessen Wert bzw. deren Wahrheitswert in einer Struktur verantwortlich sind. Beide Lemmata sind unmittelbar einleuchtend. Wir führen daher die genauen Beweise durch strukturelle Induktion nicht aus.

3.3.19 Lemma *(Typwechsel)*

Seien $\tau = (I, J)$ und $\hat{\tau} = (\hat{I}, \hat{J})$ Typen und $\varphi : I \longrightarrow \hat{I}$, $\psi : J \longrightarrow \hat{J}$ Bijektionen mit $\mu(R) = \mu(\varphi(R))$ für alle $R \in I$ sowie $\mu(f) = \mu(\psi(f))$ für alle $f \in J$. Dann sind durch φ und ψ Abbildungen

$$u_T : Tm_\tau \longrightarrow Tm_{\hat{\tau}} \text{ und } u_F : PF_\tau \longrightarrow PF_{\hat{\tau}}$$

induziert, wobei $u_T(t)$ durch Umbenennung der Symbole in t mittels ψ aus t und $u_F(\alpha)$ durch Umbenennung der Symbole in α mittels φ und ψ aus α

hervorgeht. Es sei ferner $\hat{\mathcal{S}} = (S, \hat{\mathbf{P}}, \hat{g})$ eine $\hat{\tau}$–Struktur und $\mathcal{S}$ eine τ–Struktur definiert durch $\mathcal{S} := (S, \hat{\boldsymbol{P}} \circ \varphi, \hat{\boldsymbol{g}} \circ \psi)$. Dann gilt für alle $t \in Tm_\tau$, $\alpha \in PF_\tau$ und $\sigma : Var \longrightarrow S$:

$$
\begin{array}{lll}
(1) & W_{\mathcal{S}}(t)(\sigma) & = W_{\hat{\mathcal{S}}}(u_T(t))(\sigma) \\
(2) & WW_{\mathcal{S}}(\alpha)(\sigma) & = WW_{\hat{\mathcal{S}}}(u_F(\alpha))(\sigma)
\end{array}
$$

3.3.20 Lemma *(Typeinschränkung, -erweiterung)*

Seien wiederum $\tau = (I, J)$ und $\hat{\tau} = (\hat{I}, \hat{J})$ Typen. Es gelte $I \subseteq \hat{I}$ und $J \subseteq \hat{J}$. Dann ist $Tm_\tau \subseteq Tm_{\hat{\tau}}$ und $PF_\tau \subseteq PF_{\hat{\tau}}$. Ist ferner $\hat{\mathcal{S}} = (S, \hat{\mathbf{P}}, \hat{g})$ eine $\hat{\tau}$–Struktur, so ist $\mathcal{S} = (S, \hat{\mathbf{P}}|_I, \hat{g}|_J)$ eine τ–Struktur. Umgekehrt gibt es zu jeder τ–Struktur $\mathcal{S} = (S, \mathbf{P}, \mathbf{g})$ eine $\hat{\tau}$–Struktur $\hat{\mathcal{S}} = (S, \hat{\mathbf{P}}, \hat{g})$ mit $\mathbf{P} = \hat{\mathbf{P}}|_I$ und $\mathbf{g} = \hat{\mathbf{g}}|_J$, und es gilt für alle $t \in Tm_\tau$, $\alpha \in PF_\tau$ und $\sigma : Var \longrightarrow S$:

$$
\begin{array}{llll}
(1) & W_{\mathcal{S}}(t)(\sigma) & = & W_{\hat{\mathcal{S}}}(t)(\sigma) \\
(2) & \mathcal{S} \models \alpha(\sigma) & \text{gdw.} & \hat{\mathcal{S}} \models \alpha(\sigma)
\end{array}
$$

Die Struktur $\mathcal{S}$ aus Lemma 3.3.20 nennt man auch *Redukt* der Struktur $\hat{\mathcal{S}}$ und $\hat{\mathcal{S}}$ *Erweiterung* von $\mathcal{S}$. Unter den Voraussetzungen des Lemmas wird τ auch als *Redukt* von $\hat{\tau}$ bzw. $\hat{\tau}$ als *Erweiterung* von τ bezeichnet.

3.4 Formalisierung des logischen Schließens

In den vorangegangenen Abschnitten haben wir die Syntax und die Semantik der (einsortigen) Prädikatenlogik (1. Stufe ohne Gleichheit) eingeführt. Damit haben wir einen wichtigen Teil der mathematischen Umgangssprache durch eine konkrete Sprache präzisiert und mit Begriffen wie *Gültigkeit, Erfüllbarkeit* und *logische Konsequenz* auch die naive Logik einer exakten Untersuchung zugänglich gemacht.

Um die Richtigkeit von Behauptungen zu sichern, führen Mathematiker *Beweise.* Wir wollen in diesem Abschnitt das Beweisen in unserem Formalismus modellieren. Dazu führen wir einen Beweiskalkül für die Prädikatenlogik 1. Stufe und einen Verifikationskalkül für schleifenfreie Programme vor. Der Beweiskalkül für die Prädikatenlogik ist *vollständig* und *korrekt.* Das heißt insbesondere, daß sich in ihm alle allgemeingültigen Formeln $\alpha \in PF$ herleiten lassen. Wir werden aber auf den recht aufwendigen Nachweis der Vollständigkeit dieses Kalküls verzichten. Stattdessen werden wir später ein nicht auf dem Kalkülbegriff beruhendes Verfahren angeben, mit dem sich alle allgemeingültigen Formeln aufzählen lassen.

Einen mathematischen Beweis einer Behauptung B kann man als eine Folge $B_0, B_1, \ldots, B_n$ mit $B_n = B$ von Behauptungen beschreiben. Für jede der Behauptungen B_i $(0 \leq i \leq n)$ gilt dabei: entweder ist B_i ein *Axiom* oder eine *Voraussetzung* in diesem Beweis (d.h. B_i wird als wahr vorausgesetzt), oder B_i wird aus $\{B_0, \ldots, B_{i-1}\}$ unter Verwendung einer *Schlußregel* gewonnen. Auf die Unterscheidung zwischen „Axiom" und „Voraussetzung" gehen wir unten ein. Sinn des Beweisens ist es, eine „komplizierte" Behauptung B mit Hilfe „einfacher" Schlußregeln Schritt für Schritt aus gegebenen Annahmen herzuleiten und sie auf diese Weise überprüfbar zu machen. Wir beginnen mit einem einfachen Beispiel eines mathematischen Beweises.

Beispiel 1

Es sei M eine Menge und $R \subseteq M^2$ eine zweistellige Relation. Statt $(x, y) \in R$ schreiben wir $R(x, y)$. R erfülle die folgenden Eigenschaften:

(V1) $R(x, x)$ für alle $x \in M$.

(V2) $R(x, y)$ und $R(x, z) \Longrightarrow R(y, z)$ für alle $x, y, z \in M$.

Wir wollen zeigen: $R(x, y) \Longrightarrow R(y, x)$ für alle $x, y \in M$. (Das heißt: (M, R) ist eine Äquivalenzrelation.) Ein Beweis könnte wie folgt aussehen:

(1) $R(x, x)$ für alle $x \in M$.

(2) $R(x, y)$ und $R(x, z) \Longrightarrow R(y, z)$ für alle $x, y, z \in M$.

(3) $R(x, y)$ und $R(x, x) \Longrightarrow R(y, x)$ für alle $x, y \in M$.

(4) $R(x, y) \Longrightarrow R(y, x)$ für alle $x, y \in M$.

Dabei ist (1) die Voraussetzung (V1), (2) die Voraussetzung (V2), (3) ergibt sich aus (2) durch Spezialisierung, und (4) folgt aussagenlogisch unter Verwendung der Bedeutung des Allquantors aus (1) und (3). Damit ist jede der Aussagen (1) bis (4) entweder eine Voraussetzung (die nicht weiter bewiesen werden muß) oder eine Konsequenz vorheriger Aussagen. Der Beweis ist zwar für die konkrete Struktur (M, R), die (V1) und (V2) erfüllt, geführt worden, hängt aber tatsächlich nur von den formalen Voraussetzungen (V1) und (V2) ab, nicht jedoch von der Struktur (M, R). Um dies zu verdeutlichen, ersetzen wir (1) bis (4) durch entsprechende Formeln $(A1), \ldots, (A4)$:

$(A1)$	$R(x, x)$	$(V1)$
$(A2)$	$R(x, y) \land R(x, z) \rightarrow R(y, z)$	$(V2)$
$(A3)$	$R(x, y) \land R(x, x) \rightarrow R(y, x)$	(aus $(A2)$)
$(A4)$	$R(x, y) \rightarrow R(y, x)$	(aus $(A1)$ und $(A3)$)

Dann sind (A1) und (A2) (nicht zu beweisende) Voraussetzungen, und es gilt $(A2) \models (A3)$ und $\{(A1), (A3)\} \models (A4)$. Damit sind die im Beweis benutzten Schlüsse *formal*, d.h. sie beruhen nur auf den Formeln und nicht auf einer speziellen Struktur, und die

„erschlossenen“ Formeln sind sogar *logische Konsequenzen.* Also sind die Schlüsse prädikatenlogisch *korrekt.*

Im Sinne unserer Zielsetzung für die Prädikatenlogik wollen wir das Beweisen als „sinnvolle“ Manipulation von Formeln auffassen. Ein Beweiskalkül ist dann festgelegt durch eine Menge von Formeln, die *Axiome,* und eine Menge von *Schlußregeln,* mit deren Hilfe aus bereits bewiesenen Formeln neue erzeugt werden können. Das schrittweise Erzeugen haben wir bereits im Vorspann 1.4 ausführlich untersucht. Wir definieren abstrakt einen Kalkül als eine Relationalstruktur, deren Trägermenge aus Worten besteht (s.Def. 1.4.1).

3.4.1 Definition *(Kalkül)*

(1) Ein *Kalkül* ist eine Relationalstruktur $K := (W(\Sigma), R)$ über einer Signatur $\nu : H \longrightarrow \mathbb{N}$, wobei Σ ein Alphabet und H eine Indexmenge ist. Falls $\nu(i) = 0$ (also $R_i \subseteq W(\Sigma)$), dann heißt R_i ein *Axiomenschema* und jedes $w \in R_i$ heißt ein *Axiom.* Falls $\nu(i) > 0$, dann heißt R_i ein *Regelschema* und jedes Element $r \in R_i$ heißt *Regel.*
Schreib- und Sprechweise: Statt $(v_1, \ldots, v_{\nu(j)}, v) \in R_j$ schreibt man auch

$$\frac{v_1, \ldots, v_{\nu(j)}}{v} \quad \text{ist Regel aus } R_j$$

und sagt: „von $(v_1, \ldots, v_{\nu(j)})$ darf man zu v übergehen“.

(2) Es sei $K := (W(\Sigma), R)$ ein Kalkül der Signatur ν und es sei $X \subseteq W(\Sigma)$. Die *Erweiterung* des Kalküls K um die *Voraussetzungen* X ist der Kalkül $K^X := (W(\Sigma), R^X)$ der Signatur $\nu^X : H^X \longrightarrow \mathbb{N}$, wobei

$$\begin{aligned}
H^X &:= H \cup \{H\} \\
\nu^X(i) &:= \begin{cases} \nu(i) & \text{falls } i \in H \\ 0 & \text{falls } i = H \end{cases} \\
R_i^X &:= \begin{cases} R_i & \text{falls } i \in H \\ X & \text{falls } i = H \end{cases}
\end{aligned}$$

(3) Ein *Beweis* des Wortes w aus der Menge X im Kalkül K ist eine Ableitung $(w_0, \ldots, w_{n-1}, w)$ von w in K^X. Das Wort w heißt *in K aus X beweisbar,* in Zeichen $X \vdash_K w$, gdw. $w \in Erz(K^X)$.

Der Kalkül K^X entsteht, grob gesagt, aus dem Kalkül K durch Zufügen der Menge X zu den Axiomen. Dazu muß die Indexmenge H um ein Element $i \notin H$ erweitert werden. Wegen $H \notin H$ kann man $i := H$ wählen. Es gilt $X \vdash_K w$ gdw. man das Wort

w aus den Axiomen von K und der Menge X, d.h. aus den Axiomen von K^X, durch endlichmaliges Anwenden von Regeln ableiten kann. Die Ableitung heißt nun *Beweis*. Die wichtigste Eigenschaft eines mathematischen Beweises ist die Überprüfbarkeit.

Es muß möglich sein, für einen vorliegenden Beweis zu entscheiden, ob er korrekt, also tatsächlich ein Beweis ist oder nicht. In unserem Modell ist ein Beweis eine endliche Folge von Worten oder, in einem um Komma und Klammern vergrößerten Alphabet, ein einziges Wort. In der Berechenbarkeitstheorie wird definiert, wann eine Wortmenge entscheidbar ist (s. Abschnitt 1.3). In der Mathematischen Logik werden solche Kalküle K eine Rolle spielen, für die die Menge der Beweise rekursiv (= entscheidbar) ist. Für diese Kalküle können Beweise von Computern kontrolliert und im Prinzip auch gesucht werden. Insbesondere wird dann die Menge derjenigen Worte, für die ein Beweis existiert, rekursiv–aufzählbar. Wir geben eine hinreichende Bedingung dafür an und formulieren Konsequenzen.

3.4.2 Lemma

Es sei $K = (W(\Sigma), R)$ ein Kalkül über einer Signatur $\nu : H \longrightarrow \mathbb{N}$. Es sei H endlich und $R_i \subseteq (W(\Sigma))^{\nu(i)+1}$ eine rekursive Worttupelmenge für jedes $i \in H$. Dann gilt:

(1) Die Menge der Ausdrücke

$$\text{“}\{v_1, \ldots, v_k\}; (w_0, \ldots, w_n)\text{”},$$

so daß $(w_0, \ldots, w_n)$ ein Beweis des Wortes w_n aus der Menge $\{v_1, \ldots, v_k\}$ ist, ist entscheidbar.

(2) Die Menge der zutreffenden Ausdrücke

$$\text{“}\{v_1, \ldots, v_k\} \vdash_K w\text{”}$$

ist rekursiv–aufzählbar.

(3) Falls $X \subseteq W(\Sigma)$ rekursiv–aufzählbar ist, ist auch $\{w \mid X \vdash_K w\}$ rekursiv–aufzählbar.

(4) Die Menge $\{w \mid \emptyset \vdash_K w\}$ ist rekursiv–aufzählbar.

(5) Die Relation $\vdash_K$ erfüllt den *Kompaktheitssatz* : Für alle $X \subseteq W(\Sigma)$ gilt: $X \vdash_K w$, gdw. es $Y \subseteq X$, Y endlich, gibt mit $Y \vdash_K w$.

Die Beweise von (1) bis (4) ergeben sich durch „Programmieren“ unter Verwendung einfacher Methoden der Rekursionstheorie. Die leicht zu zeigende Eigenschaft (5) gilt für jeden Kalkül. Wir gehen auf Einzelheiten nicht weiter ein.

Als erstes Beispiel geben wir einen Kalkül für die Prädikatenlogik 1. Stufe eines beliebigen Typs τ an.

3.4.3 Definition *(Kalkül für die Prädikatenlogik 1. Stufe)*

Sei Σ_P das Alphabet der Prädikatenlogik. Es sei τ ein Typ, $PF := PF_\tau$ und $Tm := Tm_\tau$. Ein Kalkül $K = (W(\Sigma_P), R)$ der Signatur $\nu : H \longrightarrow \mathbb{N}$ sei wie folgt definiert:

$$\begin{aligned}
(1)\ H &:= \{1,2,3,4,5,6\}, \nu(1) := \nu(2) := \nu(3) := 0,\\
&\qquad \nu(4) := \nu(5) := 1, \nu(6) := 2\\
(2)\ R_1 &:= \{I_\varphi(\alpha) \mid \varphi : AS \longrightarrow PF, \alpha \text{ aussagenlogische Tautologie}\}\\
&\quad (I_\varphi \text{ sei gemäß Definition 3.3.10 zu } \varphi \text{ gebildet.})\\
R_2 &:= \{\forall x\alpha \rightarrow Sub^t_x(\alpha) \mid \alpha \in PF, x \in Var,\ t \in Tm \text{ frei für } x \text{ in } \alpha\}\\
R_3 &:= \{Sub^t_x(\alpha) \rightarrow \exists x\alpha \mid \alpha \in PF, x \in Var,\ t \in Tm \text{ frei für } x \text{ in } \alpha\}\\
R_4 &:= \{(\alpha \rightarrow \beta, \alpha \rightarrow \forall x\beta) \mid \alpha, \beta \in PF; x \in Var\backslash Fr(\alpha)\} \subseteq PF^2\\
R_5 &:= \{(\alpha \rightarrow \beta, \exists x\alpha \rightarrow \beta) \mid \alpha, \beta \in PF; x \in Var\backslash Fr(\beta)\} \subseteq PF^2\\
R_6 &:= \{(\alpha, \alpha \rightarrow \beta, \beta) \mid \alpha, \beta \in PF\} \subseteq PF^3
\end{aligned}$$

R_4 nennt man *kritische Generalisierung* , R_5 *kritische Partikularisierung* und R_6 *modus ponens.*

Die Mengen R_1, R_2 und R_3 enthalten die Axiome, die Mengen R_4, R_5 und R_6 enthalten die Regeln des Kalküls K. Man kann zeigen, daß alle Axiome allgemeingültig sind und daß alle Regeln logische Konsequenzen erzeugen.

3.4.4 Lemma

(1) Jedes Element von $R_1 \cup R_2 \cup R_3$ ist allgemeingültig.

(2) Für alle Formeln $\alpha, \beta \in PF$ gilt:

$$\begin{aligned}
\alpha \rightarrow \beta &\models \alpha \rightarrow \forall x\beta \quad \text{falls } x \notin Fr(\alpha),\\
\alpha \rightarrow \beta &\models \exists x\alpha \rightarrow \beta \quad \text{falls } x \notin Fr(\beta),\\
\{\alpha, \alpha \rightarrow \beta\} &\models \beta.
\end{aligned}$$

(1) haben wir bereits in 3.3.11 und 3.3.13 bewiesen. Der Beweis von (2) ist ebenfalls nicht schwierig. Als einfache Folgerung kann man zeigen, daß α eine logische Konsequenz von X ist (also $X \models \alpha$), falls α in K aus X ableitbar ist (d.h. falls $X \vdash_K \alpha$). Jede im Kalkül K beweisbare „Konsequenz" ist damit auch eine logische Konsequenz. Man sagt, der Kalkül K ist *korrekt.* Es stellt sich nun die Frage, wie leistungsfähig der Kalkül K ist. Ist jede logische Konsequenz auch in K beweisbar? Dies ist in der

Tat der Fall. Man sagt, der Kalkül K ist *vollständig*. Der Vollständigkeitssatz für einen ähnlichen Kalkül wurde erstmals im Jahre 1930 von Kurt Gödel bewiesen. Wir fassen Korrektheit und Vollständigkeit in einem Satz zusammen.

3.4.5 Satz *(Korrektheit und Vollständigkeit des Kalküls K)*

Sei $X \subseteq PF$ und $\alpha \in PF$. Dann gilt
(1) $X \vdash_K \alpha \Longrightarrow X \models \alpha$ *(Korrektheit)*
(2) $X \models \alpha \Longrightarrow X \vdash_K \alpha$ *(Vollständigkeit)*

Wir wollen den Vollständigkeitssatz hier nicht beweisen. Wir werden stattdessen ein (nicht auf K basierendes) Verfahren angeben, mit dem sich jede (zutreffende) logische Konsequenz $X \models \alpha$ auch beweisen läßt (s. Abschnitt 3.6). Im folgenden Beispiel wollen wir zeigen, daß sich die Behauptung aus Beispiel 1 tatsächlich in K beweisen läßt.

Beispiel 2
Es sei $\tau = (I, J)$ ein Typ mit $R \in I$. Wir zeigen durch Angeben eines Beweises:

$$\{R(x,x), R(x,y) \wedge R(x,z) \rightarrow R(y,z)\} \vdash_K R(x,y) \rightarrow R(y,x)$$

Als Erläuterung fügen wir in jedem Schritt die benutzten Regeln hinzu.

(1) $R(x,y) \wedge R(x,z) \rightarrow R(y,z)$
($\in X$)

(2) $(R(x,y) \wedge R(x,z) \rightarrow R(y,z)) \rightarrow (\top \rightarrow (R(x,y) \wedge R(x,z) \rightarrow R(y,z)))$
(Tautologie)

(3) $\top \rightarrow (R(x,y) \wedge R(x,z) \rightarrow R(y,z))$
(aus (1) und (2) mit modus ponens)

(4) $\top \rightarrow \forall z(R(x,y) \wedge R(x,z) \rightarrow R(y,z))$
(aus (3) mit kritischer Generalisierung)

(5) $\top$
(Tautologie)

(6) $\forall z(R(x,y) \wedge R(x,z) \rightarrow R(y,z))$
(aus (5) und (4) mit modus ponens)

(7) $\forall z(R(x,y) \wedge R(x,z) \rightarrow R(y,z)) \rightarrow (R(x,y) \wedge R(x,x) \rightarrow R(y,x))$
($\in R_2$)

(8) $R(x,y) \wedge R(x,x) \rightarrow R(y,x)$
(aus (6) und (7) mit modus ponens)

(9) $(R(x,y) \land R(x,x) \to R(y,x)) \land R(x,x) \to (R(x,y) \to R(y,x))$
(Tautologie)

(10) $(R(x,y) \land R(x,x) \to R(y,x)) \to (R(x,x) \to (R(x,y) \land R(x,x) \to R(y,x)) \land R(x,x))$
(Tautologie)

(11) $R(x,x) \to (R(x,y) \land R(x,x) \to R(y,x)) \land R(x,x)$
(aus (8) und (10) mit modus ponens)

(12) $R(x,x)$
($\in X$)

(13) $(R(x,y) \land R(x,x) \to R(y,x)) \land R(x,x)$
(aus (12) und (11) mit modus ponens)

(14) $R(x,y) \to R(y,x)$
(aus (13) und (9) mit modus ponens)

Um formale Beweise zu verkürzen, ist es zweckmäßig, *abgeleitete Regeln* zu benutzen. Sie ersparen das ständige Wiederholen gleichartiger Argumente. Abgeleitete Regeln entsprechen bereits bewiesenen Sätzen in der mathematischen Praxis.

3.4.6 Definition *(abgeleitete Regeln)*

Seien $\alpha_1, \ldots, \alpha_n, \alpha \in PF$ mit $\{\alpha_1, \ldots, \alpha_n\} \vdash_K \alpha$.
Dann heißt $(\alpha_1, \ldots, \alpha_n, \alpha)$, Schreibweise:

$$\frac{\alpha_1, \ldots, \alpha_n}{\alpha},$$

eine *abgeleitete Regel.*

Man beachte, daß in einer abgeleiteten Regel die Reihenfolge der Voraussetzungen verändert werden darf. Abgeleitete Regeln dürfen in Beweisen wie Regeln aus K benutzt werden. Es gilt nämlich $X \vdash_K \alpha_1, \ldots, X \vdash_K \alpha_n \implies X \vdash_K \alpha$, falls $(\alpha_1, \ldots, \alpha_n, \alpha)$ eine abgeleitete Regel ist (Begründung?).

Beispiel 3

Für alle $\alpha, \beta \in PF$ und $x \in Var$ sind

$$\frac{\alpha}{\forall x \alpha} \text{ und } \frac{\alpha, \beta}{\alpha \land \beta}$$

abgeleitete Regeln. Zum Beweis der ersten Regel verallgemeinern wir in Beispiel 2 die Herleitung von (6) aus (1). Wir zeigen $\{\alpha\} \vdash_K \forall x \alpha$:

α	$(\in \{\alpha\})$
$\alpha \rightarrow (\top \rightarrow \alpha)$	(Tautologie)
$\top \rightarrow \alpha$	(modus ponens)
$\top \rightarrow \forall x\alpha$	(kritische Generalisierung)
$\top$	(Tautologie)
$\forall x\alpha$	(modus ponens)

Um $\{\alpha, \beta\} \vdash_K \alpha \wedge \beta$ zu zeigen, wendet man den modus ponens zweimal auf die Tautologie $\alpha \rightarrow (\beta \rightarrow \alpha \wedge \beta)$ an. Unter Benutzung dieser abgeleiteten Regeln verkürzt sich der Beweis aus Beispiel 2 um die Zeilen (2) - (5) und (10) - (11).

Selbsttestaufgabe S34

Zeigen Sie, daß für alle $\alpha, \beta \in PF$ und $x \in Var$

$$\frac{\forall x(\alpha \rightarrow \beta)}{\alpha \rightarrow \exists x\beta}$$

eine abgeleitete Regel ist.

Als einfaches Korollar aus Lemma 3.4.2(5) und Satz 3.4.5 ergibt sich, daß auch die Folgerungsbeziehung der Prädikatenlogik 1. Stufe von „finitem Charakter“ ist.

3.4.7 Korollar *(Kompaktheitssatz der Prädikatenlogik 1. Stufe)*

Sei $X \subseteq PF$ und $\alpha \in PF$. Dann gilt:
$X \models \alpha$ gdw. es existiert eine endliche Teilmenge $Y \subseteq X$ mit $Y \models \alpha$.

Selbsttestaufgabe S35

Beweisen Sie den Kompaktheitssatz mit Hilfe des Satzes über Korrektheit und Vollständigkeit des Kalküls K.

Wir werden später den Kompaktheitssatz ohne den von uns nicht bewiesenen Vollständigkeitssatz 3.4.5(2) gewinnen.

Wie bereits erwähnt, sind diejenigen Kalküle von besonderer Bedeutung, deren Regelmengen entscheidbar sind. Unser Kalkül K aus Def. 3.4.3 erfüllt die Voraussetzungen von Lemma 3.4.2, wenn der Typ $\tau = (I, J)$ *rekursiv* ist, d.h. wenn I und J rekursive Wortmengen sind.

3.4.8 Satz

Sei $\tau = (I, J)$ ein Typ, so daß I und J rekursive Wortmengen sind. Sei $K = (W(\Sigma), R)$ der zugehörige Kalkül der Prädikatenlogik gemäß Def. 3.4.3. Dann gilt:

(1) Die Mengen Tm_τ der Terme und PF_τ der Formeln sind rekursiv.

(2) Für $i = 1, \ldots, 6$ sind die Mengen R_i rekursiv.

(3) Die Menge $\{\alpha \in PF_\tau \mid \emptyset \vdash_K \alpha\}$ ist rekursiv–aufzählbar.

(4) Für jede rekursiv–aufzählbare Menge $X \subseteq PF_\tau$ ist $\{\alpha \in PF_\tau \mid X \vdash_K \alpha\}$ rekursiv–aufzählbar.

Die Rekursivität der Axiomenschemata und Regelschemata des Kalküls der Prädikatenlogik läßt sich leicht zeigen (sofern I und J rekursiv sind). Die Eigenschaften (3) und (4) folgen sofort aus Lemma 3.4.2.

Zusammen mit dem Korrektheits- und Vollständigkeitssatz erhalten wir:

3.4.9 Korollar

Sei $\tau = (I, J)$ ein Typ, so daß I und J rekursiv sind. Dann ist die Menge der allgemeingültigen prädikatenlogischen Formeln vom Typ τ rekursiv–aufzählbar.

Wir werden in Abschnitt 3.6 die Existenz eines Algorithmus' zur Erkennung oder, was gleichbedeutend ist, zur Aufzählung der allgemeingültigen prädikatenlogischen Formeln ohne den Umweg über den Beweisbegriff, also ohne Benutzung des von uns nicht bewiesenen Satzes 3.4.5, zeigen.

Als zweites Beispiel zu Definition 3.4.1 stellen wir nun einen *Verifikationskalkül* für einfach strukturierte Programme vor. Wir erweitern dazu Syntax und Semantik der prädikatenlogischen Sprache. Im Rahmen der Syntaxerweiterung können wir dann zunächst *Programme* definieren. Diesen Programmen weisen wir eine ihrem Gebrauch in der Informatik entsprechende *Bedeutung* zu. Die *Formeln* unserer erweiterten Sprache erlauben uns, *Korrektheitseigenschaften* von Programmen zu formulieren. Dabei treten einerseits Programme als Bestandteile der Formeln auf, andererseits übliche prädikatenlogische Formeln (zur Beschreibung der Korrektheitsprädikate). Der von *Hoare* eingeführte Verifikationskalkül gestattet es dann, solche Eigenschaften von Programmen *formal* zu beweisen.

Wir definieren also erst einmal exakt eine *Beispielprogrammiersprache* für schleifenfreie Programme. Alle dabei auftretenden prädikatenlogischen Terme und Formeln seien von einem fest gegebenen Typ τ. Wir erweiteren das Alphabet der Prädikatenlogik um die Symbole $:=$, *if, then, else, fi*, $\{, \}$ zu einem Alphabet $\tilde{\Sigma}$.

3.4.10 Definition *(Programme)*

Die Menge $\mathcal{P}$ der *Programme* ist wie folgt als Erzeugnis definiert.

- Für alle $x \in Var$ und alle $t \in Tm$ ist die *Zuweisung* "$x := t$" ein Programm.
- Sind P_1 und P_2 Programme und $\rho \in QfrPF$ eine quantorenfreie Formel, dann sind auch die *Komposition* "(P_1, P_2)" und die *bedingte Verzweigung* "*if* ρ *then* P_1 *else* P_2 *fi* " Programme.
- Keine weitere Zeichenreihe aus $W(\tilde{\Sigma})$ ist ein Programm (in unserer Beispielsprache).

Man zeigt unschwer, daß diese Definition in natürlicher Weise eine Peano–Algebra liefert, deren Erzeugnis $\mathcal{P}$ ist. Wir können daher die *Semantik* von Programmen rekursiv über den Aufbau definieren. Für die Definition stellen wir uns vor, daß ein Programm eine *Zustandstransformation* durchführt. Dabei können wir uns einen *Zustand* durch eine Belegung der Variablen über einer Struktur $\mathcal{S}$, in der die durch das Programm gesteuerten Berechnungen ausgeführt werden, gegeben denken. Schreiben wir *Bel* für die Menge $\{\sigma \mid \sigma : Var \longrightarrow S\}$, wobei S die Trägermenge von $\mathcal{S}$ ist, so werden wir infolgedessen die Bedeutung eines Programms P als eine Abbildung

$$\mathcal{B}(P) : Bel \longrightarrow Bel$$

einführen. (Wir lassen den Index $\mathcal{S}$ im folgenden bei *Bel*, $\mathcal{B}$, der Wertfunktion W und der Wahrheitswertfunktion WW weg.)

3.4.11 Definition *(Semantik von Programmen)*

Sei $\mathcal{S}$ eine τ–Struktur. $\mathcal{B} : \mathcal{P} \longrightarrow (Bel \longrightarrow Bel)$ sei wie folgt rekursiv definiert:

$$\begin{aligned} \mathcal{B}(x := t)(\sigma) &= \sigma[x/W(t)(\sigma)] \\ \mathcal{B}(\text{“}(P_1, P_2)\text{”}) &= \mathcal{B}(P_2) \circ \mathcal{B}(P_1) \end{aligned}$$

$$\mathcal{B}(\mathit{if}\ \rho\ \mathit{then}\ P_1\ \mathit{else}\ P_2\ \mathit{fi})(\sigma) = \begin{cases} \mathcal{B}(P_1)(\sigma) & \text{falls} \quad WW(\rho)(\sigma) = 1 \\ \mathcal{B}(P_2)(\sigma) & \text{sonst} \end{cases}$$

für alle $x \in Var$, $t \in Tm, \rho \in QfrPF$, $P_1, P_2 \in \mathcal{P}$ und $\sigma \in Bel$. Dann nennen wir $\mathcal{B}(P)$ die *Semantik* des Programms $P \in \mathcal{P}$ (bzgl. der Struktur $\mathcal{S}$).

Wir wollen nun den Begriff der *Korrektheit* von Programmen erklären. Intuitiv ist ein Programm dann korrekt, wenn es seine *Spezifikation* erfüllt. Wir spezifizieren ein Programm P hier durch zwei prädikatenlogische Formeln α und β, die *Vor–* bzw. *Nachbedingung* von P. Die Nachbedingung drückt diejenigen Eigenschaften aus, welche die Ausgabedaten unseres Programms besitzen sollen. Die Vorbedingung formuliert hierfür ausreichende Voraussetzungen an die Eingabedaten von P. Mittels *Korrektheitsformeln* läßt sich unsere Intuition wie folgt präzisieren.

3.4.12 Definition *(Syntax und Semantik von Korrektheitsformeln)*

(1) $KF := \{\{\alpha\}P\{\beta\} \mid \alpha, \beta \in PF; P \in \mathcal{P}\} \subseteq W(\tilde{\Sigma})$ heißt Menge der *Korrektheitsformeln.* Für $\{\alpha\}P\{\beta\} \in KF$ nennen wir α *Vorbedingung* und β *Nachbedingung* von P.

(2) Sei $\mathcal{S}$ eine τ-Struktur, $\{\alpha\}P\{\beta\} \in KF$ und σ eine Belegung der Variablen über $\mathcal{S}$. Wir sagen, daß $\{\alpha\}P\{\beta\}$ *in* $\mathcal{S}$ *unter* σ *gilt* (Schreibweise: $\mathcal{S} \models \{\alpha\}P\{\beta\}(\sigma)$), gdw.

$$\mathcal{S} \models \alpha(\sigma) \Longrightarrow \mathcal{S} \models \beta(\mathcal{B}(P)(\sigma)).$$

Analog zur Prädikatenlogik benutzen wir die Sprechweise, daß $\{\alpha\}P\{\beta\}$ *in* $\mathcal{S}$ *gilt* (oder: daß P in $\mathcal{S}$ bzgl. der Vorbedingung α und der Nachbedingung β *korrekt* ist), gdw.

$$\mathcal{S} \models \{\alpha\}P\{\beta\}(\sigma) \text{ für alle Belegungen } \sigma \text{ der Variablen über } \mathcal{S}.$$

In diesem Falle schreiben wir auch: $\mathcal{S} \models \{\alpha\}P\{\beta\}$.

Wir werden nun den Begriff der *logischen Folgerung* auch für Korrektheitsformeln einführen. Korrektheitsformeln wollen wir aus Mengen X von prädikatenlogischen Formeln folgern. Dem liegt die Vorstellung zugrunde, daß durch X unser Wissen über die konkrete Datenstruktur, in der die Berechnungen des Programms ausgeführt werden (etwa die natürlichen Zahlen), repräsentiert ist. Durch Quantifizieren über alle Modelle erreichen wir wie gewohnt einen nicht mehr von Strukturen, sondern nur noch von den Formeln abhängenden Begriff, den man dann - analog zum Beweisbegriff der Prädikatenlogik 1. Stufe - kalkülmäßig zu erfassen versuchen kann.

3.4.13 Definition

Sei $X \subseteq PF$ und $\{\alpha\}P\{\beta\} \in KF$. $\{\alpha\}P\{\beta\}$ heißt *logische Folgerung* von X, in Zeichen: $X \models \{\alpha\}P\{\beta\}$, gdw. $\mathcal{S} \models \{\alpha\}P\{\beta\}$ für alle Modelle $\mathcal{S}$ von X.

Wir geben nun einen für unsere Beispielsprache passenden Kalkül zur formalen Programmverifikation an (nach Hoare).

3.4.14 Definition *(Verifikationskalkül)*

Es sei $H := \{Zuw, Komp, Verzw, Kons\}$ und $\nu : H \rightarrow \mathbb{N}$ die Signatur mit $\nu(Zuw) = 0, \nu(Komp) = \nu(Verzw) = 2$ und $\nu(Kons) = 3$. Ein Kalkül $K_V = (W(\tilde{\Sigma}), R)$ der Signatur ν sei wie folgt definiert.

$R_{Zuw} := \{\text{“}Sub_x^t(\alpha)\}x := t\{\alpha\}\text{”} \mid \alpha \in PF, x \in Var,\ t \in Tm$ frei für x in $\alpha\}$.

R_{Komp} sei die Menge aller

$$\frac{\{\alpha\}P_1\{\beta\}, \{\beta\}P_2\{\gamma\}}{\{\alpha\}(P_1, P_2)\{\gamma\}}$$

mit $\alpha, \beta, \gamma \in PF$ und $P_1, P_2 \in \mathcal{P}$.

R_{Verzw} sei die Menge aller

$$\frac{\{\alpha \wedge \rho\}P_1\{\beta\}, \{\alpha \wedge \neg\, \rho\}P_2\{\beta\}}{\{\alpha\}\mathit{if}\ \rho\ \mathit{then}\ P_1\ \mathit{else}\ P_2\ \mathit{fi}\ \{\beta\}}$$

mit $\alpha, \beta \in PF, \rho \in QfrPF$ und $P_1, P_2 \in \mathcal{P}$.

R_{Kons} sei die Menge aller

$$\frac{\alpha \rightarrow \gamma, \{\gamma\}P\{\delta\}, \delta \rightarrow \beta}{\{\alpha\}P\{\beta\}}$$

mit $\alpha, \beta, \gamma, \delta \in PF$ und $P \in \mathcal{P}$.

K_V heißt ein *Verifikationskalkül* für die Programmiersprache $\mathcal{P}$. R_{Zuw} heißt das Axiomenschema der *Zuweisungen,* R_{Komp} die Menge der *Kompositionsregeln,* R_{Verzw} die Menge der *Verzweigungsregeln* und R_{Kons} die Menge der *Konsequenzregeln.*

Bezüglich der logischen Folgerung (Def. 3.4.13) ist der Kalkül K_V korrekt.

3.4.15 Satz

Sei $X \subseteq PF$ und $\{\alpha\}P\{\beta\}$ eine Korrektheitsformel. Dann gilt:

$X \vdash_{K_V} \{\alpha\}P\{\beta\} \Longrightarrow X \models \{\alpha\}P\{\beta\}$

Selbsttestaufgabe S36

Beweisen Sie Satz 3.4.15 durch Induktion über die Länge von Ableitungen.

Die Umkehrung des Satzes ist i.A. falsch. Nur für gewisse, die sog. *expressiven,* Strukturen gilt sie in einer eingeschränkten Form. Der Leser findet dies in [Loeckx–Sieber] genauer ausgeführt.

Beispiel 4

Sei P das Programm

$$\textit{if } x \leq y \textit{ then } y := y+1 \textit{ else } ((z := x, x := y), y := z) \textit{ fi},$$

das auf den natürlichen Zahlen operieren soll. Wir wollen zeigen, daß für jede Eingabe nach Ausführung des Programms die Formel $x < y$ gilt. Unseren Betrachtungen legen wir einen geeigneten Typ zugrunde, benutzen aber zur besseren Lesbarkeit für die auftretenden Relations- und Funktionsbezeichner die schon bei der Niederschrift von P verwendeten, in der Mathematik üblichen Symbole; außerdem gehen wir hier wieder (in der Metasprache) zur gewohnten Infix-Schreibweise von $+, \leq$ und $<$ über. Sei $\mathcal{N}$ die Struktur $(\mathbb{N}, \{(\leq, \leq_{\mathbb{N}}), (<, <_{\mathbb{N}})\}, \{(1, 1_{\mathbb{N}}), (+, +_{\mathbb{N}})\})$, wobei $\leq_{\mathbb{N}}, <_{\mathbb{N}}, 1_{\mathbb{N}}, +_{\mathbb{N}}$ die kanonischen Interpretationen von $\leq, <, 1$ und $+$ in $\mathbb{N}$ sind. Es genügt dann zu zeigen, daß die Korrektheitsformel

$$\{\top\}P\{x < y\}$$

aus $X := \{\alpha \in PF \mid \mathcal{N} \models \alpha\}$ in K_V beweisbar ist. Denn nach Satz 3.4.15 folgt damit

$$\mathcal{N} \models \{\top\}P\{x < y\},$$

also erhalten wir, wie gewünscht, für alle Belegungen σ der Variablen über $\mathcal{N}$:

$$\mathcal{N} \models x < y \ (\mathcal{B}(P)(\sigma)).$$

Wir geben jetzt eine Ableitung von $\{\top\}P\{x < y\}$ in K_V aus X an:

(1) $\{x < y+1\}\ y := y+1\ \{x < y\}$
($\in R_{Zuw}$)

(2) $\top \wedge x \leq y \rightarrow x < y+1$
($\in X$)

(3) $x < y \rightarrow x < y$
($\in X$)

(4) $\{\top \wedge x \leq y\}\ y := y+1\ \{x < y\}$
(R_{Kons} auf (2), (1), (3))

(5) $\{\neg\, x \leq y\}\ z := x\ \{\neg\, z \leq y\}$
($\in R_{Zuw}$)

(6) $\{\neg\, z \leq y\}\ x := y\ \{\neg\, z \leq x\}$
($\in R_{Zuw}$)

(7) $\{\neg\, x \leq y\}(z := x, x := y)\{\neg\, z \leq x\}$
(R_{Komp} auf (5), (6))

(8) $\{\neg\, z \leq x\}\ y := z\ \{\neg\, y \leq x\}$
($\in R_{Zuw}$)

(9) $\{\neg\, x \leq y\}((z := x, x := y), y := z)\{\neg\, y \leq x\}$
(R_{Komp} auf (7), (8))

(10) $\top \wedge \neg\, x \leq y \rightarrow \neg\, x \leq y$
$(\in X)$

(11) $\neg\, y \leq x \rightarrow x < y$
$(\in X)$

(12) $\{\top \wedge \neg\, x \leq y\}((z := x, x := y), y := z)\{x < y\}$
(R_{Kons} auf (10), (9), (11))

(13) $\{\top\}$ *if* $x \leq y$ *then* $y := y + 1$ *else* $((z := x, x := y), y := z)$ *fi* $\{x < y\}$
(R_{Verzw} auf (4), (12))

Die Theorie der *Programmverifikation* untersucht (u.a.) Verifikationskalküle für weite Teile der in der Praxis benutzten Programmiersprachen. Die *Effizienz* von Verifikationsmethoden ist ein großes Problem für die Praktische Informatik.

3.5 Normalformen prädikatenlogischer Formeln

Wie bereits im letzten Abschnitt angedeutet wollen wir nun auf den Beweis der rekursiven Aufzählbarkeit der allgemeingültigen prädikatenlogischen Formeln und des Kompaktheitssatzes der Prädikatenlogik hinsteuern. Beide Resultate werden letztlich auf den Kompaktheitssatz der Aussagenlogik zurückgeführt. Im vorliegenden Paragraphen geht es zunächst darum, eine gegebene geschlossene Formel schrittweise in eine gewisse *Normalform* zu transformieren, die genau dann erfüllbar ist, wenn dies für die ursprüngliche Formel zutrifft. Für diese sogenannte *Skolemsche* Normalform beherrscht man das Testen auf Erfüllbarkeit. Wir werden später sehen, wie man damit die eingangs erwähnten Resultate gewinnt. Es sei in diesem Abschnitt $\hat{\tau} := (Präd, Funk)$ der größtmögliche Typ. Wir lassen den Index $\hat{\tau}$ im folgenden fort, es sei also $Tm := Tm_{\hat{\tau}}$, $PF := PF_{\hat{\tau}}$ usw. Beachte, daß $Tm_\tau \subseteq Tm$ usw. für jeden Typ $\tau = (I, J)$ gilt.

Im ersten Schritt zeigen wir jetzt, daß sich jede Formel äquivalent umformen läßt in eine Formel der Gestalt

$$Q_1 x_1 \ \ldots \ Q_n x_n \gamma \text{ mit } Q_1, \ldots, Q_n \in \{\forall, \exists\},\ x_1, \ldots, x_n \in Var \text{ und } \gamma \in QfrPF$$

(wobei $QfrPF$ die Menge der quantorenfreien Formeln ist). Formeln dieser Art heißen in *pränexer Normalform,* wenn zudem die im „Quantorenblock“ auftretenden Variablen paarweise verschieden sind.

3.5.1 Definition *(pränexe Normalform)*

$\alpha \in PF$ heißt in *pränexer Normalform*, gdw.

$$\alpha = \text{“}Q_1 x_1 \ \ldots \ Q_n x_n \gamma\text{”}$$

ist mit $Q_i \in \{\forall, \exists\}$ für $i = 1, \ldots, n$, $x_i \in Var$ und $(i \neq j \Longrightarrow x_i \neq x_j$ für alle $i, j = 1, \ldots, n)$ sowie $\gamma \in QfrPF$. Man nennt γ die *Matrix* von α.

Zum Beweis des nachfolgenden Satzes benötigen wir die in Lemma 3.3.15 zusammengestellten Äquivalenzen spezieller prädikatenlogischer Formeln.

3.5.2 Satz

(1) Zu jedem $\alpha \in PF$ existiert ein $\beta \in PF$ in pränexer Normalform mit $\alpha \equiv \beta$.

(2) Es gibt eine berechenbare Funktion $pn :\subseteq W(\Sigma_P) \longrightarrow W(\Sigma_P)$, so daß für alle Typen τ und alle $\alpha \in PF_\tau$ gilt: $pn(\alpha) \in PF_\tau$, $pn(\alpha)$ ist in pränexer Normalform und $\alpha \equiv pn(\alpha)$.

Beweis

(1) Wir beweisen Satz 3.5.2(1) durch Induktion über den Aufbau von α. Wir werden dabei auch wiederholt Lemma 3.3.14 anwenden, dies aber nicht jedesmal erwähnen.

$\alpha \in PAT$:

In diesem Fall ist nichts zu zeigen, denn α selbst liegt bereits in pränexer Normalform vor.

$\alpha = \text{“}\neg\ \beta\text{”}$:

Nach Induktionsvoraussetzung gibt es ein $\tilde{\beta} \in PF$ in pränexer Normalform mit $\beta \equiv \tilde{\beta}$, etwa

$$\tilde{\beta} = Q_1 x_1 \ldots Q_n x_n \gamma,$$

wobei für $\tilde{\beta}$ die Bedingungen aus Definition 3.5.1 erfüllt sein mögen. Unter iterierter Benutzung von Lemma 3.3.15(1) und (2) sowie Lemma 3.3.14 erhalten wir

$$\alpha \equiv \overline{Q}_1 x_1 \ldots \overline{Q}_n x_n \neg\ \gamma =: \hat{\beta},$$

wobei $\overline{\exists} := \forall$ und $\overline{\forall} := \exists$. Offensichtlich ist $\hat{\beta}$ in pränexer Normalform.

$\alpha = \text{“}\beta_1 \vee \beta_2\text{”}$:

Seien $\hat{\beta}_1 := Q_1 x_1 \ldots Q_n x_n \gamma_1$ und $\hat{\beta}_2 := Q'_1 y_1 \ldots Q'_m y_m \gamma_2$ die aufgrund der Induktionsvoraussetzung existierenden Formeln in pränexer Normalform mit $\beta_i \equiv \hat{\beta}_i$ ($i = 1, 2$). Seien $\overline{x}_1, \ldots, \overline{x}_n, \overline{y}_1, \ldots, \overline{y}_m$ paarweise verschiedene Variablen, die nicht in $\hat{\beta}_1$ oder in $\hat{\beta}_2$ vorkommen (s. Def. 3.2.8(2)). Durch gebundene Umbenennung (s. Def. 3.2.12(2))

der x_i in $\overline{x}_i$ $(i = 1, \ldots, n)$ erhält man aus $\hat{\beta}_1$ eine Formel $\tilde{\beta}_1 = Q_1\overline{x}_1 \ldots Q_n\overline{x}_n\tilde{\gamma}_1$ in pränexer Normalform mit $\tilde{\beta}_1 \equiv \hat{\beta}_1$ (s. Lemma 3.3.9). Analog erhält man aus $\hat{\beta}_2$ eine Formel $\tilde{\beta}_2 = Q'_1\overline{y}_1 \ldots Q'_m\overline{y}_m\tilde{\gamma}_2$ in pränexer Normalform mit $\tilde{\beta}_2 \equiv \hat{\beta}_2$. Iterierte Anwendung von Lemma 3.3.15(3) und (4) auf die Formel $\tilde{\beta}_1 \vee \tilde{\beta}_2$ liefert schließlich eine zu $\beta_1 \vee \beta_2$ äquivalente Formel in pränexer Normalform.
Die Fälle α = "$\beta_1 \wedge \beta_2$" und α = "$\beta_1 \rightarrow \beta_2$" behandelt man analog zum Fall α = "$\beta_1 \vee \beta_2$".
α = "$Qx\beta$" $(Q \in \{\forall, \exists\})$:
Wiederum liefert die Induktionsvoraussetzung ein $\tilde{\beta} \in PF$ in pränexer Normalform mit $\beta \equiv \tilde{\beta}$. Sei $\tilde{\beta} = Q_1x_1 \ldots Q_nx_n\gamma$ $(Q_i \in \{\forall, \exists\}, x_i$ paarweise verschieden $(1 \leq i \leq n), \gamma \in Q\,fr\,PF)$. Falls $x \neq x_i$ für $i = 1, \ldots, n$, leistet $\overline{\beta} := Qx\tilde{\beta}$ das Gewünschte. Andernfalls setzen wir zunächst

$$\hat{\beta} := GU_x^z(\tilde{\beta}),$$

wobei $z \in Var$ nicht in $\tilde{\beta}$ vorkomme. Auch $\hat{\beta}$ ist in pränexer Normalform und es gilt $\tilde{\beta} \equiv \hat{\beta}$ nach Lemma 3.3.9. In diesem Fall ist $\overline{\beta} := Qx\hat{\beta}$ eine Formel der gewünschten Art.
(2) Die Konstruktion unter (1) kann zu einem Verfahren ausgebaut werden, welches zu jeder Formel $\alpha \in PF$ eine äquivalente Formel β in pränexer Normalform liefert, wobei $\beta \in PF_\tau$ gilt, falls $\alpha \in PF_\tau$. Die durch dieses Verfahren festgelegte berechenbare Funktion sei *pn*.
□

In einem weiteren Umformungsschritt werden wir nun bei einer *geschlossenen* Formel β in pränexer Normalform effektiv die Existenzquantoren eliminieren, so daß die resultierende Formel dieselben Erfüllbarkeitseigenschaften wie β hat. Das folgende Beispiel erläutert die auf *Skolem* zurückgehende Idee.

Beispiel 1

Es sei β := "$\forall x \forall y \exists z Q(x, y, f(y, z))$" eine Aussage. β sei erfüllbar. Dann gibt es eine Menge S, eine Relation $\mathbf{Q} \subseteq S^3$ und eine Funktion $\mathbf{f} : S^2 \longrightarrow S$, so daß gilt:

für alle $a, b \in S$ gibt es ein $c \in S$ mit $\mathbf{Q}(a, b, \mathbf{f}(b, c))$.

Offenbar gibt es damit eine Funktion h: $S^2 \longrightarrow S$, die zu jedem Paar $(a, b) \in S^2$ einen Wert $c \in S$ liefert mit $\mathbf{Q}(a, b, \mathbf{f}(b, c))$. Also ist auch die Formel

$$\gamma := \forall x \forall y\ Sub_z^{h(x,y)} Q(x, y, f(y, z)) = \forall x \forall y Q(x, y, f(y, h(x, y)))$$

erfüllbar. Umgekehrt folgt aus der Erfüllbarkeit von γ sofort die Erfüllbarkeit von β. Der Existenzquantor läßt sich damit durch Einführen eines neuen Funktionssymbols beseitigen, ohne daß dabei die Erfüllbarkeit verändert wird. Der Begriff der Erfüllbarkeit ist also so mächtig, daß in der vorliegenden Situation der Existenzquantor davon mit erfaßt werden kann.

Die allgemeine Konstruktion sowie die Beziehung zwischen den jeweiligen Modellen wird im nächsten Lemma beschrieben.

3.5.3 Lemma

Es seien $n \in \mathrm{IN}$ und $x_1, \ldots, x_n, y \in Var$. Ferner seien $\alpha \in PF$ und $h \in Funk$ mit $\mu(h) = n$, so daß h nicht in α vorkommt. Schließlich sei

$$\beta := \forall x_1 \ldots \forall x_n \exists y \alpha$$

eine geschlossene Formel in pränexer Normalform und

$$\tilde{\beta} := \forall x_1 \ldots \forall x_n \; Sub_y^{h(x_1,\ldots,x_n)}(\alpha).$$

Dann gilt:

(1) β ist erfüllbar $\Longleftrightarrow$ $\tilde{\beta}$ ist erfüllbar.

(2) Jedes Modell von $\tilde{\beta}$ ist ein Modell von β.

(3) Sei $\mathcal{S} = (S, \mathbf{P}, \mathbf{g})$ ein Modell von β. Dann hat $\tilde{\beta}$ ein Modell $\tilde{\mathcal{S}} = (S, \mathbf{P}, \tilde{\mathbf{g}})$, wobei sich $\tilde{\mathbf{g}}$ von $\mathbf{g}$ höchstens an der Stelle $h \in Funk$ unterscheidet.

Beweis

(2) Sei $\mathcal{S} = (S, \mathbf{P}, \mathbf{g})$ ein Modell von $\tilde{\beta}$. Es sei $\sigma : Var \longrightarrow S$ eine Belegung der Variablen. Dann gilt:

$$\mathcal{S} \models \tilde{\beta}(\sigma) \Longrightarrow \mathcal{S} \models \; Sub_y^{h(x_1,\ldots,x_n)}(\alpha)(\sigma[x_1/a_1]\ldots[x_n/a_n]) \quad \text{für alle } a_1, \ldots, a_n \in S.$$

Wir kürzen ab: $a := (a_1, \ldots, a_n), \sigma_a := \sigma[x_1/a_1]\ldots[x_n/a_n]$. Da β in pränexer Normalform ist, ist $h(x_1, \ldots, x_n)$ frei für y in α. Mit dem Überführungslemma 3.3.6 ergibt sich

$$\begin{aligned}
& \mathcal{S} \models \; Sub_y^{h(x_1,\ldots,x_n)}(\alpha)(\sigma_a) \text{ für alle } a \in S^n \\
\Longrightarrow \; & \mathcal{S} \models \alpha(\sigma_a[y/W_{\mathcal{S}}(h(x_1, \ldots, x_n))(\sigma_a)]) \text{ für alle } a \in S^n \\
\Longrightarrow \; & \text{für alle } a \in S^n \text{ gibt es } b \in S \text{ mit } \mathcal{S} \models \alpha(\sigma_a[y/b]) \\
\Longrightarrow \; & \mathcal{S} \models \forall x_1 \ldots \forall x_n \exists y \alpha(\sigma) \\
\Longrightarrow \; & \mathcal{S} \models \beta(\sigma)
\end{aligned}$$

Da $\mathcal{S}$ ein Modell von $\tilde{\beta}$ ist, gilt $\mathcal{S} \models \tilde{\beta}(\sigma)$ für alle σ, also $\mathcal{S} \models \beta(\sigma)$ für alle σ. Damit ist $\mathcal{S}$ ein Modell von β.

(3) Sei $\mathcal{S} = (S, \mathbf{P}, \mathbf{g})$ ein Modell von β. Sei $\sigma : Var \longrightarrow S$ eine Belegung. Dann gilt $\mathcal{S} \models \beta(\sigma)$, und mit Def. 3.3.3 der Semantik folgt:

für alle $a_1, \ldots, a_n \in S$ gibt es $b \in S$ mit $\mathcal{S} \models \alpha(\sigma[x_1/a_1]\ldots[x_n/a_n][y/b])$.

Damit gibt es eine Funktion $H_\sigma : S^n \longrightarrow S$, die für alle $(a_1, \ldots, a_n)$ ein geeignetes $b \in S$ liefert.
Es sei die Struktur $\tilde{\mathcal{S}} = (S, \mathbf{P}, \tilde{\mathbf{g}})$ definiert durch *Abändern* von $\mathcal{S}$ *an der Stelle* $h \in J$:

$$\tilde{\mathbf{g}}_f := \begin{cases} \mathbf{g}_f & \text{falls } f \neq h \\ H_\sigma & \text{falls } f = h. \end{cases}$$

Wir zeigen, daß $\tilde{\mathcal{S}}$ ein Modell von $\tilde{\beta}$ ist. Es sei $\hat{\sigma} \in Bel_{\mathcal{S}}$. Dann gilt $\mathcal{S} \models \beta(\hat{\sigma})$ wegen $Bel_{\tilde{\mathcal{S}}} = Bel_{\mathcal{S}}$ und:

$$\begin{aligned}
& \mathcal{S} \models \beta(\hat{\sigma}) \\
\Longrightarrow\ & \mathcal{S} \models \beta(\sigma) \quad \text{(nach 3.3.5, da } \beta \text{ geschlossen ist)} \\
\Longrightarrow\ & \text{für alle } a_1, \ldots, a_n \in S \text{ gibt es } b \in S : \mathcal{S} \models \alpha(\sigma[x_1/a_1]\ldots[x_n/a_n][y/b]) \\
\Longrightarrow\ & \text{für alle } a_1, \ldots, a_n \in S : \mathcal{S} \models \alpha(\sigma[x_1/a_1]\ldots[x_n/a_n][y/H_\sigma(a_1, \ldots, a_n)]) \\
\Longrightarrow\ & \text{für alle } a_1, \ldots, a_n \in S : \tilde{\mathcal{S}} \models \alpha(\sigma[x_1/a_1]\ldots[x_n/a_n][y/H_\sigma(a_1, \ldots, a_n)]) \\
& \text{(denn } \mathcal{S} \text{ und } \tilde{\mathcal{S}} \text{ stimmen bis auf die Stelle } h \text{ überein, und} \\
& \quad h \text{ kommt in } \alpha \text{ nicht vor; s. Lemma 3.3.20)} \\
\Longrightarrow\ & \text{für alle } a_1, \ldots, a_n \in S : \tilde{\mathcal{S}} \models \ Sub_y^{h(x_1,\ldots,x_n)}(\alpha)(\sigma[x_1/a_1]\ldots[x_n/a_n]) \\
& \text{(nach dem Überführungslemma, denn } h(x_1, \ldots, x_n) \text{ ist frei für} \\
& \quad y \text{ in } \alpha, \text{da } \beta \text{ in pränexer Normalform ist)} \\
\Longrightarrow\ & \tilde{\mathcal{S}} \models \forall x_1 \ldots \forall x_n Sub_y^{h(x_1,\ldots,x_n)}(\alpha)(\sigma) \\
\Longrightarrow\ & \tilde{\mathcal{S}} \models \tilde{\beta}(\sigma) \\
\Longrightarrow\ & \tilde{\mathcal{S}} \models \tilde{\beta}(\hat{\sigma}) \quad \text{(nach 3.3.5, denn } \tilde{\beta} \text{ ist ebenfalls geschlossen)}
\end{aligned}$$

Damit gilt $\tilde{\mathcal{S}} \models \tilde{\beta}(\hat{\sigma})$ für alle $\hat{\sigma} \in Bel_{\tilde{\mathcal{S}}}$, also ist $\tilde{\mathcal{S}}$ ein Modell von $\tilde{\beta}$.
(1) folgt sofort aus (2) und (3).
□

Der Leser beachte, daß die Existenz von H_σ im obigen Beweis durch das Auswahlaxiom garantiert ist.

Durch iteriertes Anwenden von Lemma 3.5.3 läßt sich jede Aussage α in pränexer Normalform in eine Aussage $Sk(\alpha)$ in pränexer Normalform transformieren, die genau dann erfüllbar ist, wenn α erfüllbar ist, und keinen Existenzquantor mehr enthält. Wir wollen für spätere Zwecke diese Transformation simultan auf eine ganze Menge X von Aussagen in pränexer Normalform anwenden. Für jede Aussage $\alpha \in X$ muß bei jedem Schritt gemäß Lemma 3.5.3 ein neues Funktionssymbol passender Stelligkeit gewählt werden. Dabei müssen Kollisionen vermieden werden. Um dies zu erreichen, benennen wir zunächst alle vorkommenden Funktionssymbole um, so daß ein genügend großer Vorrat an nicht benutzten übrigbleibt.

3.5.4 Definition *(Skolemisierung, Skolemsche Normalform)*

Sei Σ_P das Alphabet der Prädikatenlogik.

(1) Es sei $\eta : W(\Sigma_P) \longrightarrow \mathbb{N}$ injektiv und „effektiv" (z.B. die Umkehrung einer bijektiven Standardnumerierung $\nu : \mathbb{N} \longrightarrow W(\Sigma_P)$), und es sei $\pi : \mathbb{N}^2 \longrightarrow \mathbb{N}$ berechenbar und injektiv (z.B. die Cantorsche Paarungsfunktion). Schreibweise: $f_{x,k,m} := f0^{\pi(\eta(x),k)}f0^m f \in Funk$ für alle $x \in W(\Sigma_P)$ und $k, m \in \mathbb{N}$.

(2) Für jede Formel $\alpha \in PF$ sei $\alpha_u \in PF$ diejenige Formel, die aus α entsteht, wenn jedes Funktionssymbol in α der Form $f0^n f0^m f$ durch das Funktionssymbol $f0^{\pi(n,0)}f0^m f$ ersetzt wird. Für $X \subseteq PF$ sei

$$X_u := \{\alpha_u \mid \alpha \in X\}.$$

(3) Für jede Formel $\alpha \in GFPNF$ (:= Menge der geschlossenen Formeln in pränexer Normalform) sei eine Folge $\alpha_0, \alpha_1, \ldots$ von Formeln aus PF wie folgt induktiv definiert.

(i) $\alpha_0 := \alpha_u$

(ii) Sei α_k bereits definiert. Falls $\sharp_\exists(\alpha_k) = 0$ (falls also in α_k kein Existenzquantor mehr auftritt), dann sei $\alpha_{k+1} = \alpha_k$. Andernfalls kann α_k eindeutig wie folgt geschrieben werden:

$$\alpha_k = \forall x_1 \ldots \forall x_n \exists y \gamma$$

In diesem Fall sei gemäß Lemma 3.5.3

$$\alpha_{k+1} := \forall x_1 \ldots \forall x_n Sub_y^{f_{\alpha,k+1,n}(x_1,\ldots,x_n)}(\gamma).$$

Es sei $m := \sharp_\exists(\alpha)$ (die Anzahl der in α vorkommenden Existenzquantoren). Dann heißt

$$Sk(\alpha) := \alpha_m$$

die *Skolemsche Normalform* oder *Skolemisierung* von α. Für $X \subseteq$ *GFPNF* nennen wir $Sk(X) := \{Sk(\beta) \mid \beta \in X\}$ die *Skolemisierung* von X.

(4) Eine prädikatenlogische Formel γ heißt *in Skolemscher Normalform*, gdw. γ in pränexer Normalform und $\sharp_\exists(\gamma) = 0$ ist.

Offenbar ist für jede Formel $\alpha \in GFPNF$ die $\hat{\tau}$–Formel $Sk(\alpha)$ ebenfalls geschlossen und in pränexer Normalform und zusätzlich "$\exists$"–frei. Die Definition stellt sicher, daß beim Skolemisieren einer Formelmenge X die beim "$\exists$"–Eliminieren zugefügten Funktionssymbole alle verschieden sind und somit keine Kollision auftreten kann.

Selbsttestaufgabe S37

Geben Sie eine zu

$$\exists x \forall y R(x,y) \rightarrow \forall y R(z,y) \vee \exists z R(y,z)$$

äquivalente Formel β in pränexer Normalform an und bestimmen Sie $Sk(\forall\beta)$.

Wir beweisen nun ohne große Mühe den Hauptsatz über die Skolemisierung.

3.5.5 Satz

Es sei $X \subseteq GFPNF$ eine Menge von geschlossenen Formeln in pränexer Normalform. Ferner sei X_u wie in Def. 3.5.4(2). Dann gilt:

(1) Zu jedem Modell von X gibt es ein Modell von X_u mit derselben Trägermenge und umgekehrt.

(2) Jedes Modell von $Sk(X)$ ist ein Modell von X_u.

(3) Zu jedem Modell $\mathcal{S}$ von X_u gibt es ein Modell $\tilde{\mathcal{S}}$ von $Sk(X)$, wobei sich $\mathcal{S}$ und $\tilde{\mathcal{S}}$ höchstens für Funktionssymbole, die nicht in X_u vorkommen, unterscheiden.

(4) X ist erfüllbar gdw. $Sk(X)$ erfüllbar ist.

(5) Es gibt eine berechenbare Funktion $G :\subseteq W(\Sigma_P) \longrightarrow W(\Sigma_P)$ mit $G(\alpha) = Sk(\alpha)$ für alle $\alpha \in GFPNF$.

Beweis

(1) Sei $r : Funk \longrightarrow Funk$ definiert durch $r(\text{“}f0^n f0^m f\text{”}) = \text{“}f0^{\pi(n,0)} f0^m f\text{”}$. Dann ist r injektiv. Es sei $\mathcal{S} = (S, \mathbf{P}, \mathbf{g})$ ein Modell von X. Dann gilt $\mathcal{S} \models \alpha$ für alle $\alpha \in X$. Sei $\mathcal{S}' = (S, \mathbf{P}, \mathbf{g}')$ definiert durch

$$\mathbf{g}'(h) := \begin{cases} \mathbf{g}\, r^{-1}(h) & \text{falls } h \in Bild(r) \\ \mathbf{g}(h) & \text{sonst} \end{cases}$$

für alle $h \in Funk$.
Man weist nun leicht $\mathcal{S} \models \alpha \iff \mathcal{S}' \models \alpha_u$ für alle Formeln α nach (vgl. Lemma 3.3.19). Damit ist $\mathcal{S}'$ ein Modell von X_u. Sei umgekehrt $\mathcal{S} = (S, \mathbf{P}, \mathbf{g})$ ein Modell von X_u. Sei eine Struktur $\mathcal{S}' = (S, \mathbf{P}, \mathbf{g}')$ definiert durch

$$\mathbf{g}'(h) := \mathbf{g}\, r(h)$$

für alle $h \in Funk$. Entsprechend gilt nun $\mathcal{S} \models \alpha_u \iff \mathcal{S}' \models \alpha$ für alle Formeln α. Damit ist $\mathcal{S}'$ ein Modell von X.

(2) $Sk(X)$ entsteht aus X_u durch wiederholte "$\exists$"-Elimination gemäß Lemma 3.5.3. Sei $\tilde{\mathcal{S}}$ ein Modell von $Sk(X)$. Dann gilt $\tilde{\mathcal{S}} \models \beta$ für jedes $\beta \in Sk(X)$. Mit Lemma 3.5.3(2) folgt $\tilde{\mathcal{S}} \models \alpha_u$ für jedes $\alpha_u \in X_u$, also $\tilde{\mathcal{S}} \models X_u$. Damit gilt (2).

(3) Sei umgekehrt $\mathcal{S} = (S,\mathbf{P},\mathbf{g})$ ein Modell von X_u. Sei $\alpha_u \in X_u$. Dann gilt $\mathcal{S} \models \alpha_u$. Nach Lemma 3.5.3(3) und Definition 3.5.4(3) hat $Sk(\alpha)$ ein Modell $\mathcal{S}^\alpha = (S,\mathbf{P},\mathbf{g}^\alpha)$, so daß sich $\mathbf{g}^\alpha$ von $\mathbf{g}$ höchstens auf der Menge

$$J_\alpha := \{f_{\alpha,k,m} \mid k \geq 1, m \in \mathbb{N}\}$$

unterscheidet. Wir definieren eine neue $\hat{\tau}$-Struktur $\tilde{\mathcal{S}} = (S,\mathbf{P},\tilde{\mathbf{g}})$, wobei $\tilde{\mathbf{g}}$ aus $\mathbf{g}$ wie folgt entsteht: Für alle $\alpha \in X$ und $f \in J_\alpha$ sei $\tilde{\mathbf{g}}_f := \mathbf{g}^\alpha_f$. Für alle anderen $f \in Funk$ sei $\tilde{\mathbf{g}}_f := \mathbf{g}_f$. Wegen $J_\alpha \cap J_\beta = \emptyset$ für $\alpha \neq \beta$ ist $\tilde{\mathbf{g}}$ wohldefiniert. Sei $\alpha \in X$. Da sich $\tilde{\mathbf{g}}$ und $\tilde{\mathbf{g}}^\alpha$ auf allen in $Sk(\alpha)$ vorkommenden Funktionssymbolen nicht unterscheiden, ist auch $\tilde{\mathcal{S}}$ ein Modell von $Sk(\alpha)$. Insgesamt ist also $\tilde{\mathcal{S}}$ ein Modell von $Sk(X)$. Damit gilt (3).

(4) Dies folgt aus (1), (2) und (3).

(5) Die obige Funktion r ist berechenbar, ebenso die Funktion $\alpha \mapsto \alpha_u$ (s. Def. 3.5.4). Weiter läßt sich jede $\exists$-Elimination „effektiv" ausführen. Damit gibt es eine berechenbare Funktion G mit der geforderten Eigenschaft.

□

Für Aussagen in Skolemscher Normalform werden wir im nächsten Abschnitt einen semi-rekursiven Erfüllbarkeitstest angeben. Im Zusammenhang mit den Normalformen prädikatenlogischer Formeln führen wir vollständigkeitshalber noch den Begriff der *Klauselform* ein.

3.5.6 Definition *(Klauselform)*

(1) Eine quantorenfreie Formel $\alpha \in QfrPF$ heißt in *konjunktiver Normalform*, gdw. α von der Gestalt

$$(\alpha_{11} \vee \ldots \vee \alpha_{1n_1}) \wedge \ldots \wedge (\alpha_{m1} \vee \ldots \vee \alpha_{mn_m})$$

ist mit $\alpha_{ij} \in PAT \cup \{\neg\gamma \mid \gamma \in PAT\}$ für $i = 1, \ldots, m$ und $j = 1, \ldots, n_i$. (Entsprechend erhält man durch Vertauschen von " $\wedge$ " und " $\vee$ " quantorenfreie Formeln in *disjunktiver Normalform* .)

(2) Eine prädikatenlogische Formel β heißt in *Klauselform*, gdw. β in Skolemscher Normalform ist und die Matrix von β in konjunktiver Normalform.

Selbsttestaufgabe S38

Zeigen Sie, daß sich jede prädikatenlogische Formel α in Skolemscher Normalform äquivalent umformen läßt in eine Formel β in Klauselform.

Ist $\beta \in PF$ in Klauselform und tritt in jedem Konjunktionsglied der Matrix von β höchstens ein $\alpha \in PAT$ nicht negiert auf, dann heißt β in *Hornklauselform*. Prädikatenlogische Formeln in Hornklauselform werden wir im Kapitel über logische Programmierung betrachten.

3.6 Herbrand-Strukturen, Kompaktheit und rekursive Aufzählbarkeit der logischen Konsequenz

Wir werden in diesem Abschnitt mit Hilfe von *Herbrand-Strukturen* die rekursive Aufzählbarkeit der allgemeingültigen prädikatenlogischen Formeln und den Kompaktheitssatz der Prädikatenlogik beweisen. Dafür werden wir zunächst Herbrand-Strukturen einführen und die Frage nach der Erfüllbarkeit einer Menge geschlossener Formeln in Skolemscher Normalform auf das Problem der Erfüllbarkeit dieser Formelmenge in Herbrand-Strukturen zurückführen.

Eine Formelmenge X heißt bekanntlich erfüllbar, wenn es ein Modell $\mathcal{S}$ für X gibt (Def. 3.3.16). Die Gesamtheit aller denkbaren Modelle einer erfüllbaren Menge X ist unüberschaubar. Aber ähnlich wie es in der Aussagenlogik gelingt, mit Hilfe der Belegungen alle Interpretationen zu repräsentieren, gibt es in der Prädikatenlogik eine Menge von Modellen, die *Herbrand-Modelle*, die für Formeln in Skolemscher Normalform in gewisser Weise alle anderen Modelle repräsentieren. Wir erläutern nun, wie man zum Begriff der Herbrand-Struktur gelangt.

Sei $\tau = (I, J)$ ein Typ und $\mathcal{S} = (S, \mathbf{P}, \mathbf{g})$ eine beliebige τ-Struktur. Wir wollen überlegen, welche Elemente der Trägermenge S in der Sprache der Prädikatenlogik überhaupt „explizit" benannt werden können. Das sind zunächst die Werte $\mathbf{g}_f() \in S$ für diejenigen $f \in J$ mit $\mu(f) = 0$. Dazu gehören weiter alle Elemente aus S, die sich mit Funktionen $\mathbf{g}_f, f \in J$, aus diesen Werten in endlich vielen Schritten erzeugen lassen. Die Menge $S_0 \subseteq S$ aller dieser erzeugten Elemente kann in unserem Formalismus wie folgt beschrieben werden: $S_0 = \{W_{\mathcal{S}}(t)(\sigma_0) \mid t \in Tm_\tau, Vk(t) = \emptyset\}$, wobei σ_0 eine beliebige Belegung ist (s. Def. 3.2.8, 3.3.3, Lemma 3.3.4). Man könnte nun folgenden Satz vermuten: Falls $\mathcal{S}$ ein Modell von X ist, dann ist auch die τ-Struktur $\mathcal{S}_0$, welche als *Einschränkung* von $\mathcal{S}$ auf S_0 definiert ist (d.h. die Funktionen und Relationen von $\mathcal{S}$ werden auf S_0 eingeschränkt), ein Modell von X.

Beispiel 1

Es sei $\tau = (\{Q\}, \{f\})$ mit $\mu(Q) = 1, \mu(f) = 0$. Ferner sei $X = \{Q(f()), \exists x \neg Q(x)\}$. Schließlich sei $\mathcal{S} = (\{0,1\}, \{(Q, \{0\})\}, \{(f, 0)\})$ eine τ-Struktur. Offenbar ist dann $\mathcal{S}$ ein Modell von X. Die Einschränkung von $\mathcal{S}$ auf $S_0 = \{0\}$ kann jedoch kein Modell von X sein, da jedes Modell von X mindestens 2 Elemente im Träger haben muß.

Der Satz gilt damit nicht in dieser allgemeinen Form. Er wird jedoch – wie man zeigen kann – gültig für den Fall, daß die Elemente der Menge X in Skolemscher Normalform sind. Wir haben damit für das Erfüllbarkeitsproblem die Gesamtheit aller Modelle auf solche mit abzählbarem Träger eingeschränkt.

Bei den Trägermengen der für unsere Fragestellung relevanten Strukturen können wir aber noch weitergehendere Einschränkungen vornehmen: Wir wollen $U_\tau := \{t \in Tm_\tau \mid Vk(t) = \emptyset\}$ die Menge der *Grundterme* vom Typ τ nennen. Offenbar ist $\eta : U_\tau \longrightarrow S_0$, definiert durch $\eta(t) := W_{\mathcal{S}}(t)(\sigma_0)$, eine surjektive Abbildung. Das heißt, die Elemente von U_τ können als Bezeichnungen der Elemente von S_0 dienen. Wir können damit jedes Element $s \in S_0$ mit der Menge $\eta^{-1}\{s\}$ von Grundtermen identifizieren und erhalten so eine Struktur, deren Träger Teilmengen von U_τ als Elemente hat. Man kann auch die Menge U_τ selber als Träger nehmen und Elemente $t \in U_\tau$ bzgl. Prädikaten und Funktionen so behandeln wie ihre Bilder $\eta(t)$ in $\mathcal{S}_0$. Strukturen dieser Art nennt man *Herbrand–Strukturen.* Wir wollen nun Herbrand–Strukturen exakt definieren.

3.6.1 Definition *(Herbrand–Struktur)*

Sei $\tau = (I, J)$ ein Typ mit $\mu(f) = 0$ für mindestens ein $f \in J$.

(1) Es sei die Menge der *Grundterme* U_τ von τ definiert durch

$$U_\tau := \{t \in Tm_\tau \mid Vk(t) = \emptyset\}$$

(d.h. U_τ ist die Menge der Terme, in denen keine Variable vorkommt). U_τ heißt auch das *Herbrand–Universum* von τ.

(2) Eine *Herbrand–Struktur* über τ ist eine Struktur

$$\mathcal{H} = (U_\tau, \mathbf{Q}, \mathbf{h}),$$

so daß

$$\mathbf{h}_f(t_1, \ldots, t_{\mu(f)}) = \text{“}f(t_1, \ldots, t_{\mu(f)})\text{”}$$

für alle $f \in J$ und $t_1, \ldots, t_{\mu(f)} \in U_\tau$ gilt.

Alle Herbrand–Strukturen vom Typ τ besitzen also dieselbe Trägermenge, nämlich das Herbrand–Universum von τ, und dieselben Funktionen. Damit bestimmt eine Festlegung von Relationen $\mathbf{Q}_R$ passender Stelligkeit auf U_τ für alle $R \in I$ bereits eine Herbrand–Struktur vom Typ τ.

Die Bedingung $\mu(f) = 0$ für ein $f \in J$ ist nicht für jeden Typ erfüllt. Wir wollen erläutern, daß wir dies trotzdem o.B.d.A. annehmen können. Sei $\tau_0 = (I, J_0)$ ein Typ, so daß $\mu(f) = 0$ für kein $f \in J_0$ gilt. Wir definieren dann einen neuen Typ $\tau = (I, J)$ durch $J := \{\text{“}fff\text{”}\} \cup \{\text{“}f0^{n+1}f0^m f\text{”} \mid \text{“}f0^n f0^m f\text{”} \in J_0\}$. Nach Lemma 3.3.19 und Lemma 3.3.20 ändern sich die semantischen Eigenschaften von Formeln (Gültigkeit, Erfüllbarkeit etc.) bei Umbenennung und Typerweiterung nicht. Da τ auf diese Weise aus τ_0 hervorgeht, können wir also o.B.d.A. annehmen, daß $\mu(f) = 0$ für ein $f \in J$ gilt. Es sei von nun an $\tau = (I, J)$ ein Typ mit mindestens einem nullstelligen Funktionssymbol. Wie üblich schreiben wir oft PF für PF_τ usw.

Beispiel 2

Sei $\tau := (\{R\}, \{f_0, f, g\})$ ein Typ mit $\mu(R) = 1, \mu(f_0) = 0, \mu(f) = 1, \mu(g) = 2$. Wir schreiben abkürzend $c := \text{“}f_0()\text{”}$. Dann ist

$$U_\tau := \{c, f(c), g(c,c), f(f(c)), f(g(c,c)), g(c, f(c)), g(f(c), c), g(f(c), f(c)), \\ g(g(c,c), c), g(c, g(c,c)), g(g(c,c), g(c,c)), g(f(c), g(c,c)), g(g(c,c), f(c)), \ldots\}$$

das Herbrand–Universum von τ.

Selbsttestaufgabe S39

Sei $\tau := (\{R\}, \{f_0, f\})$ ein Typ mit $\mu(R) = 2, \mu(f_0) = 0$ und $\mu(f) = 1$. Geben Sie eine Herbrand–Struktur vom Typ τ an, bei der U_τ als $\mathbb{N}$ und $\mathbf{Q}_R$ als die “ $<$ ”–Relation auf den natürlichen Zahlen gedeutet werden kann.

Das folgende Lemma ergibt sich aus der speziellen Definition der Funktionen in Herbrand–Strukturen.

3.6.2 Lemma

Sei $\mathcal{H} = (U_\tau, \mathbf{Q}, \mathbf{h})$ eine Herbrand–Struktur vom Typ τ. Dann gilt

$$W_{\mathcal{H}}(t)(\sigma) = t \quad \text{für alle } t \in U_\tau \text{ und } \sigma : Var \longrightarrow U_\tau.$$

Insbesondere erhalten wir für alle $\alpha \in PF$ und $x \in Var$

$$\mathcal{H} \models \; Sub_x^t(\alpha)(\sigma) \text{ gdw. } \mathcal{H} \models \; \alpha(\sigma[x/t]),$$

falls $t \in U_\tau$.

Selbsttestaufgabe S40

Beweisen Sie den ersten Teil von Lemma 3.6.2 durch strukturelle Induktion. (Der zweite folgt dann sofort aus dem Überführungslemma.)

3.6.3 Definition *(Herbrand–Modell)*

Sei $X \subseteq PF_\tau$. Ein *Herbrand–Modell* von X ist eine Herbrand–Struktur vom Typ τ, die ein Modell von X ist.

Wir beweisen nun den entscheidenden Satz über Herbrand–Modelle.

3.6.4 Satz

Sei X eine Menge von Aussagen in Skolemscher Normalform. Dann ist X genau dann erfüllbar, wenn X ein Herbrand–Modell besitzt.

Beweis

" $\Longleftarrow$ ":
Besitzt X ein Herbrand–Modell, so ist X offensichtlich erfüllbar.

" $\Longrightarrow$ ":
Sei nun X erfüllbar und $\mathcal{S} := (S, \mathbf{P}, \mathbf{g})$ ein Modell von X. Wie vorausgesetzt hat der Typ τ mindestens ein nullstelliges Funktionssymbol. Damit gilt $U_\tau \neq \emptyset$. Wir definieren zu $\mathcal{S}$ wie folgt eine Herbrand–Struktur $\mathcal{H}$:

$$\mathcal{H} := (U, \mathbf{Q}, \mathbf{h}),$$

wobei wir jetzt U für das Herbrand–Universum von τ schreiben, die Funktionen $\mathbf{h}_f$ wie in Definition 3.6.1 (2) festgelegt sind und die Relationen $\mathbf{Q}_R$ auf U bestimmt seien durch

$$\mathbf{Q}_R(t_1, \ldots, t_{\mu(R)}) \text{ gdw. } \mathbf{P}_R(W_\mathcal{S}(t_1)(\sigma), \ldots, W_\mathcal{S}(t_{\mu(R)})(\sigma))$$

für alle $f \in J$, $R \in I$, $t_1, \ldots, t_{\mu(R)} \in U$ und irgendeine Belegung σ der Variablen über $\mathcal{S}$. (Man beachte, daß $W_\mathcal{S}(t_i)(\sigma)$ unabhängig ist von σ für alle $i = 1, \ldots, \mu(R)$.)
Wir zeigen nun durch vollständige Induktion, daß für alle $n \in \mathbb{N}$ gilt:

Ist α eine Aussage in Skolemscher Normalform mit $\sharp_\forall(\alpha) = n$ und gilt α in $\mathcal{S}$, dann gilt α auch in $\mathcal{H}$.

Diese Behauptung reicht offenbar zum Beweis der Implikation " $\Longrightarrow$ " des Satzes aus.

$n = 0$:
Da α eine Aussage ist, kommen in diesem Fall in α keine Variablen vor. Jede von "$\bot$" und "$\top$" verschiedene Primformel, die Teilformel von α ist, hat also die Gestalt $R(t_1, \ldots, t_{\mu(R)})$ mit einem $R \in I$ und gewissen $t_1, \ldots, t_{\mu(R)} \in U$. Unter Benutzung der obigen Definition von $\mathbf{Q}_R$ zeigt man leicht durch strukturelle Induktion, daß hier sogar

$$\mathcal{H} \models \alpha \text{ gdw. } \mathcal{S} \models \alpha$$

gilt, also insbesondere $\mathcal{H} \models \alpha$ aus $\mathcal{S} \models \alpha$ folgt.

$n \Longrightarrow n+1$:
Sei $\alpha \in Aus$ in Skolemscher Normalform, $\sharp_\forall(\alpha) = n+1$ und $\mathcal{S} \models \alpha$.
Dann gibt es eine Formel β in Skolemscher Normalform und ein $x \in Var$ mit $\sharp_\forall(\beta) = n$ und $\alpha = \forall x \beta$. Sei σ irgendeine Belegung der Variablen über $\mathcal{S}$. Es folgt

$$\mathcal{S} \models \beta(\sigma[x/a])$$

für alle $a \in S$. Insbesondere ergibt sich

$$\mathcal{S} \models \beta(\sigma[x/W_S(t)(\sigma)]) \text{ für alle } t \in U.$$

Da jedes $t \in U$ frei für x in β ist, folgt mit Lemma 3.3.6

$$\mathcal{S} \models \ Sub_x^t(\beta)(\sigma) \text{ für alle } t \in U.$$

Daraus erhalten wir $\mathcal{S} \models Sub_x^t(\beta)$.
Da $Sub_x^t(\beta) \in Aus$ und $\sharp_\forall(Sub_x^t(\beta)) = n$, ergibt die Induktionsvoraussetzung

$$\mathcal{H} \models \ Sub_x^t(\beta) \text{ für alle } t \in U.$$

Ist also $\hat{\sigma}$ irgendeine Belegung der Variablen über $\mathcal{H}$, dann erhalten wir

$$\mathcal{H} \models \ Sub_x^t(\beta)(\hat{\sigma}) \text{ für alle } t \in U,$$

was nach Lemma 3.6.2

$$\mathcal{H} \models \ \beta(\hat{\sigma}[x/t]) \text{ für alle } t \in U$$

zur Folge hat. Demnach gilt $\forall x \beta$ unter $\hat{\sigma}$ in $\mathcal{H}$. Also gilt $\forall x \beta$ unter *allen* Belegungen der Variablen in $\mathcal{H}$, und wir erhalten wie gewünscht $\mathcal{H} \models \alpha$.
□

Selbsttestaufgabe S41

Zeigen Sie, daß die Behauptung des Satzes sogar für Mengen *beliebiger* Formeln in Skolemscher Normalform gilt.

Als Folgerung erhalten wir aus Satz 3.6.4 den Spezialfall eines Satzes von *Löwenheim* und *Skolem* über die Existenz *abzählbarer* Modelle von erfüllbaren Formelmengen.

3.6.5 Korollar *(Löwenheim-Skolem)*

Sei $X \subseteq PF_\tau$ erfüllbar. Dann besitzt X ein Modell mit abzählbar-unendlicher Trägermenge.

Beweis

Sei X erfüllbar. Wir können wegen Satz 3.5.2 o.B.d.A. annehmen, daß alle Elemente von X in pränexer Normalform vorliegen. Nach Lemma 3.3.8(1) ist $\hat{X} := \{\forall\alpha \mid \alpha \in X\}$ erfüllbar. Sei $\hat{\tau} := (Präd, Funk)$. Nach Lemma 3.3.20 über Typerweiterung hat $\hat{X}$ auch eine $\hat{\tau}$–Struktur als Modell. Also ist aufgrund von Satz 3.5.5(4) $Sk(\hat{X}) \subseteq PF_{\hat{\tau}}$ ebenfalls erfüllbar. Nach Satz 3.6.4 besitzt $Sk(\hat{X})$ ein Herbrand–Modell $\mathcal{H}$ mit Träger $U_{\hat{\tau}}$. $\mathcal{H}$ ist wegen 3.5.5(2) auch ein Modell der Menge $\hat{X}_u$. Folglich hat $\hat{X}$ eine $\hat{\tau}$–Struktur mit Träger $U_{\hat{\tau}}$ als Modell (3.5.5(1)). Durch Typeinschränkung (Lemma 3.3.20) erhält man daraus ein τ–Modell $\mathcal{S}$ von $\hat{X}$ mit Träger $U_{\hat{\tau}}$. Schließlich ist $\mathcal{S}$ nach Lemma 3.3.8(1) auch ein Modell von X. Das Herbrand–Universum $U_{\hat{\tau}}$ ist zudem abzählbar–unendlich.

□

Wir werden nun zeigen, daß die Existenz eines Herbrand-Modells für eine geschlossene Formel α in Skolemscher Normalform gleichbedeutend mit der Erfüllbarkeit der Menge aller „Beispiele“ von α ist. Dabei wollen wir unter einem Beispiel oder einer *Instanz* von α eine Spezialisierung von α durch konstante Terme verstehen, also eine Formel, die aus der Matrix von α durch Substitution von konstanten Termen für die Variablen entsteht.

3.6.6 Definition *(Instanz)*

(1) Sei $\alpha = \forall x_1 \ldots \forall x_n \gamma$ eine geschlossene Formel in Skolemscher Normalform mit $\gamma \in QfrPF$ und U sei das Herbrand–Universum des zugrunde gelegten Typs τ.

$$Inst(\alpha) := \{Sub^{t_1,\ldots,t_n}_{x_1,\ldots,x_n}(\gamma) \mid t_1, \ldots, t_n \in U\}$$

heißt Menge der *Instanzen von* α.

(2) Sei X eine Menge von Aussagen in Skolemscher Normalform. Dann nennen wir

$$Inst(X) := \bigcup\{Inst(\alpha) \mid \alpha \in X\}$$

die Menge der *Instanzen von* X.

3.6.7 Satz

Sei $X \subseteq Aus$, und jedes $\alpha \in X$ sei in Skolemscher Normalform. Dann besitzt X genau dann ein Modell, wenn $Inst(X)$ erfüllbar ist.

Der Beweis dieses Satzes ergibt sich leicht aus Satz 3.6.4 mit Hilfe des folgenden Lemmas, welches eine einfache Konsequenz aus Lemma 3.6.2 und Lemma 3.2.11 ist.

3.6.8 Lemma

Sei $\alpha = \forall x_1 \ldots \forall x_n \gamma$ eine geschlossene Formel in Skolemscher Normalform mit $\gamma \in QfrPF$, und $\mathcal{H}$ sei eine Herbrand-Struktur. Dann gilt $\mathcal{H} \models \alpha$, gdw. $\mathcal{H}$ Modell jeder Instanz von α ist.

Beweis: (Lemma)
Wir beweisen die Behauptung durch Induktion nach n.
$n = 0$:
In diesem Fall ist α selbst die einzige Instanz von α, und die Behauptung ist offensichtlich richtig.
$n \Longrightarrow n+1$:

$$
\begin{array}{llll}
\mathcal{H} \models \alpha & \Longleftrightarrow \mathcal{H} \models \alpha(\sigma) & & \text{für alle Belegungen } \sigma \\
& \Longleftrightarrow \mathcal{H} \models \forall x_2 \ldots \forall x_{n+1} \gamma(\sigma[x_1 \,/\, t_1]) & & \text{für alle } \sigma \text{ und alle } t_1 \in U \\
& \Longleftrightarrow \mathcal{H} \models Sub^{t_1}_{x_1}(\forall x_2 \ldots \forall x_{n+1} \gamma)(\sigma) & & \text{für alle } \sigma \text{ und alle } t_1 \in U \\
& & & \text{(nach Lemma 3.6.2)} \\
& \Longleftrightarrow \mathcal{H} \models \forall x_2 \ldots \forall x_{n+1} Sub^{t_1}_{x_1}(\gamma)(\sigma) & & \text{für alle } \sigma \text{ und alle } t_1 \in U \\
& & & \text{(nach Lemma 3.2.11(3))} \\
& \Longleftrightarrow \mathcal{H} \models Sub^{t_2,\ldots,t_{n+1}}_{x_2,\ldots,x_{n+1}}(Sub^{t_1}_{x_1}(\gamma))(\sigma) & & \text{für alle } \sigma \text{ und alle } t_1,\ldots,t_{n+1} \in U \\
& & & \text{(nach Induktionsvoraussetzung)} \\
& \Longleftrightarrow \mathcal{H} \models Sub^{t_1,\ldots,t_{n+1}}_{x_1,\ldots,x_{n+1}}(\gamma)(\sigma) & & \text{für alle } \sigma \text{ und alle } t_1,\ldots,t_{n+1} \in U \\
& & & \text{(nach Lemma 3.2.11(5))} \\
& \Longleftrightarrow \mathcal{H} \models Sub^{t_1,\ldots,t_{n+1}}_{x_1,\ldots,x_{n+1}}(\gamma) & & \text{für alle } t_1,\ldots,t_{n+1} \in U
\end{array}
$$

□

Selbsttestaufgabe S42
Beweisen Sie Satz 3.6.7 unter Benutzung von Lemma 3.6.8.

Der entscheidende Gewinn beim Übergang zu Instanzen in Satz 3.6.7 liegt in der Tatsache, daß diese sich hinsichtlich Gültigkeit in Strukturen wie aussagenlogische Formeln unter Belegungen verhalten. Zwar sind nun im allgemeinen zu jeder Formel in Skolemscher Normalform unendlich viele Instanzen zu betrachten, jedoch läßt sich aufgrund des Kompaktheitssatzes der Aussagenlogik das Erfüllbarkeitsproblem durch „aussagenlogische" Erfüllbarkeit endlicher Konjunktionen hiervon „approximativ" lösen. Dies besagt der für das weitere zentrale Satz von *Herbrand*.

3.6.9 Satz *(Herbrand)*

Sei X eine Menge von Aussagen in Skolemscher Normalform. Dann ist X genau dann erfüllbar, wenn jede endliche Menge von Instanzen von X erfüllbar ist.

Beweis

" $\Longrightarrow$ " ist wegen Satz 3.6.7 unmittelbar klar.

" $\Longleftarrow$ ":

Sei nun jede endliche Menge von Instanzen von X erfüllbar. Sei φ eine Bijektion der Aussagensymbole auf die Menge der variablenfreien Primformeln, die von "$\top$" und "$\bot$" verschieden sind, und I_φ die zugehörige prädikatenlogische Interpretation der Aussagenlogik. Wir setzen $Y := I_\varphi^{-1}(Inst(X))$. Auf gleiche Weise wie im Beweis von Lemma 3.3.11 kann man für jede endliche Teilmenge $Z \subseteq Y$ aus einem Modell $\mathcal{S}$ von $I_\varphi(Z)$ und irgendeiner Belegung $\hat{\sigma}$ der Variablen über $\mathcal{S}$ eine erfüllende Belegung $\sigma \in BEL$ von Z gewinnen. Damit ist Y endlich erfüllbar. Nach dem Kompaktheitssatz der Aussagenlogik (2.4.8) ist Y dann auch erfüllbar. Sei $\tilde{\sigma}$ eine erfüllende Belegung für Y. Wir legen eine Herbrand-Struktur $\mathcal{H}$ vom Typ τ durch Angabe der Relationen $\mathbf{Q}_R$ auf dem Herbrand-Universum U von τ für alle $R \in I$ wie folgt fest:

$$\mathbf{Q}_R(t_1, \ldots, t_{\mu(R)}) :\Longleftrightarrow \tilde{\sigma}(\varphi^{-1}(R(t_1, \ldots, t_{\mu(R)}))) = 1$$

für alle $t_1, \ldots, t_{\mu(R)} \in U$

Daraus folgt durch eine triviale strukturelle Induktion für alle von "$\top$" und "$\bot$" verschiedenen geschlossenen $\delta \in QfrPF$:

$$\mathcal{H} \models \delta \text{ gdw. } <\tilde{\sigma}> (I_\varphi^{-1}(\delta)) = 1$$

Also ist $\mathcal{H}$ ein Modell von $Inst(X)$. Nach Satz 3.6.7 ist somit auch X erfüllbar.
□

Beim Beweis des Satzes von Herbrand haben wir eine Reduktion der Erfüllbarkeit von Instanzenmengen auf aussagenlogische Erfüllbarkeit durchgeführt und insbesondere gezeigt: $Inst(X)$ erfüllbar $\Longleftrightarrow$ $I_\varphi^{-1}(Inst(X))$ erfüllbar. Dies werden wir beim Beweis unseres Hauptsatzes 3.6.11 noch benutzen.

Als Folgerung aus dem Satz von Herbrand gewinnen wir zunächst den Kompaktheitssatz der Prädikatenlogik. Wie in der Aussagenlogik nennen wir dabei eine Menge $X \subseteq PF$ *endlich erfüllbar,* wenn jede endliche Teilmenge von X erfüllbar ist.

3.6.10 Satz *(Kompaktheitssatz der Prädikatenlogik)*

Sei $X \subseteq PF$ und $\alpha \in PF$. Dann gilt:

(1) X erfüllbar $\Longleftrightarrow$ X endlich erfüllbar.

(2) $X \models \alpha \Longleftrightarrow$ es gibt eine endliche Teilmenge $Y \subseteq X$ mit $Y \models \alpha$.

Beweis

(1) " $\Longrightarrow$ ": klar.

" $\Longleftarrow$ ": Wir nehmen zunächst an, alle Elemente von X seien Aussagen in Skolemscher Normalform. Sei Z eine endliche Menge von Instanzen von X. Dann gibt es eine endliche Menge $Y \subseteq X$, so daß Z eine Teilmenge der Instanzen von Y ist. Nach Voraussetzung besitzt Y ein Modell. Nach dem Satz von Herbrand (3.6.9) hat auch Z ein Modell. Damit ist jede endliche Menge von Instanzen von X erfüllbar. Wiederum nach dem Satz von Herbrand ist auch X erfüllbar.
Für jede geschlossene Formel $\beta \in PF$ sei $h(\beta)$ eine Aussage, die sich aus β durch Transformieren in pränexe Normalform und nachfolgende Skolemisierung ergibt. Nach Satz 3.5.2 und Satz 3.5.5 gilt für jede Menge $Z \subseteq Aus$: Z ist erfüllbar, gdw. $\{h(\beta) \mid \beta \in Z\}$ erfüllbar ist. Sei nun $X \subseteq Aus$ endlich erfüllbar. Dann ist $\{h(\beta) \mid \beta \in X\}$ endlich erfüllbar. Wie oben bewiesen ist $\{h(\beta) \mid \beta \in X\}$ erfüllbar. Damit ist aber auch X erfüllbar.
Da nach Lemma 3.3.8 eine Menge $X \subseteq PF$ genau dann (endlich) erfüllbar ist, wenn dies für die Menge der Allabschlüsse von Elementen aus X zutrifft, folgt schließlich die Behauptung.

(2) Sei zunächst $\alpha \in Aus$. Nach Lemma 3.3.17(4) gilt

$$X \models \alpha \text{ gdw. } X \cup \{\neg\, \alpha\} \text{ nicht erfüllbar ist.}$$

Wie beim Beweis des Kompaktheitssatzes der Aussagenlogik (2.4.8) sieht man, daß letzteres gleichwertig ist mit der Existenz einer endlichen Teilmenge $Y \subseteq X$, so daß $Y \cup \{\neg\, \alpha\}$ nicht erfüllbar ist. Die Behauptung (2) ergibt sich dann für den Fall $\alpha \in Aus$ mit abermaliger Anwendung von Lemma 3.3.17(4). Nach Lemma 3.3.8(1) gilt $X \models \alpha$ gdw. $X \models \forall\alpha$ für alle $X \subseteq PF$ und $\alpha \in PF$, so daß damit die Behauptung (2) auch im allgemeinen Fall folgt.

□

Wie im Falle der Aussagenlogik wollen wir auch für den Kompaktheitssatz der Prädikatenlogik einen topologischen Zusammenhang andeuten. Für eine Menge X von Formeln sei

$$\mathcal{MOD}(X) := \{\mathcal{S} \mid \mathcal{S} \text{ ist ein Modell von } X\}.$$

Man kann nun auf der Klasse aller τ–Strukturen eine Topologie einführen, so daß $\mathcal{MOD}(\{\alpha\})$ abgeschlossen ist für jedes $\alpha \in PF$. Satz 3.6.10(1) ist dann äquivalent zur Kompaktheit dieser Topologie.

Mit der Herleitung des Satzes von Herbrand haben wir die entscheidenden Hilfsmittel zur Erkennung der allgemeingültigen prädikatenlogischen Formeln bereitgestellt. Im folgenden Satz sind die wichtigsten Effektivitätseigenschaften der logischen Konsequenz $\models$ zusammengefaßt. Er kann als Gegenstück des Satzes 3.4.8 über die Ableitbarkeit $\vdash_K$ im Kalkül K der Prädikatenlogik betrachtet werden.

3.6.11 Satz

Sei $\hat{\tau} = (Präd, Funk)$ und sei $\tau = (I, J)$ ein rekursiver Typ (d.h. es seien I und J rekursive Wortmengen). Dann gilt:

(1) $\{\alpha \in PF_{\hat{\tau}} \mid \alpha$ allgemeingültig$\}$ ist rekursiv–aufzählbar.

(2) $\{\alpha \in PF_\tau \mid \alpha$ allgemeingültig$\}$ ist rekursiv–aufzählbar.

(3) $\{(\alpha, \beta) \in PF_\tau \times PF_\tau \mid \alpha \models \beta\}$ ist rekursiv–aufzählbar.

(4) Für jede rekursiv–aufzählbare Menge $X \subseteq PF_\tau$ ist die Menge $Kons(X) := \{\alpha \in PF_\tau \mid X \models \alpha\}$ der Konsequenzen von X rekursiv–aufzählbar.

Beweis

(1) Wir beschreiben ein Verfahren, welches bei Eingabe eines Wortes $\alpha \in W(\Sigma_P)$ hält, falls α eine allgemeingültige Formel ist, und anderenfalls nicht hält. Gegeben sei ein Wort $\alpha \in W(\Sigma_P)$.

1. Falls $\alpha \notin PF_{\hat{\tau}}$, führe eine Endlosschleife aus.
2. Bilde $\beta := \neg \forall \alpha$.
3. Sei pn die Funktion aus Satz 3.5.2 und G die Funktion aus Satz 3.5.5. Bestimme
$$\tilde{\beta} := G(pn(\beta)).$$
4. Sei $\varphi : AS \longrightarrow \{\alpha \in PAT \setminus \{\top, \bot\} \mid Vk(\alpha) = \emptyset\}$ eine berechenbare Bijektion der Aussagensymbole auf die von "$\top$" und "$\bot$" verschiedenen variablenfreien Primformeln. Teste der Reihe nach alle endlichen Teilmengen von $Y = I_\varphi^{-1}(Inst(\tilde{\beta})) \subseteq AF$ auf aussagenlogische Erfüllbarkeit (etwa mit der Wahrheitstafelmethode). Halte an, sobald eine unerfüllbare Menge Y gefunden ist.

Eine geeignete Funktion φ läßt sich leicht definieren. Da $\hat{\tau}$ ein rekursiver Typ ist, ist nach 3.4.8(1), nach Satz 3.5.2 und Satz 3.5.5 das Verfahren effektiv (d.h. z.B. mit einem Computer) ausführbar. Falls $\alpha \notin PF_{\hat{\tau}}$ gilt, hält das Verfahren nie, und für jede Formel $\alpha \in PF_{\hat{\tau}}$ ergibt sich:

	α	allgemeingültig	
$\Longleftrightarrow$	$\neg\forall\alpha$	nicht erfüllbar	(Korollar 3.3.18)
$\Longleftrightarrow$	$\tilde{\beta}$	nicht erfüllbar	(3.5.2, 3.5.5)
$\Longleftrightarrow$	$Inst(\tilde{\beta})$	nicht erfüllbar	(Satz 3.6.7)
$\Longleftrightarrow$	$I_\varphi^{-1}(Inst(\tilde{\beta}))$	nicht erfüllbar	(s. Bem. nach 3.6.9)
$\Longleftrightarrow$	$I_\varphi^{-1}(Inst(\tilde{\beta}))$	nicht endlich erfüllbar	(Satz 2.4.8)
$\Longleftrightarrow$	der obige Algorithmus hält		

Damit ist (1) bewiesen.

(2) $\{\alpha \in PF_\tau \mid \alpha \text{ allgemeingültig}\}$ ist, wie man leicht sieht (s. auch Lemma 3.3.20), der Durchschnitt der rekursiven Menge PF_τ mit der rekursiv–aufzählbaren Menge aus (1), also wiederum rekursiv–aufzählbar.

(3) Es sei $r : W(\Sigma_P) \times W(\Sigma_P) \longrightarrow W(\Sigma_P)$ definiert durch

$$r(x,y) := \begin{cases} \forall x \rightarrow \forall y & \text{falls } x, y \in PF_\tau \\ \varepsilon & \text{sonst.} \end{cases}$$

Dann ist r eine berechenbare Funktion, und es gilt für alle $x, y \in W(\Sigma_P)$ (wobei $Ag := \{\alpha \in PF_\tau \mid \alpha \text{ allgemeingültig}\}$):

$$\begin{aligned} r(x,y) \in Ag &\iff x, y \in PF_\tau \text{ und } \forall x \rightarrow \forall y \in Ag \\ &\iff x, y \in PF_\tau \text{ und } \forall x \models \forall y \qquad \text{(Lemma 3.3.17)} \\ &\iff x, y \in PF_\tau \text{ und } x \models y \qquad \text{(Lemma 3.3.8)} \end{aligned}$$

Damit gilt $Z := \{(\alpha, \beta) \in PF_\tau \times PF_\tau \mid \alpha \models \beta\} = r^{-1}(Ag)$. Da Ag nach (2) rekursiv–aufzählbar ist und r berechenbar, ist Z nach einem bekannten Satz der Berechenbarkeitstheorie ebenfalls rekursiv–aufzählbar.

(4) Da X rekursiv–aufzählbar ist, gibt es ein Verfahren, welches alle Formeln $\alpha_1 \wedge \ldots \wedge \alpha_k$ mit $k \geq 1$ und $\alpha_i \in X$ für $i \leq k$ der Reihe nach auflistet. Da $\{(\alpha, \beta) \mid \alpha \models \beta\}$ nach (3) rekursiv–aufzählbar ist, gibt es auch ein Verfahren, welches alle Formelpaare (α, β) mit $\alpha \models \beta$ auflistet. Wir konstruieren aus beiden ein Verfahren, welches bei Eingabe von $\alpha \in W(\Sigma_P)$ genau dann hält, wenn $X \models \alpha$ gilt:
Liste mit den obigen Verfahren parallel der Reihe nach alle $\alpha_1 \wedge \ldots \wedge \alpha_k$ mit $\alpha_i \in X$ sowie alle (β, γ) mit $\beta \models \gamma$ auf. Sobald $\alpha_1 \wedge \ldots \wedge \alpha_k$ in der ersten Liste und (β, γ) in der zweiten Liste gefunden sind mit $\beta = \alpha_1 \wedge \ldots \wedge \alpha_k$ und $\gamma = \alpha$, dann halte an.
Für beliebige $\alpha \in PF_\tau$ gilt nun:

$$\begin{aligned} X \models \alpha &\iff (\exists \alpha_1, \ldots, \alpha_k \in X)\{\alpha_1, \ldots, \alpha_k\} \models \alpha \qquad \text{(Kompaktheitssatz)} \\ &\iff (\exists \alpha_1, \ldots, \alpha_k \in X)\ \alpha_1 \wedge \ldots \wedge \alpha_k \models \alpha \\ &\iff \text{das obige Verfahren hält.} \end{aligned}$$

□

Die im Beweis angegebenen Aufzählungsverfahren arbeiten sehr ineffizient, da u.a. in (1) das Durchmustern der endlichen Teilmengen von Instanzen ungeheuer aufwendig werden kann. Ein zentrales Problem beim *maschinellen Beweisen* besteht darin, wesentlich schnellere Verfahren zu finden.

3.7 Die Unentscheidbarkeit der Prädikatenlogik

Als eine der wichtigsten Eigenschaften der Prädikatenlogik haben wir im vorigen Abschnitt bewiesen, daß die Menge der allgemeingültigen prädikatenlogischen Formeln vom Typ τ rekursiv–aufzählbar ist (sofern τ ein rekursiver Typ ist). Das heißt, es gibt ein Verfahren, welches genau die allgemeingültigen Formeln „auflistet" oder, gemäß einer äquivalenten Definition, ein Verfahren, welches bei Eingabe einer beliebigen Formel α genau dann hält, wenn α allgemeingültig ist. Es stellt sich sofort die weitergehende Frage, ob die Menge der allgemeingültigen Formeln sogar rekursiv, d.h. entscheidbar ist. In diesem Falle müßte es ein Verfahren geben, welches bei Eingabe einer beliebigen Formel mit „ja" antwortet, falls sie allgemeingültig ist, und mit „nein" sonst. Wir wollen in diesem Abschnitt beweisen, daß es ein solches Verfahren nicht gibt, sofern τ nicht zu einfach ist.

Den Beweis führen wir durch *Reduktion.* Wir gehen von einer bekannten nicht entscheidbaren Menge B aus und zeigen, daß ein Entscheidungsverfahren für die Menge der allgemeingültigen Formeln ein Entscheidungsverfahren für B liefern würde. Die Menge B ist mit Hilfe eines *Semi–Thue–Systems* erklärt. Zunächst definieren wir daher Semi–Thue–Systeme, kurz *STS*, und die dazugehörigen Ableitungsrelationen für Worte.

3.7.1 Definition *(Semi–Thue–System)*

(1) Ein *Semi–Thue–System*, kurz *STS*, ist ein Paar $\mathcal{T} = (\Gamma, \mathbf{R})$ wobei Γ ein Alphabet ist und $\mathbf{R}$ eine endliche Teilmenge von $W(\Gamma) \times W(\Gamma)$, die Menge der *Ersetzungsregeln.*

(2) Durch $\rightarrow_{\mathcal{T}} := \{(uLv, uRv) \mid u, v \in W(\Gamma); (L, R) \in \mathbf{R}\}$ ist eine zweistellige Relation, die *Überführungsrelation* $\rightarrow_{\mathcal{T}} \subseteq W(\Gamma) \times W(\Gamma)$ *von* $\mathcal{T}$, definiert.

(3) Es sei $\overset{*}{\rightarrow}_{\mathcal{T}}$ die reflexive und transitive Hülle von $\rightarrow_{\mathcal{T}}$. Es gilt also $x \overset{*}{\rightarrow}_{\mathcal{T}} y$, gdw. es $x_0, \ldots, x_n$ gibt ($n \geq 0, x_i \in W(\Gamma)$) mit $x_0 \rightarrow_{\mathcal{T}} x_1, \ldots, x_{n-1} \rightarrow_{\mathcal{T}} x_n$ und $x_0 = x$ sowie $x_n = y$. Gilt $x \overset{*}{\rightarrow}_{\mathcal{T}} y$, so sagt man: y *ist aus* x *in* $\mathcal{T}$ *ableitbar* oder y *wird in* $\mathcal{T}$ *aus* x *erzeugt.*

Damit ist ein *STS* ein Regelsystem zum schrittweisen Umformen von Worten durch Ersetzung von Teilworten. In der Theorie der Berechenbarkeit wird durch Zurückführen auf das *Selbstanwendbarkeitsproblem* für Turing–Maschinen (oder Band–Maschinen) der folgende Satz bewiesen.

3.7.2 Satz *(Unentscheidbarkeit für STS)*

Es gibt ein *STS* $\mathcal{T} = (\Gamma, \{(L_1, R_1), \ldots, (L_m, R_m)\})$, wobei $\Gamma = \{S_1, \ldots, S_b\}$ ein b–elementiges Alphabet ist ($b \geq 1$), so daß

$\{X \in W(\Gamma) \mid S_1 \overset{*}{\to}_{\mathcal{T}} X\}$
nicht entscheidbar ist.

Vollständige Beweise von Satz 3.7.2 finden sich z.B. in [Hermes] oder [Weihrauch]. Die Reduktion der Unentscheidbarkeit der Prädikatenlogik auf obigen Satz wird durch das folgende Lemma beschrieben.

3.7.3 Lemma

Es sei $\tau := (\{T, C\}, \emptyset)$ ein Typ mit $\mu(T) = 1$ und $\mu(C) = 3$. Es sei Σ_P das Alphabet der Prädikatenlogik, es seien $\mathcal{T}$ und Γ wie in Satz 3.7.2, und es sei $\Delta := \Sigma_P \cup \Gamma$. Dann gibt es eine berechenbare Funktion $H : W(\Delta) \longrightarrow W(\Delta)$, so daß $H(W) \in PF_\tau$ und

$S_1 \overset{*}{\to}_{\mathcal{T}} W$ gdw. $\models H(W)$

für alle $W \in W(\Gamma)$ gilt.

Bevor wir in den etwas längeren Beweis des Lemmas eintreten, wollen wir als einfache Folgerung unser Hauptresultat herleiten.

3.7.4 Satz

Es sei $\tau_0 = (I, J)$ ein Typ, so daß es Symbole $T, C \in I$ gibt mit $\mu(T) = 1$ und $\mu(C) = 3$. Dann ist die Menge

$\{\alpha \in PF_{\tau_0} \mid \models \alpha\}$

nicht entscheidbar.

Beweis *(Satz 3.7.4)*
Wir führen den Beweis indirekt mit Hilfe von Lemma 3.7.3. Wir nehmen an, daß $\{\alpha \in PF_{\tau_0} \mid \models \alpha\}$ entscheidbar ist. Mit Lemma 3.7.3 ergibt sich ein Verfahren, um die Menge $\{W \mid S_1 \overset{*}{\to}_{\mathcal{T}} W\}$ zu entscheiden: Um für ein Wort $W \in W(\Gamma)$ zu entscheiden, ob $S_1 \overset{*}{\to}_{\mathcal{T}} W$ gilt oder nicht, berechne man die Formel $H(W)$ und entscheide, ob $H(W)$ allgemeingültig ist. Nach Satz 3.7.2 gibt es solch ein Verfahren aber nicht (Widerspruch). Also ist $\{\alpha \in PF_{\tau_0} \mid \models \alpha\}$ nicht entscheidbar.
□

Der folgende Beweis von Lemma 3.7.3 ist eine leichte Modifikation des entsprechenden Beweises bei [Hermes].

Beweis *(Lemma 3.7.3)*
Es sei $\mathcal{T} = (\Gamma, \{(R_1, L_1), \ldots, (R_m, L_m)\}$ mit $\Gamma = \{S_1, \ldots, S_b\}$ ein Semi-Thue-System

wie in Satz 3.7.2. Wir werden Worte über dem Alphabet Γ metasprachlich mit $X, Y, Z, U, V, W, \ldots$ bezeichnen. Für eine Reihe von Variablen führen wir metasprachliche Bezeichnungen ein:

$$x_W := \text{“}x0^{g(W)}x\text{”} \in Var \quad \text{für alle } W \in W(\Gamma);$$

dabei sei $g(\text{“}S_{i_1} S_{i_2} \ldots S_{i_n}\text{”}) := p_1^{i_1} p_2^{i_2} \ldots p_n^{i_n}$, wobei $p_1 := 2, p_2 := 3, \ldots, p_j :=$ die j-te Primzahl ist. Weiter kürzen wir ab:

$$s_i := \text{“}x0^{3^i}x\text{”} \in Var \text{ für } i = 1, \ldots, b.$$

Schließlich seien u, v, w, x, y und z Abkürzungen für die Variablen “$x0^5x$”, “$x0^7x$”, “$x0^{10}x$”, “$x0^{11}x$”, “$x0^{13}x$” und “$x0^{14}x$”. Für jede endliche nicht leere Menge $A \subseteq PF_\tau$ von Formeln mit $A = \{\alpha_1, \ldots, \alpha_n\}$, wobei α_i lexikographisch (zu einer vorgegebenen Reihenfolge der Elemente von Σ_P) vor α_{i+1} steht $(1 \leq i < n)$, sei $\bigwedge A :=$ “$\alpha_1 \wedge \alpha_2 \wedge \ldots \wedge \alpha_n$” $\in PF_\tau$. Eine Formel $T(x_W)$ soll später als $S_1 \overset{*}{\to}_T W$ und eine Formel $C(x_U, x_V, x_W)$ als $UV = W$ gedeutet werden. Für jedes Wort W über Γ sei eine Formelmenge $D_W \subseteq PF_\tau$ wie folgt definiert:

$$\begin{aligned} D_\varepsilon &:= \emptyset \\ D_{WS_j} &:= D_W \cup \{C(x_W, s_j, x_{WS_j})\} \end{aligned}$$

für alle $W \in W(\Gamma)$ und $j \in \{1, \ldots, b\}$. Die Formelmenge D_W beschreibt in gewisser Weise den Aufbau von W aus Symbolen des Alphabets Γ.

Schließlich legen wir eine endliche Menge A_{ST} von Formeln fest, welche Eigenschaften der Konkatenation $(U, V) \longmapsto UV$ beschreibt und welche Definition 3.7.1 für unser Semi-Thue-System $\mathcal{T}$ widerspiegelt. A_{ST} bestehe aus folgenden Formeln:

$$\begin{aligned}
A1 &: \forall x \forall y \exists z C(x, y, z) \\
A2 &: \forall x C(x, x_\varepsilon, x) \\
A3 &: \forall x \forall y \forall z \forall u \forall v \forall w (C(x, y, z) \wedge C(y, u, v) \wedge C(z, u, w) \to C(x, v, w)) \\
A4 &: C(x_\varepsilon, s_1, x_{S_1}) \\
A5 &: T(x_{S_1}) \\
A6_k &: \forall x \forall y \forall z \forall u \forall v \forall w (T(x) \wedge C(u, x_{L_k}, w) \wedge C(w, v, x) \\
&\qquad \wedge C(u, x_{R_k}, z) \wedge C(z, v, y) \to T(y)) \ (\text{für } k = 1, \ldots, m) \\
A7_k &: \text{alle Elemente von } D_{L_k} \ (\text{für } k = 1, \ldots, m) \\
A8_k &: \text{alle Elemente von } D_{R_k} \ (\text{für } k = 1, \ldots, m)
\end{aligned}$$

Anschaulich besagt $A1$ die Existenz des Wortproduktes, nach $A2$ spielt x_ε die Rolle einer Rechts-Eins, $A3$ beschreibt eine Hälfte des Assoziativgesetzes für das Wortprodukt, nach $A4$ ist S_1 ein Wort, $A5$ beschreibt die Eigenschaft $S_1 \overset{*}{\to}_T S_1$, $A6_k$ beschreibt einen Ableitungsschritt mit der Regel (L_k, R_k) im Semi-Thue-System, und $A7_k$ und $A8_k$ beschreiben den Aufbau der Wörter L_k und R_k. Wir definieren nun für alle $\hat{W} \in W(\Gamma)$:

$$H(\hat{W}) := \text{``} \bigwedge(A_{ST} \cup D_{\hat{W}}) \to T(x_{\hat{W}}) \text{''}$$

Für alle anderen $\hat{W} \in W(\Delta)$ sei $H(\hat{W}) := \varepsilon$. Damit ist $H : W(\Delta) \longrightarrow W(\Delta)$ eine berechenbare Funktion, so daß $H(\hat{W}) \in PF_\tau$ ist für alle $\hat{W} \in W(\Gamma)$. Wir müssen nun noch zeigen, daß

$$S_1 \xrightarrow{*}_T \hat{W} \text{ gdw. } \models H(\hat{W})$$

für alle $\hat{W} \in W(\Gamma)$ gilt.

(1) "$\Longleftarrow$":

Sei $\hat{W} \in W(\Gamma)$ und es gelte $\models H(\hat{W})$. Dann gilt für jede τ–Struktur $\mathcal{S} = (S, \mathbf{P}, \mathbf{g})$ und jede Belegung $\sigma : Var \longrightarrow S$:

$$\mathcal{S} \models H(\hat{W})(\sigma)$$

Wir wählen $\mathcal{S}$ und σ, so daß die Formeln aus A_{ST} die anvisierten Bedeutungen erhalten:

$$\begin{aligned} S &:= W(\Gamma) \\ \mathbf{P}_T(W) &:\Longleftrightarrow S_1 \xrightarrow{*}_T W \\ \mathbf{P}_C(U, V, W) &:\Longleftrightarrow UV = W \end{aligned}$$

für alle $U, V, W \in W(\Gamma)$, sowie

$$\begin{aligned} \sigma(s_j) &:= \text{``}S_j\text{''} \in W(\Gamma) \\ \sigma(x_W) &:= W \end{aligned}$$

für alle $W \in W(\Gamma)$ und $j = 1, \ldots, b$. Für die anderen Variablen x sei $\sigma(x) := \varepsilon$.

Es genügt nun offenbar, die folgende Behauptung zu beweisen.

Beh. 1

$$\mathcal{S} \models \bigwedge(A_{ST} \cup D_{\hat{W}})(\sigma)$$

Bew. 1

Für jede Formel $\alpha \in A_{ST} \cup D_{\hat{W}}$ muß $\mathcal{S} \models \alpha(\sigma)$ gezeigt werden.

$A1$: $\mathcal{S} \models \forall x \forall y \exists z C(x, y, z)(\sigma)$

gdw. für alle $X, Y \in W(\Gamma)$ gibt es $Z \in W(\Gamma)$ mit $XY = Z$.

Letzteres ist wahr.

$A2$: $\mathcal{S} \models \forall x C(x, x_\varepsilon, x)(\sigma)$

gdw. für alle $X \in W(\Gamma)$ gilt $X\varepsilon = X$.

Letzteres ist wahr.

$A3$: $\mathcal{S} \models \forall x \forall y \forall z \forall u \forall v \forall w (C(x, y, z) \wedge C(y, u, v) \wedge C(z, u, w) \to C(x, v, w))(\sigma)$

gdw. für alle $X, Y, Z, U, V, W \in W(\Gamma)$ gilt

$(XY = Z$ und $YU = V$ und $ZU = W) \Longrightarrow XV = W$.

Es gelte $XY = Z$ und $YU = V$ und $ZU = W$.

Dann folgt $XV = X(YU) = (XY)U = ZU = W$.

Damit gilt $A3$ in $\mathcal{S}$ unter σ.

$A4$: Offenbar gilt $\mathcal{S} \models C(x_\varepsilon, s_1, x_{S_1})(\sigma)$.

$A5$: $\mathcal{S} \models T(x_{S_1})(\sigma)$ gdw. $S_1 \xrightarrow{*}_\mathcal{T} S_1$.

Letzteres ist wahr.

$A6_k$: Zu zeigen ist, daß für beliebige $U, V, W, X, Y, Z \in W(\Gamma)$ $S_1 \xrightarrow{*}_\mathcal{T} Y$ gilt, falls die Eigenschaft $Q := (S_1 \xrightarrow{*}_\mathcal{T} X$ und $UL_k = W$ und $WV = X$ und $UR_k = Z$ und $ZV = Y)$ gilt. Es gelte also Q. Dann folgt $S_1 \xrightarrow{*}_\mathcal{T} X = WV = UL_kV \rightarrow_\mathcal{T} UR_kV = ZV = Y$, also $S_1 \xrightarrow{*}_\mathcal{T} Y$.

Um für die restlichen Formeln $\alpha \in A_{ST} \cup D_{\hat{W}}$ die Eigenschaft $\mathcal{S} \models \alpha(\sigma)$ nachzuweisen, genügt es zu zeigen:

$$\mathcal{S} \models \alpha(\sigma) \text{ für alle } W \in W(\Gamma) \text{ und } \alpha \in D_W.$$

Wir beweisen dies durch Induktion über den Aufbau von W.

$W = \varepsilon$:

$D_\varepsilon = \emptyset$, also $\mathcal{S} \models \alpha(\sigma)$ für alle $\alpha \in D_W$.

$W \Longrightarrow WS_j$:

Es gelte $\mathcal{S} \models \alpha(\sigma)$ für alle $\alpha \in D_W$. Sei $\alpha \in D_{WS_j} \backslash D_W$. Dann gilt $\alpha = C(x_W, s_j, x_{WS_j})$. Offenbar gilt $\mathcal{S} \models C(x_W, s_j, x_{WS_j})(\sigma)$ gdw. $WS_j = WS_j$. Dies trifft aber zu.

q.e.d. (Beh. 1)

(2) „$\Longrightarrow$":

Es soll nun $S_1 \xrightarrow{*}_\mathcal{T} \hat{W} \Longrightarrow \models H(\hat{W})$ für alle $\hat{W} \in W(\Gamma)$ gezeigt werden. Wir beweisen dies durch vollständige Induktion über die Anzahl n der Ersetzungsschritte, mit denen $\hat{W}$ im Semi-Thue-System $\mathcal{T}$ aus S_1 erzeugt wird. Zunächst beweisen wir einen Hilfssatz.

Beh. 2

Für alle Worte $U, V \in W(\Gamma)$ gilt

$$\models \bigwedge(A_{ST} \cup D_V \cup D_{UV}) \rightarrow C(x_U, x_V, x_{UV})$$

Bew. 2

Für eine Formel $\alpha \in PF_\tau$ gilt $\models \alpha$ gdw. $\mathcal{S} \models \alpha(\sigma)$ für jede τ-Struktur $\mathcal{S}$ und jede Belegung $\sigma \in Bel_\mathcal{S}$. Sei $\mathcal{S}$ eine τ-Struktur, und sei σ eine Belegung über $\mathcal{S}$.

Es sei $U \in W(\Gamma)$. Wir beweisen

$$\mathcal{S} \models (\bigwedge(A_{ST} \cup D_V \cup D_{UV}) \rightarrow C(x_U, x_V, x_{UV}))(\sigma)$$

für alle $V \in W(\Gamma)$ durch Induktion über den Aufbau von V.

$V = \varepsilon$:

Es gelte $WW(\bigwedge(A_{ST} \cup D_\varepsilon \cup D_U))(\sigma) = 1$ $(WW := WW_S)$. Es folgt $WW(\forall x C(x, x_\varepsilon, x))(\sigma) = 1$, also nach Lemma 3.3.13 und Wahl von x $WW(Sub_x^{x_U}(C(x, x_\varepsilon, x)))(\sigma) = WW(C(x_U, x_\varepsilon, x_U))(\sigma) = 1$.

Damit gilt unsere Behauptung im Falle $V = \varepsilon$.

$V \Longrightarrow VS_j$:

Wir setzen voraus, daß die Behauptung für V erfüllt ist. Es gelte $WW(\bigwedge(A_{ST} \cup D_{VS_j} \cup D_{UVS_j}))(\sigma) = 1$. Es folgt

$$\begin{aligned} &WW(C(x_U, x_V, x_{UV}))(\sigma) = 1 && \text{(nach Ind.-Ann. wegen } D_V \subseteq D_{VS_j} \text{ und } D_{UV} \subseteq D_{UVS_j}) \\ &WW(C(x_V, s_j, x_{VS_j}))(\sigma) = 1 && (\text{wegen } C(x_V, s_j, x_{VS_j}) \in D_{VS_j}) \\ &WW(C(x_{UV}, s_j, x_{UVS_j}))(\sigma) = 1 && (\text{wegen } C(x_{UV}, s_j, x_{UVS_j}) \in D_{UVS_j}) \end{aligned}$$

Mit der Formel $A3$ aus A_{ST} folgt dann wie beim Induktionsanfang $WW(C(x_U, x_{VS_j}, x_{UVS_j}))(\sigma) = 1$. Dies war zu zeigen.

q.e.d. (Beh. 2)

Wir beweisen nun durch vollständige Induktion über n:

Beh. 3

Für alle $n \in \mathbb{N}$ gilt: Falls sich $\hat{W} \in W(\Gamma)$ im Semi–Thue–System $\mathcal{T}$ aus S_1 in n Schritten ableiten läßt, dann gilt

$$\models \bigwedge(A_{ST} \cup D_{\hat{W}}) \to T(x_{\hat{W}}).$$

Bew. 3

$n = 0$:

In diesem Fall ist $\hat{W} = S_1$. Wegen $T(x_{S_1}) \in A_{ST}$ gilt die Behauptung für $n = 0$.

$n \Longrightarrow n + 1$:

Es sei die Behauptung für den Fall n bewiesen. Es sei W_{n+1} in $n+1$ Schritten ableitbar. Dann gibt es Wörter W_n, U, V und eine Zahl $k \in \{1, \ldots, m\}$, so daß W_n in n Schritten ableitbar ist, und $W_n = UL_kV$ sowie $W_{n+1} = UR_kV$ gilt. Mit Lemma 3.3.13 erhält man

$$\begin{aligned} \text{(i)} \models A6_k \to (&T(x_{UL_kV}) \wedge C(x_U, x_{L_k}, x_{UL_k}) \wedge C(x_{UL_k}, x_V, x_{UL_kV}) \wedge \\ &C(x_U, x_{R_k}, x_{UR_k}) \wedge C(x_{UR_k}, x_V, x_{UR_kV}) \to T(x_{UR_kV})). \end{aligned}$$

Viermalige Anwendung von Beh. 2 ergibt

$$\text{(ii)} \models \bigwedge(A_{ST} \cup D_{L_k} \cup D_{UL_k}) \to C(x_U, x_{L_k}, x_{UL_k})$$

$$\text{(iii)} \models \bigwedge(A_{ST} \cup D_V \cup D_{UL_kV}) \to C(x_{UL_k}, x_V, x_{UL_kV})$$

$$\text{(iv)} \models \bigwedge(A_{ST} \cup D_{R_k} \cup D_{UR_k}) \to C(x_U, x_{R_k}, x_{UR_k})$$

(v) $\models \bigwedge(A_{ST} \cup D_V \cup D_{UR_kV}) \to C(x_{UR_k}, x_V, x_{UR_kV})$.

Schließlich gilt nach Induktionsvoraussetzung

(vi) $\models \bigwedge(A_{ST} \cup D_{UL_kV}) \to T(x_{UL_kV})$.

Aus diesen sechs Eigenschaften kann man wegen $D_{UL_k} \subseteq D_{UL_kV}$, $D_{UR_k} \subseteq D_{UR_kV}$, $D_{L_k} \subseteq A_{ST}$ und $D_{R_k} \subseteq A_{ST}$ sowie $W_n = UL_kV$ und $W_{n+1} = UR_kV$ schließen:

$$\models \bigwedge(A_{ST} \cup D_{W_n} \cup D_{W_{n+1}} \cup D_V) \to T(x_{W_{n+1}})$$

Damit haben wir unser Ziel

$$\models \bigwedge(A_{ST} \cup D_{W_{n+1}}) \to T(x_{W_{n+1}})$$

fast erreicht.

Es sei

$$D := (D_{W_n} \cup D_V) \setminus (A_{ST} \cup D_{W_{n+1}}).$$

Die Elemente von D haben die Form $C(x_Y, s_j, x_{YS_j})$.

Es sei Y ein Wort maximaler Länge, so daß $\delta :=$ "$C(x_Y, s_j, x_{YS_j})$" $\in D$ für ein $j \in \{1, \ldots, b\}$. Wir zeigen, daß δ die einzige Formel in

$$F := A_{ST} \cup D_{W_n} \cup D_{W_{n+1}} \cup D_V \cup \{T(x_{W_{n+1}})\}$$

ist, in der die Variable x_{YS_j} (frei) vorkommt. Käme x_{YS_j} in einer weiteren Formel von $D_{W_n} \cup D_V$ vor, so müßte diese Formel von der Form $C(x_{YS_j}, s_k, x_{YS_jS_k})$ sein. Dies widerspricht der Maximalität von Y. Käme x_{YS_j} in einer Formel von $D_{W_{n+1}}$ vor, so wäre $C(x_Y, s_j, x_{YS_j}) = \delta$ auch ein Element von $D_{W_{n+1}}$. Dies widerspricht der Definiton von D. Es bleiben die Formeln von $A_{ST} \cup \{T(x_{W_{n+1}})\}$. Käme x_{YS_j} in "$T(x_{W_{n+1}})$" vor, so wäre $W_{n+1} = YS_j$ und $\delta \in D_{W_{n+1}}$. Dies war aber ausgeschlossen. In A_1, A_2 und A_3 kommt x_{YS_j} nicht vor.

Käme x_{YS_j} in $A4$ oder $A5$ vor, so wäre $Y = \varepsilon$ und $j = 1$, also $\delta = A4 \in A_{ST}$. Dies widerspricht der Definition von D. Käme x_{YS_j} in $A6_k$ vor, so auch in $A7_k$ oder $A8_k$. Wir führen beides zum Widerspruch.

Käme x_{YS_j} in $A7_k$ vor, so wäre $\delta \in A7_k \subseteq A_{ST}$, ein Widerspruch. Entsprechend kommt x_{YS_j} auch nicht in $A8_k$ vor.

Es sei nun $D' := D \setminus \{C(x_Y, s_j, x_{YS_j})\}$. Dann gilt

$$\models \bigwedge(A_{ST} \cup D_{W_{n+1}} \cup D') \wedge C(x_Y, s_j, x_{YS_j}) \to T(x_{W_{n+1}}).$$

Sei $\alpha := \bigwedge(A_{ST} \cup D_{W_{n+1}} \cup D')$ und $\gamma := T(x_{W_{n+1}})$. Es gilt also $\models \alpha \wedge \delta \to \gamma$.

Wir verwenden im folgenden u.a. die Korrektheit der Regeln in Definition 3.4.3 (s. Lemma 3.4.4). Da x_{YS_j} nicht in γ vorkommt, ergibt sich $\models \exists x_{YS_j}(\alpha \wedge \delta) \to \gamma$ mit R_5. Mit Lemma 3.3.15(4) folgt $\models \alpha \wedge \exists x_{YS_j}\delta \to \gamma$. Durch gebundene Umbenennung und mit Lemma 3.3.13 erhält man $\models A1 \to \exists x_{YS_j}\delta$. Damit sind α und "$\alpha \wedge \exists x_{YS_j}\delta$" logisch äquivalent. Es folgt $\models \alpha \to \gamma$, also $\models \bigwedge(A_{ST} \cup D_{W_{n+1}} \cup D') \to T(x_{W_{n+1}})$. Auf

dieselbe Weise wie wir das Element δ aus D entfernt haben können wir nun ein Element aus D' entfernen usw. Nach endlich vielen Schritten erhalten wir wie gewünscht $\models \bigwedge(A_{ST} \cup D_{W_{n+1}}) \rightarrow T(x_{W_{n+1}})$. Damit ist die Induktion beendet.
q.e.d. (Beh. 3)
Insgesamt ist damit Teil (2) des Beweises beendet.
□

Satz 3.7.4 läßt sich auch für andere Typen τ beweisen. Es genügt z.B. bereits die schwächere Bedingung ($\mu(R) = 2$ für ein $R \in I$), um Nichtentscheidbarkeit nachzuweisen. Hat ein Typ τ_0 ein Prädikatensymbol Q mit $m := \mu(Q) > 2$, so ist auch die Menge $X_0 := \{\alpha \in PF_{\tau_0} \mid \models \alpha\}$ unentscheidbar. Um dies zu zeigen, reduziert man den Fall m auf den Fall 2 wie folgt: Es sei α eine Formel, in der nur der zweistellige Prädikatsbezeichner R vorkommt. Ersetze in α jede atomare Teilformel "$R(x_1, x_2)$" durch die Formel "$Q(x_1, x_2, \ldots, x_2)$". Man erhält so eine Formel $\alpha_0 \in PF_{\tau_0}$, die allgemeingültig ist, gdw. α allgemeingültig ist.

Selbsttestaufgabe S43

Führen Sie dies genauer aus!

Wäre nun das Allgemeingültigkeitsproblem für τ_0 entscheidbar, so auch für τ. Letzteres ist aber falsch. Für spezielle Klassen prädikatenlogischer Formeln wird das Allgemeingültigkeitsproblem lösbar. Wir gehen hier nicht weiter darauf ein.

3.8 Prädikatenlogik mit Gleichheit

Unter den zweistelligen Relationen auf einer Menge S kommt der Gleichheitsrelation $=_S := \{(x, x) \mid x \in S\}$ in der Mathematik eine besondere Bedeutung zu. So haben Formeln häufig die Gestalt von Gleichungen, und in mathematischen Behauptungen wird oft etwas über die Gleichheit von Dingen ausgesagt. Eine metasprachliche Formel "$t_1 =_S t_2$", wobei t_1 und t_2 variablenfreie Terme seien, soll z.B. besagen, daß beim Auswerten von t_1 dasselbe Element von S herauskommt wie beim Auswerten von t_2. Die Formel

$$\forall x \forall y \forall z (x =_S y \vee y =_S z \vee z =_S x)$$

z.B. bedeutet, daß die betrachtete Menge S höchstens 2 Elemente hat. Wenn ein Mathematiker das zweistellige Relationssymbol $=$ benutzt, so meint er damit i.a. die Gleichheitsrelation $=_S$ auf der betrachteten Menge S.

In unserer Prädikatenlogik kommt ein Symbol, welches in jedem Modell als Gleichheit interpretiert werden soll, nicht vor. Sie heißt deshalb auch genauer *Prädikatenlogik ohne Gleichheit.* Wir wollen in diesem Abschnitt die *Prädikatenlogik mit Gleichheit* einführen, den Zusammenhang zwischen den beiden Arten der Prädikatenlogik beschreiben und herausarbeiten, in welchem Sinne die Prädikatenlogik mit Gleichheit ausdrucksstärker ist als die ohne Gleichheit. Durch Zurückführen auf die entsprechenden früheren Sätze werden wir insbesondere den Kompaktheitssatz und die rekursive Aufzählbarkeit der allgemeingültigen Formeln für die Prädikatenlogik mit Gleichheit beweisen.

Die Syntax der Prädikatenlogik mit Gleichheit läßt sich aus der Syntax der Prädikatenlogik ohne Gleichheit gewinnen, indem man einen Typ τ voraussetzt, der ein ausgezeichnetes zweistelliges Prädikatssymbol enthält. Bei der Semantik werden dann nur solche τ–Strukturen betrachtet, die dieses Symbol als Gleichheit interpretieren.

3.8.1 Definition

(1) Es sei $\tau = (I, J)$ ein Typ und $\doteq \in I$, so daß $\mu(\doteq) = 2$. Wir nennen $\doteq$ das *Gleichheitssymbol* von τ und schreiben in Formeln über τ auch "$t_1 \doteq t_2$" statt "$\doteq (t_1, t_2)$" $(t_1, t_2 \in Tm_\tau)$.

(2) Eine $(\tau, \doteq)$*–Struktur* ist eine τ–Struktur $\mathcal{S} = (S, \mathbf{P}, \mathbf{g})$ mit

$$\mathbf{P}_{\doteq} = \{(x, x) \mid x \in S\}.$$

Wir bezeichnen diese Menge mit $=_{\mathcal{S}}$.

Wir setzen von nun an voraus, daß – sofern nichts anderes gesagt ist – τ ein Typ mit $\doteq$ als Gleichheitssymbol ist. Die Prädikatenlogik mit und die ohne Gleichheit unterscheiden sich in den semantischen Definitionen dadurch, daß bei der ersteren statt aller τ–Strukturen lediglich $(\tau, \doteq)$–Strukturen betrachtet werden. Dies betrifft unsere Definitionen 3.3.7 und 3.3.16. Die entsprechenden Begriffe in der Prädikatenlogik mit Gleichheit sind dann wie folgt erklärt.

3.8.2 Definition

Es sei τ ein Typ mit $\doteq$ als Gleichheitssymbol. Es seien $\alpha, \beta \in PF_\tau$, und es sei $X \subseteq PF_\tau$.

(1) Die Formel α heißt $\doteq$*–allgemeingültig,* gdw. α in allen $(\tau, \doteq)$–Strukturen gültig ist (vgl. Def. 3.3.7 (2)).

(2) Die Formeln α und β heißen $\doteq$*–logisch äquivalent*, gdw. α und β äquivalent sind in allen $(\tau, \doteq)$–Strukturen (vgl. Def. 3.3.7 (4)).

(3) Die Formel α ist eine $\doteq$*–logische Konsequenz* der Menge X, gdw. jede $(\tau, \doteq)$–Struktur, die ein Modell von X ist, auch ein Modell von α ist (Schreibweise: $X \models_{\doteq} \alpha$) (vgl. Def. 3.3.16(2)).

(4) Die Menge X heißt $\doteq$*-erfüllbar*, gdw. es eine $(\tau, \doteq)$–Struktur gibt, die ein Modell von X ist (vgl.Def. 3.3.16(3)).

Man überzeugt sich leicht, daß Lemma 3.3.17(4) und Korollar 3.3.18 analog in der Logik mit Gleichheit gelten:

- Für geschlossene Formeln α gilt $X \models_{\doteq} \alpha$, gdw. $X \cup \{\neg\, \alpha\}$ nicht $\doteq$–erfüllbar.
- Für alle $\alpha \in PF_\tau$ gilt: α ist $\doteq$–allgemeingültig, gdw. $\forall\alpha$ $\doteq$–allgemeingültig, gdw. $\neg\forall\alpha$ nicht $\doteq$–erfüllbar.

Wir wollen nun eine Verbindung zwischen der Prädikatenlogik ohne Gleichheit und der Prädikatenlogik mit Gleichheit durch einen Satz herstellen, der die $\doteq$–Erfüllbarkeit mit der (normalen) Erfüllbarkeit in Zusammenhang bringt.

Der naheliegendste Weg wäre es zu versuchen, die Eigenschaften der Gleichheit durch eine Menge L von Formeln zu beschreiben, also nach einer Menge $L \subseteq PF_\tau$ zu suchen, so daß eine τ–Struktur $\mathcal{S} = (S, \mathbf{P}, \mathbf{g})$ ein Modell von L ist, gdw. $\mathbf{P}_{\doteq}$ mit $=_S$ übereinstimmt. Eine solche Menge L kann es jedoch nicht geben. Andernfalls hätte jedes Modell von $X := L \cup \{\forall x_0 \forall x_1 \doteq (x_0, x_1)\}$ (wobei $x_0 := xx \in \mathit{Var}$ und $x_1 := x0x \in \mathit{Var}$) genau ein Element. Nach dem Satz von Löwenheim und Skolem (3.6.5) besitzt jedoch X ein Modell mit einem abzählbar–unendlichen Träger.

Was für die Gleichheitsrelation $=_S$ nicht möglich ist, läßt sich jedoch für die Relation

$$\equiv_S \,:= \{(a, b) \in S \times S \mid a \text{ und } b \text{ sind in } \mathcal{S} \text{ ununterscheidbar}\} \quad (\text{„kongruent S“})$$

erreichen. Dabei sollen zwei Elemente $a, b \in S$ *ununterscheidbar* in $\mathcal{S}$ heißen, wenn sie sich bei allen Prädikaten und Funktionen von $\mathcal{S}$ „analog“ verhalten. Wir präzisieren dies durch den Begriff der *Kongruenzrelation.*

3.8.3 Definition *(Kongruenzrelation)*

Wir benutzen die metasprachliche Abkürzung $x_i := x0^i x \in \mathit{Var}$ für $i \in \mathbb{N}$.

(1) Es sei $\ddot{A}q \subseteq PF_\tau$ definiert durch

$$\ddot{A}q := \{\forall x_0\; x_0 \doteq x_0, \forall x_0 \forall x_1 \forall x_2 (x_0 \doteq x_1 \wedge x_0 \doteq x_2 \rightarrow x_1 \doteq x_2)\}.$$

(2) Für $R \in I$ sei $\alpha(R) \in PF_\tau$ definiert durch

$$\alpha(R) := \text{“}\forall x_1 \ldots \forall x_{2\mu(R)} (x_1 \doteq x_{\mu(R)+1} \wedge \ldots \wedge x_{\mu(R)} \doteq x_{2\mu(R)} \wedge R(x_1, \ldots, x_{\mu(R)}) \rightarrow R(x_{\mu(R)+1}, \ldots, x_{2\mu(R)}))\text{”}.$$

(3) Für $f \in J$ sei $\alpha(f) \in PF_\tau$ definiert durch

$$\alpha(f) := \text{“}\forall x_1 \ldots \forall x_{2\mu(f)} (x_1 \doteq x_{\mu(f)+1} \wedge \ldots \wedge x_{\mu(f)} \doteq x_{2\mu(f)} \rightarrow f(x_1, \ldots, x_{\mu(f)}) \doteq f(x_{\mu(f)+1}, \ldots, x_{2\mu(f)}))\text{”}.$$

(4) Es sei $K_\tau \subseteq PF_\tau$ definiert durch

$$K_\tau := \ddot{A}q \cup \{\alpha(R) \mid R \in I\} \cup \{\alpha(f) \mid f \in J\}.$$

(5) Es sei $\mathcal{S} = (S, \mathbf{P}, \mathbf{g})$ eine τ–Struktur. Die Relation $\mathbf{P}_{\doteq} \subseteq S \times S$ heißt *Kongruenzrelation* in $\mathcal{S}$, gdw. $\mathcal{S}$ ein Modell von K_τ ist.

Die Definition ist leicht zu erläutern. Sei $\mathcal{S}$ eine τ–Struktur, sei $Q := \mathbf{P}_{\doteq}$. Offenbar ist $\mathcal{S}$ ein Modell von $\ddot{A}q$, gdw. Q eine Äquivalenzrelation ist. $\mathcal{S}$ ist ein Modell von $\ddot{A}q \cup \{\alpha(R)\}$, gdw. Q eine Äquivalenzrelation ist und äquivalente Elemente sich bzgl. $\mathbf{P}_R$ gleich verhalten (also ununterscheidbar sind). Weiter ist $\mathcal{S}$ ein Modell von $\ddot{A}q \cup \{\alpha(f)\}$, gdw. $\doteq$ eine Äquivalenzrelation ist und äquivalente Argumente unter $\mathbf{g}_f$ äquivalente Resultate liefern. Damit ist Q eine Kongruenzrelation in $\mathcal{S}$, gdw. Q eine Äquivalenzrelation ist und die Prädikate und Funktionen in $\mathcal{S}$ mit Q „verträglich“ sind (oder grob gesagt, äquivalente Elemente durch Funktionen und Prädikate in $\mathcal{S}$ nicht unterscheidbar sind). In einer $(\tau, \doteq)$–Struktur ist $\mathbf{P}_{\doteq}$ eine spezielle Kongruenzrelation, nämlich $=_S$.

Das von Äquivalenzrelationen auf Mengen bekannte Zusammenfassen der jeweils äquivalenten Elemente zu Äquivalenzklassen, das sogenannte *Faktorisieren*, kann in sinnvoller Weise auf Strukturen mit Kongruenzrelationen übertragen werden. Durch Zusammenfassen der jeweils bzgl. einer Kongruenzrelation Q ununterscheidbaren Elemente einer τ–Struktur $\mathcal{S}$ zu Klassen erhält man eine neue τ–Struktur $\mathcal{S}/Q$, die *Faktorisierung* von $\mathcal{S}$ nach Q. Wir definieren dies genauer.

3.8.4 Definition *(Faktorisierung einer Struktur)*

Es sei $\mathcal{S} = (S, \mathbf{P}, \mathbf{g})$ eine τ–Struktur, τ wie in Def. 3.8.1, so daß $Q := \mathbf{P}_{\doteq}$ eine Kongruenzrelation auf $\mathcal{S}$ ist. Dann sei eine τ–Struktur $\mathcal{S}/Q$, die *Faktorisierung* von $\mathcal{S}$ nach Q, wie folgt definiert:

$$\mathcal{S}/Q := (S/Q, \mathbf{P}/Q, \mathbf{g}/Q);$$

dabei sei

(1) $S/Q := \{\pi(a) \mid a \in S\}$, wobei $\pi(a) := \{b \in S \mid Q(a, b)\}$ ist (wir schreiben auch $\overline{a}$ statt $\pi(a)$),

(2) $(\mathbf{P}/Q)_R(\overline{a_1}, \ldots, \overline{a_{\mu(R)}}) :\Longleftrightarrow \mathbf{P}_R(a_1, \ldots, a_{\mu(R)})$ für alle $R \in I$ und $a_1, \ldots, a_{\mu(R)} \in S$ sowie

(3) $(\mathbf{g}/Q)_f(\overline{a_1}, \ldots, \overline{a_{\mu(f)}}) := \pi \mathbf{g}_f(a_1, \ldots, a_{\mu(f)})$ für alle $f \in J$ und $a_1, \ldots, a_{\mu(f)} \in S$.

Wir schreiben $\mathbf{P}_R/Q$ für $(\mathbf{P}/Q)_R$ und $\mathbf{g}_f/Q$ für $(\mathbf{g}/Q)_f$. Da $\mathcal{S}$ ein Modell von $\ddot{A}q$ ist, ist Q eine Äquivalenzrelation auf S. Damit ist S/Q die Menge der Äquivalenzklassen.

Unter (2) wird $\mathbf{P}_R/Q$ unter Verwendung von Vertretern $a_1, \ldots, a_{\mu(R)}$ der Äquivalenzklassen $\pi(a_1), \ldots, \pi(a_{\mu(R)})$ festgelegt. Da $\mathcal{S}$ ein Modell von $\alpha(R)$ ist, ist der Wert von den gewählten Vertretern unabhängig, d.h. $\mathbf{P}_R/Q$ ist wohldefiniert. Entsprechend ist $\mathbf{g}_f/Q$ wohldefiniert.

Selbsttestaufgabe S44
Zeigen Sie dies.

Als wichtige Eigenschaft ergibt sich:

3.8.5 Lemma

Die Faktorstruktur $\mathcal{S}/Q$ aus Def. 3.8.4 ist eine $(\tau, \doteq)$–Struktur.

Beweis
Es gilt für beliebige $a, b \in S$:

$$(\mathbf{P}_{\doteq}/Q)(\overline{a}, \overline{b}) \text{ gdw. } \mathbf{P}_{\doteq}(a, b) \text{ gdw. } \overline{a} = \overline{b}.$$

□

Aus der Kongruenzrelation $\mathbf{P}_{\doteq}$ in $\mathcal{S}$ wird also durch Zusammenfassen jeweils kongruenter Elemente die Gleichheit in der Faktorstruktur $\mathcal{S}/Q$. Die Gültigkeit von Formeln α in $\mathcal{S}$ und $\mathcal{S}/Q$ hängt in denkbar einfachster Weise zusammen.

3.8.6 Lemma

Es seien $\mathcal{S}, Q$ und $\mathcal{S}/Q$ wie in Definiton 3.8.4, und es sei $\pi : S \longrightarrow S/Q$ die kanonische Abbildung von S auf die Menge der Kongruenzklassen von S bzgl. Q. Dann gilt:

(1) $Bel_{\mathcal{S}/Q} = \{\pi\sigma \mid \sigma \in Bel_{\mathcal{S}}\}$;

(2) $\mathcal{S} \models \alpha(\sigma)$ gdw. $\mathcal{S}/Q \models \alpha(\pi\sigma)$
für alle $\alpha \in PF_\tau$ und $\sigma \in Bel_{\mathcal{S}}$.

Den Beweis von Lemma 3.8.6 überlassen wir dem Leser als Übung. Als einfache Konsequenz erhalten wir:

3.8.7 Satz

Sei $X \subseteq PF_\tau$ und $\mathcal{S} = (S, \mathbf{P}, \mathbf{g})$ eine τ–Struktur. Dann gilt:

(1) Falls $\mathcal{S}$ ein $(\tau, \doteq)$–Modell von X ist, dann ist $\mathcal{S}$ ein Modell von $X \cup K_\tau$.

(2) Falls $\mathcal{S}$ ein Modell von $X \cup K_\tau$ ist, dann ist $Q := \mathbf{P}_{\doteq}$ eine Kongruenzrelation, und $\mathcal{S}/Q$ ist ein $(\tau, \doteq)$-Modell von X.

Beweis

Offenbar ist jede $(\tau, \doteq)$-Struktur ein Modell von K_τ. Damit gilt (1). Sei $\mathcal{S}$ ein Modell von $X \cup K_\tau$ und Q wie oben. Da $\mathcal{S}$ ein Modell von K_τ ist, ist Q eine Kongruenzrelation in $\mathcal{S}$. Sei $\alpha \in X$ und sei $\sigma' : Var \longrightarrow S/Q$ eine Belegung. Dann gibt es nach Lemma 3.8.6(1) eine Belegung $\sigma : Var \longrightarrow S$ mit $\sigma' = \pi\sigma$. Da $\mathcal{S}$ ein Modell von α ist, gilt $\mathcal{S} \models \alpha(\sigma)$, also $\mathcal{S}/Q \models \alpha(\sigma')$ nach Lemma 3.8.6(2). Damit ist $\mathcal{S}/Q$ ein Modell von α und nach Lemma 3.8.5 ein $(\tau, \doteq)$-Modell.Folglich gilt auch (2).
□

Satz 3.8.7 beschreibt die Beziehung zwischen der Prädikatenlogik mit Gleichheit und der Prädikatenlogik ohne Gleichheit: Die $(\tau, \doteq)$-Modelle von X sind die Faktoren der τ-Modelle von $X \cup K_\tau$. Eine Kongruenzrelation läßt sich ohne den semantischen Begriff der Gleichheit formal durch K_τ charakterisieren. Lediglich das Faktorisieren, d.h. das Zusammenfassen kongruenter Elemente, kann in der Prädikatenlogik ohne Gleichheit nicht mehr durch Formeln beschrieben werden.

Schließlich erhalten wir als ein Hauptresultat die gewünschte Zurückführung der $\doteq$-Erfüllbarkeit auf die früher definierte Erfüllbarkeit. Der Beweis ergibt sich unmittelbar aus Satz 3.8.7.

3.8.8 Satz *(Zusammenhang zwischen Erfüllbarkeit und $\doteq$-Erfüllbarkeit)*

Es sei $X \subseteq PF_\tau$ eine Menge von Formeln. Dann gilt:

$$X \text{ ist } \doteq\text{-erfüllbar} \iff X \cup K_\tau \text{ ist erfüllbar.}$$

Als Korollar beweisen wir den Kompaktheitssatz für die Prädikatenlogik mit Gleichheit (vgl. Satz 3.6.10).

3.8.9 Satz *(Kompaktheitssatz)*

Es sei $X \subseteq PF_\tau$ und $\alpha \in PF_\tau$. Dann gilt:

(1) Die Menge X ist $\doteq$-erfüllbar, gdw. Y $\doteq$-erfüllbar ist für jede endliche Teilmenge $Y \subseteq X$.

(2) $X \models_{\doteq} \alpha \iff$ es gibt eine endliche Teilmenge $Y \subseteq X$ mit $Y \models_{\doteq} \alpha$.

Beweis

(1) Ist X $\doteq$-erfüllbar, dann ist jedes $Y \subseteq X$ $\doteq$-erfüllbar. Sei Y $\doteq$-erfüllbar für jede endliche Teilmenge $Y \subseteq X$. Nach Satz 3.8.8 ist $Y \cup K_\tau$ erfüllbar für jede

endliche Teilmenge Y von X. Damit ist aber auch jede endliche Teilmenge $Z \subseteq X \cup K_\tau$ erfüllbar. Nach dem früheren Kompaktheitssatz (3.6.10) ist folglich $X \cup K_\tau$ erfüllbar. Aus Satz 3.8.8 ergibt sich schließlich, daß X $\doteq$-erfüllbar ist.

(2) (als Übung)

□

Als weitere Folgerung aus Satz 3.8.7 stellen wir den Satz von Löwenheim und Skolem (vgl. 3.6.5) für die Prädikatenlogik mit Gleichheit in einer leicht modifizierten Form vor.

3.8.10 Satz *(Löwenheim–Skolem)*

Die Formelmenge $X \subseteq PF_\tau$ habe ein $(\tau, \doteq)$-Modell mit unendlicher Trägermenge. Dann hat X ein $(\tau, \doteq)$-Modell mit abzählbar–unendlicher Trägermenge.

Beweis

Für jedes $n \geq 2$ definieren wir eine Formel $\alpha_n \in PF$, welche angibt, daß eine $(\tau, \doteq)$-Struktur mindestens n Elemente hat. Sei

$$\alpha_n := \exists x_1 \exists x_2 \ldots \exists x_n (\neg\ x_1 \doteq x_2 \wedge\ \neg\ x_1 \doteq x_3 \wedge \ldots \wedge\ \neg\ x_{n-1} \doteq x_n).$$

Es sei $U := \{\alpha_n \mid n \geq 2\}$. Dann hat jedes $(\tau, \doteq)$-Modell von U unendlich viele Elemente. Es sei nun $\mathcal{S}$ ein $(\tau, \doteq)$-Modell von X mit unendlichem Träger. Dann ist $\mathcal{S}$ auch ein Modell von U, also ein Modell von $X \cup U$. Nach Satz 3.8.7(1) ist $\mathcal{S}$ ein Modell von $X \cup U \cup K_\tau$. Nach dem Satz von Löwenheim und Skolem der Prädikatenlogik ohne Gleichheit hat $X \cup U \cup K_\tau$ ein Modell $\mathcal{T}$ mit abzählbarem Träger T. Nach Satz 3.8.7(2) ist $\mathcal{T}/Q$ ein $(\tau, \doteq)$-Modell von $X \cup U$ (Q wie dort). Somit hat $\mathcal{T}/Q$ unendlich viele Elemente. Also ist $\mathcal{T}/Q$ ein Modell von X mit abzählbar–unendlichem Träger.

□

Schließlich können wir Satz 3.6.11 über die rekursive Aufzählbarkeit auf die Prädikatenlogik mit Gleichheit übertragen.

3.8.11 Satz

Sei $\tau = (I, J)$ mit dem Gleichheitssymbol $\doteq$ ein rekursiver Typ (d.h. I und J seien rekursiv). Dann gilt:

(1) $\{\alpha \in PF_\tau \mid \alpha$ ist $\doteq$-allgemeingültig$\}$ ist rekursiv–aufzählbar.

(2) $\{(\alpha, \beta) \in PF_\tau^2 \mid \alpha \models_{\doteq} \beta\}$ ist rekursiv–aufzählbar.

(3) Für jede rekursiv–aufzählbare Menge $X \subseteq PF_\tau$ ist
$Kons(X) := \{\alpha \in PF_\tau \mid X \models_{\doteq} \alpha\}$ rekursiv–aufzählbar.

Beweis

(1) Zu einer Formel $\beta \in PF_\tau$ sei

$$K_\beta := Äq \cup \{\alpha(f) \mid f \text{ kommt in } \beta \text{ vor}\} \cup \{\alpha(R) \mid R \text{ kommt in } \beta \text{ vor}\}$$

(s. Def. 3.8.3).
K_β ist stets endlich. Es sei $\bigwedge K_\beta$ die Konjunktion der Formeln aus K_β in lexikographischer Reihenfolge. Dann gilt für jede Formel $\alpha \in PF_\tau$:

$$\begin{array}{rrl} & \alpha & \text{ist } \doteq\text{-allgemeingültig} \\ \Longleftrightarrow & \forall\alpha & \text{ist } \doteq\text{-allgemeingültig} \\ \Longleftrightarrow & \neg\, \forall\alpha & \text{ist nicht } \doteq\text{-erfüllbar} \\ \Longleftrightarrow & \{\neg\, \forall\alpha\} \cup K_\tau & \text{ist nicht erfüllbar} \quad (\text{Satz } 3.8.8) \\ \Longleftrightarrow & \{\neg\, \forall\alpha\} \cup K_\alpha & \text{ist nicht erfüllbar} \quad (\text{vgl. Lemma } 3.3.20) \\ \Longleftrightarrow & \neg\, \forall\alpha \wedge \bigwedge K_\alpha & \text{ist nicht erfüllbar} \\ \Longleftrightarrow & \neg(\neg\, \forall\alpha \wedge \bigwedge K_\alpha) & \text{ist allgemeingültig.} \end{array}$$

Sei $H(\alpha) :=$ "$\neg(\neg\forall\alpha \wedge \bigwedge K_\alpha)$". Da H berechenbar ist, gibt es einen Algorithmus, der bei Eingabe von α genau dann hält, wenn α $\doteq$-allgemeingültig ist: Bei Eingabe eines Wortes $\alpha \in W(\Sigma_P)$ teste man, ob $\alpha \in PF_\tau$ gilt. Wenn nein, gehe man in eine unendliche Schleife, andernfalls berechne man $H(\alpha)$ und wende den Algorithmus aus Satz 3.6.11 an.

(2) (3) (analog zu den Beweisen von (3) und (4) von Satz 3.6.11.)

□

Selbsttestaufgabe S45

Zeigen Sie, daß die Menge $\{\alpha \in PF_\tau \mid \alpha \text{ ist } \doteq\text{-allgemeingültig}\}$ im allgemeinen (d.h. bei nicht zu einfachem rekursiven τ) unentscheidbar ist.

In Definition 3.4.3 hatten wir einen Kalkül K für die Prädikatenlogik 1. Stufe ohne Gleichheit angegeben. Nach Satz 3.4.5 ist er korrekt und vollständig. Aus K erhält man für die Prädikatenlogik 1. Stufe mit Gleichheit einen korrekten und vollständigen Kalkül, indem man die Menge K_τ aus Def. 3.8.3 als weiteres Axiomenschema hinzunimmt. Wir gehen auf nähere Einzelheiten nicht ein.

Es sei bemerkt, daß sich auch für die Prädikatenlogik mit Gleichheit eine Version des Satzes von Herbrand formulieren läßt. Diese ist für uns allerdings nicht sehr interessant, da wir sie zur Ableitung der wichtigen Resultate 3.8.9, 3.8.10 und 3.8.11 nicht benötigten. Wir werden daher den Satz von Herbrand in diesem Zusammenhang nicht weiter behandeln.

Wir wollen nun darlegen, daß sich jede Struktur $\mathcal{S}$ mit endlichem Träger bis auf Isomorphie eindeutig durch eine Menge von $\doteq$–Aussagen charakterisieren läßt.

Zunächst definieren wir die Begriffe *Homomorphismus* und *Isomorphismus* für Strukturen beliebigen Typs. Ein Homomorphismus von einer Struktur in eine andere Struktur gleichen Typs ist eine mit den Prädikaten und Funktionen der Strukturen „verträgliche" Abbildung. Zwei Strukturen heißen isomorph, wenn sie bis auf Umbenennungen übereinstimmen. Der Leser vergleiche die nachfolgende Definition mit Def. 1.4.7.

3.8.12 Definition *(Homomorphismus, Isomorphismus)*

Sei $\tau = (I, J)$ ein beliebiger Typ, und $\mathcal{S} = (S, \mathbf{P}, \mathbf{g})$ sowie $\hat{\mathcal{S}} = (\hat{S}, \hat{\mathbf{P}}, \hat{\mathbf{g}})$ seien τ–Strukturen.

(1) Eine Abbildung $\varphi : S \longrightarrow \hat{S}$ heißt *strukturerhaltend* oder ein *Homomorphismus* von $\mathcal{S}$ nach $\hat{\mathcal{S}}$, gdw.

$$\mathbf{P}_R(a_1, \ldots, a_{\mu(R)}) \Longrightarrow \hat{\mathbf{P}}_R(\varphi(a_1), \ldots, \varphi(a_{\mu(R)}))$$

und

$$\varphi\mathbf{g}_f(a_1, \ldots, a_{\mu(f)}) = \hat{\mathbf{g}}_f(\varphi(a_1), \ldots, \varphi(a_{\mu(f)}))$$

für alle $R \in I, f \in J$ und $a_i \in S$ für $1 \leq i \leq max(\mu(R), \mu(f))$ gilt.

(2) Die Abbildung φ heißt ein *Isomorphismus* von $\mathcal{S}$ auf $\hat{\mathcal{S}}$, gdw. φ bijektiv ist und φ und φ^{-1} Homomorphismen sind.

(3) $\mathcal{S}$ und $\hat{\mathcal{S}}$ heißen *isomorph*, Schreibweise $\mathcal{S} \simeq \hat{\mathcal{S}}$, gdw. es einen Isomorphismus von $\mathcal{S}$ auf $\hat{\mathcal{S}}$ gibt.

Die Bedingung (2) läßt sich auch so formulieren: φ ist bijektiv und es gilt (1) mit " $\Longleftrightarrow$ " statt " $\Longrightarrow$ ". Die Bedingung für $\mathbf{g}_f$ läßt sich im Fall des Homomorphismus wie folgt formulieren:

$$a_0 = \mathbf{g}_f(a_1, \ldots, a_{\mu(f)}) \Longrightarrow \varphi(a_0) = \hat{\mathbf{g}}_f(\varphi(a_1), \ldots, \varphi(a_{\mu(f)})).$$

Im Fall des Isomorphismus erhalten wir die Äquivalenzen

$$\mathbf{P}_R(a_1, \ldots, a_{\mu(R)}) \Longleftrightarrow \hat{\mathbf{P}}_R(\varphi(a_1), \ldots, \varphi(a_{\mu(R)})),$$
$$a_0 = \mathbf{g}_f(a_1, \ldots, a_{\mu(f)}) \Longleftrightarrow \varphi(a_0) = \hat{\mathbf{g}}_f(\varphi(a_1), \ldots, \varphi(a_{\mu(f)})).$$

Das heißt, isomorphe Strukturen sind durch bijektives Ersetzen von Elementen der Träger, von Funktionen und von Prädikaten ineinander überführbar.

Die Veträglichkeit von φ mit Funktionen setzt sich auf Terme fort, die mit Funktionen und Prädikaten auf Formeln. Wir formulieren dies im Formelfall als Satz und überlassen den Termfall dem Leser vorab als Übung.

Selbsttestaufgabe S46
Seien $\tau, \mathcal{S}$ und $\hat{\mathcal{S}}$ wie in Def. 3.8.12, und sei φ ein Homomorphismus von $\mathcal{S}$ nach $\hat{\mathcal{S}}$. Zeigen Sie, daß dann

$$\varphi(W_{\mathcal{S}}(t)(\sigma)) = W_{\hat{\mathcal{S}}}(t)(\varphi\sigma)$$

für alle Terme $t \in Tm$ und alle $\sigma \in Bel_{\mathcal{S}}$ gilt.

Wir zeigen jetzt, daß Formeln bei isomorphen Strukturen gleiche Wahrheitswerte unter entsprechenden Belegungen haben.

3.8.13 Satz

Es sei φ ein Isomorphismus von $\mathcal{S}$ auf $\hat{\mathcal{S}}$ wie in Def. 3.8.12. Dann gilt

$$\mathcal{S} \models \alpha(\sigma) \text{ gdw. } \hat{\mathcal{S}} \models \alpha(\varphi\sigma)$$

für alle $\alpha \in PF$ und alle $\sigma \in Bel_{\mathcal{S}}$.

Beweis
Der Satz wird wie üblich durch strukturelle Induktion über α bewiesen. Wir führen nur den Fall $\alpha = \forall x\beta$ aus:

$$\begin{aligned}
\mathcal{S} \models \forall x\beta(\sigma) \quad & \text{gdw.} \quad \mathcal{S} \models \beta(\sigma[x/a]) \text{ für alle } a \in S \\
& \text{gdw.} \quad \hat{\mathcal{S}} \models \beta(\varphi \circ \sigma[x/a]) \text{ für alle } a \in S \quad \text{(Induktionsvoraussetzung)} \\
& \text{gdw.} \quad \hat{\mathcal{S}} \models \beta((\varphi \circ \sigma)[x/\varphi(a)]) \text{ für alle } a \in S \\
& \text{gdw.} \quad \hat{\mathcal{S}} \models \beta((\varphi \circ \sigma)[x/b]) \text{ für alle } b \in \hat{S} \quad \text{(da } \varphi \text{ bijektiv ist)} \\
& \text{gdw.} \quad \hat{\mathcal{S}} \models \forall x\beta(\varphi \circ \sigma)
\end{aligned}$$

□

Nun formulieren wir den angekündigten Satz über die prädikatenlogische Charakterisierung endlicher Strukturen, ohne ihn hier zu beweisen.

3.8.14 Satz

Es sei wieder τ ein Typ mit $\doteq$ als Gleichheitssymbol. Sei $\mathcal{S}$ eine $(\tau, \doteq)$-Struktur mit endlichem Individuenbereich. Dann gibt es eine Menge $X \subseteq Aus_\tau$ von Aussagen, so daß für alle $(\tau, \doteq)$-Strukturen $\hat{\mathcal{S}}$ gilt:

$$\hat{\mathcal{S}} \text{ ist ein Modell von } X \Longleftrightarrow \mathcal{S} \simeq \hat{\mathcal{S}}$$

Man verwendet beim Beweis Satz 3.8.13 (s.Übungsaufgaben). Natürlich kann Satz 3.8.14 wegen des Satzes von Löwenheim und Skolem (3.6.5) nicht analog in der Prädikatenlogik ohne Gleichheit gelten. Da wir in der Prädikatenlogik mit Gleichheit endliche Strukturen bis auf Isomorphie festlegen können, ist diese Logik ausdrucksstärker als die Prädikatenlogik ohne Gleichheit. Allerdings ist die Prädikatenlogik ohne Gleichheit nur unwesentlich weniger ausdrucksstark: die Formelmenge $X \cup K_\tau$ (X wie im Satz, K_τ wie in Def. 3.8.3) charakterisiert alle τ–Strukturen, in denen $\doteq$ mit einer Kongruenzrelation Q belegt ist und deren Faktorisierung nach Q isomorph zu $\mathcal{S}$ ist.

3.9 Theorien

Wir haben in den vorangegangenen Abschnitten die prädikatenlogische Folgerungsbeziehung und damit zusammenhängende Begriffe genau studiert. Als wichtigste Resultate erhielten wir dabei die rekursive Aufzählbarkeit und die Unentscheidbarkeit der allgemeingültigen prädikatenlogischen Formeln. Den Mathematiker interessieren jedoch nicht nur die *allgemeingültigen* Formeln. Seine Behauptungssätze sind meistens Aussagen über ein *spezielles* Modell (etwa die natürlichen Zahlen oder die reellen Zahlen) oder logische Folgerungen aus Axiomen, die untereinander *widerspruchsfrei* sind (etwa die Gruppenaxiome). Im Begriff der *Theorie* werden solche Formelmengen zusammengefaßt.

Wir betrachten in diesem Abschnitt der Beispiele wegen die Prädikatenlogik *mit* Gleichheit zu einem fest vorgegebenen Typ τ, lassen jedoch den Index bzw. Vorsatz " $\doteq$ " bei den logischen Begriffen " $\models$ ", etc. der Einfachheit halber weg. Die allgemeinen Begriffe und Sätze lassen sich analog auf die Prädikatenlogik ohne Gleichheit übertragen.

Beispiel 1

(1) Sei $\tau = (\{<, \doteq\}, \{0, 1, +, \cdot\})$ ein Typ mit $\mu(<) = \mu(\doteq) = \mu(+) = \mu(\cdot) = 2$ und $\mu(0) = \mu(1) = 0$. Sei ferner $\mathcal{N}$ die τ–Struktur $(\mathbb{N}, \{(<, <_{\mathbb{N}}), (\doteq, =_{\mathbb{N}})\}, \{(0, 0_{\mathbb{N}}), (1, 1_{\mathbb{N}}), (+, +_{\mathbb{N}}), (\cdot, \cdot_{\mathbb{N}})\})$.
Dann ist

$$Th(\mathcal{N}) := \{\alpha \in PF_\tau \mid \mathcal{N} \models \alpha\}$$

die *Theorie von* $\mathcal{N}$, die auch *Arithmetik* genannt wird.

(2) Sei $\tau = (\{\doteq\}, \{e, \circ\})$ ein Typ mit $\mu(\doteq) = \mu(\circ) = 2$ und $\mu(e) = 0$. Seien $x, y, z \in Var$ und sei $GA \subseteq PF_\tau$ die Menge bestehend aus folgenden Formeln:

$$\begin{aligned}\forall x \forall y \forall z (x \circ y) \circ z &\doteq x \circ (y \circ z)\\ \forall x \; e \circ x &\doteq x\\ \forall x \exists y \; y \circ x &\doteq e\end{aligned}$$

(Beachten Sie, daß wir bei der Notation der Terme und Formeln nun vermehrt metasprachliche Konventionen wie Infix–Schreibweise und Klammerersparnisregeln verwenden.)
Die Elemente von GA heißen *Gruppenaxiome,*

$$Gr\,Th := \{\alpha \in PF_\tau \mid GA \models \alpha\}$$

ist die *Gruppentheorie.*

Wir definieren nun Theorien als widerspruchsfreie, unter der Folgerungsbeziehung abgeschlossene Teilmengen von PF.

3.9.1 Definition *(Theorie)*

Sei $X \subseteq PF$.

(1) X heißt *widerspruchsfrei* oder *konsistent,* gdw. für alle Formeln $\alpha \in PF$ gilt: nicht ($X \models \alpha$ und $X \models \neg\, \alpha$) (d.h. aus X folgt kein Widerspruch).

(2) X heißt *Theorie*, gdw. X widerspruchsfrei ist und für alle $\alpha \in PF$ gilt:

$$X \models \alpha \Longrightarrow \alpha \in X$$

Im folgenden Lemma sind einfache Eigenschaften von widerspruchsfreien Formelmengen und von Theorien zusammengestellt.

3.9.2 Lemma

(1) Sei $X \subseteq PF$. Dann ist X widerspruchsfrei, gdw. X erfüllbar ist.

(2) Sei $X \subseteq PF$ widerspruchsfrei. Dann ist $Kons(X) := \{\alpha \in PF \mid X \models \alpha\}$ eine Theorie.

(3) Sei $\mathcal{S}$ eine τ–Struktur. Dann ist $Th(\mathcal{S}) := \{\alpha \in PF \mid \mathcal{S} \models \alpha\}$ eine Theorie, genannt die *Theorie von* $\mathcal{S}$.

(4) Seien T_1, T_2 Theorien. Dann gilt

$$T_1 \subseteq T_2 \text{ gdw. für alle } \tau\text{–Strukturen } \mathcal{S} \text{ gilt: } (\mathcal{S} \models T_2 \Longrightarrow \mathcal{S} \models T_1).$$

Nach Teil (2) dieses Lemmas bildet $Kons(\emptyset)$, die Menge der allgemeingültigen prädikatenlogischen Formeln, eine Theorie.

Selbsttestaufgabe S47

Beweisen Sie Lemma 3.9.2.

Beispiel 2

Sei $\tau = (\{<, \doteq\}, \emptyset)$ ein Typ, wobei beide Prädikatsbezeichner die Stelligkeit zwei haben.

Seien $x, y, z \in Var$ und sei DLO die aus folgenden sechs Formeln bestehende Menge. (Wir benutzen hier wiederum die geläufigere Infix–Schreibeweise für " $<$ " und " $\doteq$ ".)

$$\forall x \neg\, x < x$$

$$\forall x \forall y (x < y \vee x \doteq y \vee y < x)$$

$$\forall x \forall y \forall z (x < y \wedge y < z \rightarrow x < z)$$

$$\forall x \forall y \exists z (x < y \rightarrow x < z \wedge z < y)$$

$$\forall x \exists y\; x < y$$

$$\forall x \exists y\; y < x$$

Eine τ–Struktur $\mathcal{S} := (S, \{(<, <_S), (\doteq, =_S)\}, \emptyset)$ heißt *dichte lineare Ordnung ohne Anfangs- und Endpunkt*, falls $\mathcal{S} \models DLO$. DLO ist widerspruchsfrei, denn $(\mathbb{R}, \{(<, <_{\mathbb{R}}), (\doteq, =_{\mathbb{R}})\}, \emptyset)$ ist ein Modell von DLO. Also ist $T_{DLO} := \{\alpha \in PF_\tau \mid DLO \models \alpha\}$ eine Theorie nach Lemma 3.9.2 (2).

Die Theorie $Th(\mathcal{S})$ einer τ–Struktur $\mathcal{S}$ ist die Menge aller in $\mathcal{S}$ gültigen Formeln. Sie beinhaltet also alle wahren Aussagen, die man in der Sprache der Prädikatenlogik 1. Stufe über die Struktur $\mathcal{S}$ treffen kann. Dennoch legt die Formelmenge $Th(\mathcal{S})$ die Struktur $\mathcal{S}$ nicht fest, wie der Satz von Löwenheim–Skolem (3.8.10) zeigt. Oft besitzen zudem Theorien von uns vertrauten Strukturen merkwürdig anmutende Modelle. Wir geben ein Beispiel.

Beispiel 3

Sei $\mathcal{N}$ wie in Beispiel 1. Sei ferner c ein für den Typ τ von $\mathcal{N}$ neues nullstelliges Funktionszeichen. Wir betrachten die Formelmengen

$$Y := \{\underbrace{1 + \ldots + 1}_{n-mal} < c \mid n \in \mathbb{N}\} \text{ und}$$

$$X := Th(\mathcal{N}) \cup Y.$$

Offenbar ist jede endliche Teilmenge von X erfüllbar. Nach dem Kompaktheitssatz 3.8.9 ist dann auch X erfüllbar. X besitzt nach dem Satz von Löwenheim–Skolem sogar ein Modell $\mathcal{S}$ mit abzählbarem Individuenbereich. In $\mathcal{S}$ sind also alle Formeln wahr, die in $\mathcal{N}$ gelten (z.B. $\forall x \exists y_1 \exists y_2 \exists y_3 \exists y_4 \; x \doteq y_1 \cdot y_1 + y_2 \cdot y_2 + y_3 \cdot y_3 + y_4 \cdot y_4$). Allerdings gibt es in $\mathcal{S}$, da $\mathcal{S}$ Modell von Y ist, auch sogenannte *Nicht-Standard-Elemente*, die „größer" sind als jede „Standard-Zahl" $W_{\mathcal{S}}(\underbrace{1 + \ldots + 1}_{n-mal})(\sigma)$ $(n \in \mathbb{N}; \sigma \in Bel_{\mathcal{S}})$. Damit kann die Einschränkung von $\mathcal{S}$ bzgl. τ nicht isomorph zu $\mathcal{N}$ sein. Man nennt $\mathcal{S}$ ein (abzählbares) *Nicht-Standard-Modell* der Arithmetik $Th(\mathcal{N})$. Wir werden im nächsten Abschnitt bei der Diskussion der Prädikatenlogik 2. Stufe nochmals auf die Charakterisierbarkeit der natürlichen Zahlen bis auf Isomorphie zu sprechen kommen.

Wir führen nun den Begriff der *vollständigen* Theorie ein.

3.9.3 Definition *(vollständige Theorie)*

Sei $T \subseteq PF$ eine Theorie. T heißt *vollständig*, gdw. für alle $\alpha \in Aus$ gilt:

$\alpha \in T$ oder $\neg\, \alpha \in T$

Man beachte, daß nur für Aussagen, also geschlossene Formeln, $\alpha \in T$ oder $\neg\alpha \in T$ gelten muß. So ist z.B. weder $0 < x$ noch $\neg\, 0 < x$ eine Formel der vollständigen Theorie $Th(\mathcal{N})$.

Theorien einer Struktur, wie die Arithmetik, sind vollständig. Der folgende Satz besagt, daß die vollständigen Theorien *genau* die Theorien der Gestalt $Th(\mathcal{S})$ für eine τ-Struktur $\mathcal{S}$ sind.

3.9.4 Satz

Sei $T \subseteq PF$ eine Theorie. Die folgenden Bedingungen sind äquivalent:

(1) T ist vollständig;

(2) $T = Th(\mathcal{S})$ für eine τ-Struktur $\mathcal{S}$;

(3) $T = Th(\hat{\mathcal{S}})$ für jedes Modell $\hat{\mathcal{S}}$ von T.

Beweis

Der Schluß von (3) auf (2) ist einfach: Da T widerspruchsfrei ist, besitzt T ein Modell $\mathcal{S}$, und nach (3) gilt dann $T = Th(\mathcal{S})$.

"(2) $\Longrightarrow$ (1)" ist ebenfalls klar: Entweder gilt eine Aussage α in einer Struktur $\mathcal{S}$ oder nicht; tritt der letztere Fall ein, gilt ihr Negat in $\mathcal{S}$. Also ist $\alpha \in T$ oder $\neg\alpha \in T$, sofern $T = Th(\mathcal{S})$.

"(1) $\Longrightarrow$ (3)":
Sei $\hat{\mathcal{S}}$ irgendein Modell von T. Dann gilt nach Definition von $Th(\hat{\mathcal{S}}) : T \subseteq Th(\hat{\mathcal{S}})$. Wir müssen noch zeigen: $Th(\hat{\mathcal{S}}) \subseteq T$. Sei dazu $\alpha \in Th(\hat{\mathcal{S}})$. Dann ist $\forall\alpha \in Th(\hat{\mathcal{S}})$ nach 3.3.8(1). Es folgt $\neg\forall\alpha \notin Th(\hat{\mathcal{S}})$, also $\neg\forall\alpha \notin T$. Wegen der Vollständigkeit von T gilt ($\neg\forall\alpha \in T$ oder $\forall\alpha \in T$), also ergibt sich $\forall\alpha \in T$. Da $\forall\alpha \models \alpha$, erhalten wir $\alpha \in T$ mit Definition 3.9.1. Damit gilt $Th(\hat{\mathcal{S}}) \subseteq T$, also insgesamt $Th(\hat{\mathcal{S}}) = T$.
□

Das folgende Lemma gibt ein einfaches Kriterium für die Vollständigkeit einer Theorie an.

3.9.5 Lemma *(Vaught's Test)*

Sei T eine Theorie, die nur Modelle mit unendlicher Trägermenge besitzt. Je zwei Modelle $\mathcal{S}_1, \mathcal{S}_2$ von T mit abzählbarer Trägermenge seien isomorph. Dann ist T vollständig.

Beweis
Sei $\hat{\mathcal{S}}$ irgendein Modell von T. Wir wollen zeigen: $T = Th(\hat{\mathcal{S}})$. Gewiß gilt $T \subseteq Th(\hat{\mathcal{S}})$. Nun zum Beweis der umgekehrten Inklusion: Aufgrund von Satz 3.8.10 besitzt $Th(\hat{\mathcal{S}})$ ein abzählbares Modell $\mathcal{S}_1$, das natürlich auch Modell von T ist. Wir nehmen nun an, $Th(\hat{\mathcal{S}}) \not\subseteq T$. Dann gibt es nach Lemma 3.9.2(4) ein Modell $\mathcal{S}$ von T mit $\mathcal{S} \not\models Th(\hat{\mathcal{S}})$. Wir wählen eine geschlossene Formel $\alpha \in Th(\hat{\mathcal{S}})$ mit $\mathcal{S} \not\models \alpha$. Dann ist $\mathcal{S}$ ein Modell von $T \cup \{\neg\, \alpha\}$ (mit unendlicher Trägermenge). Nach dem Satz von Löwenheim–Skolem gibt es ein abzählbares Modell $\mathcal{S}_2$ von $T \cup \{\neg\, \alpha\}$. Wegen unserer Voraussetzung sind $\mathcal{S}_1$ und $\mathcal{S}_2$ als abzählbare Modelle von T isomorph. Da α in $\mathcal{S}_1$ gilt, folgt $\mathcal{S}_2 \models \alpha$ mit Satz 3.8.13; Widerspruch. Also ist unsere Annahme falsch. Infolgedessen gilt wie gewünscht auch $Th(\hat{\mathcal{S}}) \subseteq T$, also $T = Th(\hat{\mathcal{S}})$. Nach Satz 3.9.4 ist T damit vollständig.
□

Wir werden Lemma 3.9.5 anwenden, um die Vollständigkeit der Theorie T_{DLO} aus Beispiel 2 zu zeigen. Zunächst beweisen wir dazu den folgenden Satz.

3.9.6 Satz *(Cantor)*

Seien $\mathcal{S}_1 := (S_1, \{(<, <_{S_1}), (\doteq, =_{S_1})\}), \emptyset)$ und $\mathcal{S}_2 := (S_2, \{(<, <_{S_2}), (\doteq, =_{S_2})\}, \emptyset)$ dichte lineare Ordnungen ohne Anfangs- und Endpunkt. Sowohl S_1 als auch S_2 seien abzählbar. Dann gilt $\mathcal{S}_1 \simeq \mathcal{S}_2$.

Beweis
Seien $(a_i)_{i\in\mathbb{N}}$ und $(b_i)_{i\in\mathbb{N}}$ Bijektionen von $\mathbb{N}$ auf S_1 bzw. S_2. Wir werden rekursiv eine Folge von Paaren $(s_i, t_i)_{i\in\mathbb{N}}$ definieren, so daß für alle $k \in \mathbb{N}$ gilt:

$$\otimes \begin{cases} (s_i, t_i)_{i \leq k} \text{ ist Graph einer Injektion} \\ \{a_0, \ldots, a_k\} \subseteq \{s_0, \ldots, s_{2k}\} \text{ und } \{b_0, \ldots, b_k\} \subseteq \{t_0, \ldots, t_{2k+1}\} \\ s_l <_{S_1} s_m \iff t_l <_{S_2} t_m \text{ für alle } l, m \in \{0, \ldots, k\} \end{cases}$$

Dann ist $\{(s_i, t_i) \mid i \in \mathbb{N}\}$ offenbar der Graph eines Isomorphismus von $\mathcal{S}_1$ auf $\mathcal{S}_2$, denn nach spätestens $2 \cdot (k+1)$ Schritten wurde jedem a_j mit $0 \leq j \leq k$ ein Bild zugeordnet, und jedes b_j mit $0 \leq j \leq k$ tritt als Bild auf. Also ist die Abbildung bijektiv. Die $<$–Verträglichkeit dieser Abbildung ist unmittelbar aus der dritten Bedingung von $\otimes$ ersichtlich, die $\doteq$–Verträglichkeit ist trivialerweise erfüllt.

Nun zur Definition der gesuchten Folge.

Für $k = 0$ setzen wir $(s_0, t_0) := (a_0, b_0)$.
Nehmen wir nun an, $(s_0, t_0), \ldots, (s_k, t_k)$ seien bereits mit den Eigenschaften $\otimes$ konstruiert. Wir unterscheiden zwei Fälle:

Fall k ungerade.
Sei $m := min\{i \mid a_i \notin \{s_0, \ldots, s_k\}\}$. Wir setzen $s_{k+1} := a_m$. Dann betrachten wir verschiedene Unterfälle.

1. Unterfall: $s_{k+1} <_{S_1} s_j$ für alle $j = 0, \ldots, k$.
Die Menge $\{b \in S_2 \mid b <_{S_2} t_j$ für alle $j = 0, \ldots, k\}$ ist $\neq \emptyset$, denn S_2 besitzt kein kleinstes Element bzgl. $<_{S_2}$. Wir wählen dann irgendein $\hat{b}$ aus dieser Menge und setzen $t_{k+1} := \hat{b}$.

2. Unterfall: $s_j <_{S_1} s_{k+1}$ für alle $j = 0, \ldots, k$.
Diesen Fall behandeln wir analog zum 1. Unterfall.

3. Unterfall: Es gibt $j, l \in \{0, \ldots, k\}$, so daß $s_j <_{S_1} s_{k+1}$ und $s_{k+1} <_{S_1} s_l$. Sei j_0 so, daß $s_{j_0} = max\{s_j \mid j \in \{0, \ldots, k\}$ und $s_j <_{S_1} s_{k+1}\}$, und sei l_0 so, daß $s_{l_0} = min\{s_l \mid l \in \{0, \ldots, k\}$ und $s_{k+1} <_{S_1} s_l\}$. Falls $t_{j_0} <_{S_2} t_{l_0}$ gilt, wählen wir ein $\hat{b}$ aus der Menge $\{b \in S_2 \mid t_{j_0} <_{S_2} b$ und $b <_{S_2} t_{l_0}\}$, die nicht leer ist, und setzen $t_{k+1} := \hat{b}$, anderenfalls setzen wir $t_{k+1} := b_0$. (Der letzte Fall tritt natürlich nie auf.)

Fall k gerade.
Hier vertauschen wir die Rollen von S_1 und S_2 und gehen dann genauso vor wie im Fall k ungerade.

Nachdem damit die Folge $(s_i, t_i)_{i \in \mathbb{N}}$ vollständig definiert ist, zeigt man leicht durch vollständige Induktion, daß folgende Behauptung für alle $n \in \mathbb{N}$ gilt:

$$\odot \begin{cases} (s_i, t_i)_{i \leq n} \text{ ist Graph einer Injektion} \\ \{a_0, \ldots, a_{\lfloor \frac{n}{2} \rfloor}\} \subseteq \{s_0, \ldots, s_{2 \cdot \lfloor \frac{n}{2} \rfloor}\} \text{ und } \{b_0, \ldots, b_{\lceil \frac{n}{2} \rceil}\} \subseteq \{t_0, \ldots, t_n\} \\ s_l <_{S_1} s_m \iff t_l <_{S_2} t_m \text{ für alle } l, m \in \{0, \ldots, n\} \end{cases}$$

($\lfloor \frac{n}{2} \rfloor$ ist dabei die größte natürliche Zahl kleiner oder gleich $\frac{n}{2}$ und $\lceil \frac{n}{2} \rceil$ die kleinste natürliche Zahl größer oder gleich $\frac{n}{2}$; *untere* und *obere Gauß–Klammer*.)

Weil aus ⊙ sofort ⊗ folgt, ist damit Satz 3.9.6 bewiesen.
□

Die im Beweis von Satz 3.9.6 verwendete „Hin–und–her–Methode“ wird in der Logik des öfteren benutzt.

3.9.7 Korollar

T_{DLO} ist vollständig.

Beweis

Da T_{DLO} offenbar nur unendliche Modelle zuläßt, ergibt sich das Korollar sofort aus Satz 3.9.6 mit Hilfe von Vaught's Test.
□

Eine etwas stärkere Version von Vaught's Test gestattet es, die Vollständigkeit einiger anderer mathematischer Theorien zu zeigen (z.B. die der algebraisch abgeschlossenen Körper einer festen Charakteristik). Daneben gibt es weitere Methoden, um Vollständigkeit für spezielle Theorien nachzuweisen. Diesbezüglich verweisen wir den Leser auf die angegebene Literatur (z.B. [Monk]).

Die Bedeutung vollständiger Theorien für die Informatik liegt in deren algorithmischen Eigenschaften. Ist z.B. für einen rekursiven Typ τ eine vollständige Theorie T durch ein *rekursiv–aufzählbares* oder sogar *entscheidbares Axiomensystem* X im Sinne von Lemma 3.9.2 (2) gegeben (d.h. $T = Kons(X)$), so ist T selbst entscheidbar.

3.9.8 Satz

Sei $\tau = (I, J)$ ein Typ mit rekursiven Mengen I und J.

(1) Sei $T \subseteq PF_\tau$ eine vollständige rekursiv–aufzählbare Theorie. Dann ist T sogar rekursiv.

(2) Sei $X \subseteq PF_\tau$ rekursiv–aufzählbar und widerspruchsfrei. Falls $Kons(X) = \{\alpha \in PF_\tau \mid X \models \alpha\}$ vollständig ist, dann ist $Kons(X)$ sogar entscheidbar.

Beweis

(1) Da T vollständig ist, gibt es eine Struktur $\mathcal{S}$ mit $T = Th(\mathcal{S})$ (3.9.4). Für jede Formel $\alpha \in PF$ gilt dann $\alpha \in T \iff \mathcal{S} \models \alpha \iff \mathcal{S} \models \forall\alpha \iff \forall\alpha \in T$. Da T vollständig ist, gilt $\forall\alpha \in T$ oder $\neg\forall\alpha \in T$ (und nicht beides, da T eine Theorie ist). Da T rekursiv–aufzählbar ist, gibt es ein Verfahren, um alle Elemente von T und nur diese der Reihe nach aufzulisten. Sei nun $\alpha \in PF$ gegeben. Um zu entscheiden, ob $\alpha \in T$ gilt, suche man in der Liste für T nach den Formeln $\forall\alpha$ und $\neg\forall\alpha$. Wenn $\forall\alpha$ gefunden wird, gilt $\alpha \in T$, wenn $\neg\forall\alpha$ gefunden wird, gilt

$\alpha \notin T$. Da genau eine dieser Formeln in der Liste vorkommt, endet das Verfahren immer. Damit ist T entscheidbar.

(2) Nach Satz 3.8.11 ist $Kons(X)$ rekursiv–aufzählbar. Der Rest folgt mit 3.9.2(2) und (1).

□

Als einfaches Korollar aus Satz 3.9.8 erhalten wir die Entscheidbarkeit von T_{DLO}.

3.9.9 Korollar

T_{DLO} ist entscheidbar.

Beweis

Offensichtlich ist DLO rekursiv. Die Widerspruchsfreiheit von DLO hatten wir bereits in Beispiel 2 festgestellt. Die Behauptung folgt nun sofort mit Hilfe von Korollar 3.9.7 und Satz 3.9.8.

□

Es sind eine Reihe von (z.T. tiefliegenden) Methoden entwickelt worden, um die Entscheidbarkeit mathematischer Theorien nachzuweisen. Wir wollen noch eine dieser Methoden, die sogenannte *Quantorenelimination,* vorstellen und an einem einfachen Beispiel erläutern. Die Quantorenelimination zu einer gegebenen Theorie besteht darin, beliebige Formeln effektiv in „äquivalente“ Formeln eines einfachen Quantorentyps umzuformen, deren Zugehörigkeit zu T dann leicht zu entscheiden ist. Wir verstehen im folgenden unter „Formeln einfachen Quantorentyps“ quantorenfreie Formeln und definieren daher für einen zugrunde gelegten rekursiven Typ:

3.9.10 Definition *(Quantorenelimination)*

Sei $T \subseteq PF$ eine Theorie. Es gebe eine berechenbare Funktion $h : PF \longrightarrow QfrPF$, so daß

$$T \models \alpha \leftrightarrow h(\alpha)$$

für alle $\alpha \in PF$ gilt. Dann sagen wir: T *erlaubt Quantorenelimination.*

In der Definition verlangen wir noch nicht, daß “$\beta \in T$?” für alle $\beta \in Bild(h)$ entscheidbar ist, jedoch wird dies im konkreten Fall so sein. Das folgende Lemma liefert ein hinreichendes Kriterium für Quantorenelimination.

3.9.11 Lemma

Sei T eine Theorie. Sei ferner $EEF := \{\exists x(\alpha_0 \wedge \ldots \wedge \alpha_n) \mid n \in \mathbb{N}, \alpha_0, \ldots, \alpha_n \in PAT \cup \{\neg\gamma \mid \gamma \in PAT\}, x \in Var\}$ die Menge der *einfachen Existenzformeln.* Es gebe eine berechenbare Funktion $h : EEF \longrightarrow QfrPF$ mit

$$T \models \alpha \leftrightarrow h(\alpha)$$

für alle $\alpha \in EEF$. Dann erlaubt T Quantorenelimination.

Beweis

Wir beschreiben einen Algorithmus, der eine berechenbare Funktion $g : PF \longrightarrow QfrPF$ mit den gewünschten Eigenschaften liefert. Sei α die gegebene Formel.

0. Transformiere α in pränexe Normalform.
1. Falls in der Formel keine Quantoren auftreten: HALT.
2. Falls der am weitesten rechts stehende Quantor "$\forall x$" ist, ersetze ihn durch "$\neg\exists x\neg$".
3. Transformiere die „Matrix" der resultierenden Formel (d.h. die Teilformel, die rechts von dem am weitesten rechts auftretenden Quantor steht) in disjunktive Normalform.
4. Verteile den Quantor "$\exists x$" auf die einzelnen Disjunktionsglieder.
5. Ersetze die resultierenden einfachen Existenzformeln mit Hilfe von h durch ihre quantorenfreien „Äquivalente".
6. Gehe nach 1.

Aufgrund der Ergebnisse in den Abschnitten 3.3 und 3.5 sowie der Voraussetzung des Lemmas arbeitet der Algorithmus korrekt.
□

Wir wollen nun die Methode der Quantorenelimination anwenden, um die Entscheidbarkeit einer einfachen Theorie zu zeigen, nämlich der *Theorie der natürlichen Zahlen mit Nachfolgerfunktion.* Sei dazu τ der Typ $\tau = (\{\doteq\}, \{0, s\})$ mit $\mu(\doteq) = 2$, $\mu(0) = 0$ und $\mu(s) = 1$. Sei ferner

$$\mathcal{N}_s := (\mathbb{N}, \{(\doteq, =_{\mathbb{N}})\}, \{(0, 0_{\mathbb{N}}), (s, s_{\mathbb{N}})\}),$$

wobei $s_{\mathbb{N}}$ die Nachfolgerfunktion auf $\mathbb{N}$ sei (d.h. $s_{\mathbb{N}}(n) := n + 1$ für alle $n \in \mathbb{N}$). Dann gilt der folgende Satz.

3.9.12 Satz

$Th(\mathcal{N}_s)$ erlaubt Quantorenelimination.

Beweis

Wir benutzen Lemma 3.9.11. Sei also $\beta = \exists x(\alpha_0 \wedge \ldots \wedge \alpha_n) \in EEF$. Jedes α_i ist dann eine Termgleichung oder eine negierte Termgleichung, d.h. von der Gestalt

$$t_1 \doteq t_2 \text{ bzw. } \neg t_1 \doteq t_2$$

mit $t_1, t_2 \in Tm_\tau$, oder $\alpha_i \in \{\top, \bot, \neg\top, \neg\bot\}$. Jeder Term $t \in Tm_\tau$ hat die Form

$$t = \text{``}\underbrace{s(s(\ldots s(}_{m\text{-mal}}u)\ldots))\text{''}$$

mit einem $m \in \mathbb{N}$ und $u \in Var \cup \{0\}$. Wir schreiben hierfür $t =: s^m(u)$. Es wird nun ein Algorithmus zur Quantorenelimination bei einfachen Existenzformeln durch ein informales Programm beschrieben. Dabei verwenden wir Programmvariablen γ, A.

0. Setze $\gamma :=$ "$\top$", $A := \{\alpha_0, \ldots, \alpha_n\}$;

1. FOR $i = 0, \ldots, n$ DO
   BEGIN
   IF $x \notin Vk(\alpha_i)$ THEN $\gamma :=$ "$\gamma \wedge \alpha_i$", $A := A \setminus \{\alpha_i\}$;
   IF $\alpha_i =$ "$s^m(x) \doteq s^m(x)$" OR ($\alpha_i :=$ "$\neg s^m(x) \doteq s^r(x)$" AND $m \neq r$)
   THEN $A := A \setminus \{\alpha_i\}$;
   IF $\alpha_i =$ "$\neg s^m(x) \doteq s^m(x)$" OR ($\alpha_i =$ "$s^m(x) \doteq s^r(x)$" AND $m \neq r$)
   THEN $\gamma :=$ "$\bot$", $A := A \setminus \{\alpha_i\}$
   END;

   {alle Formeln aus A sind nun Gleichungen oder negierte Gleichungen, bei denen x nur auf einer Seite vorkommt}

2. IF A besteht nur aus negierten Gleichungen THEN $A := \emptyset$;

3. IF $A \neq \emptyset$ THEN
   wähle $\alpha \in A$ der Gestalt $\alpha =$ "$s^m(x) \doteq t$" oder $\alpha =$ "$t \doteq s^m(x)$", $\{x \notin Vk(t)\}$
   IF $m = 0$ THEN $A := Sub^t_x(A \setminus \{\alpha\})$
   ELSE $\gamma :=$ "$\gamma \wedge \neg t \doteq 0 \wedge \neg t \doteq s(0) \wedge \ldots \wedge \neg t \doteq s^{m-1}(0)$",
   $A := h_m(A \setminus \{\alpha\})$;

   (Dabei sei h_m erklärt durch h_m("$s^r(x) \doteq u$") := "$s^r(t) \doteq s^m(u)$" und h_m("$\neg s^r(x) \doteq u$") := "$\neg s^r(t) \doteq s^m(u)$" (entsprechend mit "$u \doteq s^r(x)$" und "$\neg u \doteq s^r(x)$").)

4. $\gamma :=$ "$\gamma \wedge \bigwedge A$" (Dabei sei $\bigwedge \emptyset :=$ "$\top$".)

Sei nun σ eine beliebige Belegung der Variablen über $\mathcal{N}_s$. Dann sieht man leicht ein, daß

$$\mathcal{N}_s \models (\beta \leftrightarrow \gamma)(\sigma)$$

gilt. Folglich ist $\beta \leftrightarrow \gamma$ in $\mathcal{N}_s$ gültig, d.h. $\beta \leftrightarrow \gamma \in Th(\mathcal{N}_s)$ und damit auch $Th(\mathcal{N}_s) \models \beta \leftrightarrow \gamma$. Nach Lemma 3.9.11 erlaubt $Th(\mathcal{N}_s)$ Quantorenelimination.
□

Der Leser beachte, daß die Variable x in der Formel γ aus dem Beweis des Satzes nicht mehr vorkommt. Als Folgerung erhalten wir nun schnell die Entscheidbarkeit von $Th(\mathcal{N}_s)$.

3.9.13 Korollar

$Th(\mathcal{N}_s)$ ist entscheidbar.

Beweis

Sei $\alpha \in PF_\tau$.
Da $Th(\mathcal{N}_s)$ Quantorenelimination erlaubt, gibt es eine berechenbare Funktion $h : PF_\tau \longrightarrow QfrPF_\tau$ mit

$$(*)\ Th(\mathcal{N}_s) \models \beta \leftrightarrow h(\beta)$$

für alle $\beta \in PF_\tau$. Nach dem vorab Bemerkten ist $h(\forall\alpha)$ eine quantorenfreie Aussage γ, also eine junktorenlogische Kombination von $\top, \bot$ und Gleichungen der Form

$$s^m(0) \doteq s^n(0) \quad (m, n \in \mathbb{N}).$$

Die Gültigkeit von γ in $\mathcal{N}_s$ kann offenbar leicht entschieden werden. Da

$$\begin{aligned} \mathcal{N}_s \models \gamma &\iff \gamma \in Th(\mathcal{N}_s) \\ &\iff Th(\mathcal{N}_s) \models \gamma \\ &\iff Th(\mathcal{N}_s) \models \forall\alpha \text{ (nach } (*)) \\ &\iff Th(\mathcal{N}_s) \models \alpha \\ &\iff \alpha \in Th(\mathcal{N}_s), \end{aligned}$$

ergibt sich daraus die Behauptung.
□

Wir wollen zum Abschluß dieses Paragraphen noch einige wichtige Entscheidbarkeitsresultate ohne Beweis zitieren. Zum einen besagt ein Satz von *Tarski*, daß die Theorie von $(\mathbb{R}, \{(<, <_\mathbb{R}), (\doteq, =_\mathbb{R})\}, \{(0, 0_\mathbb{R}), (1, 1_\mathbb{R}), (+, +_\mathbb{R}), (\cdot, \cdot_\mathbb{R}), (-, -_\mathbb{R})\})$ entscheidbar ist. Auf der anderen Seite ist nach einem Satz von *Church* die Arithmetik unentscheidbar. (Dagegen ist die *Presburger-Arithmetik*, d.h. die Theorie von $\mathcal{N}_+ := (\mathbb{N}, \{(<, <_\mathbb{N}), (\doteq, =_\mathbb{N})\}, \{(0, 0_\mathbb{N}), (1, 1_\mathbb{N}), (+, +_\mathbb{N})\})$ entscheidbar. Dies zeigt man mit der Methode der Quantorenelimination.) Ebenso ist die Gruppentheorie (s. Beispiel 1(2)) unentscheidbar (*Malcev*). Zum genaueren Studium des Entscheidbarkeitsproblems für mathematische Theorien sowie der *Komplexität* von Entscheidungsverfahren müssen wir den Leser wiederum auf die Literatur verweisen (z.B. [Börger], [Hopcroft-Ullman], [Monk]).

3.10 Ausdrucksstärke der Prädikatenlogik 1. Stufe

Wir wollen zum Abschluß dieses Kapitels einige Aspekte der *Ausdrucksstärke* unserer Prädikatenlogik 1. Stufe (im folgenden kurz mit PL bezeichnet) diskutieren. Dabei betrachten wir — wenn nicht anders gesagt — wiederum die Logik *mit* Gleichheit. Wir streben im folgenden keine erschöpfende Diskussion an, sondern werden vielmehr nur einige Problemkreise ansprechen, um im Leser das Interesse für weitergehende Literaturstudien zu wecken. Den Begriff der Ausdrucksstärke einer Logik wollen wir nicht genauer präzisieren, sondern naiv benutzen. Die durch Hinzunahme des fest zu interpretierenden Gleichheitssymbols gewonnene Ausdrucksstärke wurde bereits in Abschnitt 3.8 diskutiert. Ferner kann man sich z.B. die folgenden Fragen stellen:

- Welche Auswirkungen auf die Ausdrucksstärke von PL hat es, wenn wir auf Funktionsbezeichner verzichten und lediglich Prädikatsbezeichner zulassen?
- Bringt die Hinzunahme von *definierbaren* Prädikaten und Funktionen ein Mehr an Ausdrucksstärke? (Z.B. ist in der Arithmetik " $<$ " ein durch $n < m :\Longleftrightarrow \exists k(\neg k = 0 \wedge n + k = m)$ definierbares Prädikat.)
- Inwieweit erfaßt man mit PL tatsächlich die Vorgehensweise in der Mathematik? (Wir hatten früher behauptet, daß die Prädikatenlogik auf die Belange der Mathematik „zugeschnitten" ist.)
- Steigert die Betrachtung verschiedener *Sorten* von Individuen die Ausdrucksstärke von PL?
- Inwieweit kann man durch prädikatenlogische Formeln Strukturen (bis auf Isomorphie) festlegen?
- Können wir die in einer Struktur wahren Sätze wenigstens im Prinzip auch formal beweisen?
- Läßt sich im Rahmen von PL die Widerspruchsfreiheit einer Theorie zeigen?
- Eignet sich PL uneingeschränkt als *Spezifikations-* und *Verifikationssprache* für den Informatiker?
- Lassen sich eventuelle Defizite von PL hinsichtlich dieser Fragestellungen durch die Verwendung anderer Logiken ausgleichen?

Wir werden im folgenden mögliche Antworten auf diese Fragen vorstellen. Dabei werden wir desto weniger ausführlich sein, je umfangreicher bzw. schwieriger die Problemlösung ist. Insbesondere werden wir (fast) keine Beweise führen. Die ersten vier Ergebnisse sind „positive“ , die folgenden vier „negative“ Resultate über die Ausdrucksstärke von PL. Schließlich verlassen wir mit dem Antwortversuch auf die letzte Frage die Prädikatenlogik 1. Stufe und erörtern kurz die *Prädikatenlogik der schwachen zweiten Stufe.*

3.10 A Elimination von Funktionssymbolen

Die Ausdrucksstärke von PL wird nicht eingeschränkt, wenn wir keine Funktionsbezeichner, sondern lediglich Prädikatsbezeichner zulassen.

Wir wollen dies genauer ausführen. Die Grundidee ist sehr einfach: jede n-stellige Funktion kann als eine $(n+1)$-stellige rechtseindeutige Relation beschrieben werden. Den hierzu erforderlichen Wechsel des Typs beschreiben wir in (1), die sich ergebende Zuordnung zwischen Strukturen in (2) der folgenden Definition.

3.10.1 Definition

(1) Sei $\tau = (I, J)$ ein Typ. Eine *relationale Version* von τ ist ein Typ $\hat{\tau} = (\hat{I}, \emptyset)$ mit $I \subseteq \hat{I}$, so daß es eine Bijektion $T : J \longrightarrow \hat{I} \setminus I$ (genannt *Übersetzungsfunktion)* gibt mit

$$\mu(T(f)) = \mu(f) + 1 \text{ für alle } f \in J.$$

(2) Es sei $\mathcal{S} = (S, \mathbf{P}, \mathbf{g})$ eine τ-Struktur. Dann sei eine $\hat{\tau}$-Struktur $H(\mathcal{S}) = (S, \hat{\mathbf{P}}, \hat{\mathbf{g}})$ definiert durch

$$\hat{\mathbf{P}}_R := \mathbf{P}_R$$

für alle $R \in I$ und

$$\hat{\mathbf{P}}_{T(f)}(a_1, \ldots, a_{\mu(f)}, a_0) :\Longleftrightarrow \mathbf{g}_f(a_1, \ldots, a_{\mu(f)}) = a_0$$

für alle $f \in J$ und $a_0, \ldots, a_{\mu(f)} \in S$. (Wegen $\hat{J} = \emptyset$ gilt $Def(\hat{\mathbf{g}}) = \emptyset$.)

Durch Umbenennung der Prädikatssymbole in τ läßt sich stets ein genügend großer Vorrat freier Prädikatssymbole für die Menge $\hat{I} \setminus I$ reservieren. Es gibt damit o.B.d.A. zu jedem Typ τ eine relationale Version. Falls τ rekursiv ist, kann man sogar eine berechenbare Funktion T und einen rekursiven Typ $\hat{\tau}$ festlegen. Offenbar ist die Abbildung H injektiv, und Bild(H) besteht aus allen $\hat{\tau}$-Strukturen, für die $\hat{\mathbf{P}}_{T(f)}$ Graph einer Funktion ist (für alle $f \in J$).

Die Eigenschaft eines Prädikats, Graph einer Funktion zu sein, läßt sich durch Formeln in $PF_{\hat{\tau}}$ beschreiben (s. (1) der folgenden Definition). Wir ordnen weiter jeder

Formel $\alpha \in PF_\tau$ eine Formel $[\alpha] \in PF_{\hat\tau}$ zu, die ohne Verwendung von Funktionssymbolen dasselbe ausdrückt wie α.

3.10.2 Definition

(1) Es sei RV_T^τ die Menge der folgenden $\hat\tau$–Formeln. (Dabei sei wieder $x_i :=$ "$x0^i x$" für alle $i \in \mathbb{N}$.)
$\forall x_1 \dots \forall x_{\mu(f)} \exists x_{\mu(T(f))}\ T(f)(x_1, \dots, x_{\mu(f)}, x_{\mu(T(f))})$
$\forall x_1 \dots \forall x_{\mu(T(f))+1}\ (T(f)(x_1, \dots, x_{\mu(f)}, x_{\mu(T(f))}) \wedge$
$T(f)(x_1, \dots, x_{\mu(f)}, x_{\mu(T(f))+1}) \to x_{\mu(T(f))} \doteq x_{\mu(T(f))+1})$
(für alle $f \in J$)

(2) Zu $\alpha \in PF_\tau$ sei die *relationale Version* $[\alpha] \in PF_{\hat\tau}$ durch folgende Gleichungen induktiv definiert.

(i) Sei $x \in Var$. Dann setzen wir für alle $y \in Var, f \in J$ und $t_1, \dots, t_{\mu(f)} \in Tm_\tau$:
$[y \doteq x] :=$ "$y \doteq x$" und
$[f(t_1, \dots, t_{\mu(f)}) \doteq x] :=$ "$\exists y_1 \dots \exists y_{\mu(f)}([t_1 \doteq y_1] \wedge \dots \wedge [t_{\mu(f)} \doteq y_{\mu(f)}] \wedge T(f)(y_1, \dots, y_{\mu(f)}, x))$",
wobei $y_1, \dots, y_{\mu(f)}$ nicht in "$f(t_1, \dots, t_{\mu(f)}) \doteq x$" vorkommende Variablen seien.
Wir bemerken, daß im Falle $\mu(f) = 0$ gilt: $[f() \doteq x] =$ "$T(f)(x)$".

(ii) Ist $\alpha \in PF_\tau$ von der Form $t_1 \doteq t_2$ mit $t_1, t_2 \in Tm_\tau, t_2 \notin Var$, dann wählt man eine Variable y, die nicht in α vorkommt, und setzt
$[t_1 \doteq t_2] :=$ "$\exists y([t_1 \doteq y] \wedge [t_2 \doteq y])$".

(iii) Sei nun $R \in I$ und $R \neq$ "$\doteq$".
Ist $\alpha = R(x_1, \dots, x_{\mu(R)})$ mit $x_1, \dots, x_{\mu(R)} \in Var$, dann sei $[\alpha] := \alpha$.
Ist dagegen $\alpha = R(t_1, \dots, t_{\mu(R)})$, wobei $t_1, \dots, t_{\mu(R)} \in Tm_\tau$ und mindestens ein $t_i \notin Var$, dann setzen wir
$[\alpha] :=$ "$\exists y_1 \dots \exists y_{\mu(R)}(R(y_1, \dots, y_{\mu(R)}) \wedge [t_1 \doteq y_1] \wedge \dots \wedge [t_{\mu(R)} \doteq y_{\mu(R)}])$",
wobei wiederum $y_1, \dots, y_{\mu(R)}$ nicht in α vorkommende Variablen seien.

(iv) Schließlich setzen wir
$[\neg\alpha] := \neg[\alpha]$, $[\alpha \wedge \beta] := [\alpha] \wedge [\beta]$, $[\alpha \vee \beta] := [\alpha] \vee [\beta]$, $[\alpha \to \beta] := [\alpha] \to [\beta]$, $[\forall x\alpha] := \forall x[\alpha]$ und $[\exists x\alpha] := \exists x[\alpha]$ für alle $\alpha, \beta \in PF_\tau$ sowie $x \in Var$.

Offenbar ist für einen rekursiven Typ τ die Formelmenge RV_T^τ entscheidbar, und die Zuordnung $\alpha \mapsto [\alpha]$ läßt sich durch eine berechenbare Funktion beschreiben.

Wir formulieren nun den Hauptsatz über die Elimination von Funktionssymbolen, ohne seinen einfachen Beweis hier zu präsentieren. Der Leser vergleiche (3) dieses Satzes mit Satz 3.8.8.

3.10.3 Satz

Seien $\tau, \hat{\tau}, H$ und RV_T^τ wie oben definiert.

(1) Für alle $\hat{\tau}$–Strukturen $\hat{\mathcal{S}}$ gilt: $\hat{\mathcal{S}} \models RV_T^\tau$ gdw. $\hat{\mathcal{S}}$ liegt im Bild von H.
(2) Für alle τ–Strukturen $\mathcal{S}$ und alle $\alpha \in PF_\tau$ gilt: $\mathcal{S} \models \alpha$ gdw. $H(\mathcal{S}) \models [\alpha]$.
(3) Für alle $X \subseteq PF_\tau$ gilt: X erfüllbar gdw. $\{[\alpha] \mid \alpha \in X\} \cup RV_T^\tau$ erfüllbar.

Mit Hilfe dieses Satzes kann man die Prädikatenlogik mit Funktionssymbolen auf die Prädikatenlogik ohne Funktionssymbole zurückführen.

3.10 B Definitorische Erweiterungen

Die Ausdrucksstärke von PL ändert sich nicht bei Hinzunahme definierbarer Prädikate und Funktionen.
Sei τ ein Typ. Wir erläutern nur den Fall der Erweiterung von τ um ein definierbares n–stelliges Prädikat. Auf Effektivitätsbetrachtungen gehen wir an dieser Stelle nicht mehr ein.

3.10.4 Definition

Sei $\tau = (I, J)$ ein Typ und sei $R \in \mathit{Präd} \setminus I$ mit $\mu(R) = n$.

(1) Sei $\hat{\tau} := (\hat{I}, J)$ definiert durch $\hat{I} := I \cup \{R\}$.
(2) Sei $\alpha \in PF_\tau$ eine Formel mit $Fr(\alpha) \subseteq \{x_1, \ldots, x_n\}$. Wir definieren $\alpha_R \in PF_{\hat{\tau}}$ durch

$$\alpha_R := \text{“}\forall x_1 \ldots \forall x_n (R(x_1, \ldots, x_n) \leftrightarrow \alpha)\text{”}.$$

(3) Für jede Formel $\beta \in PF_{\hat{\tau}}$ sei eine Formel $h(\beta) \in PF_\tau$ definiert durch

$$h(R(t_1, \ldots, t_n)) := \text{“}\exists y_1 \ldots \exists y_n (t_1 \doteq y_1 \ \wedge \ldots \wedge t_n \doteq y_n \wedge Sub_{x_1, \ldots, x_n}^{y_1, \ldots, y_n}(\alpha))\text{”},$$

wobei $y_1, \ldots, y_n$ nicht in $t_1, \ldots, t_n$ oder α vorkommende Variablen seien (für alle $t_1, \ldots, t_n \in Tm_{\hat{\tau}} = Tm_\tau$), $h(\beta) := \beta$ für alle anderen atomaren Formeln aus $PF_{\hat{\tau}}$, $h(\beta_1 \wedge \beta_2) := h(\beta_1) \wedge h(\beta_2)$, $h(\exists x \beta) := \exists x h(\beta)$ usw. für alle $\beta_1, \beta_2, \beta \in PF_{\hat{\tau}}$.

Damit ist $h(\beta)$ diejenige Formel, die aus β beim „Ersetzen von R durch die definierende Formel α“ entsteht. Die Formel β kann als abgekürzte Schreibweise der Formel

$h(\beta)$ aufgefaßt werden. Der folgende Satz besagt, daß wir nach Belieben solche definitorischen Abkürzungen benutzen dürfen.

3.10.5 Satz *(definitorische Erweiterung)*

Seien $\tau, R, \hat{\tau}, \alpha$ und α_R wie in Definition 3.10.4. Dann gilt:

(1) Jede τ–Struktur läßt sich zu einer $\hat{\tau}$–Struktur fortsetzen, die ein Modell von α_R ist.

(2) Für jedes Modell $\mathcal{S}$ von α_R und jede Formel $\beta \in PF_{\hat{\tau}}$ gilt

$$\mathcal{S} \models \beta \leftrightarrow h(\beta).$$

(3) Für jede Teilmenge $X \subseteq PF_\tau$ und jedes $\beta \in PF_{\hat{\tau}}$ gilt

$$X \cup \{\alpha_R\} \models \beta \text{ gdw. } X \models h(\beta).$$

Der Leser führe sich vor Augen, daß mit Definition 3.10.4 eine gängige Praxis bei der Entwicklung mathematischer Theorien beschrieben und mit Satz 3.10.5 gerechtfertigt wird, nämlich die Einführung neuer Prädikate (und Funktionen) durch Definition. Dies geschieht, um kompliziertere Sachverhalte überschaubar zu halten und einfach mitteilen zu können. Darüber hinaus liefern definitorische Erweiterungen nichts Neues, wie der obige Satz zeigt. Mit den Resultaten aus Abschnitt 3.8 kann man zeigen, daß die Gleichheit in Strukturen nicht durch eine Formel $\alpha_{\doteq}$ in diesem Sinne definierbar ist.

Die am Ende von Abschnitt 3.9 erwähnten Resultate zeigen ferner, daß die Multiplikation auf $\mathbb{N}$ nicht schon durch eine Formel $\alpha_\bullet$ mit α aus der Sprache der Presburger–Arithmetik definiert werden kann.

3.10 C Axiomatisierung der Mengenlehre

Nach einer von vielen Mathematikern akzeptierten Auffassung läßt sich die gesamte Mathematik (oder doch wenigstens der größte Teil davon) in der Sprache der Mengenlehre formulieren. Syntaktisch ist dies nichts weiter als eine Formelmenge PF_τ (1. Stufe) des Typs $\tau = (\{\doteq, \in\}, \emptyset)$, wobei die beiden Prädikatssymbole zweistellig sind. Der Träger S der intendierten τ–Struktur $\mathcal{S}$ soll gerade aus allen Mengen bestehen, " $\in$ " soll als Elementbeziehung und " $\doteq$ " als Gleichheit von Mengen gedeutet werden. Die Semantik einer Formel wird wie in der Prädikatenlogik 1. Stufe üblich festgelegt. So bedeutet "$\forall x$", z.B. in der Formel "$\forall x \neg x \in x$", in der Struktur $\mathcal{S}$ eine Quantifizierung über *alle Elemente* von S. Obwohl diese Elemente ihrerseits Mengen sind, wird die Prädikatenlogik 1. Stufe nicht verlassen, denn es wird ja nicht etwa über alle Teilmengen von S quantifiziert, sondern über alle Elemente von S. Um Formeln übersichtlich zu halten, macht man von definitorischen Erweiterungen ausgiebig

Gebrauch. So werden u.a. Funktions- bzw. Prädikatssymbole wie " $\cap$ ", " $\cup$ " und " $\subseteq$ " eingeführt, die in $\mathcal{S}$ ihre natürlichen Bedeutungen erhalten. Weiter werden z.B. 0-stellige Funktionssymbole " $\emptyset$ ", " $\mathbb{N}$ ", " $\mathbb{R}$ ", " 0 ", "π" usw. eingeführt, die in $\mathcal{S}$ die Bedeutungen „leere Menge", „natürliche Zahlen", „reelle Zahlen", „die natürliche Zahl Null", „die reelle Kreiszahl π" usw. erhalten.

Die Theorie von $\mathcal{S}$, also die Menge $Th(\mathcal{S}) = \{\alpha \in PF_\tau \mid \mathcal{S} \models \alpha\}$ der in $\mathcal{S}$ gültigen Formeln, ist nicht rekursiv-aufzählbar, wie wir unten näher ausführen werden. Nach Satz 3.8.11 gibt es damit keine rekursive Menge X von Axiomen, so daß $Th(\mathcal{S}) = Kons(X)$ $(= \{\alpha \mid X \models \alpha\})$. Um Beweise führen zu können, geht man zurück auf eine Menge $X \subseteq Th(\mathcal{S})$ von Axiomen, die lediglich *notwendige Eigenschaften* der Mengen ausdrücken. Ein bekanntes Axiomensystem ist das von *Zermelo* und *Fraenkel*, *ZFC* genannt. Es enthält u.a. folgende Axiome:

Nullmengenaxiom:
$\exists x \forall y \neg\, y \in x$

Vereinigungsmengenaxiom:
$\forall y\ \exists x\ \forall z(z \in x \leftrightarrow \exists x_1(x_1 \in y \wedge z \in x_1))$

Fundierungsaxiom:
$\forall x(\exists y\ y \in x \rightarrow \exists y(y \in x \wedge \forall z(z \in y \rightarrow \neg\, z \in x)))$

Auswahlaxiom:
(Wir geben lediglich eine metasprachliche Formulierung an.)
Sei $f : x \longrightarrow y$ eine Funktion mit $f(a) \neq \emptyset$ für alle $a \in x$. Dann gibt es eine Funktion $g : x \longrightarrow \cup y$, so daß $g(a) \in f(a)$ für alle $a \in x$ gilt (g heißt *Auswahlfunktion*).

Die *Zermelo-Fraenkel-Mengenlehre* ist dann die Menge $Y := \{\alpha \in PF_\tau \mid ZFC \models \alpha\}$ aller logischen Konsequenzen von ZFC, d.h. die Menge derjenigen Formeln α, die in allen Modellen der Formelmenge ZFC gelten.

Nach dem Vollständigkeits- und Korrektheitssatz 3.4.5 ist Y die Menge aller Formeln, die im prädikatenlogischen Kalkül K (des passenden Typs) aus den Axiomen von ZFC herleitbar sind, also $Y = \{\alpha \mid ZFC \vdash_K \alpha\}$.

Die meisten Mathematiker sind davon überzeugt, daß fast alle oder sogar alle heute in der Mathematik bewiesenen (in der Sprache der Mengenlehre formulierbaren) Sätze logische Konsequenzen von ZFC, also aus ZFC formal ableitbar sind.

Wir hatten eben so getan, als sei $\mathcal{S}$ (wie oben erklärt) ein Modell der Axiomenmenge ZFC. Wenn S ein Modell ist, dann muß S eine Menge sein. Es gilt also insbesondere $S \in S$. Sei nun $T := \{V \in S \mid V \notin V\}$. Es folgt dann $T \in T \iff T \in \{V \in S \mid V \notin V\} \iff T \notin T$. Dies ist ein Widerspruch, also kann S keine Menge sein. Daher ist auch $\mathcal{S}$ kein Modell von ZFC im von uns in Abschnitt 3.3 definierten Sinne. (Wir wollen hier nicht weiter untersuchen, in welchem Sinne $\mathcal{S}$ ein Modell von ZFC ist.) Abgesehen von diesem Problem müßte genauer diskutiert werden, ob wirklich alle Axiome von ZFC notwendige Eigenschaften unseres intuitiven Mengenbegriffs ausdrücken. Unabhängig von diesen Schwierigkeiten mit dem intendierten Modell $\mathcal{S}$ kann man zeigen, daß $Kons(ZFC) = \{\alpha \in PF_\tau \mid ZFC \models \alpha\}$ keine vollständige Theorie ist. Ein Beispiel für eine Aussage $\alpha \in PF_\tau$, für die weder $ZFC \models \alpha$ noch

$ZFC \models \neg\alpha$ gilt, sofern ZFC widerspruchsfrei ist, ist die *Kontinuumshypothese*. Die Kontinuumshypothese $KH \in PF_\tau$ erhält in unserem intendierten Modell folgende Bedeutung:

(∗) Es gibt keine Menge A mit $card(\mathbb{N}) < card(A) < card(\mathbb{R})$.

Dabei bedeute *card* die Kardinalität. Obwohl man meinen sollte, daß wir über die Menge $\mathbb{R}$ und ihre Teilmengen ausreichend Kenntnisse haben, kennen wir bis heute weder einen Beweis noch eine Widerlegung von (∗). Wir wissen also nicht, ob ZFC durch KH oder durch $\neg KH$ ergänzt werden sollte.

3.10 D Mehrsortige Prädikatenlogik erster Stufe

Wir formulieren und begründen nun als weitere These: Man erweitert die Ausdrucksstärke von PL nicht, indem man verschiedene Sorten von Individuen zuläßt.

Der Informatiker benutzt zum Programmieren in einer höheren Programmiersprache verschiedene Datentypen. Um die Prädikatenlogik 1. Stufe zum Spezifizieren oder Verifizieren von Programmeigenschaften benutzen zu können, sollte er in der prädikatenlogischen Sprache über Daten verschiedenen Typs sprechen können. Wir stellen nun skizzenhaft eine (scheinbare) Erweiterung der von uns in den früheren Abschnitten entwickelten Prädikatenlogik (ohne Gleichheit) vor, die *mehrsortige Prädikatenlogik (1. Stufe)*, die für diese Aufgaben der Informatik geeigneter ist als PL. Danach führen wir die mehrsortige Prädikatenlogik auf die übliche „einsortige" zurück. Dies zeigt dann einerseits, daß die mehrsortige Prädikatenlogik nicht ausdurcksstärker als die einsortige ist, sondern lediglich der bequemeren Formalisierbarkeit und klareren Strukturierung dient, und unterstützt andererseits nochmals die in 3.10 C aufgestellte These, daß sich die gesamte Mathematik (in der *Objekte verschiedenster Sorten* auftreten) auf die Mengenlehre (in der man nur über *Mengen*, also Objekte *einer* Sorte spricht) zurückführen läßt. Wir beginnen nun mit der Darstellung unserer mehrsortigen Logik ohne Gleichheit.

Wie üblich sei Σ_P das Alphabet der Prädikatenlogik. Wir wählen eine Bijektion $\pi : \mathbb{N}^2 \longrightarrow \mathbb{N}$. Sei $\Xi \subseteq \mathbb{N}$ eine nicht leere endliche Menge, deren Elemente (*einfache*) *Sorten* heißen. Für jedes $l \in \Xi$ nennen wir $Var_l := \{x0^{\pi(l,k)}x \mid k \in \mathbb{N}\}$ die Menge der *Variablen der Sorte* l.

Ein *mehrsortiger Typ* τ_m *über* Ξ ist ein Quadrupel (I, J, prs, fks), wobei $I \subseteq$ *Präd*, $J \subseteq$ *Funk* und $prs\colon I \longrightarrow Sq(\Xi)$ sowie $fks\colon J \longrightarrow Sq(\Xi)$ Abbildungen in die Menge $Sq(\Xi)$ der endlichen Folgen von Elementen aus Ξ sind, so daß die leere Folge $() \neq fks(f)$ für alle $f \in J$ ist, die *Stelligkeit* von $R \in I$ mit der Länge $lg(prs(R))$ der Folge $prs(R)$ übereinstimmt, und die *Stelligkeit* von f gleich $lg(fks(f)) - 1$ ist. $prs(R)$ (bzw. $fks(f)$) heißt *Sorte* von R (bzw. f).

Nun wird simultan für alle $l \in \Xi$ die Menge Tm^l der *Terme der Sorte* l (*zum Typ* τ_m) wie folgt induktiv definiert:

- jede Variable der Sorte l ist ein Term der Sorte l;
- gilt $t_1 \in Tm^{j_1}, \ldots, t_n \in Tm^{j_n}$ und ist $g \in J$ ein Funktionszeichen der Sorte $(j_1, \ldots, j_n, l)$, dann ist $g(t_1, \ldots, t_n) \in Tm^l$;
- keine weiteren Zeichenreihen aus $W(\Sigma_P)$ sind Terme der Sorte l.

Als nächstes steht die Definition der *Formeln* vom Typ τ_m an. Dabei sind außer "$\top$" und "$\bot$" genau die Zeichenreihen der Gestalt "$P(t_1, \ldots, t_m)$" Primformeln, für die $P \in I$ ein Prädikatszeichen der Sorte $(i_1, \ldots, i_m)$ und $t_k \in Tm^{i_k}$ für $k = 1, \ldots, m$ ist. Aus Primformeln werden dann wie gewohnt Formeln gebildet. Man beachte, daß zwar Terme, nicht aber Formeln „gesortet" sind.

Aufbauend auf diesen Definitionen können jetzt analog zu Abschnitt 3.2 die syntaktischen Begriffe der mehrsortigen Prädikatenlogik entwickelt werden. Substitution, Variablenumbenennung und gebundene Umbenennung müssen dabei sortentreu vollzogen werden.

Wir treten nun in die Diskussion der *Semantik* dieser Logik ein. Auch für mehrsortige Typen $\tau_m = (I, J, prs, fks)$ ist eine *τ_m–Struktur* $\mathcal{S}_m$ ein Tripel $(\mathbf{S}, \mathbf{P}, \mathbf{g})$, wobei hier $\mathbf{S}$ eine Abbildung ist, die jedem $l \in \Xi$ eine nicht leere Menge S_l zuordnet, $\mathbf{P}_R \subseteq S_{i_1} \times \ldots \times S_{i_m}$ gilt, falls R die Sorte $(i_1, \ldots, i_m)$ hat, und $\mathbf{g}_f : S_{j_1} \times \ldots \times S_{j_n} \longrightarrow S_{j_{n+1}}$ eine Funktion ist, falls f die Sorte $(j_1, \ldots, j_{n+1})$ hat.

Eine *m–Belegung* der Variablen über $\mathcal{S}_m$ ist eine Abbildung $\sigma : Var \longrightarrow \bigcup_{l \in \Xi} S_l$, so daß $\sigma(x) \in S_l$ für alle $x \in Var_l$ gilt.

Wert- und Wahrheitswertfunktion für m–Terme bzw. Formeln werden analog zu Def. 3.3.3 festgelegt. (Die rekursive Definition der Wertfunktion für Terme muß allerdings simultan für alle $l \in \Xi$ durchgeführt werden.) Beispielsweise wird für $x \in Var_l$ "$WW_{\mathcal{S}_m}(\forall x \alpha)(\sigma) = 1$" durch "$WW_{\mathcal{S}_m}(\alpha)(\sigma[x/a]) = 1$ für alle $a \in S_l$" definiert. Die semantischen Lemmata aus Abschnitt 3.3 gelten in entsprechend modifizierter Form dann auch in der mehrsortigen Prädikatenlogik.

Die logischen Begriffe wie *Allgemeingültigkeit* etc. werden in der mehrsortigen Prädikatenlogik entsprechend eingeführt. Ggf. schreiben wir sie in dieser Logik mit einem "m" im Index oder als Vorsatz (wie wir dies in Abschnitt 3.8 mit " $\doteq$ " taten). Nun könnten wir für m–Formeln *Normalformen* bereitstellen — bei der Skolemisierung wäre der Typ um Funktionssymbole passender Sorte zu erweitern! —, *Herbrand–Strukturen* betrachten und wie früher die *zentralen prädikatenlogischen Sätze* auch für die mehrsortige Logik gewinnen. Stattdessen werden wir wie in den anderen Fällen auch diese Logik durch ein dem Satz 3.8.8 entsprechendes Resultat (aus dem dann wie in Paragraph 3.8 alle wichtigen Sätze der Logik herleitbar sind) auf die einsortige Prädikatenlogik zurückführen.

Sei also ein mehrsortiger Typ $\tau_m = (I, J, prs, fks)$ über einer Menge Ξ von Sorten gegeben. Wir konstruieren zu τ_m zunächst einen üblichen einsortigen Typ $\hat{\tau} = (\hat{I}, \hat{J})$. Dazu wählen wir zu jeder Sorte $l \in \Xi$ ein einstelliges Relationssymbol $Q_l \in Präd \setminus I$ (o.B.d.A. gebe es noch genügend viele unverbrauchte einstellige Relationszeichen). Q_l soll später dazu dienen, die „l-sortigen Elemente" aus der Trägermenge einer üblichen

„einsortigen" Struktur auszusondern, die mit einer τ_m–Struktur korrespondiert, d.h. $Q_l(y)$ soll dann $y \in S_l$ bedeuten. Wir setzen dann $\hat{I} := I \cup \{Q_l \mid l \in \Xi\}$. Die Funktionssymbole von $\hat{\tau}$ seien dieselben wie die von τ_m, d.h. $\hat{J} := J$.

Nun ähnelt unser Vorgehen dem oben unter 3.10 A beschriebenen: Wir führen zunächst eine syntaktische Transformation von Formeln des Typs τ_m in Formeln des Typs $\hat{\tau}$ durch, die *Relativierung Rel der Quantifizierungen*, indem wir Formeln der Gestalt

$$\forall x \ldots x \ldots \text{ bzw.}$$
$$\exists x \ldots x \ldots$$

mit $x \in Var_l$ durch *Rel* überführen in

$$\forall y (Q_l(y) \to \ldots y \ldots) \text{ bzw.}$$
$$\exists y (Q_l(y) \wedge \ldots y \ldots),$$

wobei y eine für die ursprüngliche Formel neue Variable ist. Die genaue rekursive Definition dieser Substitution überlassen wir dem Leser. (Man vergleiche hierzu Übungsaufgabe Ü 8.)

Zu einer τ_m–Struktur $\mathcal{S}_m = (\mathbf{S}, \mathbf{P}, \mathbf{g})$ kann man kanonisch eine $\hat{\tau}$–Struktur $\hat{\mathcal{S}}$ gewinnen: Als Trägermenge von $\hat{\mathcal{S}}$ wähle man $\hat{S} := \bigcup_{l \in \Xi} S_l$. S_l sei die Interpretation von Q_l in $\hat{\mathcal{S}}$. Die τ_m und $\hat{\tau}$ gemeinsamen Prädikatsbezeichner werden ebenso wie die nullstelligen Funktionszeichen unverändert interpretiert und die übrigen Funktionen irgendwie auf $\hat{S}^n$ (n passend) fortgesetzt. Dann kann man zeigen, daß für alle $X \subseteq Aus_{\tau_m}$ gilt:

$$\mathcal{S}_m \models X \Longrightarrow \hat{\mathcal{S}} \models Rel(X)$$

Auf der anderen Seite kann man aus einem $\hat{\tau}$–Modell $\hat{\mathcal{S}} = (\hat{S}, \hat{\mathbf{P}}, \hat{\mathbf{g}})$ von $Rel(X)$ ein τ_m–Modell $\mathcal{S}_m = (\mathbf{S}, \mathbf{P}, \mathbf{g})$ von X gewinnen, wenn $\hat{\mathcal{S}}$ außerdem die Menge MS_{τ_m} folgender $\hat{\tau}$–Formeln erfüllt:

$$\exists y Q_l(y) \quad \text{(für alle } l \in \Xi\text{)}$$
$$\forall y_1 \ldots \forall y_n (Q_{j_1}(y_1) \wedge \ldots \wedge Q_{j_n}(y_n) \to Q_l(f(y_1, \ldots, y_n)))$$
$$\text{(für jedes Funktionszeichen } f \text{ der Sorte } (j_1, \ldots, j_n, l) \text{ von } J\text{)}$$

(Im Falle $n = 0$, also im Falle eines nullstelligen Funktionssymbols f der Sorte l, reduziert sich diese Formel zu "$Q_l(f())$".)

Man wählt dann nämlich die Interpretation $\hat{\mathbf{P}}_{Q_l}$ von Q_l in $\hat{\mathcal{S}}$ als Trägermenge der Sorte l von $\mathcal{S}_m$, d.h. $S_l := \hat{\mathbf{P}}_{Q_l}$, und für $R \in I$ und $f \in J$ die „sortentreuen" Einschränkungen von $\hat{\mathbf{P}}_R$ bzw. $\hat{\mathbf{g}}_f$ als Interpretationen von R bzw. f in $\mathcal{S}_m$, d.h.:

$$\mathbf{P}_R := \hat{\mathbf{P}}_R \cap (S_{i_1} \times \ldots \times S_{i_m}), \quad \text{falls } R \text{ die Sorte } (i_1, \ldots, i_m) \text{ hat, und}$$
$$\mathbf{g}_f(a_{j_1}, \ldots, a_{j_n}) := \hat{\mathbf{g}}_f(a_{j_1}, \ldots, a_{j_n}) \quad \text{für alle } (a_{j_1}, \ldots, a_{j_n}) \in S_{j_1} \times \ldots \times S_{j_n},$$
$$\text{falls } f \text{ die Sorte } (j_1, \ldots, j_n, l) \text{ besitzt.}$$

Damit haben wir schon den Beweis des nachfolgenden Satzes skizziert.

3.10.6 Satz

Sei τ_m ein mehrsortiger Typ und $X \subseteq Aus_{\tau_m}$. Dann gilt:

$$X \text{ erfüllbar} \iff Rel(X) \cup MS_{\tau_m} \text{ erfüllbar.}$$

Man kann mit geringfügigen Modifikationen auch den Fall von mehrsortigen Typen behandeln, bei denen für gewisse Sorten $l \in \Xi$ ein Gleichheitsprädikat $\doteq_l$ auftritt, das bei allen Strukturen als Gleichheit auf der Trägermenge der Sorte l interpretiert wird. Wir haben hier nur aus Gründen der Übersichtlichkeit die mehrsortige Prädikatenlogik *ohne* Gleichheit betrachtet.

Nachdem wir nun einige positive Resultate für die Ausdrucksstärke von PL angegeben haben, listen wir jetzt einige negative Eigenschaften dieser Logik auf, die wir z.T. früher schon erwähnt haben.

3.10 E Nicht–Charakterisierbarkeit von Strukturen

Sei $\mathcal{S}$ eine Struktur. Dann kann $Th(\mathcal{S})$ als die Menge derjenigen Eigenschaften von $\mathcal{S}$ aufgefaßt werden, die sich in der Prädikatenlogik 1. Stufe formulieren lassen. Sei $\mathcal{R} := (\mathbb{R}, \{(<, <_{\mathbb{R}}), (\doteq, =_{\mathbb{R}})\}, \{(0, 0_{\mathbb{R}}), (1, 1_{\mathbb{R}}), (+, +_{\mathbb{R}}), (\cdot, \cdot_{\mathbb{R}}), (-, -_{\mathbb{R}})\})$ die (erststufige) Struktur der reellen Zahlen. Das Standard-Modell von $Th(\mathcal{R})$ hat die Menge $\mathbb{R}$ der reellen Zahlen, also eine überabzählbare Menge, als Träger. Nach dem Satz von Löwenheim und Skolem hat aber die Theorie $Th(\mathcal{R})$ auch ein abzählbares Modell. In Beispiel 3 aus Abschnitt 3.9 haben wir die Existenz eines abzählbaren Modells von $Th(\mathcal{N})$, welches auch „unendliche“ Elemente hat, also nicht isomorph zu $\mathcal{N}$ ist, nachgewiesen. Damit läßt sich weder $\mathcal{R}$ noch $\mathcal{N}$ in der (genauer: durch eine Formelmenge der) Prädikatenlogik 1. Stufe (bis auf Isomorphie) charakterisieren. Nach einem weiteren Satz von Löwenheim und Skolem trifft dies auch für alle anderen Strukturen mit unendlichem Träger zu.

Jedes Modell $\mathcal{S}$ von $Th(\mathcal{N})$ enthält Elemente, die mit $0, 1, 2 \ldots \in \mathbb{N}$ identifiziert werden können. Die Trägermenge der Struktur $\mathcal{N}$ enthält nur diese Elemente, Nicht–Standard–Modelle von $Th(\mathcal{N})$ enthalten darüber hinaus noch „unendliche“ Elemente.Damit gelingt es auch nicht, den Begriff „endlich“ durch eine Formelmenge $X \subseteq PF$ zu charakterisieren.

3.10 F Nicht–Axiomatisierbarkeit von Theorien, 1. Gödelscher Unvollständigkeitssatz

Eine Theorie T heiße *axiomatisierbar,* genauer *rekursiv axiomatisierbar,* gdw. es eine rekursive Menge (eine Menge von sog. *Axiomen*) $X \subseteq PF$ gibt mit $T = Kons(X) = \{\alpha \in PF \mid X \models \alpha\}$. Nach Satz 3.8.11 ist jede axiomatisierbare Theorie rekursiv–aufzählbar. Umgekehrt ist auch jede rekursiv–aufzählbare Theorie axiomatisierbar. Man zeigt dies mit einem einfachen aus der Berechenbarkeitstheorie bekannten Trick. Sei T rekursiv–aufzählbar. Dann gibt es eine berechenbare Aufzählung $\alpha_0, \alpha_1, \ldots$ von T. Wir definieren $X := \{\alpha_n \vee \beta_n \mid n \in \mathbb{N}\}$, wobei $\beta_0 := \bot$, $\beta_{n+1} := \beta_n \wedge \bot$ für alle n. Dann gilt $X \subseteq T$ und $T = Kons(X)$. Außerdem gilt für jede Formel $\alpha \in PF$: $\alpha \in X \iff (\exists n \leq lg(\alpha))\ \alpha = \alpha_n \vee \beta_n$. Letzteres läßt sich effektiv testen. Also ist X entscheidbar. Damit wird der in der Logik oft verwendete Begriff der „axiomatisierbaren Theorie“ im Rahmen der ersten Stufe exakt durch den Begriff „rekursiv–aufzählbare Theorie“ beschrieben.

Wie wir bereits erwähnten, ist die Arithmetik $Th(\mathcal{N})$ nicht entscheidbar. Nach Satz 3.9.8 kann damit $Th(\mathcal{N})$ nicht einmal rekursiv–aufzählbar sein, denn $Th(\mathcal{N})$ ist natürlich vollständig. Umgekehrt ist jede axiomatisierbare Theorie T über dem Typ der Struktur $\mathcal{N}$ mit $T \subseteq Th(\mathcal{N})$ notwendig unvollständig, denn sonst wäre $T = Th(\mathcal{N})$, also $Th(\mathcal{N})$ rekursiv. Dies ist im wesentlichen der *1. Unvollständigkeitssatz* von *Gödel.* Damit sind unsere Möglichkeiten, die Gültigkeit arithmetischer Sätze zu entscheiden oder auch nur zu beweisen, empfindlich eingeschränkt. In der Theorie der Berechenbarkeit wird darüber hinaus gezeigt, daß $Th(\mathcal{N})$ einen „sehr hohen Grad der Nichtentscheidbarkeit“ hat.

Wir hatten bereits gesagt, daß die Zermelo–Fraenkel Mengenlehre eine unvollständige Theorie ist (sofern ZFC widerspruchsfrei ist). Die Kontinuumshypothese KH ist ein Beispiel für eine von ZFC unabhängige Aussage. Aber auch $Kons(ZFC \cup \{KH\})$ und $Kons(ZFC \cup \{\neg KH\})$ sind dann unvollständige Theorien. Man kann sogar zeigen, daß für jede rekursiv–aufzählbare Menge $X \subseteq PF_\tau$ (τ wie in 3.10 C) die Theorie $\{\alpha \mid ZFC \cup X \models \alpha\}$ unvollständig ist, sofort nur $ZFC \cup X$ widerspruchsfrei ist (*Unvollständigkeitssatz von Gödel–Rosser*). Ganz gleich also, in welche Richtung man den Mengenbegriff durch Erweitern von ZFC präzisiert, man erhält auf diese Weise nie eine vollständige rekursiv–aufzählbare und nach Satz 3.9.8 damit rekursive Theorie der Mengen.

3.10 G Unmöglichkeit von Konsistenzbeweisen, 2. Gödelscher Unvollständigkeitssatz

Unsere Betrachtungen über die Zermelo–Fraenkel–Mengenlehre beruhten stets auf der Annahme, daß die Menge ZFC widerspruchsfrei ist (Def. 3.9.1). Wegen des Korrektheits- und Vollständigkeitssatzes 3.4.5 ist ZFC konsistent, gdw.

$$\neg\exists\alpha \in PF_\tau \ (ZFC \vdash_K \alpha \text{ und } ZFC \vdash_K \neg\alpha).$$

Diese relativ einfache Aussage über Zeichenreihen, Ableitungen usw. läßt sich korrekt in der Sprache der Mengenlehre durch eine Formel $KS(ZFC) \in PF_\tau$ ausdrücken. Da nun so große Teile der Mathematik logische Konsequenzen von ZFC sind, könnte man versuchen, $KS(ZFC)$ aus ZFC herzuleiten. Dies ist aber nach dem *2. Unvollständigkeitssatz* von Gödel unmöglich: sofern ZFC widerspruchsfrei ist, ist $ZFC \vdash_K KS(ZFC)$ falsch. (Man kann sich hier also nicht selber wie Münchhausen am eigenen Schopf aus dem Sumpf ziehen.) Auf die Frage, wie denn überhaupt ein Konsistenzbeweis von ZFC angelegt sein könnte, gibt es bis heute keine befriedigende Antwort. Der 2. Unvollständigkeitssatz von Gödel ist nicht auf ZFC beschränkt sondern gilt entsprechend auch für andere „genügend ausdrucksstarke“ Axiomensysteme.

3.10 H Nicht–Ausdrückbarkeit des Haltens von Programmen

Wie wir bereits in Abschnitt 3.4 andeuteten, kann man sich prädikatenlogische Methoden beim formalen – also prinzipiell einem Rechner übertragbaren – Beweisen von *Programmeigenschaften* zunutze machen. Wir wollen nun erläutern, daß diesem Ansatz Grenzen gesetzt sind: eine wichtige Programmeigenschaft, nämlich das *Halten,* kann im Rahmen von PL i.a. nicht durch eine Formel beschrieben werden. Wir gehen bei unseren Betrachtungen von der in Abschnitt 3.4 vorgestellten Beispielprogrammiersprache aus. Diese Sprache wird zunächst um eine Kontrollstruktur erweitert, welche nicht haltende Programme überhaupt erst ermöglicht, etwa die *while*–Anweisung. Nach entsprechender Alphabeterweiterung lassen sich *while*–Programme induktiv wie folgt definieren:

- Zuweisungen sind *while*–Programme;
- sind P_1, P_2 *while*–Programme, so auch ihre Komposition (P_1, P_2) und die bedingte Verzweigung *if* ρ *then* P_1 *else* P_2 *fi* mit einem quantorenfreien $\rho \in PF$;
- ist P ein *while*–Programm, dann auch *while* ρ *do* P *od* ($\rho \in QfrPF$);
- keine weiteren Zeichenreihen sind *while*–Programme.

Die exakte Semantikdefinition für die *while*–Anweisung ist etwas aufwendig. Wir wollen sie hier nicht vorstellen, da für unser zu untersuchendes Beispielprogramm P die Bedeutung $\mathcal{B}(P)$ unmittelbar aus der Anschauung ersichtlich ist.

Wir versuchen nun, das Halten von *while*–Programmen prädikatenlogisch zu spezifizieren. Als *Korrektheitsformel für Termination* sehen wir Zeichenreihen der Gestalt

$$\alpha \leftrightarrow (P \downarrow)$$

an, wobei α eine prädikatenlogische Formel und P ein *while*–Programm ist. Solche Formeln sollen in einer Struktur $\mathcal{S}$ passenden Typs *gelten*, wenn für alle $\sigma \in Bel_{\mathcal{S}}$ genau dann α in $\mathcal{S}$ unter σ gilt, wenn die Semantik $\mathcal{B}(P)$ des Programms P für die Belegung σ existiert. M.a.W.: Erfüllen die durch σ gegebenen Eingabedaten für das Programm P die durch α beschriebenen Bedingungen, so hält P bei diesen Eingabedaten und umgekehrt.

Wir geben jetzt ein *while*–Programm P an, so daß für kein $\alpha \in PF$ die Formel $\alpha \leftrightarrow (P \downarrow)$ in allen Strukturen passenden Typs gilt. Dies wollen wir als „Beweis" für die Nicht–Ausdrückbarkeit des Haltens von Programmen in PL ansehen. Wir legen einen Typ τ für die Arithmetik zugrunde (s. Beispiel 1 von Abschnitt 3.9). P sei das Programm

$$(x := 0, \textit{while } x < y \textit{ do } x := x + 1 \textit{ od}).$$

Offenbar hält P in der Standardinterpretation $\mathcal{N}$ der Arithmetik bei jeder Eingabe y, d.h. $\mathcal{B}(P)(\sigma)$ existiert für alle Belegungen σ über $\mathcal{N}$. Angenommen, es existiert eine Formel $\alpha \in PF$, so daß $\alpha \leftrightarrow (P \downarrow)$ in allen τ–Strukturen gilt, also insbesondere in $\mathcal{N}$. Dann ist $\alpha \in Th(\mathcal{N})$. Folglich gilt α auch in einem Nicht–Standard–Modell $\mathcal{N}_{ns}$ von $Th(\mathcal{N})$. Bei Eingabe einer Nicht–Standard–Zahl für y hält das Programm jedoch nicht. Folglich gilt $\alpha \leftrightarrow (P \downarrow)$ nicht in der τ–Struktur $\mathcal{N}_{ns}$. Für das Programm P existiert somit keine erststufige Formel, die das Halten dieses Programms im oben erklärten Sinne ausdrückt.

Gewiß liegt es einem Informatiker fern, ein Nicht–Standard–Modell der Arithmetik als zulässigen Semantikbereich für Programme anzusehen. Hierfür ist nur das Standardmodell $\mathcal{N}$ geeignet. Allerdings gelingt es, wie wir gesehen haben, in der Prädikatenlogik 1. Stufe nicht, über *die* natürlichen Zahlen zu sprechen. Die Prädikatenlogik 1. Stufe ist also nicht nur zu schwach zum formalen Spezifizieren (und, darauf aufbauend, zum formalen Verifizieren) der Termination von Programmen, sie gestattet nicht einmal die formale Spezifikation (d.h. hier: Festlegung durch Formeln bis auf Isomorphie) des Datentyps *natural number*.

Alle angesprochenen Resultate, die die Ausdrucksschwäche von PL untermauern, legen die Forderung nach einer ausdrucksstärkeren Logik nahe. Aus der Sicht des Informatikers sollte man durch solch eine Logik vor allem den Begriff des *Endlichen* beherrschen können, um etwa über endliche Berechnungen adäquat sprechen zu können. Es bietet sich die folgende Erweiterung der Prädikatenlogik 1. Stufe an.

3.10 I Die Logik der schwachen zweiten Stufe

Wir lassen außer Individuenvariablen nun auch Variablen für *endliche* Teilmengen des betrachteten Objektbereichs zu. Syntaktisch sieht diese Logik aus wie eine zweisortige Prädikatenlogik 1. Stufe, wobei das Relationszeichen " $\in$ " der Sorte (*Individuum, endliche Menge von Individuen*) der einzige Prädikats– oder Funktionsbezeichner ist, der nicht die Sorte (*Individuum, ..., Individuum*) hat. In der Semantikdefinition für unsere Logik schränken wir uns allerdings dahingehend ein, daß wir die Trägermenge der Sorte *endliche Menge von Individuen* stets als die Menge aller endlichen Teilmengen des Individuenbereichs und " $\in$ " stets als die Elementbeziehung interpretieren. Bezeichnen wir Mengenvariablen mit Großbuchstaben und schreiben " $\in$ " als Infix, dann bedeutet die atomare Formel "$x \in X$" unter einer Belegung σ also gerade: $\sigma(x)$ ist Element der endlichen Menge $\sigma(X)$. Durch *Einschränkung der möglichen Modelle* verlassen wir damit die Prädikatenlogik 1. Stufe. Tatsächlich kann man leicht einsehen, daß für die solchermaßen gebildete *Logik der schwachen zweiten Stufe* (kurz mit "$S2S$" bezeichnet) beispielsweise der *Kompaktheitssatz* nicht mehr gilt. Man betrachte dazu die Formelmenge

$$\{\exists X \forall x \; x \in X\} \cup \{\alpha_n \mid n \geq 2\},$$

wobei α_n die Aussage mit der Bedeutung „es gibt mindestens n Elemente" aus dem Beweis von Satz 3.8.10 sei. Offensichtlich ist diese Formelmenge schwach–zweitstufig endlich erfüllbar, nicht jedoch schwach–zweitstufig erfüllbar. Auch geht, wie man zeigen kann, die rekursive Aufzählbarkeit der schwach–zweitstufig allgemeingültigen Formeln verloren. Infolgedessen ist die schwach–zweitstufige Folgerungsbeziehung vom algorithmischen Standpunkt her nicht mehr sehr interessant. Allerdings ist $S2S$ ausdrucksstark genug, um einige der oben angesprochenen Defizite der Prädikatenlogik 1. Stufe zu überwinden. Wir diskutieren die Charakterisierbarkeit von Strukturen sowie das Halten von Programmen. Wir zeigen zunächst, daß sich die Struktur $\mathcal{N}$ in $S2S$ durch eine endliche Menge von Formeln bis auf Isomorphie eindeutig charakterisieren läßt.

Sei $\tau = (\{<, \doteq\}, \{0, 1, +, \cdot\})$ wie in Beispiel 1 von 3.9 ein zur Arithmetik passender Typ. Seien x, y Individuenvariablen, und X sei eine Mengenvariable. Wir betrachten die Menge SZA („schwach–zweitstufige Arithmetik") der folgenden Formeln:

$$\forall x \, \forall y \, (x + 1 \doteq y + 1 \rightarrow x \doteq y)$$
$$\forall x \, \neg \, x + 1 \doteq 0$$
$$\forall x (\neg \, x \doteq 0 \rightarrow \exists y \; y + 1 \doteq x)$$
$$\forall x \; x + 0 \doteq x$$
$$\forall x \, \forall y \; x + (y + 1) \doteq (x + y) + 1$$
$$\forall x \; x \cdot 0 \doteq 0$$
$$\forall x \, \forall y \; x \cdot (y + 1) \doteq x \cdot y + x$$
$$\forall x \, \forall y \, (x < y + 1 \leftrightarrow x < y \vee x \doteq y)$$
$$\forall x \, \neg \, x < 0$$
$$\forall x \, \forall y \, (x < y \vee x \doteq y \vee y < x)$$
$$\forall x \, \exists X \, (x \in X \wedge \forall y (y + 1 \in X \rightarrow y \in X))$$

Wir wollen nun eine τ–Struktur $\mathcal{S} = (S, \{(<, <_S), (\doteq, =_S)\}, \{0, 0_S), (1, 1_S), (+, +_S), (\cdot, \cdot_S)\})$ als schwach–zweitstufige Struktur auffassen (wir notieren also nicht explizit die Menge aller endlichen Teilmengen von S und die "... ist Element von ..."–Relation, was wegen der festen Interpretation hiervon in jeder Struktur zulässig ist). Offenbar gelten alle 11 Axiome in der Struktur $\mathcal{S}$ der natürlichen Zahlen (s. Bsp. 1 von Abschnitt 3.9). Im Nicht–Standard–Modell $\mathcal{S}$ aus dem dortigen Beispiel 3 gelten zwar noch die Axiome 1 bis 10, nicht jedoch Axiom 11. Dieses Axiom verbietet gerade Zahlen, die größer sind als jede natürliche Zahl, also Nicht–Standard–Zahlen. Es gilt der folgende Satz über die schwach–zweitstufigen Modelle von SZA.

3.10.7 Satz

$\mathcal{S} \models_{S2S} SZA$ gdw.
$\mathcal{S} \simeq \mathcal{N} = (\mathbb{N}, \{(<, <_{\mathbb{N}}), (\doteq, =_{\mathbb{N}})\}, \{(0, 0_{\mathbb{N}}), (1, 1_{\mathbb{N}}), (+, +_{\mathbb{N}}), (\cdot, \cdot_{\mathbb{N}})\})$

Beweis

Nicht trivial ist lediglich der Nachweis, daß die durch $\varphi(0_{\mathbb{N}}) := 0_S$ und $[\varphi(n +_{\mathbb{N}} 1_{\mathbb{N}}) := \varphi(n) +_S 1_S$ für alle $n \in \mathbb{N}]$ rekursiv definierte Abbildung $\varphi : \mathbb{N} \longrightarrow S$ surjektiv ist. Angenommen, φ wäre nicht surjektiv. Dann gibt es ein $a \in S \setminus \varphi(\mathbb{N})$. Aufgrund des ersten und dritten Axioms können wir eine unendliche, in Einerschritten absteigende Folge $(a_i)_{i\in\mathbb{N}}$ von Elementen aus $S \setminus \varphi(\mathbb{N})$ konstruieren: $a_0 := a$, $a_{i+1} :=$ dasjenige $b \in S$ mit $b +_S 1_S = a_i$ (für alle $i \in \mathbb{N}$). Offenbar ist $\{a_i \mid i \in \mathbb{N}\}$ in jeder Teilmenge A von S enthalten, die a umfaßt und die Eigenschaft $(b +_S 1_S \in A \Longrightarrow b \in A)$ besitzt. Nach dem letzten Axiom von SZA gibt es eine solche Menge A, die endlich ist; Widerspruch! Also ist φ surjektiv.
□

Aus Satz 3.10.7 folgt, daß die schwach–zweitstufige Theorie $Th_{S2S}(\mathcal{N})$ von $\mathcal{N}$ durch die entscheidbare Formelmenge SZA *axiomatisierbar* ist in dem Sinne, daß $Th_{S2S}(\mathcal{N}) = Kons_{S2S}(SZA)$ gilt (s. 3.9.2(2) und (3), hier für die schwach–zweitstufige Gültigkeit bzw. Folgerungsrelation $\models_{S2S}$). Damit tritt auch der oben unter 3.10 F genannte Mangel von PL zumindest für die Arithmetik in $S2S$ nicht auf. Allerdings ist diese Konsequenzenmenge nun nicht mehr rekursiv–aufzählbar.

Selbsttestaufgabe S48

Beweisen sie $Th_{S2S}(\mathcal{N}) = Kons_{S2S}(SZA)$.

Es sei bemerkt, daß die natürlichen Zahlen in der Mathematik üblicherweise durch eine Menge von Formeln der sogenannten *monadischen zweiten Stufe* axiomatisch eingeführt werden, in der über *alle* Teilmengen des Individuenbereichs quantifiziert werden darf. Dabei wird das letzte Axiom von SZA durch das *Induktionsaxiom*

$$\forall X(0 \in X \wedge \forall y(y \in X \rightarrow y + 1 \in X) \rightarrow \forall x\ x \in X)$$

ersetzt. Man gelangt auf diese Weise zu den *Peano-Axiomen* für die natürlichen Zahlen. Auch für die Logik der monadischen zweiten Stufe gilt weder der Kompaktheitssatz noch die rekursive Aufzählbarkeit der Folgerungsbeziehung.

In der Logik der schwachen 2. Stufe wird der Begriff „endlich" semantisch eingebracht, d.h. wir müssen bereits wissen, was „endlich" bedeutet, um die Semantik festlegen zu können. In $S2S$ lassen sich *die* natürlichen Zahlen definieren (s.o.). Mit Hilfe der natürlichen Zahlen läßt sich in $S2S$ dann auch der Begriff „endliche Folge" erfassen. Damit kann man auch die Definition von Erzeugnissen (Def. 1.4.1), die wesentlich auf dem Begriff „Ableitung" beruht, angemessen formulieren.

Auch das Halten von Programmen kann nun formal beschrieben werden. Ein Programm hält, gdw. es eine endliche *Berechnung* gibt. Eine Berechnung des Programms P ist dabei nichts anderes als eine Folge von *Konfigurationen* , die — beginnend mit einer durch die Eingabedaten festgelegten *Anfangskonfiguration* κ_A — mittels der durch das Programm vorgeschriebenen Befehlsfolge ineinander *überführt* werden. Erreicht die mit einer Anfangskonfiguration κ_A beginnende Berechnung des Programms P nach endlich vielen Schritten eine *Endkonfiguration* κ_E, so *hält* P bei den gegebenen Eingabedaten. Dies alles läßt sich für die üblichen Programmiersprachen mit $S2S$-Formeln beschreiben.

4 Grundlagen der Logischen Programmierung

In diesem Kapitel werden wir theoretische Grundlagen der Programmiersprache PROLOG behandeln. Im ersten Abschnitt führen wir *Logik–Programme* als endliche Mengen P sehr einfach strukturierter prädikatenlogischer Formeln ein. Im Mittelpunkt stehen dann Fragen der Form "$P \models \gamma$?" für gewisse Formeln γ. Durch die Einführung der *deklarativen Semantik* präzisieren wir, was unter einer „Antwort" auf solche Fragen im Rahmen der Logischen Programmierung zu verstehen ist. Im zweiten Abschnitt behandeln wir zur Vorbereitung auf die *operationelle Semantik* das syntaktische Problem der *Unifikation* von Formeln. Dabei geben wir ein *Unifikationsverfahren* an und beweisen dessen *Korrektheit.* Der dritte Abschnitt enthält dann ein Verfahren zum Nachweis von Eigenschaften der Form $P \models \gamma$ (P und γ wie bereits spezifiziert), die sog. *SLD–Resolution.* Im letzten Abschnitt werden schließlich die *Korrektheit* und die *Vollständigkeit* der *SLD*–Resolution bzgl. der deklarativen Semantik bewiesen. Die hier vorgestellte „theoretische" logische Programmiersprache bildet die Grundlage für die Programmiersprache PROLOG. PROLOG eignet sich gut zur Lösung von Fragestellungen, deren Spezifikationen formal bereits Logik–Programmen entsprechen, wie sie z.B. bei der Erstellung von Expertensystemen und allgemein bei Problemen der Künstlichen Intelligenz auftreten. Das vorliegende Kapitel schlägt somit eine Brücke von der in Kapitel 3 vorgestellten „mathematischen" Prädikatenlogik zur „angewandten" Prädikatenlogik der praktischen Informatik, für die es theoretische Grundlagen liefert.

4.1 Logik–Programme

Wir wollen in diesem Abschnitt die *Logik–Programme* und ihre *deklarative Semantik* definieren. Zunächst soll anhand von Beispielen zu den Definitionen hingeführt werden.

Bei intelligenten Rechneranwendungen geht es oft darum, aus gegebenen Fakten und Eigenschaften, einer *Spezifikation,* Konsequenzen zu ziehen. Die Spezifikation ist dabei i.a. durch eine endliche Menge $X \subseteq PF$ prädikatenlogischer Formeln gegeben. Mit Konsequenzen sind prädikatenlogische Konsequenzen gemeint, also Formeln $\beta \in PF$ mit $X \models \beta$.

In Abschnitt 3.6 haben wir ein Verfahren kennengelernt, welches bei Eingabe einer endlichen Menge $X \subseteq PF$ und einer Formel $\beta \in PF$ genau dann hält, wenn $X \models \beta$. Es läßt sich kurz wie folgt skizzieren (s. Beweis von Satz 3.6.11):

Eingabe: X, β; Frage: Gilt $X \models \beta$?

Bilde $X_1 := \forall X \cup \{\neg\forall\beta\}$; (es ist X_1 nicht erfüllbar gdw. $X \models \beta$);

$X_2 :=$ Menge der pränexen Normalformen der Formeln von X_1;

$X_3 :=$ Skolemisierung von X_2;

Suche in $I_\varphi^{-1}(Inst(X_3))$ systematisch nach einer nicht erfüllbaren endlichen Teilmenge Y. Halte an, sobald solch ein Y gefunden ist (es gilt dann $X \models \beta$).

Man kann damit ein Programm P (z.B. in PASCAL) schreiben, welches bei Eingabe einer endlichen Formelmenge X und einer Formel β hält, gdw. $X \models \beta$ (sofern die verfügbare Zeit ausreicht und der verfügbare Speicherplatz während der Berechnung nicht überschritten wird). Das Programm P läßt sich nun als *Interpreter* einer *logischen Programmiersprache* deuten: Bei Eingabe eines *Programms* $X \subseteq PF$ (X endlich) und einer Formel $\beta \in PF$ hält P genau dann, wenn β logische Konsequenz von X ist. Das heißt, die Spezifikation X selber kann bereits als Programm aufgefaßt werden. Der „universelle" Interpreter P „sucht" zu jeder Eingabe β einen „Beweis" aus den „Voraussetzungen" X. Leider arbeiten Interpreter nach dem oben skizzierten Verfahren sehr langsam.

Während die Transformationen bis zur Skolemschen Normalform schnell durchführbar sind, erfordert die Suche nach einer geeigneten Teilmenge Y sehr viel Zeit, da die Anzahl der zu testenden Mengen Y i.a. ungeheuer groß ist. Darüber hinaus kostet auch jeder einzelne Unerfüllbarkeitstest sehr viel Zeit (vermutlich „exponentiell viel", s. Abschnitt 2.3).

Wegen des immensen Zeitbedarfs ist für den allgemeinen Fall das angegebene Verfahren zum Testen von "$X \models \beta$?" praktisch nicht durchführbar, selbst wenn man die systematische Suche mit allerlei Strategien ökonomischer gestaltet. Einzig durch drastische Einschränkung der Fragestellung, nämlich der zu untersuchenden Logik–Programme, also Formelmengen X, und Formeln β, läßt sich eine entscheidende Beschleunigung erreichen.

Mit einer besonderen Einschränkung wollen wir uns nun beschäftigen. In vielen Anwendungen liegt der folgende Spezialfall vor:

- Jedes Element einer Spezifikation $X \subseteq PF$ hat die Form $\forall(\alpha_1 \wedge \ldots \wedge \alpha_n \rightarrow \alpha)$.
- Jede Eingabe β hat die Form $\exists(\gamma_1 \wedge \ldots \wedge \gamma_m)$.

Dabei seien $\alpha_1, \ldots, \alpha_n, \alpha, \gamma_1, \ldots, \gamma_m$ atomare Formeln, die von $\top$ und $\bot$ verschieden sind, mit $\forall$ sei der Allabschluß und mit $\exists$ der analog erklärte *Existenzabschluß* gemeint. Das heißt, eine Spezifikation, also ein Programm, ist eine endliche Menge X von Formeln der obigen Form $\forall(\alpha_1 \wedge \ldots \wedge \alpha_n \rightarrow \alpha)$, und „angewendet" wird das Programm auf Eingaben (oder „Anfragen") der obigen Form $\exists(\gamma_1 \wedge \ldots \wedge \gamma_m)$. Das folgende Beispiel soll dies illustrieren.

Beispiel 1

Es sei $\tau = (\{V, D\}, \{a, s\})$ ein Typ mit $\mu(V) = 2, \mu(D) = 3, \mu(a) = 0, \mu(s) = 1$. Unser „intendiertes“ Modell sei die τ–Struktur $\mathcal{S} = (\mathbb{N}, \{(V, Vor),(D,Dif)\},\{(a,0),(s,Suc)\})$ mit $Vor(m,n) :\Longleftrightarrow m \dot{-} 1 = n$, $Dif(k,m,n) :\Longleftrightarrow k \dot{-} m = n, 0 \in \mathbb{N}$ und $Suc(n) := n + 1$ für alle $k, m, n \in \mathbb{N}$. (Dabei ist $m \dot{-} n :=$ ($m - n$, falls $m \geq n$, 0 sonst) die *arithmetische Differenz* von m und n.) Es sei $X := \{\alpha_1, \ldots, \alpha_4\}$, wobei

$$\begin{aligned}
\alpha_1 &:= V(a,a)\\
\alpha_2 &:= \forall x V(s(x), x)\\
\alpha_3 &:= \forall x D(x, a, x)\\
\alpha_4 &:= \forall x \forall y \forall z \forall u (D(x,y,z) \wedge V(z,u) \rightarrow D(x, s(y), u)).
\end{aligned}$$

In der intendierten Struktur $\mathcal{S}$ sind die Formeln $\alpha_1, \ldots, \alpha_4$ gültig, denn $0 \dot{-} 1 = 0$, $(x + 1) \dot{-} 1 = x$, $x \dot{-} 0 = x$ und $(x \dot{-} y = z \wedge z \dot{-} 1 = u) \Longrightarrow x \dot{-} (y + 1) = u$ für alle $x, y, z, u \in \mathbb{N}$. Sie können umgekehrt als eine formale Spezifikation von Eigenschaften der Vorgängerfunktion und der arithmetischen Differenz aufgefaßt werden. „Anfragen“ β_i an das „Programm“ X könnten lauten:

$$\begin{aligned}
\beta_1 &= \exists x\, V(s^4(a), x)\\
\beta_2 &= \exists x \exists y\, V(s^2(x), s^3(y))\\
\beta_3 &= \exists x\, D(s^7(a), s^2(a), x)\\
\beta_4 &= \exists x \exists y\, (D(x, s^3(a), y) \wedge V(s(y), s(a))\\
\beta_5 &= \exists z\, D(s^2(a), z, s^3(a))
\end{aligned}$$

Dabei sei $s^0(t) := t$ und $s^{n+1}(t) := s(s^n(t))$ für alle $t \in Tm_\tau$ und $n \in \mathbb{N}$. Es gilt $X \models \beta$, gdw. wenn β in jedem Modell von X gilt. Es kann damit Formeln β geben, die zwar im intendierten Modell $\mathcal{S}$ gelten, aber nicht logische Konsequenz von X sind.

Selbsttestaufgabe S49

Sei X wie in Beispiel 1. Zeigen Sie:

$X \models V(s^m(a), s^n(a))$ gdw. $n = m \dot{-} 1$

Um $X \models \beta$ zu beweisen (sofern es zutrifft), kann man das oben skizzierte allgemeine Verfahren verwenden. Offenbar sind alle Formeln von X bereits in Skolemscher Normalform. Die Formel $\beta = \exists(\gamma_1 \wedge \ldots \wedge \gamma_m)$ enthält keine freien Variablen. Infolgedessen ist $\forall\beta$ äquivalent zu β, also $\neg\forall\beta$ äquivalent zu $\neg\beta$ und damit äquivalent zu $\forall\neg(\gamma_1 \wedge \ldots \wedge \gamma_m)$, d.h. zu einer Formel in Skolemscher Normalform. Mithin entfällt das Einfügen neuer Funktionsbezeichner durch Skolemisieren. Die Menge

$X_3 = X \cup \{\forall\neg(\gamma_1 \wedge \ldots \wedge \gamma_m)\}$ ist nicht erfüllbar, gdw. sie kein Herbrand–Modell hat, gdw. $Inst(X_3)$ nicht endlich erfüllbar ist. Die spezielle Form der Formeln von X macht es dann leicht, die Unerfüllbarkeit von endlichen Teilmengen von $Inst(X_3)$ nachzuweisen. Wir setzen Beispiel 1 fort.

Beispiel 2
Seien X und β_i ($i = 1, \ldots, 5$) wie in Beispiel 1. Setze $\hat{\beta}_i := \forall\neg\gamma_i$, falls $\beta_i = \exists\gamma_i$ ($\gamma_i \in QfrPf$ für $i = 1, \ldots, 5$).

(1) Wir geben eine nicht erfüllbare endliche Teilmenge von $Inst(X \cup \hat{\beta}_1)$ an:

$$V(s^4(a), s^3(a)) \in Inst(\alpha_2)$$
$$\neg V(s^4(a), s^3(a)) \in Inst(\hat{\beta}_1)$$

Es folgt $X \models \beta_1$. In γ_1 wurde dabei x durch $s^3(a)$ ersetzt. Damit haben wir auch ein „Beispiel“ für x mit $V(s^4(a), x)$, nämlich $s^3(a)$ in jedem Herbrand–Modell von X und allgemeiner $W_{\mathcal{T}}(s^3(a))$ in einem beliebigen Modell $\mathcal{T}$ von X.

(2) Es gilt:

$$V(s^5(a), s^4(a)) \in Inst(\alpha_2)$$
$$\neg V(s^5(a), s^4(a)) \in Inst(\hat{\beta}_2)$$

Es folgt $X \models \beta_2$. Die Substitution in γ_2 liefert uns wie oben ein Beispiel für (x, y), nämlich $(s^3(a), s(a))$. Aber auch $(s^2(a), a)$, $(s^6(a), s^4(a))$ usw. sind Beispiele. Alle diese Beispiele lassen sich durch das „allgemeine“ Beispiel $(s^2(z), z)$ zusammenfassen, denn es gilt $\forall x\, V(s(x), x) \models \forall z\, V(s^2(s^2(z)), s^3(z))$. Alle zuerst genannten Beispiele sind Spezialisierungen hiervon.

(3) Es gilt:
(a) $\neg D(s^7(a), s^2(a), s^5(a)) \in Inst(\hat{\beta}_3)$
(b) $D(s^7(a), s(a), s^6(a)) \wedge V(s^6(a), s^5(a)) \rightarrow D(s^7(a), s^2(a), s^5(a)) \in Inst(\alpha_4)$
(c) $D(s^7(a), a, s^7(a)) \wedge V(s^7(a), s^6(a)) \rightarrow D(s^7(a), s(a), s^6(a)) \in Inst(\alpha_4)$
(d) $D(s^7(a), a, s^7(a)) \in Inst(\alpha_3)$
(e) $V(s^6(a), s^5(a)) \in Inst(\alpha_2)$
(f) $V(s^7(a), s^6(a)) \in Inst(\alpha_2)$

Sei $\mathcal{H}$ ein Herbrand–Modell von $(a), \ldots, (f)$. Wegen (f), (d) und (c) gilt $\mathcal{H} \models D(s^7(a), s(a), s^6(a))$. Mit (e) und (b) folgt $\mathcal{H} \models D(s^7(a), s^2(a), s^5(a))$. Dies widerspricht (a). Daraus folgt $X \models \beta_3$. Die Substitution $s^5(a)$ für x liefert ein Beispiel.

(4) Analog zeigt man $X \models \beta_4$ mit dem Beispiel $(s^4(a), s(a))$ für (x, y).

(5) $\mathcal{S}$ aus Beispiel 1 ist ein Modell von X, nicht aber von β_5. Damit ist β_5 keine logische Konsequenz von X.

Unter den gegebenen Einschränkungen für X und β gelingt es nicht nur, $X \models \beta$ zu beweisen, sondern, so legen die obigen Rechnungen nahe, auch jeweils Beispiele für Werte, deren Existenz in β behauptet wird, zu bestimmen. Diese Beispiele sind Terme t. Da kein Skolemisieren erforderlich ist, enthalten sie keine neuen Funktionssymbole, sind also Terme über dem Ausgangstyp τ. Sie ergeben sich jeweils aus einer Substitution, welche ein solches $\delta \in Inst(\forall\neg(\gamma_1 \wedge \ldots \wedge \gamma_m))$ liefert, das zur Nichterfüllbarkeit führt.

Bei der Suche geeigneter Instanzen kann man systematisch vorgehen: Eine wichtige Rolle spielt dabei das Unifizieren, d.h. zu zwei Atomen γ und γ' Substitutionen θ und θ' (s. Def. 3.2.10) zu finden mit $Sub_\theta(\gamma) = Sub_{\theta'}(\gamma')$. Die Unifikation wird in Abschnitt 4.2 ausführlich diskutiert. In Abschnitt 4.3 werden wir dann ein Verfahren angeben, mit dessen Hilfe nicht nur $X \models \exists(\gamma_1 \wedge \ldots \wedge \gamma_m)$ bewiesen werden kann, sondern zusätzlich Beispiele für die mit "$\exists$" quantifizierten Variablen bestimmt werden. Damit kann ein Logik–Programm nicht nur zum Erstellen von logischen Folgerungen, sondern auch zum „Berechnen“ von Werten eingesetzt werden.

Wir wollen jetzt die bereits skizzierte Logik–Programmmiersprache exakt definieren. Es sei von nun an $\tau = (I, J)$ ein Typ mit endlich vielen Prädikats- und Funktionsbezeichnern. Mindestens ein Funktionsbezeichner sei nullstellig. Damit ist das Herbrand–Universum $U_\tau \neq \emptyset$. Wir definieren zunächst die Syntax der Logik–Programmiersprache.

4.1.1 Definition *(Hornklausel; Logik–Programm)*

(1) Eine *Hornklausel* ist eine Formel aus PF_τ von einer der folgenden Arten:

$\alpha \vee \neg\beta_1 \vee \neg\beta_2 \vee \ldots \vee \neg\beta_n$	(in PROLOG–Syntax: "α :–$\beta_1, \ldots, \beta_n$")
α	(in PROLOG–Syntax: "α :–")
$\neg\beta_1 \vee \neg\beta_2 \vee \ldots \vee \neg\beta_n$	(in PROLOG–Syntax: " :–$\beta_1, \ldots, \beta_n$")
$\bot$	(in PROLOG–Syntax: " :–")

Dabei seien $\alpha, \beta_1, \ldots, \beta_n$ von $\top$ und $\bot$ verschiedene atomare Formeln ($n \geq 1$). Hornklauseln der ersten und zweiten Form heißen *Programmklauseln*, Hornklauseln der dritten und vierten Form heißen *Zielklauseln*, ":–" heißt *leere Klausel.*

(2) Ein *Logik–Programm* P ist eine endliche Menge von Programmklauseln.

Dem üblichen Sprachgebrauch folgend sollte ein Programm eine Zeichenreihe sein. Wir könnten z.B. die Worte "$\delta_1; \delta_2; \ldots; \delta_k$" ($\delta_i$ Programmklauseln) Programme nennen. Da es uns auf die Reihenfolge der Klauseln aber nicht ankommt, bezeichnen wir einfach die Menge $\{\delta_1, \ldots, \delta_k\}$ als Programm. Eine Hornklausel "α :–$\beta_1, \ldots, \beta_n$" ist äquivalent zur Formel $\beta_1 \wedge \ldots \wedge \beta_n \rightarrow \alpha$. Sie kann damit wie folgt als eine „Schlußregel" auf Atomen aufgefaßt werden: In allen τ–Strukturen $\mathcal{S}$ gilt für alle Belegungen σ : falls β_1 und ... und β_n unter σ wahr sind, dann ist α unter σ wahr. Eine Hornklausel "α :–" kann aufgefaßt werden als Schlußregel ohne Prämissen, also als *Faktum*. Wegen $X \models \gamma$ gdw. $\forall X \models \gamma$ erübrigt es sich, den Allabschluß zu bilden. Wir verwenden daher der Einfachheit halber quantorenfreie Formeln. Die Bedeutung der Zielklauseln und ihr Zusammenhang mit den oben betrachteten Anfragen wird weiter unten erklärt. Da eine endliche Alternative genau dann wahr ist, wenn eine Komponente wahr ist, liegt es nahe, die leere Alternative mit dem Wahrheitswert „falsch" einzuführen (s. Beweis von Satz 2.4.3). (Analog erhält die leere Konjunktion den Wahrheitswert „wahr".) Für später ist es zweckmäßig, die leere Alternative (bzw. die leere Konjunktion) nicht auszuschließen. Sie wird durch "$\perp$" (bzw. durch "$\top$") repräsentiert. Wir werden im folgenden Klauseln fast immer in PROLOG–Syntax notieren.

Beispiel 3

Wir greifen die Formeln aus Beispiel 1 auf. Es ist

$$\alpha_1 = V(a,a) = \forall V(a,a), \quad \alpha_2 = \forall(V(s(x),x)), \quad \alpha_3 = \forall(D(x,a,x)) \text{ und}$$
$$\alpha_4 \equiv \forall(D(x,s(y),u) \vee \neg D(x,y,z) \vee \neg V(z,u)).$$

Der Menge X entspricht dann das Logik–Programm P bestehend aus folgenden Programmklauseln:

$$\begin{aligned}
&\text{"}V(a,a) && :- \text{"}\\
&\text{"}V(s(x),x) && :- \text{"}\\
&\text{"}D(x,a,x) && :- \text{"}\\
&\text{"}D(x,s(y),u) && :- \quad D(x,y,z), V(z,u)\text{"}
\end{aligned}$$

Sei $\beta =$ "$\exists(\gamma_1 \wedge \ldots \wedge \gamma_n)$" eine Anfrage im oben erklärten Sinn und sei Γ die Zielklausel " :–$\gamma_1, \ldots, \gamma_n$". Wir klären den Zusammenhang zwischen β und Γ. Es gilt für jedes Logik–Programm P:

$$\begin{aligned}
P \models \beta \quad &\text{gdw.} \quad P \models \exists(\gamma_1 \wedge \ldots \wedge \gamma_n) \\
&\text{gdw.} \quad P \cup \{\neg\exists(\gamma_1 \wedge \ldots \wedge \gamma_n)\} \text{ unerfüllbar} && (3.3.17\,(4)) \\
&\text{gdw.} \quad P \cup \{\forall\text{" :–}\gamma_1, \ldots, \gamma_n\text{"}\} \text{ unerfüllbar} \\
&\text{gdw.} \quad P \cup \{\Gamma\} \text{ unerfüllbar.} && (3.3.8\,(1))
\end{aligned}$$

Statt unter allen logischen Konsequenzen von P nach der Formel $\exists(\gamma_1 \wedge \ldots \wedge \gamma_n)$ zu suchen, wird bei den Verfahren der Logischen Programmierung versucht, die Unerfüllbarkeit von $P \cup \{\Gamma\}$ nachzuweisen. Wir gehen darauf in Abschnitt 4.3 ein.

Beispiel 4
Die mit den Anfragen aus Beispiel 1 an das Logik–Programm P aus Beispiel 3 korrespondierenden Zielklauseln lauten:

$$\begin{aligned}
\Gamma_1 &:= \text{“}:-V(s^4(a),x)\text{”}\\
\Gamma_2 &:= \text{“}:-V(s^2(x),s^3(y))\text{”}\\
\Gamma_3 &:= \text{“}:-D(s^7(a),s^2(a),x)\text{”}\\
\Gamma_4 &:= \text{“}:-D(x,s^3(a),y),V(s(y),s(a))\text{”}\\
\Gamma_5 &:= \text{“}:-D(s^2(a),z,s^3(a))\text{”}
\end{aligned}$$

Der Allabschluß jeder dieser Zielklauseln ist offenbar logisch äquivalent zum Negat der ihr entsprechenden Anfrage.

Nachdem Logik–Programme und Zielklauseln syntaktisch definiert worden sind, bereiten wir nun deren Semantikdefinition vor. Beispiel 2 legt nahe, daß man $X \models \exists(\gamma_1 \wedge \ldots \wedge \gamma_n)$ letztlich durch Angabe eines Beispiels für die Werte, deren Existenz behauptet wird, zeigen kann. Ein Beispiel ist dabei gegeben durch eine Substitution $\theta : Var \longrightarrow Tm_\tau$. Die Formel $Sub_\theta(\gamma_1 \wedge \ldots \wedge \gamma_n)$ kann als ein *Spezialfall* von $\gamma_1 \wedge \ldots \wedge \gamma_n$ angesehen werden. Als Semantik eines Logik–Programms P mit der Zielklausel $\Gamma =$ “ $:-\gamma_1, \ldots, \gamma_n$” werden wir die Menge derjenigen Spezialfälle α von $\gamma_1 \wedge \ldots \wedge \gamma_n$ definieren, für die $P \models \alpha$ gilt.
Als Hilfsmittel zur genauen Definition führen wir die *Spezialisierung* von Termen und quantorenfreien Formeln ein, die mit Hilfe der simultanen Substitution von Variablen durch Terme (s. Definition 3.2.10) erklärt wird. (Zur Erinnerung für das folgende: $QfrPF$ ist die Menge aller quantorenfreien prädikatenlogischen Formeln über τ.)

4.1.2 Definition *(Spezialisierung)*

Eine *Spezialisierung* ist eine Abbildung $\vartheta : Tm \cup QfrPF \longrightarrow Tm \cup QfrPF$ mit folgender Eigenschaft: Es gibt $n \in \mathbb{N}$ und paarweise verschiedene Variablen $x_1, \ldots, x_n$ und Terme $t_1, \ldots, t_n \in Tm$, so daß

$$\vartheta(\gamma) = Sub^{t_1,\ldots,t_n}_{x_1,\ldots,x_n}(\gamma)$$

für alle $\gamma \in Tm \cup QfrPF$ gilt.
Schreibweise: $[x_1/t_1, \ldots, x_n/t_n] := \vartheta$. Die *identische* Spezialisierung wird mit $[\,]$ bezeichnet.

Die Menge der Spezialisierungen ist unter Komposition abgeschlossen. Wir führen den einfachen Beweis hier nicht aus. Man beachte, daß durch eine Spezialisierung stets nur endlich viele Variablen ersetzt werden. Offenbar ist eine Spezialisierung durch Angabe der Werte auf diesen Variablen bereits eindeutig festgelegt.

Selbsttestaufgabe S50

Es sei $\vartheta_1 = [x/f(y), y/z]$, $\vartheta_2 = [y/g(a,x), z/x]$. Geben sie $\vartheta_1\vartheta_2$ und $\vartheta_2\vartheta_1$ in der [ ]-Schreibweise an!

Wir definieren nun die *deklarative Semantik* von Logik–Programmen. Im Unterschied zu dieser rein formelmäßigen, von konkreten Berechnungen unabhängigen Definition werden wir später eine *operationelle* Semantik definieren, in der angegeben wird, wie man die Lösungssubstitutionen durch eine „Berechnung“ finden kann.

4.1.3 Definition *(deklarative Semantik)*

Eine Funktion $\mathcal{B}$, die jedem Logik–Programm P und jeder Zielklausel $\Gamma :=$ " $:-\gamma_1, \ldots, \gamma_n$" eine Menge von Spezialfällen von $\gamma_1 \wedge \ldots \wedge \gamma_n$ zuordnet, sei wie folgt definiert:

$$\mathcal{B}(P,\Gamma) := \{\vartheta(\gamma_1 \wedge \ldots \wedge \gamma_n) \mid \vartheta \text{ ist eine Spezialisierung mit } P \models \vartheta(\gamma_1 \wedge \ldots \wedge \gamma_n)\}.$$

$\mathcal{B}$ heißt die *deklarative Semantik* der Logik–Programme.

Gehört also die Formel $\vartheta(\gamma_1 \wedge \ldots \wedge \gamma_n)$ zur deklarativen Semantik des Logik–Programmes P und der Zielklausel $\Gamma =$ " $:-\gamma_1, \ldots, \gamma_n$", so beinhaltet dies insbesondere die Antwort „ja“, d.h. $\beta =$ "$\exists(\gamma_1 \wedge \ldots \wedge \gamma_n)$" *ist* logische Konsequenz von P. Der Leser beachte, daß wir einen möglichen negativen Testausgang auf die Frage „Gilt $P \models \beta$?“ bei unserer Semantikdefinition nicht berücksichtigt haben. Tatsächlich gibt es – wie wir später sehen werden – auch bei unseren eingeschränkten Formelklassen kein Entscheidungsverfahren für die obige Frage. Wir führen unsere Beispiele 3 und 4 fort.

Beispiel 5

Es seien P und Γ_i $(i = 1, \ldots, 5)$ wie in den Beispielen 3 und 4. Dann gilt

$$\begin{aligned}
\mathcal{B}(P,\Gamma_1) &= \{[x/s^3(a)](\gamma_1)\} \\
&\quad \text{mit } \gamma_1 = \text{"}V(s^4(a), x)\text{"} \\
\mathcal{B}(P,\Gamma_2) &= \{[x/s^2(t), y/t](\gamma_2) \mid t \in Tm\} \\
&\quad \text{mit } \gamma_2 = \text{"}V(s^2(x), s^3(y))\text{"}
\end{aligned}$$

$$\begin{aligned}
\mathcal{B}(P,\Gamma_3) &= \{[x/s^5(a)](\gamma_3)\} \\
&\quad \text{mit } \gamma_3 = \text{“}D(s^7(a), s^2(a), x)\text{”} \\
\mathcal{B}(P,\Gamma_4) &= \{[x/s^4(a), y/s(a)](\gamma_4)\} \\
&\quad \text{mit } \gamma_4 = \text{“}D(x, s^3(a), y) \wedge V(s(y), s(a))\text{”} \\
\mathcal{B}(P,\Gamma_5) &= \emptyset
\end{aligned}$$

Selbsttestaufgabe S51

In Beispiel 5 sind Mengen C_i explizit angegeben mit $\mathcal{B}(P,\Gamma_i) = C_i$ $(i = 1,\ldots,5)$. Zeigen Sie $\mathcal{B}(P,\Gamma_i) \subseteq C_i$ für $i = 1,\ldots,5$.

Eine besondere Rolle für Logik–Programme P und Zielklauseln “ $:-\gamma_1,\ldots,\gamma_n$” spielen diejenigen logischen Konsequenzen des Logik–Programms P, die Instanzen von $\forall(\gamma_1 \wedge \ldots \wedge \gamma_n)$ (und damit variablenfrei) sind (s. Def. 3.6.6). Sei $\tau = (I,J)$ der zugrunde gelegte Typ.

4.1.4 Definition *(Herbrand–Semantik)*

Sei P ein Logik–Programm und $\Gamma =$ “ $:-\gamma_1,\ldots,\gamma_n$” eine Zielklausel über τ. Die Menge

$$\mathcal{B}_H(P,\Gamma) := \mathcal{B}(P,\Gamma) \cap Inst(\forall(\gamma_1 \wedge \ldots \wedge \gamma_n))$$

heißt *Herbrand–Semantik* (oder auch *spezielle Semantik*) von P und Γ.

Wir wollen nun zeigen, daß eine Instanz δ von $\forall(\gamma_1\wedge\ldots\wedge\gamma_n)$ genau dann zur Herbrand–Semantik von P und Γ gehört, wenn δ im *kleinsten Herbrand–Modell* von P gilt. Die Existenz dieses Modells ergibt sich aus dem folgenden Lemma. Dabei sei U_τ das Herbrand–Universum von τ (s. Def. 3.6.1).

4.1.5 Lemma

Sei X eine Menge von Hornklauseln. Ist K eine Indexmenge und $\mathcal{H}_i = (U_\tau, \mathbf{Q}^i, \mathbf{h})$ für alle $i \in K$ ein Herbrand–Modell von X, so ist auch $\bigcap_{i\in K}\mathcal{H}_i := (U_\tau, \bigcap_{i\in K}\mathbf{Q}^i, \mathbf{h})$ ein Herbrand–Modell von X, wobei $(\bigcap_{i\in K}\mathbf{Q}^i)_R := \bigcap_{i\in K}\mathbf{Q}^i_R$ für alle $R \in I$ sei.

Beweis

Offenbar genügt es zu zeigen: Ist γ eine Hornklausel und gilt γ in allen $\mathcal{H}_i$, so auch in $\mathcal{H} := \bigcap_{i\in K}\mathcal{H}_i$. Gewiß ist dies für die leere Klausel richtig. Sei nun γ nicht leer und $Fr(\gamma) \subseteq \{x_1,\ldots,x_m\}$. Im folgenden bedenke man, daß die α's und β_j's aus Definition 4.1.1(1) atomare Formeln $\neq$ “$\bot$”, “$\top$” sind. Ist γ eine nicht leere Zielklausel, also $\gamma =$ “ $:-\beta_1,\ldots,\beta_n$”, und sind $t_1,\ldots,t_m \in U_\tau$, so gibt es nach Voraussetzung zu allen

$i \in K$ ein $j \in \{1, \ldots, n\}$, so daß $\mathcal{H}_i \models \neg Sub^{t_1,\ldots,t_m}_{x_1,\ldots,x_m}(\beta_j)$. Sei ein solches j fest gewählt. Dann folgt nach Definition von $\mathcal{H}$: $\mathcal{H} \models \neg Sub^{t_1,\ldots,t_m}_{x_1,\ldots,x_m}(\beta_j)$, also $\mathcal{H} \models \gamma$.

Nun ist noch der Programmklauselfall zu betrachten. Zunächst sei $\gamma =$ "α :–". Nach Voraussetzung gilt $Sub^{t_1,\ldots,t_m}_{x_1,\ldots,x_m}(\alpha)$ für beliebige $t_1, \ldots, t_m \in U_\tau$ in allen $\mathcal{H}_i$, also auch in $\mathcal{H}$. Mithin gilt auch hier $\mathcal{H} \models \gamma$.

Sei schließlich $\gamma =$ "α :–$\beta_1, \ldots, \beta_n$". Seien $t_1, \ldots, t_m \in U_\tau$, so daß $\mathcal{H} \models Sub^{t_1,\ldots,t_m}_{x_1,\ldots,x_m}(\beta_1 \wedge \ldots \wedge \beta_n)$. Nach Definition von $\mathcal{H}$ gilt $\mathcal{H}_i \models Sub^{t_1,\ldots,t_m}_{x_1,\ldots,x_m}(\beta_1 \wedge \ldots \wedge \beta_n)$ für alle $i \in K$, also auch $\mathcal{H}_i \models Sub^{t_1,\ldots,t_m}_{x_1,\ldots,x_m}(\alpha)$ für alle $i \in K$. D.h. aber gerade $\mathcal{H} \models Sub^{t_1,\ldots,t_m}_{x_1,\ldots,x_m}(\alpha)$. Also folgt auch in diesem letzten Fall $\mathcal{H} \models \gamma$.

□

4.1.6 Korollar

Sei P ein Logik–Programm. Dann gibt es ein kleinstes Herbrand–Modell von P.

Beweis

Wir haben wegen Lemma 4.1.5 lediglich zu zeigen, daß es überhaupt ein Herbrand–Modell von P gibt. Wir definieren eine Herbrand–Struktur $\mathcal{H} := (U_\tau, \mathbf{Q}, \mathbf{h})$ durch Festlegung von $\mathbf{Q}$. ($\mathbf{h}$ ist in Def. 3.6.1(2) festgelegt.) Für alle $R \in I$ sei $\mathbf{Q}_R := U_\tau^{\mu(R)}$. Dann ist jede Programmklausel gültig in $\mathcal{H}$. Damit besitzt P ein Herbrand–Modell.

□

Wir kommen nun zu dem oben angekündigten Satz über die spezielle Semantik von Logik–Programmen.

4.1.7 Satz

Sei P ein Logik–Programm und $\Gamma =$ " :–$\gamma_1, \ldots, \gamma_n$" eine Zielklausel. Sei ferner δ eine Instanz von $\forall(\gamma_1 \wedge \ldots \wedge \gamma_n)$. Dann sind folgende Bedingungen äquivalent:

(1) $\delta \in \mathcal{B}_H(P, \Gamma)$;

(2) δ gilt in allen Modellen von P;

(3) δ gilt im kleinsten Herbrand–Modell $\mathcal{H}$ von P.

Beweis

Die Implikationen "(1) $\Longrightarrow$ (2)" und "(2) $\Longrightarrow$ (3)" sind unmittelbar ersichtlich.

(3) $\Longrightarrow$ (1):

$\mathcal{H} \models \delta \quad \Longrightarrow \quad \mathcal{H}' \models \delta$ für alle Herbrand–Modelle $\mathcal{H}'$ von P

(da $\mathcal{H}$ der Durchschnitt aller solchen $\mathcal{H}'$ ist)

$$\Longrightarrow \mathcal{H}' \not\models \neg\delta \text{ für alle Herbrand-Modelle } \mathcal{H}' \text{ von } P$$
$$\text{(da } \delta \text{ geschlossen ist)}$$
$$\Longrightarrow P \cup \{\neg\delta\} \text{ besitzt kein Herbrand-Modell}$$
$$\Longrightarrow P \cup \{\neg\delta\} \text{ ist nicht erfüllbar} \quad (3.6.4, 3.3.8(1))$$
$$\Longrightarrow P \models \delta \quad (3.3.17(4))$$
$$\Longrightarrow \delta \in \mathcal{B}_s(P,\Gamma)$$

□

Selbsttestaufgabe S52

Zeigen Sie, daß Satz 4.1.7 nicht für beliebige Spezialisierungen ϑ gilt, indem Sie ein Logik-Programm P und eine Zielklausel $\Gamma =$ " $:-\gamma_1, \ldots, \gamma_n$" angeben, so daß $\delta := \vartheta(\gamma_1 \wedge \ldots \wedge \gamma_n)$ für ein geeignetes ϑ im kleinsten Herbrand-Modell von P gilt, aber $\delta \notin \mathcal{B}(P,\Gamma)$.

Das kleinste Herbrand-Modell $\mathcal{H}$ eines Logik-Programmes P läßt sich in gewisser Weise als „Fixpunkt-Semantik" von P auffassen, da es sich als kleinster Fixpunkt eines mit dem Programm P assoziierten stetigen Operators ergibt. Auf diesen Aspekt der Bedeutungsgebung für Logik-Programme gehen wir hier nicht weiter ein, sondern verweisen den Leser auf die Literatur (s. [Lloyd]).

4.2 Unifikation

Wir haben im letzten Abschnitt Logik-Programme und deren deklarative Semantik definiert. Im nächsten Abschnitt wollen wir erklären, welche Rechenschritte bei Eingabe eines Logik-Programms und einer Zielklausel von einem Logik-Programmiersystem ausgeführt werden. Auf diese Weise gelangen wir dann zur Definition der *operationellen* Semantik von Logik-Programmen. Vorbereitend dazu werden wir in diesem Abschnitt Spezialisierungen genauer studieren. Im Mittelpunkt wird dabei die Frage stehen, ob und ggf. wie wir eine endliche Menge atomarer Formeln *unifizieren*, d.h. durch Anwenden einer geeigneten Spezialisierung in eine einelementige Menge überführen können. (Im folgenden sei v das kleine griechische Ypsilon.)

4.2.1 Definition *(Unifikator, unifizierbar)*

Sei $A \subseteq Tm \cup QfrPF$ eine endliche und nicht leere Menge atomarer Formeln oder Terme eines Typs τ. Eine Spezialisierung v heißt *Unifikator* von A, falls $v(A)$ einelementig ist. A heißt *unifizierbar*, falls es einen Unifikator von A gibt.

Beispiel 1

Die Menge $A_0 := \{P(f_0(), f(y, g(y))), P(z, f(z, g(h())))\}$ ist nicht unifizierbar. Ein Unifikator von A_0 müßte z durch $f_0()$ substituieren und damit auch y durch $f_0()$. Allerdings kann dann die zweite Komponente von f durch keine Spezialisierung mehr auf ein Element zusammengeführt werden. Dagegen ist $A_1 := \{R(x, f()), R(g(y), z)\}$ unifizierbar. Wir geben zwei Unifikatoren an:

$$\begin{aligned} v_1 &= [x/g(x), y/x, z/f()] \\ v_2 &= [x/g(f()), y/f(), z/f()] \end{aligned}$$

Die Menge $A_2 := \{Q(y), Q(f(y))\}$ ist ebenfalls nicht unifizierbar, da y in dem Term "$f(y)$" vorkommt.

Eine endliche Menge atomarer Formeln ist i.a. auf verschiedene Weisen unifizierbar, falls sie überhaupt einen Unifikator besitzt. Wir werden zeigen, daß es im Falle ihrer Unifizierbarkeit stets einen „allgemeinsten" Unifikator gibt, der „so wenig wie möglich" substituiert und somit die Möglichkeit einer evtl. später notwendigen weitergehenden Spezialisierung offenhält. Wir führen den Begriff des *allgemeinsten Unifikators* einer Menge $A \subseteq Tm \cup QfrPF$ ein, geben einen Algorithmus zu seiner Bestimmung an und beweisen dessen Korrektheit.

4.2.2 Definition *(allgemeinster Unifikator)*

Ein Unifikator ω von A heißt *allgemeinster Unifikator* von A, gdw. es zu jedem Unifikator v von A eine Spezialisierung ϑ gibt mit $v = \vartheta\omega$.

Ein allgemeinster Unifikator ω von A liegt also genau dann vor, wenn *jeder* andere Unifikator v von A zumindest die Ersetzungen vornimmt, die durch ω gegeben sind.

Beispiel 2

Ein allgemeinster Unifikator von $A_1 = \{R(x, f()), R(g(y), z)\}$ ist $\omega = [x/g(y), z/f()]$. Denn offenbar wird A_1 durch ω unifiziert, und jeder Unifikator von A_1 muß zumindest x durch einen mit g beginnenden Term und z durch "$f()$" ersetzen. Für die Unifikatoren v_1 und v_2 aus Beispiel 1 gilt $v_1 = [y/x]\omega$ und $v_2 = [y/f()]\omega$.

Das folgende Lemma zeigt, daß sich zwei allgemeinste Unifikatoren einer endlichen Menge A höchstens um eine *Variablenumbenennung* unterscheiden. Wir definieren zuerst diesen Begriff.

4.2.3 Definition *(Variablenumbenennung)*

Eine Spezialisierung ϑ heißt *Variablenumbenennung*, falls gilt: $\vartheta(Var) \subseteq Var$ und ϑ ist injektiv.

4.2.4 Lemma

Seien ω_1 und ω_2 allgemeinste Unifikatoren von A. Sei $\omega_1(A) = \{\beta_1\}, \omega_2(A) = \{\beta_2\}$. Dann gibt es eine (auf *Var* sogar bijektive) Variablenumbenennung ϑ mit $\beta_2 = \vartheta(\beta_1)$.

Beweis

Wir setzen $V_1 := Vk(\beta_1)$, $V_2 := Vk(\beta_2)$. Nach Definition des allgemeinsten Unifikators gibt es Spezialisierungen ϑ_1 und ϑ_2 mit $\omega_1 = \vartheta_1\omega_2$ und $\omega_2 = \vartheta_2\omega_1$. Sei $\beta \in A$. Dann gilt $\beta_2 = \omega_2(\beta) = \vartheta_2\omega_1(\beta) = \vartheta_2(\beta_1)$ und entsprechend $\beta_1 = \vartheta_1(\beta_2)$. Es ergibt sich $\beta_1 = \vartheta_1\vartheta_2(\beta_1)$. Hieraus folgt $x = \vartheta_1\vartheta_2(x)$ für alle $x \in V_1$. Dann muß $\vartheta_2(V_1) \subseteq Var$ gelten. Mit $\beta_2 = \vartheta_2(\beta_1)$ folgt $\vartheta_2(V_1) \subseteq V_2$. Analog zeigt man $\vartheta_1(V_2) \subseteq V_1$. Nun gilt, wie gezeigt, $x = \vartheta_1\vartheta_2(x)$ für alle $x \in V_1$ und analog $y = \vartheta_2\vartheta_1(y)$ für alle $y \in V_2$. Damit bildet ϑ_2 die Menge V_1 bijektiv auf V_2 ab. Sei $h : V_1 \longrightarrow V_2$ die Einschränkung von ϑ_2 vorn auf V_1 und hinten auf V_2. Dann ist h bijektiv. Es gibt eine bijektive Fortsetzung $g : V_1 \cup V_2 \longrightarrow V_1 \cup V_2$. Sei die Spezialisierung ϑ durch die Werte auf *Var* wie folgt festgelegt:

$$\vartheta(x) := \begin{cases} g(x) & \text{falls } x \in V_1 \cup V_2 \\ x & \text{sonst} \end{cases}$$

Dann ist ϑ bijektiv auf *Var*. Da ϑ auf V_1 mit ϑ_2 übereinstimmt, gilt $\vartheta(\beta_1) = \vartheta_2(\beta_1) = \beta_2$.
□

Wir kommen nun zu dem angekündigten Entscheidungsverfahren für die Frage „Ist die endliche Menge $A \subseteq Tm \cup QfrPF$ unifizierbar?".

4.2.5 Satz *(Unifikation)*

Es gibt einen Algorithmus, der bei Eingabe einer endlichen Primformelmenge A entscheidet, ob A unifizierbar ist, und bei positiver Antwort einen allgemeinsten Unifikator von A berechnet. Insbesondere hat damit jede unifizierbare Primformelmenge einen allgemeinsten Unifikator.

Beweis

Sei $T := \{S_1, \ldots, S_m\}$ eine (endliche) Menge endlicher Teilmengen von Tm. Es sei ϑ eine Spezialisierung. Dann sei $\vartheta(T) := \{\vartheta(S_1), \ldots, \vartheta(S_m)\}$. Wir sagen, daß ϑ die Menge T unifiziert, gdw. für alle $i = 1, \ldots, m$ die Menge $\vartheta(S_i)$ höchstens einelementig ist. Wir geben nun zunächst ein Verfahren an, welches für jede endliche Menge T_0 endlicher Teilmengen von Tm entscheidet, ob T_0 unifizierbar ist, und im positiven Fall einen allgemeinsten Unifikator liefert. Wir benutzen für unser informales Programm Programmvariablen T, ω, ω' und b.

$T := T_0$; $\omega := [\,]$; $b :=$ wahr.
WHILE $b = wahr$ und es $S \in T$ mit mindestens 2 Elementen gibt DO
BEGIN

(1) Wähle $S \in T$ mit mindestens zwei Elementen.

(2) Falls es $t_1, t_2 \in S \setminus Var$ gibt, die mit verschiedenen Funktionsbezeichnern beginnen, gehe nach (7).

(3) Falls $S \cap Var = \emptyset$ (dann hat S die Form $\{g(t_{11}, \ldots, t_{1k}), \ldots, g(t_{m1}, \ldots, t_{mk})\}$), setze $T := (T \setminus \{S\}) \cup \{\{t_{11}, \ldots, t_{m1}\}, \ldots, \{t_{1k}, \ldots, t_{mk}\}\}$, $\omega' := [\,]$ und gehe nach (8).

(4) Wähle $t_1, t_2 \in S$ mit $x := t_1 \in Var$ und $t_1 \neq t_2$.

(5) Falls $x \in Vk(t_2)$ (also x in t_2 vorkommt), gehe nach (7).

(6) $\omega' := [x/t_2]$; gehe nach (8).

(7) $b := falsch$.

(8) $T := \omega' T$; $\omega := \omega' \omega$.

END

Wir beweisen nun durch mehrere Teilbehauptungen, daß das Verfahren korrekt arbeitet.

Beh. 1: Das Verfahren hält immer.

Bew. 1: Aufgrund von Schritt (6) wird in Schritt (8) die Menge der in T vorkommenden Variablen um eine verringert. Damit kann (6) nur endlich oft ausgeführt werden. Ohne (6) auszuführen kann in einer Berechnung der Terme verkürzende Fall (3) nur endlich oft vorkommen. (2) und (5) kommen höchstens einmal vor. Damit hält das Verfahren stets.

Beh. 2: Der Block BEGIN ... END werde auf $T = T_1$ und $b = wahr$ angesetzt und liefere $T = T_2$ und $b = wahr$. Falls T_2 unifizierbar ist, dann ist auch T_1 unifizierbar.

Bew. 2: Sei T_2 unifizierbar. Wegen $b = wahr$ wird entweder (3) oder (6) ausgeführt.

Fall (3): Sei ϑ eine Spezialisierung. ϑ ist ein Unifikator von S, gdw. ϑ ein Unifikator von $\{\{t_{11}, \ldots, t_{m1}\}, \ldots, \{t_{1k}, \ldots, t_{mk}\}\}$ ist. Damit ist T_1 unifizierbar.

Fall (6): Es ist $T_2 = [x/t_2]T_1$. Sei ϑ ein Unifikator von T_2, dann ist $\vartheta[x/t_2]$ ein Unifikator von T_1.

Beh. 3: Falls T_0 nicht unifizierbar ist, hält das Verfahren mit $b = falsch$.

Bew. 3: Das Verfahren hält bei Eingabe von T_0 nach Beh. 1. Falls es mit $T = T'$ und $b = wahr$ hält, enthält T' höchstens einelementige Mengen, also ist T' unifizierbar. Nach Beh. 2 müßte dann auch T_0 unifizierbar sein (Induktion). Also hält das Verfahren mit $b = falsch$.

Beh. 4: Sei ϑ_1 ein Unifikator von T_1. Der Block BEGIN ... END liefere angesetzt auf $T = T_1$ und $b = wahr$ den Wert $b = ww$. Dann gilt $ww = wahr$, und es gibt eine Spezialisierung ϑ_2, so daß $\vartheta_1 = \vartheta_2\,\omega'$, ω' wie in (8).

Bew. 4: Da T_1 unifizierbar ist, kann weder (2) noch (5) vorkommen. Es wird also (3) oder (6) ausgeführt. Dies liefert $ww = wahr$. Im Fall (3) wähle $\vartheta_2 := \vartheta_1$. Wir betrachten den Fall (6). Dann gelten $x, t_2 \in S$, $x \notin Vk(t_2)$. Da ϑ_1 Unifikator ist, gilt $\vartheta_1(x) = \vartheta_1(t_2)$. Sei ϑ_2 festgelegt durch

$$\begin{aligned}\vartheta_2(x) &:= x\\ \vartheta_2(y) &:= \vartheta_1(y) \text{ für alle } y \in \mathit{Var} \setminus \{x\}.\end{aligned}$$

Dann gilt $\vartheta_2\omega'(x) = \vartheta_2[x/t_2](x) = \vartheta_2(t_2) = \vartheta_1(t_2)$ (da $\vartheta_2(y) = \vartheta_1(y)$ für alle $y \in Vk(t_2)) = \vartheta_1(x)$, und für alle Variablen $y \neq x$ gilt $\vartheta_2\omega'(y) = \vartheta_2[x/t_2](y) = \vartheta_2(y) = \vartheta_1(y)$. Eine einfache strukturelle Induktion zeigt dann $\vartheta_1 = \vartheta_2\,\omega'$. Damit ist auch Beh.4 gezeigt.

Sei nun T_0 unifizierbar und ϑ ein Unifikator. Sei T_n, ω_n, bzw. b_n der Wert der Programmvariablen T, ω bzw. b nach n Schleifendurchläufen. Sei k die Anzahl der Schleifendurchläufe bis zum Halten. Eine einfache Induktion liefert nun für alle $n \leq k$:

$$T_n = \omega_n(T_0), b_n = wahr, \text{ es gibt } \vartheta_n \text{ mit } \vartheta = \vartheta_n\,\omega_n.$$

Da $b_k = wahr$, enthält T_k kein S mit mehr als einem Element. Also ist ω_k ein Unifikator von T_0, und es gibt ϑ_k mit $\vartheta = \vartheta_k\,\omega_k$, d.h. ω_k ist ein allgemeinster Unifikator von T_0.

Zusammengefaßt gilt also: Falls T_0 nicht unifizierbar ist, hält das Verfahren mit „falsch“ in Register b. Falls T_0 unifizierbar ist, hält das Verfahren mit „wahr“ in Register b und einem allgemeinsten Unifikator in Register ω.

Sei A eine endliche Menge von Primformeln. Dann ist A höchstens dann unifizierbar, wenn jede Formel von A mit demselben Prädikatssymbol beginnt. Sei $A = \{Q(t_{11}, \ldots, t_{1k}), \ldots, Q(t_{m1}, \ldots, t_{mk})\}$. Dann ist ϑ ein Unifikator von A, gdw. ϑ ein Unifikator der Menge $T_0 = \{\{t_{11}, \ldots, t_{m1}\}, \ldots, \{t_{1k}, \ldots, t_{mk}\}\}$ ist. Das obige Verfahren kann damit leicht zu einem Verfahren für Primformelmengen A ergänzt werden.
□

Das im Beweis angegebene Verfahren läßt i.a. noch gewisse Freiheiten zu, nämlich bei der Auswahl in (1) und (4). Falls T_0 unifizierbar ist, können verschiedene Rechenwege dann verschiedene allgemeinste Unifikatoren liefern, die aber nach Lemma 4.2.4 durch Variablenumbenennung ineinander überführt werden können.

Selbsttestaufgabe S53

Wenden Sie das im Beweis von Satz 4.2.5 beschriebene Verfahren an auf die folgende Menge A atomarer Formeln (wobei wieder $x_i := x0^i x$ für alle $i \in \mathbb{N}$ und R_i sowie f_i entsprechend seien):

$$A := \{R_0(f_0(), x_0, f_1(f_2(x_1))), R_0(x_1, f_1(x_2), f_1(x_2))\}$$

Bei dem hier vorgestellten Verfahren läßt sich die „Buchführung" noch vereinfachen. So braucht z.B. die Zerlegung in Schritt (3) nicht tatsächlich ausgeführt zu werden. Ein Nachteil des Verfahrens liegt aber darin, daß es im ungünstigsten Fall „exponentiell viel" Zeit und Speicherplatz erfordert. Ein Beispiel sind die Formelmengen

$$A_n := \{R(x_1, \ldots, x_n), R(f(x_0, x_0), \ldots, f(x_{n-1}, x_{n-1}))\}$$

mit $n \geq 1$.

Es gibt auch wesentlich effizientere Unifikationsalgorithmen als den hier vorgestellten. Der interessierte Leser findet die Originalarbeiten hierzu in [Lloyd] zitiert.

4.3 Berechnungen von Logik–Programmen

Wir stellen nun ein Verfahren, die sog. *SLD–Resolution*, vor, um die Unerfüllbarkeit von $P \cup \{\Gamma\}$ für Logik–Programme P und Zielklauseln Γ = " $:-\gamma_1, \ldots, \gamma_n$" = "$\neg\gamma_1 \vee \ldots \vee \neg\gamma_n$" herzuleiten. In einer *Berechnung* des Verfahrens wird die Zielklausel Γ mit Hilfe von P schrittweise zu neuen Zielklauseln umgeformt. Erhält man schließlich die leere Klausel, so heißt die Berechnung *erfolgreich*. In diesem Fall weiß man dann, daß $P \cup \{\Gamma\}$ unerfüllbar ist (*Korrektheit des Verfahrens*). Als zusätzliche Information liefert die Berechnung eine Spezialisierung ϑ, so daß $P \models \vartheta(\gamma_1 \wedge \ldots \wedge \gamma_n)$ gilt. Dies kann als Beweis für die Aussage $P \models \exists(\gamma_1 \wedge \ldots \wedge \gamma_n)$ aufgefaßt werden. Das Verfahren erlaubt allerdings zu jedem Logik–Programm P und jeder Zielklausel Γ i.a. viele Berechnungen, ist also nichtdeterministisch. Wir werden aber zeigen, daß es im folgenden Sinne *vollständig* ist: Falls $P \models \vartheta(\gamma_1 \wedge \ldots \wedge \gamma_n)$ gilt, dann gibt es eine erfolgreiche Berechnung, die dies belegt.

Die SLD–Resolution nutzt im Unterschied zum allgemeinen Unerfüllbarkeitstest der Prädikatenlogik aus, daß alle Formeln bereits in (Horn–)Klauselform vorliegen. Dies führt dazu, daß Instanzen nicht mehr ziellos geraten werden müssen sondern durch schrittweises Unifizieren konstruiert werden können.

Darüber hinaus entfällt der für allgemeine aussagenlogische Formeln (vermutlich) exponentiell aufwendige Erfüllbarkeitstest. Damit ist die systematische Suche des allgemeinen Verfahrens, die zu den ungeheuer aufwendigen Berechnungen führen kann, zumindest teilweise verkürzt und vereinfacht.

Wir wollen nun die SLD–Resolution einführen. Dafür wird zunächst erklärt, wie eine einmalige Anwendung der Rechenregel dieses Verfahrens wirkt. Es sei im folgenden wieder $\tau = (I, J)$ ein Typ mit endlichen Mengen I und J, so daß $\mu(f) = 0$ für mindestens ein $f \in J$.

4.3.1 Definition *(SLD–Resolutionsregel)*

Es sei P ein Logik–Programm, und es sei $i \in \mathbb{N} \setminus \{0\}$. Es sei $\hat{P} := \{\vartheta\alpha \mid \alpha \in P,\ \vartheta \text{ eine Variablenumbenennung}\}$ die Menge aller umbenannten Programmklauseln. Die zweistellige Relation $\vdash_{\overline{i}}$ auf der Menge $X := \{(\Gamma, \omega) \mid \Gamma \text{ ist eine Zielklausel und } \omega \text{ eine Spezialisierung}\}$ sei wie folgt definiert. Es gelte

$$(\Gamma, \omega) \vdash_{\overline{i}} (\Gamma', \omega')$$

gdw. es eine Programmklausel $\alpha =$ "β :$-\beta_1, \ldots, \beta_k$" $\in \hat{P}$ $(k \geq 0)$ gibt, so daß (1) bis (4) gilt:

(1) Γ hat die Form " :$-\gamma_1, \ldots, \gamma_m$" mit $m \geq 1$;

(2) $1 \leq i \leq m$;

(3) ω' ist ein Unifikator von $\{\gamma_i, \beta\}$;

(4) $\Gamma' = \omega'($" :$-\gamma_1, \ldots, \gamma_{i-1}, \beta_1, \ldots, \beta_k, \gamma_{i+1}, \ldots, \gamma_m$"$)$.

Analog erhält man als spezielle Version die Relation $\vdash_{\overline{i,s}}$, indem man in (3) zusätzlich fordert, daß ω' ein allgemeinster Unifikator ist.

Wenn $(\Gamma, \omega) \vdash_{\overline{i}} (\Gamma', \omega')$ gilt, dann entsteht Γ' aus Γ, indem das i-te „Teilziel“ γ_i von Γ mit Hilfe einer Klausel $\alpha \in \hat{P}$ durch die Teilziele $\beta_1, \ldots, \beta_k$ ersetzt wird. Vorher muß jedoch auf Γ und α ein Unifikator ω' von β und γ_i angewendet werden. Für die Relation $\vdash_{\overline{i,s}}$ muß ω' ein allgemeinster Unifikator sein. Dies kann als die „allgemeinste“ Anwendung der Klausel α auf das Teilziel γ_i aufgefaßt werden. Man beachte, daß in Definition 4.3.1 die Spezialisierung ω durch keine Bedingung eingeschränkt wird. Die Relationen hängen natürlich vom Logik–Programm P ab. Wir notieren dies nicht extra. – Wir benutzen nun die angegebene Definitionsweise, um bequem *Berechnungen* definieren zu können. Eine Berechnung erhält man durch Aneinanderketten von Paaren, die wie beschrieben auseinander hervorgehen. Die Auswahl des jeweiligen Teilzieles γ_i soll dabei durch einen *Teilzielselektor* $TS : \mathbb{N} \longrightarrow \mathbb{N}$ gegeben sein.

4.3.2 Definition *(SLD-Berechnungen)*

Sei wieder P ein Logik–Programm und Γ eine Zielklausel.

(1) Eine *Berechnung zu* (P *und*) Γ ist eine endliche Folge $(\Gamma_i, \omega_i)_{i=0,\ldots,l}$ mit $\Gamma_0 = \Gamma$, $\omega_0 = [\,]$, so daß eine Folge $m_1, \ldots, m_l$ existiert (eine *Auswahlfolge* der Berechnung) mit $(\Gamma_{i-1}, \omega_{i-1}) \vdash_{m_i} (\Gamma_i, \omega_i)$ für $i = 1, \ldots, l$. Die Berechnung heißt *erfolgreich,* gdw. $\Gamma_l = \bot$.

(2) Die Definition einer *speziellen Berechnung* erhält man, indem man in (1) $\vdash_{m_i}$ durch $\vdash_{m_i,s}$ ersetzt.

(3) Die Spezialisierung $\omega_l \circ \ldots \circ \omega_0$ heißt *Ergebnis* der Berechnung aus (1) bzw. (2).

(4) Eine Berechnung mit einer Auswahlfolge $m_1, \ldots, m_l$ *gehorcht dem Teilzielselektor* $TS : \mathbb{N} \longrightarrow \mathbb{N}$ gdw. für alle $i = 1, \ldots, l$ gilt: $TS(i) = m_i$ oder ($TS(i) \notin \{1, \ldots, m\}$ (wobei $\Gamma_{i-1} =$ " $:-\gamma_1, \ldots, \gamma_m$") und $m_i = 1$).

Manchmal spricht man auch von unendlichen Berechnungen $(\Gamma_i, \omega_i)_{i \in \mathbb{N}}$. Uns interessieren jedoch nur Berechnungen der oben definierten Art. Eine Berechnung zu (P und) Γ entsteht durch schrittweises „Vereinfachen" der Zielklausel mit Hilfe von (umbenannten) Programmklauseln. Sie ist erfolgreich, wenn schließlich die leere Zielklausel erreicht ist. Über die benutzten (allgemeinsten) Unifikatoren wird dabei Buch geführt. Sobald die leere Zielklausel erhalten wurde, ist der gewünschte Widerspruch gefunden, d.h. dann ist $P \cup \{\Gamma\}$ unerfüllbar. Wenn $\omega = \omega_l \circ \ldots \circ \omega_0$ das Ergebnis der erfolgreichen Berechnung ist, gilt $P \models \omega(\gamma_1 \wedge \ldots \wedge \gamma_n)$ (wobei $\Gamma =$ " $:-\gamma_1, \ldots, \gamma_n$"), wie wir u.a. zeigen werden. Zu Γ kann es viele Berechnungen geben, auch nicht erfolgreiche und unendliche , die einem vorgegebenen Teilzielselektor gehorchen, da in jedem Schritt noch verschiedene Programmklauseln zur Wahl stehen können („Nichtdeterminismus"). Der Teilzielselektor gibt an, in welcher Reihenfolge Teilziele weiterverarbeitet werden. Wir werden zeigen, daß, abgesehen vom Rechenaufwand, jeder Teilzielselektor benutzt werden kann. Am Schluß des nächsten Abschnitts werden wir kurz diskutieren, wie die Ausführung eines Logik–Programms durch ein reales, deterministisch arbeitendes System erfolgen kann.

Selbsttestaufgabe S54

Sei P das Logik–Programm

$$\text{“}R(x,z) \;:-\; R(y,z), Q(x,y)\text{”}$$
$$\text{“}R(x,x) \;:-\; \text{”}$$
$$\text{“}Q(b,a) \;:-\; \text{”}$$

und Γ die Zielklausel " $:-R(a,x)$".

Geben Sie eine erfolgreiche, eine nicht zu einer erfolgreichen Berechnung fortsetzbare endliche und eine (nicht erfolgreiche) nicht endliche Berechnung zu P und Γ an. Alle Berechnungen seien speziell.

Wir führen jetzt eine Menge von Rechenergebnissen als die *operationelle Semantik* eines Logik–Programms und einer Zielklausel ein.

4.3.3 Definition *(operationelle Semantik)*

Sei P ein Logik–Programm und Γ eine Zielklausel. Es sei

$$\mathcal{B}_{op}(P,\Gamma) := \{\omega \mid \omega \text{ ist Rechenergebnis einer speziellen erfolgreichen Berechnung zu } P \text{ und } \Gamma\}.$$

Die dadurch definierte Funktion $\mathcal{B}_{op}$ von Logik–Programmen und Zielklauseln in 2^{Spez} ($Spez$:= Menge aller Spezialisierungen) heißt *operationelle Semantik* der Logik–Programme.

Es werden uns letztlich nur die Werte $\omega(x)$ mit $x \in Vk(\Gamma)$ interessieren. Der Leser beachte, daß nicht erfolgreiche Berechnungen eines Logik–Programms und einer Zielklausel in unserer Definition der operationellen Semantik keine Berücksichtigung finden. Dies entspricht unserem Vorgehen bei der Einführung der deklarativen Semantik. – Wie in der Literatur üblich haben wir die operationelle Semantik mit speziellen Berechnungen definiert. Das folgende Lemma zeigt, daß beliebige erfolgreiche Berechnungen höchstens weniger allgemeine, also nie „bessere" Rechenergebnisse liefern.

4.3.4 Lemma

Es sei $(\Gamma_i,\omega_i)_{i=0,\ldots,l}$ eine erfolgreiche Berechnung zu P und Γ. Dann gibt es eine erfolgreiche spezielle Berechnung $(\Gamma'_i,\omega'_i)_{i=0,\ldots,l}$ zu P und Γ mit derselben Auswahlfolge, so daß $\omega_l \ldots \omega_0 = \vartheta\omega'_l \ldots \omega'_0$ für eine geeignete Spezialisierung ϑ gilt.

Beweis

Wir führen den Beweis durch vollständige Induktion über l. Im Falle $l = 0$ ist nichts zu zeigen. Der Fall $l = 1$ ist einfach. Wir führen ihn nicht weiter aus. Sei nun $l \geq 2$ und sei

$$(\Gamma_0,\omega_0) \underset{i_1}{\vdash} (\Gamma_1,\omega_1) \underset{i_2}{\vdash} (\Gamma_2,\omega_2) \underset{i_3}{\vdash} \ \ldots \ \underset{i_l}{\vdash} (\Gamma_l,\omega_l)$$

eine erfolgreiche Berechnung zu Γ_0. Sei $\Gamma_0 =$ " $:-\gamma_1,\ldots,\gamma_m$", $\Gamma_1 =$ " $:-\delta_1,\ldots,\delta_n$". Es gibt dann umbenannte Programmklauseln "$\alpha :-\alpha_1,\ldots,\alpha_r$" $\in \hat{P}$ und "$\beta :-\beta_1,\ldots,\beta_s$" $\in \hat{P}$, so daß ω_1 Unifikator von $\{\gamma_{i_1},\alpha\}$ ist, ω_2 Unifikator von $\{\delta_{i_2},\beta\}$,

$$\Gamma_1 = \omega_1(\text{" }:-\gamma_1,\ldots,\gamma_{i_1-1},\alpha_1,\ldots,\alpha_r,\gamma_{i_1+1},\ldots,\gamma_m\text{"}) = \text{" }:-\delta_1,\ldots,\delta_n\text{" und}$$

$$\Gamma_2 = \omega_2(\text{" }:-\delta_1,\ldots,\delta_{i_2-1},\beta_1,\ldots,\beta_s,\delta_{i_2+1},\ldots,\delta_n\text{"}).$$

Sei ω_1' ein allgemeinster Unifikator von $\{\gamma_{i_1}, \alpha\}$. Nach Definition 4.2.2 gibt es ϑ_1 mit $\omega_1 = \vartheta_1\omega_1'$. Sei ϑ_u eine bijektive Variablenumbenennung mit folgenden Eigenschaften (dabei sei $V := Vk(\text{“}\beta :\!-\beta_1, \ldots, \beta_s\text{”})$):

(1) $\vartheta_u(y) = y$ für alle $y \in Var \setminus (V \cup \vartheta_u(V))$;

(2) $\vartheta_1(x) = x$ für alle $x \in \vartheta_u(V)$;

(3) die Mengen V, $\vartheta_u(V)$ und $Vk(\Gamma_1)$ haben paarweise leeren Durchschnitt.

Damit gilt

$$\Gamma_2 = \omega_2\vartheta_u^{-1}(\text{“ }:\!-\delta_1, \ldots, \delta_{i_2-1}, \vartheta_u\beta_1, \ldots, \vartheta_u\beta_s, \delta_{i_2+1}, \ldots, \delta_n\text{”})$$

und

$$(\Gamma_0, \omega_0) \vdash_{i_1} (\Gamma_1, \omega_1) \vdash_{i_2} (\Gamma_2, \omega_2\vartheta_u^{-1}) \vdash_{i_3} \ldots \vdash_{i_l} (\Gamma_l, \omega_l).$$

(Wir haben also lediglich im zweiten Resolutionsschritt die verwendete Programmklausel nochmals für unsere Zwecke geeignet umbenannt.)
Sei nun

$$\Gamma_1' = \omega_1'(\text{“ }:\!-\gamma_1, \ldots, \gamma_{i_1-1}, \alpha_1, \ldots, \alpha_r, \gamma_{i_1+1}, \ldots, \gamma_m\text{”}) =: \text{“ }:\!-\delta_1', \ldots, \delta_n'\text{”}.$$

Dann gilt $(\Gamma_0, \omega_0) \vdash_{i_1,s} (\Gamma_1', \omega_1')$ und $\Gamma_1 = \vartheta_1\Gamma_1'$. Daraus folgt $\delta_k = \vartheta_1(\delta_k')$ für $k = 1, \ldots, n$. Weiter gilt $\vartheta_u\beta = \vartheta_1(\vartheta_u\beta)$ und $\vartheta_u\beta_i = \vartheta_1(\vartheta_u\beta_i)$ für $i = 1, \ldots, s$. Wir erhalten $\omega_2\vartheta_u^{-1}\vartheta_1(\delta_{i_2}') = \omega_2\vartheta_u^{-1}(\delta_{i_2}) = \omega_2(\delta_{i_2}) = \omega_2(\beta) = \omega_2\vartheta_u^{-1}(\vartheta_u\beta) = \omega_2\vartheta_u^{-1}\vartheta_1(\vartheta_u(\beta))$ und

$$\Gamma_2 = \omega_2\vartheta_u^{-1}\vartheta_1(\text{“ }:\!-\delta_1', \ldots, \delta_{i_2-1}', \vartheta_u\beta_1, \ldots, \vartheta_u\beta_s, \delta_{i_2+1}', \ldots, \delta_n'\text{”}),$$

also $(\Gamma_1', \omega_1) \vdash_{i_2} (\Gamma_2, \omega_2\vartheta_u^{-1}\vartheta_1)$. Nach Induktionsannahme gibt es zur erfolgreichen Berechnung

$$(\Gamma_1', []) \vdash_{i_2} (\Gamma_2, \omega_2\vartheta_u^{-1}\vartheta_1) \vdash_{i_3} (\Gamma_3, \omega_3) \ldots \vdash_{i_l} (\Gamma_l, \omega_l)$$

zu Γ_1' der Länge $l-1$ eine spezielle erfolgreiche Berechnung

$$(\Gamma_1', []) \vdash_{i_2,s} (\Gamma_2', \omega_2') \vdash_{i_3,s} (\Gamma_3', \omega_3') \ldots \vdash_{i_l,s} (\Gamma_l', \omega_l')$$

und eine Spezialisierung ϑ mit $\vartheta\omega_l' \ldots \omega_2'[] = \omega_l \ldots \omega_3\omega_2\vartheta_1[]$. Fügen wir vorn $(\Gamma_0, \omega_0) \vdash_{i_1,s} (\Gamma_1', \omega_1')$ statt $(\Gamma_1', [])$ an, so erhalten wir damit eine spezielle erfolgreiche Berechnung der Länge l zu P und Γ mit derselben Auswahlfolge, so daß $\vartheta\omega_l' \ldots \omega_2'\omega_1'\omega_0' = \vartheta\omega_l' \ldots \omega_2'[]\omega_1' = \omega_l \ldots \omega_3\omega_2\vartheta_1[]\omega_1' = \omega_l \ldots \omega_2\omega_1\omega_0$. Damit ist die Induktion beendet.
□

Wir haben in den Beispielen von Abschnitt 4.1 gezeigt, daß sich in gewisser Weise die Vorgängerfunktion und die arithmetische Differenz durch Logik–Programme spezifizieren lassen. Wir wollen nun zeigen, daß sich *jede berechenbare Funktion* $f :\subseteq \mathbb{N}^k \longrightarrow \mathbb{N}$ entsprechend durch ein Logik–Programm spezifizieren läßt. Dies gibt uns eine gewisse Vorstellung über die Ausdrucksstärke unserer „Programmiersprache" und liefert zusammen mit den Resultaten des Abschnitts 4.4 insbesondere als wichtiges Resultat die Unentscheidbarkeit der Eigenschaft $\mathcal{B}(P,\Gamma) = \emptyset$. Wir werden die Definition der berechenbaren Funktionen als *Register–berechenbare* Funktionen wählen. Eine Funktion $f :\subseteq \mathbb{N}^k \longrightarrow \mathbb{N}$ ist berechenbar, gdw. es eine *Register–Maschine* M gibt mit $f_M = f$. Wir setzen voraus, daß der Leser im wesentlichen mit dem Begriff der Register–Maschine vertraut ist und beschränken uns daher auf eine kurze informale Beschreibung der Definition von f_M. Eine Register–Maschine M hat endlich viele Register $R_0, \ldots, R_n$ zum Speichern natürlicher Zahlen. Sie hat weiter eine endliche Markenmenge Q, darunter die Anfangsmarke q_0 und die Endmarke q_e. Für jede Marke $p \in Q \setminus \{q_e\}$ gibt es genau einen Befehl der folgenden Form (wobei $p, q, q_1, q_2 \in Q$):

(1) $p : R_i := R_i + 1$, GOTO q (Addition von 1 in Register R_i)

(2) $p : R_i := R_i \dot{-} 1$, GOTO q (Subtraktion von 1 in Register R_i)

(3) p : IF $R_i = 0$ THEN GOTO q_1 ELSE GOTO q_2 (Test, ob 0 im Register R_i steht)

Eine *Belegung* der Register $R_0, \ldots, R_n$ ist ein Vektor $w \in \mathbb{N}^{n+1}$. Zur Berechnung von $f(n_1, \ldots, n_k)$ wird $w_0 := (0, n_1, \ldots, n_k, 0, \ldots, 0)$ als *Anfangsbelegung* gewählt. Mit der *Anfangskonfiguration* (q_0, w_0) beginnend wird nun gemäß den Befehlen der Maschine M eine Folge von *Konfigurationen* (p_i, w_i) mit $p_i \in Q$ und $w_i \in \mathbb{N}^{n+1}$ bestimmt. Sobald eine Konfiguration (q_e, w) mit der Endmarke q_e erreicht ist, ist die Berechnung beendet, und das Resultat ist der Inhalt des Registers R_0, d.h. die erste Komponente von w. Falls die Endmarke nie erreicht wird, existiert $f_M(n_1, \ldots, n_k)$ nicht.

Wir werden die natürlichen Zahlen durch Elemente eines geeigneten Herbrand–Universums *verschlüsseln* oder *notieren.* Wir betrachten im folgenden Typen $\tau = (I, J)$ mit $\{a, s\} \subseteq J$, wobei $\mu(a) = 0$ und $\mu(s) = 1$. Im übrigen werden die Mengen I und J nach Bedarf gewählt. Es sei $\overline{0}$:= "$a()$" und $\overline{n+1}$:= "$s(\overline{n})$" für alle $n \in \mathbb{N}$. Es sei weiter $U = \{\overline{n} \mid n \in \mathbb{N}\}$. Dann gilt $U \subseteq U_\tau$, und durch $n \longmapsto \overline{n}$ ist eine bijektive Zuordnung zwischen $\mathbb{N}$ und U erklärt. Das Wort $\overline{n}$ wird uns als Notation der Zahl n dienen. Beim Beweis des nachfolgenden Satzes über die „Berechenbarkeitskraft" von Logik–Programmen verschlüsseln wir wie in Beispiel 1 von Abschnitt 4.1 m–stellige Funktionen durch $(m+1)$–stellige Prädikate (s. auch Abschnitt 3.10 A).

4.3.5 Satz

Sei $f :\subseteq \mathbb{N}^k \longrightarrow \mathbb{N}$ eine berechenbare Funktion. Dann gibt es ein Prädikatssymbol R mit $\mu(R) = k+1$ und ein Logik–Programm P_f über einem geeigneten Typ τ, so daß für alle $n_1, \ldots, n_k \in \mathbb{N}$ mit Γ := " :– $R(\overline{n}_1, \ldots, \overline{n}_k, x)$" folgendes gilt:

(1) Falls $f(n_1, \ldots, n_k)$ existiert, dann gibt es eine spezielle erfolgreiche Berechnung zu P_f und Γ.

(2) Sei ω das Rechenergebnis einer speziellen erfolgreichen Berechnung zu P_f und Γ. Dann gibt es eine Zahl $m \in \mathbb{N}$, so daß $\omega(x) = \overline{m}$ und $f(n_1,\ldots,n_k) = m$ gilt.

Beweis

Sei M eine Register–Maschine mit den Registern $R_0,\ldots,R_n$, die $f :\subseteq \mathbb{N}^k \longrightarrow \mathbb{N}$ berechnet (also mit $f_M = f$). Sei Q die Menge der Marken von M mit der Anfangsmarke q_0 und der Endmarke q_e ($q_0 \neq q_e$). Wir können $Q \cap \{a,s\} = \emptyset$ annehmen. Wir definieren den Typ τ durch $\tau := (I,J)$ mit $I = \{a,s\} \cup Q$ und $\mu(q) = 0$ für $q \in Q$, sowie $J = \{R,K\}$ mit $\mu(R) = k+1$ und $\mu(K) = n+3$. Als intendierte Bedeutung denken wir uns:

$R(x_1,\ldots,x_k,y)$	gdw.	$y = f_M(x_1,\ldots,x_k)$,
$K(q,x_0,\ldots,x_n,x)$	gdw.	von der Konfiguration $(q,(x_0,\ldots,x_n))$ aus die Berechnung beendet werden kann.

Wir geben nun zu M ein Logik–Programm P_f explizit an:

(1) Die Klausel "$R(x_1,\ldots,x_k,x)$:$-K(q_0(\,),\overline{0},x_1,\ldots,x_k,\overline{0},\ldots,\overline{0},x)$" gehört zu P_f.

(2) Falls "$p : R_i := R_i + 1$ GOTO q" ein Befehl von M ist, dann gehört "$K(p(\,),x_0,\ldots,x_n,x)$:$-K(q(\,),x_0,\ldots,x_{i-1},s(x_i),x_{i+1},\ldots,x_n,x)$" zu P_f.

(3) Falls "$p : R_i := R_i \dot{-} 1$ GOTO q" ein Befehl von M ist, dann gehören "$K(p(\,),x_0,\ldots,x_{i-1},\overline{0},x_{i+1},\ldots,x_n,x)$:$-K(q(\,),x_0,\ldots,x_{i-1},\overline{0},x_{i+1},\ldots,x_n,x)$" und "$K(p(\,),x_0,\ldots,x_{i-1},s(x_i),x_{i+1},\ldots,x_n,x)$:$-K(q(\,),x_0,\ldots,x_i,\ldots,x_n,x)$" zu P_f.

(4) Falls "p : IF $R_i = 0$ THEN GOTO q_1 ELSE GOTO q_2" ein Befehl von M ist, dann gehören "$K(p(\,),x_0,\ldots,x_{i-1},\overline{0},x_{i+1},\ldots,x_n,x)$:$-K(q_1(\,),x_0,\ldots,x_{i-1},\overline{0},x_{i+1},\ldots,x_n,x)$" und "$K(p(\,),x_0,\ldots,x_{i-1},s(x_i),x_{i+1},\ldots,x_n,x)$:$-K(q_2(\,),x_0,\ldots,x_i,s(x_i),x_{i+1},\ldots,x_n,x)$" zu P_f.

(5) Schließlich gehört "$K(q_e(\,),x_0,\ldots,x_n,x_0)$:– " zu P_f.

(6) Andere Klauseln gehören nicht zu P_f.

Seien nun $n_1,\ldots,n_k \in \mathbb{N}$.
Sei $\kappa_0 := (q_0,(0,n_1,\ldots,n_k,0,\ldots,0))$ die zugehörige Anfangskonfiguration von M, sei weiter $\Gamma_0 :=$ " :$-R(\overline{n}_1,\ldots,\overline{n}_k,x)$".

Beh. 1:
Falls die Maschine M in m Schritten die Konfiguration $\kappa_m = (q,(a_0,\ldots,a_n))$ liefert, dann gibt es eine Berechnung $(\Gamma_i,\omega_i)_{i=0,\ldots,m+1}$ zu P_f und Γ_0 und ein $u \in \mathit{Var}$ mit $\Gamma_{m+1} =$ ":$-K(q(\,),\overline{a}_0,\ldots,\overline{a}_n,u)$" und $\omega_{m+1}\ldots\omega_1\omega_0(x) = u$.

Eine einfache vollständige Induktion über m liefert die Behauptung. Wir führen das nicht weiter aus. Mit dieser Behauptung zeigt man leicht Teil (1) des Satzes.

Sei umgekehrt $(\Gamma_i, \omega_i)_{i=0,\ldots,l}$ eine erfolgreiche Berechnung zu P_f und Γ_0 mit Rechenergebnis ω.

Beh. 2:
Für alle i mit $1 \leq i < l$ gibt es $q \in Q$, $a_0, \ldots, a_n \in \mathbb{N}$ und $u \in Var$, so daß (a), (b) und (c) gelten:

(a) $\Gamma_i =$ " $:-K(q(\,), \overline{a}_0, \ldots, \overline{a}_n, u)$",

(b) M erzeugt aus κ_0 in $i-1$ Schritten die Konfiguration $(q, (a_0, \ldots a_n))$,

(c) $\omega_i \ldots \omega_1 \omega_0(x) = u$.

Auch diese Behauptung zeigt man mühelos durch vollständige Induktion über i. Ein paar einfache Überlegungen führen dann zu (2) des Satzes.

□

Der folgende Satz folgt aus Satz 4.3.5 sowie dem Vollständigkeits– und dem Korrektheitssatz, die im nächsten Abschnitt bewiesen werden.

4.3.6 Satz

Es gibt einen endlichen Typ τ und ein Logik–Programm P, so daß die Menge $F := \{\gamma \in PAT_\tau \mid P \models \exists\gamma\}$ unentscheidbar ist.

Beweis

Es gibt eine berechenbare Funktion $f :\subseteq \mathbb{N} \longrightarrow \mathbb{N}$, so daß $Def(f)$ unentscheidbar ist. Dies ist aus der Berechenbarkeitstheorie bekannt. Sei $P := P_f$ das nach Satz 4.3.5 dazu existierende Logik–Programm. Dann gilt:

$n \in Def(f) \iff$ Es gibt eine spezielle erfolgreiche Berechnung zu P und $:-R(\overline{n}, x)$ (Satz 4.3.5)

$\iff P \models \exists x R(\overline{n}, x)$ (Satz 4.4.1, Korollar 4.4.9 und die sich daran anschließende Bemerkung)

Falls es damit ein Entscheidungsverfahren für F gäbe, dann auch eines für $Def(f)$. Aber $Def(f)$ ist unentscheidbar.

□

Die große Berechnungsstärke der Logik-Programme hat also u.a. die unangenehme Konsequenz, daß sich nicht entscheiden läßt, ob es eine erfolgreiche Berechnung zu P und Γ gibt. Eine entsprechende Eigenschaft haben alle „universellen" Programmiersprachen. Man kann zwar mit Logik-Programmen Berechnungsverfahren, die in anderen Programmiersprachen formuliert sind, nachbilden, wie sich aus dem Beweis von Satz 4.3.5 ergibt. Aber aus Effizienzgründen wird es wohl selten zweckmäßig sein, Logik-Programme zur Berechnung von Funktionen einzusetzen. Dafür gibt es geeignetere Programmiersprachen. Logik-Programmiersprachen sind sicher dann von Nutzen, wenn es gilt, einfache logische Konsequenzen aus Spezifikationen in Hornklauselform zu ziehen. Darüber hinaus zeigt Satz 4.3.6, daß semi-rekursive Algorithmen in der Logischen Programmierung zwangsläufig auftreten. Sie lassen sich im allgemeinen nicht zu „rekursiven" Algorithmen verbessern.

4.4 Korrektheit und Vollständigkeit des Resolutionsverfahrens

In diesem Abschnitt zeigen wir die *Korrektheit* und die *Vollständigkeit* des Resolutionsverfahrens (s. Def. 4.3.1 und 4.3.2) zum Beweisen der Unerfüllbarkeit von $P \cup \{\Gamma\}$ für ein Logik-Programm P und eine Zielklausel Γ. Insbesondere werden wir erhalten, daß deklarative und operationelle Semantik von Logik-Programmen in einem noch zu präzisierenden Sinne äquivalent sind. Wir beginnen mit dem Korrektheitsresultat.

4.4.1 Satz *(Korrektheit der erfolgreichen Berechnungen von Logik-Programmen)*

> Sei P ein Logik-Programm und $\Gamma :=$ " $:-\gamma_1, \ldots, \gamma_n$" eine Zielklausel. Ferner sei $(\Gamma_i, \omega_i)_{i=0,\ldots,l}$ eine erfolgreiche Berechnung zu P und Γ mit Rechenergebnis ω. Dann ist $\omega(\gamma_1 \wedge \ldots \wedge \gamma_n)$ eine logische Konsequenz von P. Insbesondere gilt $P \models \exists(\gamma_1 \wedge \ldots \wedge \gamma_n)$, und $P \cup \{\Gamma\}$ ist unerfüllbar.

Beweis

Wir zeigen durch vollständige Induktion nach l:
Sei $(\Gamma_i, \omega_i)_{i=0,\ldots,l}$ eine erfolgreiche Berechnung der Länge l von P bei Eingabe von $\Gamma_0 =$ " $:-\gamma_1, \ldots, \gamma_m$" $(m \geq 0)$, und sei $\omega := \omega_l \circ \ldots \circ \omega_0$. Dann ist $\omega(\gamma_1 \wedge \ldots \wedge \gamma_m)$ eine logische Konsequenz von P.

$l = 0$:
Dann ist $\omega = [\,]$ und $\Gamma_0 =$ " $:-$", d.h. $m = 0$. Damit ist $\omega(\gamma_1 \wedge \ldots \wedge \gamma_m) = \omega(\top) = \top$. $P \models \top$ ist aber stets wahr.

$l \Longrightarrow l+1$:
Sei $(\Gamma_0, \omega_0) \vdash_{i_1} (\Gamma_1, \omega_1) \vdash_{i_2} \ldots \vdash_{i_{l+1}} (\Gamma_{l+1}, \omega_{l+1})$ eine erfolgreiche Berechnung zu P

und $\Gamma_0 =$ " $:-\gamma_1, \ldots, \gamma_m$". Dann gilt $m \geq 1$. Nach Def. 4.3.1 gibt es für den ersten Rechenschritt eine Programmklausel $\alpha =$ "$\beta :-\beta_1, \ldots, \beta_k$" $\in \hat{P}$ $(k \in \mathbb{N})$, so daß ω_1 ein Unifikator von $\{\gamma_{i_1}, \beta\}$ ist und

$$\Gamma_1 = \omega_1(\text{“} :-\gamma_1, \ldots, \gamma_{i_1-1}, \beta_1, \ldots, \beta_k, \gamma_{i_1+1}, \ldots, \gamma_m\text{”}).$$

Es ist auch $(\Gamma_1, [\,]) \vdash_{\overline{i_2}} (\Gamma_2, \omega_2) \vdash_{\overline{i_3}} \ldots \vdash_{\overline{i_{l+1}}} (\Gamma_{l+1}, \omega_{l+1})$ eine erfolgreiche Berechnung. Nach Induktionsannahme gilt $P \models \omega'(\gamma'_1 \wedge \ldots \wedge \gamma'_j)$, wobei $\Gamma_1 =$ " $:-\gamma'_1, \ldots, \gamma'_j$" und $\omega' = \omega_{l+1} \ldots \omega_2[\,]$. Es folgt $P \models \omega'\omega_1\delta$ für alle $\delta \in (\{\gamma_1, \ldots, \gamma_m\} \setminus \{\gamma_{i_1}\}) \cup \{\beta_1, \ldots, \beta_k\}$. Daraus ergibt sich insbesondere $(*)$: $P \models \omega'\omega_1(\beta_1 \wedge \ldots \wedge \beta_k)$. Wegen $\alpha \in \hat{P}$ gilt $P \models \alpha$, also auch $P \models \omega'\omega_1(\text{“}\beta :-\beta_1, \ldots, \beta_k\text{”})$. Mit $(*)$ ergibt sich $P \models \omega'\omega_1\beta$. Wegen $\omega_1\gamma_{i_1} = \omega_1\beta$ folgt $P \models \omega'\omega_1\gamma_{i_1}$. Damit gilt aber $P \models \omega'\omega_1\delta$ für alle $\delta \in \{\gamma_1, \ldots, \gamma_m\}$. Also folgt schließlich $P \models \omega_{l+1} \ldots \omega_2[\,]\omega_1(\gamma_1 \wedge \ldots \wedge \gamma_m) = \omega_{l+1} \ldots \omega_1\omega_0(\gamma_1 \wedge \ldots \wedge \gamma_m)$.

Damit ist die Induktion beendet. Aus $P \models \omega(\gamma_1 \wedge \ldots \wedge \gamma_m)$ erhält man leicht $P \models \exists(\gamma_1 \wedge \ldots \wedge \gamma_m)$ (s. 3.3.13) und infolgedessen auch die Unerfüllbarkeit von $P \cup \{\Gamma\}$.
□

Als unmittelbare Folgerung aus Satz 4.4.1 ergibt sich, daß jedes Rechenergebnis einer erfolgreichen, also insbesondere einer speziellen erfolgreichen Berechnung von P bei Eingabe von Γ einen Spezialfall von $\gamma_1 \wedge \ldots \wedge \gamma_n$ festlegt, der eine logische Konsequenz von P ist.

4.4.2 Korollar

Sei P ein Logik-Programm und $\Gamma =$ " $:-\gamma_1, \ldots, \gamma_n$" eine Zielklausel. Dann gilt

$$\omega \in \mathcal{B}_{op}(P, \Gamma) \Longrightarrow \omega(\gamma_1 \wedge \ldots \wedge \gamma_n) \in \mathcal{B}(P, \Gamma).$$

Wir stellen nun die Frage nach der umgekehrten Implikation in Korollar 4.4.2. Da die Gültigkeit von $P \models \vartheta(\gamma_1 \wedge \ldots \wedge \gamma_n)$ nach dem Koinzidenzlemma nur abhängig von den in den Formeln vorkommenden Variablen ist, können wir nicht erwarten, daß *jedes* ϑ mit $P \models \vartheta(\gamma_1 \wedge \ldots \wedge \gamma_n)$ auch Element von $\mathcal{B}_{op}(P, \Gamma)$ ist. Ferner ist, da Rechenergebnisse von Logik-Programmen bei der Benutzung allgemeinster Unifikatoren so „allgemein" wie möglich sind, ϑ allenfalls als *Spezialfall* eines Rechenergebnisses zu erhoffen. Tatsächlich werden wir zeigen, daß es zu jedem ϑ mit $P \models \vartheta(\gamma_1 \wedge \ldots \wedge \gamma_n)$ ein Rechenergebnis ω einer erfolgreichen speziellen Berechnung zu P und Γ und eine Spezialisierung η gibt, so daß $\vartheta(x) = \eta\omega(x)$ für alle $x \in Vk(\Gamma)$ gilt. Dieses Resultat können wir zusammen mit Korollar 4.4.2 als Äquivalenz von deklarativer und operationeller Semantik für Logik-Programme interpretieren.

Darüber hinaus wollen wir die „Vollständigkeit" der SLD-Resolution in folgendem strengeren Sinne zeigen: Ist $P \cup \{\Gamma\}$ unerfüllbar, dann gibt es eine Ableitung der leeren Klausel. Wie üblich ist der Vollständigkeitsbeweis erheblich komplizierter als der Korrektheitsbeweis. Die einzelnen Beweisschritte teilen wir in Lemmata auf, aus denen wir dann das gewünschte Hauptresultat gewinnen.

Unser Ausgangspunkt ist der Satz von Herbrand, nach dem es im Falle der Unerfüllbarkeit von $P \cup \{\Gamma\}$ zu jeder in $P \cup \{\Gamma\}$ auftretenden Klausel endlich viele Instanzen gibt, so daß die Menge I aller dieser Instanzen unerfüllbar ist. Wir wollen die Vollständigkeit zunächst für den Spezialfall, daß alle Klauseln variablenfrei sind, beweisen (Lemma 4.4.4). Dies ist eine Eigenschaft aussagenlogischer Natur. Zur Vorbereitung benötigen wir ein Lemma.

4.4.3 Lemma

Sei H ein Logik–Programm, in dem nur variablenfreie Formeln vorkommen. Wir definieren eine Folge T_i von Mengen atomarer Formeln durch

$$
\begin{aligned}
T_0 &:= \{\alpha \mid \alpha :\!- \in H\}, \\
T_{i+1} &:= T_i \cup \{\alpha \mid \text{es gibt } n \in \mathbb{N} \text{ und } \alpha_1, \ldots, \alpha_n \in T_i \text{ mit} \\
&\qquad \alpha :\!- \alpha_1, \ldots, \alpha_n \in H\}.
\end{aligned}
$$

Es gibt es eine kleinste Zahl k mit $T_k = T_{k+1}$. Sei $T(H) := T_k$. Sei $\Gamma =$ " $:\!-\gamma_1, \ldots, \gamma_m$" eine variablenfreie Zielklausel. Dann gilt $H \models \gamma_1 \wedge \ldots \wedge \gamma_m$ (d.h. $H \cup \{\Gamma\}$ unerfüllbar), gdw. $\gamma_i \in T(H)$ für $i = 1, \ldots, m$.

Beweis

Da H endlich ist, muß es eine kleinste Zahl k mit $T_k = T_{k+1}$ geben. Damit existiert $T(H)$. Durch Induktion über i zeigt man leicht, daß jedes Modell von H auch ein Modell von T_i ist. Sei nun $\gamma_i \in T(H)$ für $i = 1, \ldots, m$. Sei $\mathcal{S}$ ein Modell von H. Dann ist $\mathcal{S}$ ein Modell von $T(H)$, also auch von γ_i für $i = 1, \ldots, m$, also auch ein Modell von $\gamma_1 \wedge \ldots \wedge \gamma_m$. Es folgt $H \models \gamma_1 \wedge \ldots \wedge \gamma_m$.
Sei umgekehrt $j \in \{1, \ldots, m\}$, so daß $\gamma_j \notin T(H)$. Wir wollen zeigen, daß dann $H \cup \{\neg\gamma_1 \vee \ldots \vee \neg\gamma_m\}$ erfüllbar ist. Wir wählen diejenige Herbrand–Struktur $\mathcal{H}$, in der unter den Atomen genau $\top$ und die Elemente aus $T(H)$ (die ja variablenfreie Atome sind) wahr werden. Wegen $\gamma_j \notin T(H)$ gilt $\neg\gamma_1 \vee \ldots \vee \neg\gamma_m$ in $\mathcal{H}$. Sei $\alpha :=$ "$\beta :\!-\beta_1, \ldots, \beta_n$" $\in H$. Falls $\beta \in T(H)$, dann gilt β, also auch α, in $\mathcal{H}$. Falls $\beta \notin T(H)$, dann gibt es ein i $(1 \leq i \leq n)$ mit $\beta_i \notin T(H)$. Dann gilt β_i nicht in $\mathcal{H}$, und wiederum gilt α in $\mathcal{H}$. Damit ist $H \cup \{\Gamma\}$ erfüllbar.
□

Das nächste Lemma ist die variablenfreie Version des Vollständigkeitssatzes. Wichtig ist hier auch noch, daß bei jeder Auswahl der Teilziele schließlich ein Ende erreicht wird.

4.4.4 Lemma

Sei H ein Logik–Programm und Γ eine Zielklausel. Alle Elemente α von $H \cup \{\Gamma\}$ seien variablenfrei (d.h. $Vk(\alpha) = \emptyset$). Weiter sei $H \cup \{\Gamma\}$ unerfüllbar. Dann gibt es zu jedem Teilzielselektor TS eine erfolgreiche Berechnung zu H und Γ, die TS gehorcht.

Beweis

Alle in diesem Beweis vorkommenden Formeln seien variablenfrei. Es seien $T_0, T_1, \ldots$ und $T(H)$ wie in Lemma 4.4.3. Wir führen für gewisse Formeln, die aus den Elementen von $T(H)$ gebildet werden können, ein *Gewicht* ein. Es sei zunächst der *maximale Verzweigungsgrad* d der Klauseln von H definiert durch $d := max\{d_0(\alpha) \mid \alpha \in H\}$, wobei $d_0(\text{“}\beta :- \beta_1, \ldots, \beta_k\text{”}) := k$. Es sei $g : \mathbb{N} \longrightarrow \mathbb{N}$ definiert durch $g(0) := 1$, $g(n + 1) := d \cdot g(n) + 1$. Für alle $\gamma \in T(H)$ sei $h(\gamma) := min\{i \mid \gamma \in T_i\}$. Dann sei das *Gewicht von* γ definiert durch $w(\gamma) := gh(\gamma)$ für $\gamma \in T(H)$, $w(\text{“} :- \gamma_1, \ldots, \gamma_m\text{”}) := w(\gamma_1) + \ldots + w(\gamma_m)$, falls $\gamma_1, \ldots, \gamma_m \in T(H)$, und $w(\text{“} :- \text{”}) := 0$.

Beh.: Sei $\Gamma_1 = \text{“} :- \gamma_1, \ldots, \gamma_m\text{”}$ ein Ziel, so daß $H \cup \{\Gamma_1\}$ unerfüllbar ist, und sei $1 \leq i \leq m$. Dann gibt es ein Ziel Γ', so daß $H \cup \{\Gamma'\}$ unerfüllbar ist, $(\Gamma_1, []) \underset{i}{\vdash\!\!-} (\Gamma', [])$ und $w(\Gamma') < w(\Gamma_1)$.

Bew.: Nach Lemma 4.4.3 gilt $\{\gamma_1, \ldots, \gamma_m\} \subseteq T(H)$. Sei $j := h(\gamma_i)$. Es gibt dann eine Klausel $\alpha \in H$ der Form “$\gamma_i :- \beta_1, \ldots, \beta_k$” mit $k = 0$, falls $j = 0$, und $k > 0$ und $\beta_1, \ldots, \beta_k \in T_{j-1}$, falls $j > 0$. Sei $\Gamma' := \text{“} :- \gamma_1, \ldots, \gamma_{i-1}, \beta_1, \ldots, \beta_k, \gamma_{i+1}, \ldots, \gamma_m\text{”}$. Dann gilt $(\Gamma_1, []) \underset{i}{\vdash\!\!-} (\Gamma', [])$ nach Def. 4.3.1. Falls $j = 0$, dann gilt offenbar $w(\Gamma') < w(\Gamma_1)$. Sei $j > 0$. In diesem Falle ergibt sich

$$\begin{aligned} w(\Gamma') &= w(\Gamma_1) - w(\gamma_i) + w(\beta_1) + \ldots + w(\beta_k) \\ &\leq w(\Gamma_1) - g(j) + k \cdot g(j-1) \\ &\leq w(\Gamma_1) - d \cdot g(j-1) - 1 + d \cdot g(j-1) \\ &< w(\Gamma_1). \end{aligned}$$

Es bleibt zu zeigen, daß $H \cup \{\Gamma'\}$ unerfüllbar ist. Wegen $\gamma_1, \ldots, \gamma_m, \beta_1, \ldots, \beta_k \in T(H)$ folgt dies sofort mit Lemma 4.4.3. Damit ist die Behauptung bewiesen.
Eine einfache Induktion liefert die Behauptung des Lemmas.
□

Wir wollen nun eine Verallgemeinerung von Lemma 4.4.4 für den Fall beweisen, daß P und Γ Variablen enthalten. Unter Verwendung des Satzes von Herbrand und durch Substitutionen der Variablen durch neue konstante Terme führen wir das Problem auf Lemma 4.4.4 zurück.

4.4.5 Lemma

Sei P ein Logik–Programm und $\Gamma =$ " $:-\gamma_1, \ldots, \gamma_s$" eine Zielklausel, so daß $P \models \gamma_1 \wedge \ldots \wedge \gamma_s$ gilt. Sei TS ein Teilzielselektor. Dann gibt es zu P und Γ eine erfolgreiche Berechnung $(\Gamma_i, \omega_i)_{i=0,\ldots,l}$, die TS gehorcht, so daß $\omega_i(x) = x$ für alle $x \in Vk(\Gamma)$ und alle $i \leq l$ gilt. Insbesondere gilt auch für das Ergebnis ω der Berechnung $\omega(x) = x$ für alle $x \in Vk(\Gamma)$.

Beweis

Es sei $Vk(\Gamma)$ die r–elementige Menge $\{x_1, \ldots, x_r\}$. Wir erweitern den Typ τ um nullstellige Funktionsbezeichner $f_1, \ldots, f_r$ zu einem Typ $\hat{\tau}$. Wir kürzen $c_i := f_i(\,)$ für $i = 1, \ldots, r$ ab und definieren eine Spezialisierung η durch $\eta := [x_1/c_1, \ldots, x_r/c_r]$. Wegen $P \models \gamma_1 \wedge \ldots \wedge \gamma_s$ bzgl. τ gilt $P \models \gamma_1 \wedge \ldots \wedge \gamma_s$ bzgl. $\hat{\tau}$ und somit $P \models \eta(\gamma_1 \wedge \ldots \wedge \gamma_s)$ bzgl. $\hat{\tau}$. Damit ist $P \cup \{\eta\Gamma\}$ mit $\eta\Gamma :=$ " $:-\eta\gamma_1, \ldots, \eta\gamma_s$" nicht erfüllbar. Nach dem Satz von Herbrand (Satz 3.6.9) gibt es eine endliche Teilmenge $A \subseteq Inst(\forall(P \cup \{\eta\Gamma\})) = Inst(\forall P) \cup \{\eta\Gamma\}$, so daß A nicht erfüllbar ist. Da P wie jedes Logik–Programm erfüllbar ist (z.B. mit dem Herbrand–Modell, das alle nichttrivialen Atome wahr macht, s. Beweis zu Korollar 4.1.6), ist auch $Inst(\forall P)$ erfüllbar. Da A nicht erfüllbar ist, gilt $\eta\Gamma \in A$. Sei $H := A \setminus \{\eta\Gamma\}$. Dann erfüllen H und $\eta\Gamma$ die Voraussetzungen von Lemma 4.4.4. Sei TS ein Teilzielselektor. Es gibt also eine erfolgreiche Berechnung zu H und $\eta\Gamma$, die TS gehorcht. Wir schreiben im folgenden $\vdash_{\overline{i,H}}$ für Berechnungen bzgl. H und $\vdash_{\overline{i,P}}$ für Berechnungen bzgl. P. Da nur variablenfreie Formeln vorliegen, braucht in der Anwendung der Definition von $\vdash_{\overline{i,H}}$ nicht unifiziert zu werden. Sei also

$$(\Lambda_0, [\,]) \vdash_{\overline{i_1,H}} (\Lambda_1, [\,]) \vdash_{\overline{i_2,H}} \cdots \vdash_{\overline{i_l,H}} (\Lambda_l, [\,])$$

mit $\Lambda_0 = \eta\Gamma$ eine solche erfolgreiche Berechnung. Wir gewinnen nun daraus eine erfolgreiche Berechnung zu P und Γ. Es gelte allgemein $(\Lambda, [\,]) \vdash_{\overline{i,H}} (\Lambda', [\,])$ mit variablenfreien Zielklauseln Λ und Λ'. Sei $\Lambda =$ " $:-\gamma_1, \ldots, \gamma_m$". Dann gibt es eine Programmklausel $\hat{\alpha} \in H, \hat{\alpha} =$ "$\beta :- \beta_1, \ldots, \beta_k$", so daß $\gamma_i = \beta$ und

$$\Lambda' = \text{“} :-\gamma_1, \ldots, \gamma_{i-1}, \beta_1, \ldots, \beta_k, \gamma_{i+1}, \ldots, \gamma_m\text{”}.$$

Es gibt $\alpha' \in P$ und $\eta' \in Spez$, so daß $\hat{\alpha} = \eta'\alpha'$. Sei ϑ_u eine bijektive Variablenumbenennung mit $Vk(\vartheta_u(\alpha')) \cap \{x_1, \ldots, x_r\} = \emptyset$. Sei $\alpha := \vartheta_u\alpha' \in \hat{P}$ und $\vartheta = \eta'\vartheta_u^{-1}$. Dann gilt $\hat{\alpha} = \vartheta\alpha$ und $Vk(\alpha) \cap \{x_1, \ldots, x_r\} = \emptyset$. Für variablenfreie Terme, Atome und Klauseln γ entstehe $L(\gamma)$ aus γ, indem jedes vorkommende c_i durch x_i ersetzt wird $(i = 1, \ldots, r)$. Sei $\omega'(x) := (L\vartheta(x)$, falls $x \in Vk(\alpha)$, x sonst). Da $\hat{\alpha} = \vartheta(\alpha)$ variablenfrei ist, ist auch $\vartheta(x)$ variablenfrei, falls $x \in Vk(\alpha)$. Damit ist ω' wohldefiniert. Die Klausel $\alpha \in \hat{P}$ hat die Form "$\delta :- \delta_1, \ldots, \delta_k$". Es gilt $L(\hat{\alpha}) = L\vartheta(\alpha) = \omega'(\alpha)$ nach Def. von α und ω'. Weiter gilt $\omega' L(\gamma_j) = L(\gamma_j)$ für $j = 1, \ldots, m$, da $Vk(\alpha) \cap Vk(L(\Lambda)) = \emptyset$. Es folgt

$$\begin{aligned} L(\Lambda') &= \text{“} :-L(\gamma_1), \ldots, L(\gamma_{i-1}), L(\beta_1), \ldots, L(\beta_k), L(\gamma_{i+1}), \ldots, L(\gamma_m)\text{”} \\ &= \text{“} :-L(\gamma_1), \ldots, L(\gamma_{i-1}), \omega'(\delta_1), \ldots, \omega'(\delta_k), L(\gamma_{i+1}), \ldots, L(\gamma_m)\text{”} \\ &= \omega'(\text{“} :-L(\gamma_1), \ldots, L(\gamma_{i-1}), \delta_1, \ldots, \delta_k, L(\gamma_{i+1}), \ldots, L(\gamma_m)\text{”}). \end{aligned}$$

Wegen $\omega'(\delta) = L(\beta) = L(\gamma_i) = \omega' L(\gamma_i)$ gilt nach Def. 4.3.1: $(L(\Lambda),[\,]) \vdash_{\overline{i,P}} (L(\Lambda'),\omega')$ (unter Benutzung der Programmklausel $\alpha \in \hat{P}$). Wegen $L\eta(\Gamma) = \Gamma$ gibt es daher eine Folge $\omega_0,\ldots,\omega_l$ von Spezialisierungen, so daß $\omega_j(x) = x$ für $x \in \{x_1,\ldots,x_r\}$ und $j = 0,\ldots,l$ gilt sowie

$$(\Gamma,[\,]) \vdash_{\overline{i_1,P}} (L(\Lambda_1),\omega_1) \vdash_{\overline{i_2,P}} (L(\Lambda_2),\omega_2) \ \ldots \vdash_{\overline{i_l,P}} (L(\Lambda_l),\omega_l)$$

mit $L(\Lambda_l) = \bot$ (da $\Lambda_l = \bot$).
□

Schließlich benötigen wir zum Beweis des Hauptresultates noch das sog. *Lifting-Lemma.*

4.4.6 Lemma *(Lifting-Lemma)*

Sei P ein Logik-Programm, Γ eine Zielklausel und ϑ eine Spezialisierung. Es sei $(\Gamma_i,\omega_i)_{i=0,\ldots,l}$ eine erfolgreiche Berechnung zu P und $\vartheta\Gamma$.
Dann gibt es eine spezielle erfolgreiche Berechnung $(\Gamma_i',\omega_i')_{i=0,\ldots,l}$ zu P und Γ mit derselben Auswahlfolge und eine Spezialisierung η, so daß

$$\omega_l \ldots \omega_1\omega_0\vartheta(x) = \eta\ \omega_l' \ldots \omega_1'\omega_0'(x) \text{ für alle } x \in Vk(\Gamma) \text{ gilt.}$$

Beweis

Es gilt $(\vartheta\Gamma,[\,]) \vdash_{\overline{j}} (\Gamma_1,\omega_1)$ für ein $j \in \mathbb{N}$. Sei $\Gamma =$ " $:-\gamma_1,\ldots,\gamma_m$". Sei $\alpha \in \hat{P}$, $\alpha =$ "$\beta :-\beta_1,\ldots,\beta_k$", die im ersten Schritt benutzte umbenannte Programmklausel. Dann gilt $\omega_1\beta = \omega_1\vartheta\gamma_j$ und

$$\Gamma_1 = \omega_1(\text{“ }:-\vartheta\gamma_1,\ldots,\vartheta\gamma_{j-1},\beta_1,\ldots\beta_k,\vartheta\gamma_{j+1},\ldots,\vartheta\gamma_m\text{”}).$$

Sei ϑ_u eine bijektive Variablenumbenennung, so daß $\vartheta(x) = x$ für alle $x \in Vk(\vartheta_u(\alpha))$ und $Vk(\vartheta_u(\alpha)) \cap Vk(\vartheta\Gamma) = \emptyset$. Sei ferner $\overline{\omega}$ definiert durch

$$\overline{\omega}(x) := \begin{cases} \omega_1\vartheta_u^{-1}(x) & \text{falls } x \in Vk(\vartheta_u(\alpha)) \\ \omega_1(x) & \text{falls } x \in Vk(\vartheta\Gamma) \\ x & \text{sonst.} \end{cases}$$

Wir zeigen, daß dann $(\Gamma,[\,]) \vdash_{\overline{j}} (\Gamma_1,\overline{\omega}\vartheta)$ mittels $\vartheta_u(\alpha) \in \hat{P}$ gilt. Es ist $\overline{\omega}\vartheta\gamma_j = \omega_1\vartheta\gamma_j = \omega_1\beta = \omega_1\vartheta_u^{-1}\vartheta_u\beta = \overline{\omega}\vartheta_u\beta = \overline{\omega}\vartheta\vartheta_u\beta$ nach Def. von ϑ_u und $\overline{\omega}$. Damit ist $\overline{\omega}\vartheta$ ein geeigneter Unifikator. Weiter gilt $\overline{\omega}\vartheta\gamma_r = \omega_1\vartheta\gamma_r$ und $\overline{\omega}\vartheta\vartheta_u\beta_n = \overline{\omega}\vartheta_u\beta_n = \omega_1\beta_n$ für $r = 1,\ldots,m$ und $n = 1,\ldots,k$. Es folgt

$$\Gamma_1 = \overline{\omega}\vartheta(\text{“ }:-\gamma_1,\ldots,\gamma_{j-1},\vartheta_u\beta_1,\ldots,\vartheta_u\beta_k,\gamma_{j+1},\ldots,\gamma_m\text{”}).$$

Also gilt $(\Gamma, [\,]) \vdash_{\overline{J}} (\Gamma_1, \overline{\omega}\vartheta)$.
Damit ist $(\Gamma, [\,]), (\Gamma_1, \overline{\omega}\vartheta), (\Gamma_2, \omega_2), \ldots, (\Gamma_l, \omega_l)$ eine erfolgreiche Berechnung zu P und Γ mit derselben Auswahlfolge. Nach Lemma 4.3.4 gibt es dazu eine erfolgreiche spezielle Berechnung $(\Gamma_i', \omega_i')_{i=0,\ldots,l}$ zu P und Γ, wiederum mit derselben Auswahlfolge, und eine Spezialisierung η , so daß $\omega_l \ldots \omega_2 \overline{\omega}\vartheta[\,] = \eta\omega_l' \ldots \omega_0'$ gilt. Wegen $\overline{\omega}\vartheta(y) = \omega_1\vartheta(y)$ für alle $y \in Vk(\Gamma)$ gilt die behauptete Gleichung.
□

Nach diesen Vorbereitungen können wir nun mühelos eines unserer Hauptresultate über die Vollständigkeit der SLD-Berechnungen beweisen.

4.4.7 Satz *(Vollständigkeit der SLD–Berechnungen bzgl. der deklarativen Semantik)*

Sei P ein Logik–Programm, $\Gamma =$ " $:-\gamma_1, \ldots, \gamma_m$" eine Zielklausel und ϑ eine Spezialisierung mit $P \models \vartheta(\gamma_1 \wedge \ldots \wedge \gamma_m)$. Sei TS ein Teilzielselektor. Dann gibt es eine spezielle erfolgreiche Berechnung zu P und Γ mit Ergebnis ω, die TS gehorcht, und eine Spezialisierung η, so daß $\vartheta(x) = \eta\omega(x)$ für alle $x \in Vk(\Gamma)$ gilt.

Beweis

Nach Lemma 4.4.5 gibt es eine erfolgreiche Berechnung zu P und $\vartheta\Gamma$, die TS gehorcht, mit Ergebnis $\overline{\omega}$, so daß $\overline{\omega}(y) = y$ für alle $y \in Vk(\vartheta\Gamma)$. Nach dem Lifting–Lemma gibt es eine spezielle erfolgreiche Berechnung mit Ergebnis ω zu P und Γ mit derselben Auswahlfolge und eine Spezialisierung η, so daß $\overline{\omega}\vartheta(x) = \eta\omega(x)$ für alle $x \in Vk(\Gamma)$. Für alle $x \in Vk(\Gamma)$ gilt aber $\overline{\omega}\vartheta(x) = \vartheta(x)$. Es folgt $\vartheta(x) = \eta\omega(x)$ für alle $x \in Vk(\Gamma)$.
□

Im obigen Satz ist ω das Ergebnis einer Berechnung zu P und Γ. Nach dem Korrektheitssatz gilt $P \models \omega(\gamma_1 \wedge \ldots \wedge \gamma_m)$. Es folgt $P \models \eta'\omega(\gamma_1 \wedge \ldots \wedge \gamma_m)$ für jede Spezialisierung η', also auch für η. Damit ist das Rechenergebnis ω mindestens so allgemein (so „gut“) wie es ein Ergebnis ϑ wäre.

Zu gegebenem Logik–Programm P, Ziel Γ und Teilzielselektor TS kann es, bedingt durch die jeweilige Wahl der Programmklausel in jedem Schritt, außer η und ω noch weitere η' und ω' mit $\vartheta(x) = \eta'\omega'(x)$ für alle $x \in Vk(\Gamma)$ geben. Insbesondere kann es auch noch allgemeinere Rechenergebnisse ω' geben. Man beachte, daß Satz 4.4.7 für jeden Teilzielselektor TS gilt. Sei gemäß Satz 4.4.7 ω ein zu P, Γ, TS und ϑ passendes Rechenergebnis. Es gilt dann insbesondere $P \models \omega(\gamma_1 \wedge \ldots \wedge \gamma_m)$. Sei nun TS' irgendein anderer Teilzielselektor. Wiederum nach Satz 4.4.7 gibt es zu P, Γ, TS' und ω ein Rechenergebnis ω' und eine Spezialisierung η' mit $\omega(x) = \eta'\omega'(x)$ für alle $x \in Vk(\Gamma)$, d.h. ω ist ein Spezialfall von ω'. Damit liefert ein anderer Teilzielselektor TS' mindestens so allgemeine Ergebnisse wie TS, ist also nicht schlechter bezüglich der erzielbaren Rechenergebnisse. Man kann sogar zeigen, daß es zu TS' ein Ergebnis ω' gibt, so daß

$\omega(\gamma_1 \wedge \ldots \wedge \gamma_m)$ und $\omega'(\gamma_1 \wedge \ldots \wedge \gamma_m)$ lediglich durch Variablenumbenennung auseinander hervorgehen (s. [Lloyd], § 9).

Mit Korollar 4.4.2 und Satz 4.4.7 haben wir die Äquivalenz von deklarativer und operationeller Semantik von Logik–Programmen in dem früher erläuterten Sinne gezeigt. Wir formulieren dies als Korollar.

4.4.8 Korollar

Es seien P ein Logik–Programm, $\Gamma =$ " $:-\gamma_1, \ldots, \gamma_m$" eine Zielklausel, ϑ eine Spezialisierung und TS ein Teilzielselektor. Dann sind die beiden folgenden Eigenschaften äquivalent:

(1) $\vartheta(\gamma_1 \wedge \ldots \wedge \gamma_m) \in \mathcal{B}(P, \Gamma)$ (d.h. $P \models \vartheta(\gamma_1 \wedge \ldots \wedge \gamma_m)$)

(2) Es gibt Spezialisierungen η und ω mit $\omega \in \mathcal{B}_{op}(P, \Gamma)$, so daß $\vartheta(x) = \eta\omega(x)$ für alle $x \in Vk(\Gamma)$ gilt.

Das folgende Korollar ergibt sich als Konsequenz aus dem bereits Bewiesenen. Es beinhaltet die Vollständigkeit der SLD–Berechnungen in dem zu Beginn dieses Abschnitts erwähnten strengeren Sinn.

4.4.9 Korollar *(Vollständigkeit der SLD–Berechnungen bzgl. Unerfüllbarkeit)*

Sei $P \cup \{\Gamma\}$ unerfüllbar. Dann gibt es zu jedem Teilzielselektor TS eine erfolgreiche spezielle Berechnung zu P und Γ, die TS gehorcht.

Beweis

Sei $P \cup \{\Gamma\}$ unerfüllbar. Nach dem Satz von Herbrand (Satz 3.6.9) gibt es eine endliche Teilmenge $A \subseteq Inst(\forall P \cup \{\forall \Gamma\})$, so daß A nicht erfüllbar ist. A kann zerlegt werden in eine Teilmenge H von Instanzen von $\forall P$ und eine Menge variablenfreier Formeln $\{\eta_1\Gamma, \ldots, \eta_r\Gamma\}$, wobei $\eta_1, \ldots, \eta_r$ Spezialisierungen sind. Da $A' := H \cup \{\eta_1\Gamma \wedge \ldots \wedge \eta_r\Gamma\}$ unerfüllbar ist, gilt $H \models \neg\eta_1\Gamma \vee \ldots \vee \neg\eta_r\Gamma$. Dabei ist H ein (variablenfreies) Logik–Programm. Nach Korollar 4.1.6 hat H ein kleinstes Herbrand–Modell $\mathcal{H}$. Dann gilt $\neg\eta_i\Gamma$ in $\mathcal{H}$ für ein i mit $1 \leq i \leq r$. Nach Satz 4.1.7 gilt $\neg\eta_i\Gamma$ in allen Modellen von H, d.h. $H \models \neg\eta_i\Gamma$. Mit $\Gamma =$ " $:-\gamma_1, \ldots, \gamma_m$" folgt $H \models \eta_i(\gamma_1 \wedge \ldots \wedge \gamma_m)$. Für jedes $\alpha \in H$ gilt $P \models \alpha$. Sei $\mathcal{S}$ ein Modell von P. Dann ist $\mathcal{S}$ also auch ein Modell von H und somit auch von $\eta_i(\gamma_1 \wedge \ldots \wedge \gamma_m)$. Es folgt $P \models \eta_i(\gamma_1 \wedge \ldots \wedge \gamma_m)$. Mit Satz 4.4.7 gibt es eine erfolgreiche spezielle Berechnung zu P und Γ, die TS gehorcht.
□

Damit haben wir nun auch die Vollständigkeit der SLD–Resolution hinsichtlich unserer ursprünglichen Fragestellung gezeigt: Gilt $P \models \exists(\gamma_1 \wedge \ldots \wedge \gamma_m)$, so gibt es eine erfolgreiche Berechnung für P bei der Anfrage "$\exists(\gamma_1 \wedge \ldots \wedge \gamma_m)$?", d.h. zu

P und Γ = " $:-\gamma_1, \ldots, \gamma_m$". (Man erinnere sich: $P \models \exists(\gamma_1 \wedge \ldots \wedge \gamma_m)$ gdw. $P \cup \{$" $:-\gamma_1, \ldots, \gamma_m$"$\}$ unerfüllbar.)

Selbsttestaufgabe S55

Zeigen Sie detailliert, daß die Menge $\{(P, \Gamma) \mid P$ Logik–Programm (in einer kanonischen Notation), Γ Zielklausel und $\mathcal{B}(P, \Gamma) = \emptyset\}$ unentscheidbar ist (s. Satz 4.3.6).

Unsere kurzen abschließenden Betrachtungen gelten den (deterministischen) Implementierungen der (nichtdeterministischen) Berechnungen von Logik–Programmen. Wie wir in Selbsttestaufgabe S54 gesehen haben, hängt bei vorgegebenem Teilzielselektor das Finden einer erfolgreichen Berechnung eines Logik–Programms bei Eingabe einer Zielklausel davon ab, welche Programmklauseln in den jeweiligen Ableitungsschritten zur Resolution benutzt werden. Sicherlich garantiert eine parallele Berücksichtigung aller möglichen Klauseln in jedem Schritt das Finden einer erfolgreichen Berechnung, wenn überhaupt eine solche existiert. Dieses Verfahren ist jedoch sehr aufwendig, da möglicherweise „fast alle" Ableitungsschritte umsonst sind, d. h. nicht zu einer erfolgreichen Berechnung führen. In (kommerziellen) PROLOG–Systemen ist dagegen aus Effizienzgründen eine andere Suchstrategie implementiert: Es wird die im Programmtext *erste* mögliche Klausel zur Resolution herangezogen. Eine PROLOG–Maschine würde also bei Eingabe des Beispielprogramms aus Selbsttestaufgabe S54 und der dortigen Zielklausel nicht erfolgreich rechnen, obgleich es eine erfolgreiche Berechnung gibt. In diesem Sinne ist PROLOG *unvollständig*.
Es kann nun vom jeweiligen Programmziel Γ abhängen, welche von zwei möglichen Programmklauseln schließlich zum Erfolg führt. Damit wird ein PROLOG–Programm auch durch Umordnen der Klauseln i.a. nicht „vollständig".

5 Modale Aussagenlogik

In diesem abschließenden Kapitel behandeln wir die modale Aussagenlogik unter Berücksichtigung zeitlogischer Aspekte. Dabei wird die aus Kapitel 2 bekannte Aussagenlogik durch Hinzunahme modallogischer Operatoren erweitert, um Modalitäten bzw. Zeitabhängigkeiten von Aussagen ausdrücken zu können. Wir beginnen mit einer einführenden Darstellung der Modallogik. Danach sondern wir einen Teil der Modallogik als *Zeitlogik* aus. Wir zeigen die Entscheidbarkeit der modallogisch allgemeingültigen und der zeitlogisch allgemeingültigen Formeln. Schließlich untersuchen wir die Ausdrucksstärke der Modallogik bzgl. temporaler Eigenschaften und erweitern sie durch Einführung des *UNTIL*-Operators zur eigentlichen *Temporalen Logik.* Mit einem kurzen Ausblick beschließen wir unsere Ausführungen.

5.1 Einführung in die Modallogik

Neben der Aussagenlogik und der Prädikatenlogik ist die *Modallogik* der am weitestgehenden untersuchte Zweig der Mathematischen Logik. Wegen ihrer vielfältigen Anwendungsmöglichkeiten in der Informatik (vor allem im KI-Bereich) wollen wir ihre Grundprinzipien hier erläutern. Darüber hinaus wollen wir zu einer Variante der Modallogik, der *Temporalen Logik,* hinführen, die in jüngster Zeit zu einem vielversprechenden Werkzeug für die Spezifikation und Verifikation insbesondere paralleler Programme weiterentwickelt wurde.

In der Modallogik werden hauptsächlich die Modalitäten der *Notwendigkeit* und der *Möglichkeit* studiert. Dabei sieht man eine Aussage A nicht mehr a priori als wahr oder falsch an. Der Wahrheitswert erfährt vielmehr eine Relativierung durch die Umstände, unter denen A in Rede steht. Betrachten wir als Beispiel die Aussage $A =$ "Es regnet". Vom Standpunkt der Aussagenlogik ist diese Aussage entweder wahr oder falsch. Der Leser weiß aber aus Erfahrung, daß sie weder *notwendig wahr* noch *notwendig falsch* ist. Vielmehr gibt es Umstände (Zeit, Ort) oder der Leser kann sich zumindest solche vorstellen, unter denen sie falsch bzw. wahr ist. Er wird also eher die Aussage "Es ist möglich, daß nicht A" und auch die Aussage "Es ist möglich, daß A" als wahr ansehen.

Mittels modallogischer Formeln lassen sich nun Sätze der letztgenannten Art ausdrücken. Man führt dazu für die Modalitäten der Notwendigkeit und der Möglichkeit *logische Operatoren* ein, welche die im Beispiel angedeutete Relativierung der Aussagen beschreiben. Die Angemessenheit dieser Beschreibung wird dann durch eine exakte Bedeutungsgebung für die modallogischen Formeln untermauert.

Wir legen unseren Betrachtungen die in Kapitel 2 entwickelte Aussagenlogik zugrunde.

(In der Literatur finden sich auch nicht auf der Aussagenlogik basierende modallogische Systeme; s. [Hughes/Cresswell].) Zu den von dort bekannten Formelbildungsregeln treten dann noch die beiden folgenden hinzu:

- Ist α eine Formel, so auch $\Box\alpha$ (lies: „es ist notwendig, daß α gilt" oder kürzer: „notwendig α") und $\Diamond\alpha$ (lies: „es ist möglich, daß α gilt" oder kürzer: „möglich α").

Wir erhalten auf diese Weise die Menge der *Formeln der modalen Aussagenlogik.* Entsprechend lassen sich auch die Formeln der *modalen Prädikatenlogik* einführen. Wir wollen uns hier jedoch nur mit der modalen Aussagenlogik (und später mit den Formeln der *temporalen Aussagenlogik*) beschäftigen und sprechen daher kurz von *modallogischen Formeln* (bzw. den *Formeln der Temporalen Logik.*)

Wir führen nun exakt die Syntax der Modallogik ein. Danach werden wir die modallogische Semantikdefinition vorstellen. Es folgt eine kurze Diskussion grundlegender semantischer Eigenschaften modallogischer Formeln. Wir werden dann feststellen, daß modallogische Formeln in offenkundiger Weise eine *zeitlogische Interpretation* zulassen. Zum Schluß dieses Abschnitts charakterisieren wir die durch diese Interpretation nahegelegten zeitlogischen Modelle durch modallogische Formeln.

5.1.1 Definition *(modallogische Formeln)*

Es sei Σ das Alphabet der Aussagenlogik und AS die Menge der Aussagensymbole (s. Definition 2.1.1).

(1) $\Sigma_M := \Sigma \cup \{\Box, \Diamond\}$ heißt *Alphabet der Modallogik.*

(2) Die Menge $MF \subseteq W(\Sigma_M)$ der *modallogischen Formeln* ist wie folgt definiert:

- $AS \cup \{\top, \bot\} \subseteq MF$.
- $\{\neg\alpha, (\alpha \wedge \beta), (\alpha \vee \beta), (\alpha \rightarrow \beta), \Box\alpha, \Diamond\alpha\} \subseteq MF$, falls $\{\alpha, \beta\} \subseteq MF$.
- Keine weiteren Wörter über Σ_M gehören zu MF.

(Dabei wird "$\Box\alpha$" als „notwendig α" und "$\Diamond\alpha$" als „möglich α" gelesen.)

Damit ist die Menge der modallogischen Formeln als Erzeugnis definiert. Offenbar ist die aus der Definition abgeleitete Algebra–Struktur auf MF auch hier eine Peano–Algebra–Struktur. Es gelten somit für MF u.a. der Rekursionssatz und der Satz von der äquivalenten Ersetzung von Teilformeln. Ferner können Behauptungen über alle modallogischen Formeln durch strukturelle Induktion bewiesen werden.

Selbsttestaufgabe S56

Definieren Sie rekursiv die Menge aller Teilformeln einer modallogischen Formel α.

Für modallogische Formeln vereinbaren wir dieselben Klammerersparnisregeln wie für die aussagen- und die prädikatenlogischen Formeln.

Beispiel 1

(1) $AF \subseteq MF$.

(2) $\Box A \to \neg\Diamond(B \vee \Diamond\neg A) \in MF \quad (A, B \in AS)$

(3) $\Box(\Box A \to A) \to \Box A \in MF \quad (A \in AS)$

(4) $\alpha^{\beta_1,\ldots,\beta_n}_{A_1,\ldots,A_n} \in MF$ für alle $\alpha, \beta_1, \ldots, \beta_n \in MF$ und alle paarweise verschiedenen $A_1, \ldots, A_n \in AS$ (s. Def. 2.3.3(2); man setze die dortige Funktion h in offensichtlicher Weise auf MF fort.)

Wir kommen nun zur Semantikdefinition für die modallogischen Formeln. Dabei wird die Relativierung des Wahrheitswerts eines $\alpha \in MF$ auf die Umstände, unter denen α betrachtet wird, durch die Annahme einer Gesamtheit W von *Referenzpunkten* s, auch *mögliche Welten* genannt, modelliert. Die in einem Referenzpunkt s „denkbaren" Situationen, für die der Wahrheitswert irgendeines $\alpha \in MF$ relevant sein könnte, bilden die Teilmenge der von s aus *erreichbaren* Punkte von W. Die Menge W zusammen mit der dadurch gegebenen zweistelligen *Erreichbarkeitsrelation* in W bildet einen *Rahmen* für die Gültigkeit modallogischer Formeln. Ein Rahmen und eine Belegung der Aussagenvariablen in jedem Referenzpunkt bestimmen dann eine modallogische *Struktur*. Wir definieren zunächst die angesprochenen Begriffe.

5.1.2 Definition *(Rahmen, Belegung, Struktur)*

(1) Sei W eine nicht leere Menge und $R \subseteq W \times W$. Dann heißt $\mathcal{R} := (W, R)$ ein *Rahmen*. Die Elemente von W nennen wir *(Referenz-)Punkte*, R die *Erreichbarkeitsrelation* in W. $t \in W$ heißt *von s aus erreichbar*, gdw. $(s, t) \in R$.

(2) Sei $W \neq \emptyset$ eine Menge. Eine *W- Belegung (der Aussagensymbole mit Wahrheitswerten*) ist eine Abbildung $\sigma : AS \times W \longrightarrow \{0, 1\}$.

(3) Sei $\mathcal{R} := (W, R)$ ein Rahmen. Eine *(modallogische) Struktur* ist ein Tripel $\mathcal{M} := (W, R, \sigma)$, wobei σ eine W- Belegung ist.
Sprechweise: $\mathcal{M}$ *basiert* auf $\mathcal{R}$.

In der Literatur wird eine modallogische Struktur auch als *Modell* bezeichnet. – Mit Hilfe von Definition 5.1.2 können wir die *Gültigkeit einer modallogischen Formel in einem Referenzpunkt einer Struktur* rekursiv über ihren Aufbau definieren. Wir geben dabei die Rekursionsgleichung in einer suggestiven Form an und verzichten auf die Übertragung in den präzisen Formalismus.

5.1.3 Definition *(Semantik modallogischer Formeln)*

(1) Zu jeder modallogischen Struktur $\mathcal{M} = (W, R, \sigma)$ und jedem $s \in W$ definieren wir eine Abbildung $WW_{\mathcal{M},s} : MF \longrightarrow \{0,1\}$ rekursiv wie folgt:

$$\begin{aligned}
WW_{\mathcal{M},s}(A) &= \sigma(A,s) \\
WW_{\mathcal{M},s}(\top) &= 1 \\
WW_{\mathcal{M},s}(\bot) &= 0 \\
WW_{\mathcal{M},s}(\neg\beta) &= 1 \Longleftrightarrow WW_{\mathcal{M},s}(\beta) = 0 \\
WW_{\mathcal{M},s}(\beta_1 \wedge \beta_2) &= 1 \Longleftrightarrow WW_{\mathcal{M},s}(\beta_1) = 1 \text{ und } WW_{\mathcal{M},s}(\beta_2) = 1 \\
WW_{\mathcal{M},s}(\beta_1 \vee \beta_2) &= 1 \Longleftrightarrow WW_{\mathcal{M},s}(\beta_1) = 1 \text{ oder } WW_{\mathcal{M},s}(\beta_2) = 1 \\
WW_{\mathcal{M},s}(\beta_1 \to \beta_2) &= 1 \Longleftrightarrow WW_{\mathcal{M},s}(\beta_1) = 1 \text{ impliziert } WW_{\mathcal{M},s}(\beta_2) = 1 \\
WW_{\mathcal{M},s}(\Box\beta) &= 1 \Longleftrightarrow WW_{\mathcal{M},t}(\beta) = 1 \text{ für alle } t \in W \text{ mit } (s,t) \in R \\
WW_{\mathcal{M},s}(\Diamond\beta) &= 1 \Longleftrightarrow \text{es gibt ein } t \in W \text{ mit } (s,t) \in R \text{ und} \\
& \qquad\quad WW_{\mathcal{M},t}(\beta) = 1
\end{aligned}$$

für alle $\beta, \beta_1, \beta_2 \in MF$ und $A \in AS$. Die Familie WW aller Abbildungen $WW_{\mathcal{M},s}$ heißt *Semantik* der modallogischen Formeln.

Wir nennen $WW_{\mathcal{M},s}(\alpha)$ den *Wahrheitswert von* α *in* $\mathcal{M}$ *im Punkte* $s \in W$. Wir schreiben

$$\mathcal{M} \models \alpha[s] \text{ gdw. } WW_{\mathcal{M},s}(\alpha) = 1$$

(„α *gilt in* $\mathcal{M}$ *im Punkte* s").

(2) Gilt α in der Struktur $\mathcal{M} = (W, R, \sigma)$ in allen Punkten $s \in W$, so sagen wir, daß α *in* $\mathcal{M}$ *gilt* oder *in* $\mathcal{M}$ *gültig* ist. Schreibweise: $\mathcal{M} \models \alpha$.

(3) Ist α in allen auf dem Rahmen $\mathcal{R}$ basierenden Strukturen gültig, dann heißt α *gültig in* $\mathcal{R}$; in Zeichen: $\mathcal{R} \models \alpha$.

Ähnlich wie in der Prädikatenlogik schreiben wir $\mathcal{R} \models X$ statt ($\mathcal{R} \models \alpha$ für alle $\alpha \in X$) für Mengen $X \subseteq MF$ von modallogischen Formeln (analog für $\mathcal{M}$). Bei Nichtgültigkeit verwenden wir jeweils das Zeichen $\not\models$.

Der Leser beachte, daß in der Aussagenlogik eine „einstufige" Gültigkeitsdefinition für die Formeln vorliegt, in der Prädikatenlogik eine „zweistufige" (Gültigkeit unter einer Belegung und Gültigkeit in Strukturen) und in der Modallogik eine „dreistufige" (Gültigkeit in einer Struktur in einem Punkt, Gültigkeit in einer Struktur und Gültigkeit im Rahmen). Die Verwendung des Zeichens " $\models$ " auch in der Modallogik wird nicht zu Mißverständnissen führen.

Selbsttestaufgabe S57

Sei $\mathcal{R}$ der Rahmen $(\mathbb{N}, <)$, seien $A, B \in AS$ mit $A \neq B$ und sei $\sigma : AS \times \mathbb{N} \longrightarrow \{0, 1\}$ eine $\mathbb{N}$-Belegung mit den Eigenschaften

$$\sigma(A, n) = \begin{cases} 1 & \text{falls } n > 2 \\ 0 & \text{sonst} \end{cases} \qquad \text{und}$$

$$\sigma(B, n) = \begin{cases} 1 & \text{falls } n \text{ durch 3 teilbar ist} \\ 0 & \text{sonst.} \end{cases}$$

Gilt die Formel (2) aus Beispiel 1 in der Struktur $(\mathbb{N}, <, \sigma)$ im Punkte 3?

Es ist plausibel, daß der Wahrheitswert einer modallogischen Formel in einer Struktur (W, R, σ) im Punkte $s \in W$ nur von den Werten $\sigma(A, t)$ für solche Paare $(A, t) \in AS \times W$ abhängt, für die A in α vorkommt und t von s aus „in endlich vielen Schritten erreichbar" ist.

Wir formulieren dieses *modallogische Koinzidenzlemma* zweckmäßigerweise mit den in der folgenden Definition zusammengestellten Begriffen und Bezeichnungen.

5.1.4 Definition

Sei $\alpha \in MF$.

(1) $AS(\alpha)$ bezeichne die in α vorkommenden Aussagensymbole. (Die genaue Definition von AS analog zu 2.4.1 überlassen wir dem Leser.)

(2) Der *modale Rang* MR von $\alpha \in MF$, anschaulich die „Schachtelungstiefe" der modalen Operatoren "$\Box$" und "$\Diamond$" in α, ist durch folgende Rekursionsgleichungen definiert:

$$\begin{aligned}
MR(A) &= 0 \text{ für alle } A \in AS \\
MR(\top) &= MR(\bot) = 0 \\
MR(\neg\beta) &= MR(\beta) \\
MR(\beta \wedge \gamma) &= max\{MR(\beta), MR(\gamma)\} \\
MR(\beta \vee \gamma) &= max\{MR(\beta), MR(\gamma)\} \\
MR(\beta \rightarrow \gamma) &= max\{MR(\beta), MR(\gamma)\} \\
MR(\Box\beta) &= MR(\beta) + 1 \\
MR(\Diamond\beta) &= MR(\beta) + 1
\end{aligned}$$

für alle $\beta, \gamma \in MF$.

(3) Für eine zweistellige Relation R in einer Menge W sei für alle $n \in \mathbb{N}$ die *n–fache Iteration $R^{(n)}$ von R* wie folgt induktiv definiert:

$$\begin{aligned} R^{(0)} &:= \{(s,s) \mid s \in W\} \\ R^{(n+1)} &:= R^{(n)} \cup \{(s,t) \mid (\exists u \in W)\,[(s,u) \in R \text{ und } (u,t) \in R^{(n)}]\} \end{aligned}$$

$R^* := \bigcup_{n \in \mathbb{N}} R^{(n)}$ ist der *reflexive und transitive Abschluß* von R.

Für eine transitive Relation R gilt offenbar $R^{(n)} = R$ für alle $n \geq 1$. – Das Koinzidenzlemma besagt nun, daß für die Gültigkeit einer Formel α in einem Punkte s einer Struktur $\mathcal{M} = (W, R, \sigma)$ nur die in der Formel tatsächlich auftretenden Aussagenvariablen und diejenigen Punkte $t \in W$ eine Rolle spielen, für die (s,t) in der n–fachen Iteration von R liegt, wobei n der modale Rang von α ist.

5.1.5 Lemma *(Koinzidenzlemma)*

Sei (W, R) ein Rahmen und $\alpha \in MF$. Dann gilt für alle $s \in W$, alle $n \in \mathbb{N}$ mit $n \geq MR(\alpha)$ und alle W–Belegungen σ_1 und σ_2:

$$\sigma_1|_{A(s,n,\alpha)} = \sigma_2|_{A(s,n,\alpha)} \implies (\,(W, R, \sigma_1) \models \alpha[s] \iff (W, R, \sigma_2) \models \alpha[s]),$$

wobei $A(s,n,\alpha) := \{(B,t) \mid B \in AS(\alpha),\ t \in W,\ (s,t) \in R^{(n)}\}$ ist.

Beweis

Wir beweisen das Lemma durch strukturelle Induktion über den Aufbau von α. Dabei sind die Fälle $\alpha = \top$ und $\alpha = \bot$ unmittelbar einsichtig.

Fall $\alpha = B \in AS$:
Nach Definition von $A(s,n,\alpha)$ folgt aus $\sigma_1|_{A(s,n,B)} = \sigma_2|_{A(s,n,B)}$ sofort $\sigma_1(B,s) = \sigma_2(B,s)$. Also gilt die Behauptung in diesem Fall.

Fall $\alpha = \neg\beta$:
Wegen $AS(\alpha) = AS(\beta)$ und $MR(\alpha) = MR(\beta)$ ergibt sich die Behauptung sofort mit Hilfe der Induktionsvoraussetzung.

Fall $\alpha = \beta \wedge \gamma$:
Hier gilt $AS(\beta), AS(\gamma) \subseteq AS(\alpha)$ und $MR(\beta), MR(\gamma) \leq MR(\alpha)$, also sieht man wiederum schnell mit Hilfe der Induktionsvoraussetzung die Behauptung ein. Entsprechendes gilt für die Fälle $\alpha = \beta \vee \gamma$ und $\alpha = \beta \to \gamma$.

Fall $\alpha = \Box\beta$:
Sei $n \geq MR(\alpha)$. Dann ist $n-1 \geq MR(\beta)$. Wegen $AS(\alpha) = AS(\beta)$ folgt $\sigma_1|_{A(t,n-1,\beta)} = \sigma_2|_{A(t,n-1,\beta)}$ aus $\sigma_1|_{A(s,n,\alpha)} = \sigma_2|_{A(s,n,\alpha)}$ für alle $t \in W$ mit $(s,t) \in R$. Wir erhalten:

$$\begin{aligned}(W,R,\sigma_1) \models \alpha[s] &\iff \text{für alle } t \in W \text{ mit } (s,t) \in R \text{ gilt } (W,R,\sigma_1) \models \beta[t] \\ &\iff \text{für alle } t \in W \text{ mit } (s,t) \in R \text{ gilt } (W,R,\sigma_2) \models \beta[t] \\ & \text{(nach Induktionsvoraussetzung)} \\ &\iff (W,R,\sigma_2) \models \beta[s]\end{aligned}$$

Den Fall $\alpha = \Diamond\beta$ behandelt man anlog.
□

Für aussagenlogische Formeln α vereinfacht sich das Koinzidenzlemma dahingehend, daß nun für die Gültigkeit von α in einem Punkte einer Struktur nur noch die Wahrheitswerte der in α vorkommenden Aussagenvariablen in *diesem* Punkt verantwortlich sind. Dies ergibt sich als einfache Folgerung aus Lemma 5.1.5. Darüber hinaus läßt sich in diesem Fall sogar eine schärfere Aussage gewinnen, die wir später benötigen werden.

5.1.6 Lemma

Sei (W, R) ein Rahmen und $\alpha \in AF$ eine aussagenlogische Formel. Dann gilt für alle $s, t \in W$ und alle W-Belegungen σ_1 und σ_2: $\sigma_1(B,s) = \sigma_2(B,t)$ für alle $B \in AS(\alpha) \Longrightarrow ((W,R,\sigma_1) \models \alpha[s] \iff (W,R,\sigma_2) \models \alpha[t])$.

Beweis

Das Lemma zeigt man ähnlich leicht wie den ersten Teil des Beweises von Lemma 5.1.5 durch strukturelle Induktion über α.
□

Auch das *Überführungslemma* besitzt ein modallogisches Äquivalent:

5.1.7 Lemma

Seien $\alpha, \beta_1, \ldots, \beta_n \in MF$, und $A_1, \ldots, A_n \in AS$ seien paarweise verschieden. Sei ferner (W, R) ein Rahmen, $s \in W$ und σ eine W-Belegung. σ'_s sei die durch Abändern von σ an den Stellen $(A_1,t), \ldots, (A_n,t)$ durch $WW_{(W,R,\sigma),t}(\beta_1), \ldots, WW_{(W,R,\sigma),t}(\beta_n)$ für alle t mit $(s,t) \in R^*$ entstandene W-Belegung. Dann gilt

$$(W,R,\sigma) \models (\alpha^{\beta_1,\ldots,\beta_n}_{A_1,\ldots,A_n})[s] \text{ gdw. } (W,R,\sigma'_s) \models \alpha[s].$$

Selbsttestaufgabe S58

Beweisen Sie Lemma 5.1.7.

Da die aussagenlogischen Formeln eine Teilmenge der modallogischen Formeln bilden, können wir für sie neben dem üblichen aussagenlogischen Gültigkeitsbegriff auch den modallogischen betrachten. Den Zusammenhang beschreibt das folgende Lemma.

5.1.8 Lemma

Sei $\mathcal{M} := (W, R, \sigma)$ eine Struktur und $s \in W$. Eine Belegung $\sigma_s \in BEL$ der Aussagenvariablen sei wie folgt definiert: $\sigma_s(A) := \sigma(A, s)$ für alle $A \in AS$. Dann gilt für alle aussagenlogischen Formeln $\alpha \in AF$:

$$< \sigma_s > (\alpha) = WW_{\mathcal{M},s}(\alpha) \quad \text{(Vergl. Definition 2.2.3.)}$$

Selbsttestaufgabe S59

Beweisen Sie Lemma 5.1.8.

Von besonderem Interesse sind auch in der Modallogik die *allgemeingültigen* Formeln. In der Prädikatenlogik werden die logische Konsequenz und die Allgemeingültigkeit mit Hilfe von Strukturen definiert:

$$X \models \alpha \quad \text{gdw. } (\mathcal{S} \models X \Longrightarrow \mathcal{S} \models \alpha) \text{ für alle Strukturen } \mathcal{S}$$
$$\models \alpha \quad \text{gdw. } \emptyset \models \alpha$$

In der modalen Aussagenlogik definieren wir *Rahmen–Konsequenz* $\models_r$ und *Allgemeingültigkeit* formal analog, wobei über Rahmen statt über Strukturen quantifiziert wird.

5.1.9 Definition *(Rahmen–Konsequenz, allgemeingültig)*

Seien $\alpha \in MF$ eine modallogische Formel und $X \subseteq MF$ eine Menge modallogischer Formeln.

(1) $X \models_r \alpha :\Longleftrightarrow (\mathcal{R} \models X \Longrightarrow \mathcal{R} \models \alpha)$ für alle Rahmen $\mathcal{R}$
(Sprechweise: α ist *Rahmen–Konsequenz* oder *Rahmen–Folgerung* von X)

(2) $\models_r \alpha :\Longleftrightarrow \emptyset \models_r \alpha$
(Sprechweise: α ist *allgemeingültig*)

Damit ist α Rahmen–Konsequenz von X, gdw. α in jedem Rahmen gilt, in dem alle Elemente von X gelten. α ist allgemeingültig, gdw. α in allen Rahmen für alle Belegungen σ in allen Punkten gilt. Als Folgerung aus Lemma 5.1.8 erhalten wir ohne Mühe, daß die aussagenlogischen Tautologien allgemeingültig sind.

5.1.10 Korollar

Sei $\alpha \in AF$ eine aussagenlogische Tautologie. Dann gilt $\models_r \alpha$.

Selbsttestaufgabe S60
Beweisen Sie das Korollar.

Wie in der Prädikatenlogik können wir auch in der Modallogik *Interpretationen der Aussagenlogik* definieren (vgl. Def. 3.3.10). Da dies in offensichtlicher Weise durchführbar ist, notieren wir die Definition nicht. Im nächsten Lemma halten wir aber u.a. fest, daß durch solch eine Interpretation Tautologien in allgemeingültige Formeln überführt werden.

5.1.11 Lemma

(1) Seien $\alpha, \beta_1, \ldots, \beta_n \in MF$, und $A_1, \ldots, A_n \in AS$ seien paarweise verschieden. Dann gilt:
$$\models_r \alpha \implies \models_r \alpha^{\beta_1,\ldots,\beta_n}_{A_1,\ldots,A_n}$$
(2) Sei I eine modallogische Interpretation der Aussagenlogik. Ist dann $\alpha \in AF$ eine aussagenlogische Tautologie, so ist $I(\alpha)$ allgemeingültig.

Der Beweis von (1) ergibt sich leicht mit Lemma 5.1.7.

Selbsttestaufgabe S61
Beweisen Sie Lemma 5.1.11.

Während in 5.1.10 und 5.1.11 gewissermaßen „aussagenlogisch“ allgemeingültige Formeln gewonnen werden, stellen wir im nächsten Lemma Schemata „echter“ modallogischer Formeln vor, die allgemeingültig sind, sowie eine modallogische Erzeugungsregel für solche Formeln.

5.1.12 Lemma

Seien $\alpha, \beta \in MF$. Dann gilt:

(1) $\models_r \Box(\alpha \to \beta) \to (\Box\alpha \to \Box\beta)$
(2) $\models_r \Diamond\alpha \leftrightarrow \neg\Box\neg\alpha$
(3) $\models_r \Box\alpha \leftrightarrow \neg\Diamond\neg\alpha$
(4) $\models_r \Box\top$
(5) $\models_r \Diamond(\alpha \to \beta) \to (\Box\alpha \to \Diamond\beta)$

(6) $\models_r \Box(\alpha \to \beta) \to (\Diamond\alpha \to \Diamond\beta)$

(7) $\models_r \Box(\alpha \wedge \beta) \leftrightarrow (\Box\alpha \wedge \Box\beta)$

(8) $\models_r \Diamond(\alpha \vee \beta) \leftrightarrow \Diamond\alpha \vee \Diamond\beta$

(9) $\models_r \alpha \implies \models_r \Box\alpha$

(Dabei ist " $\leftrightarrow$ " wie in der Aussagen- und der Prädikatenlogik als Abkürzung verwendet.)

Beweis

Wir beweisen exemplarisch (1), (2), (5) und (9).

(1) Sei $\mathcal{M}$ eine auf dem Rahmen $\mathcal{R} := (W, R)$ basierende Struktur. Ferner gelte $\Box(\alpha \to \beta)$ in $\mathcal{M}$ im Punkte $s \in W$, d.h. $WW_{\mathcal{M},s}(\Box(\alpha \to \beta)) = 1$. Sei $t \in W$ irgendein von s aus erreichbarer Punkt (d.h. $(s,t) \in R$). Dann folgt nach Definition 5.1.3 $WW_{\mathcal{M},t}(\alpha \to \beta) = 1$. Gilt nun zudem $WW_{\mathcal{M},s}(\Box\alpha) = 1$, dann folgt auch $WW_{\mathcal{M},t}(\alpha) = 1$, woraus sich – zusammen mit $WW_{\mathcal{M},t}(\alpha \to \beta) = 1$ – $WW_{\mathcal{M},t}(\beta) = 1$ ergibt. Da t ein beliebiger Punkt mit $(s,t) \in R$ ist, erhalten wir $WW_{\mathcal{M},s}(\Box\beta) = 1$. Also gilt $\Box\alpha \to \Box\beta$ in $\mathcal{M}$ im Punkte s. Es folgt, daß $\Box(\alpha \to \beta) \to (\Box\alpha \to \Box\beta)$ in $\mathcal{M}$ im Punkte s gilt. Damit trifft dies für alle $s \in W$ und alle auf $\mathcal{R}$ basierenden Modelle zu. Es folgt die Allgemeingültigkeit von $\Box(\alpha \to \beta) \to (\Box\alpha \to \Box\beta)$.

(2) Seien $\mathcal{M}, \mathcal{R}$ und s wie beim Beweis von (1). Wir erhalten aufgrund von Definition 5.1.3:
⊛ $WW_{\mathcal{M},s}(\Diamond\alpha) = 1 \iff$ es gibt ein $t \in W$ mit $(s,t) \in R$ und $WW_{\mathcal{M},t}(\alpha) = 1$
Andererseits gilt:
es gibt kein $t \in W$ mit $(s,t) \in R$ und $WW_{\mathcal{M},t}(\alpha) = 1$
$\iff$
für alle $t \in W$ mit $(s,t) \in R$ gilt $WW_{\mathcal{M},t}(\alpha) = 0$
$\iff$
für alle $t \in W$ mit $(s,t) \in R$ gilt $WW_{\mathcal{M},t}(\neg\alpha) = 1$
$\iff$
$WW_{\mathcal{M},s}(\Box\neg\alpha) = 1$
Zusammen mit ⊛ folgt dann $WW_{\mathcal{M},s}(\Diamond\alpha) = 1 \iff WW_{\mathcal{M},s}(\Box\neg\alpha) = 0 \iff WW_{\mathcal{M},s}(\neg\Box\neg\alpha) = 1$. Hiermit ergibt sich schnell das Behauptete.

(5) Seien $\mathcal{M}, \mathcal{R}$ und s wie oben. Ferner sei $WW_{\mathcal{M},s}(\Diamond(\alpha \to \beta)) = 1$ und $WW_{\mathcal{M},s}(\Box\alpha) = 1$. Dann gibt es einen von s aus erreichbaren Punkt $t \in W$, so daß $WW_{\mathcal{M},t}(\alpha \to \beta) = 1$. Darüber hinaus gilt $WW_{\mathcal{M},t}(\alpha) = 1$. Es folgt $WW_{\mathcal{M},t}(\beta) = 1$. Dies hat aber $WW_{\mathcal{M},s}(\Diamond\beta) = 1$ zur Konsequenz. Insgesamt ergibt sich die Gültigkeit von

$$\Diamond(\alpha \to \beta) \to (\Box\alpha \to \Diamond\beta)$$

in $\mathcal{M}$ im Punkte s. Es folgt $\models_r \Diamond(\alpha \to \beta) \to (\Box\alpha \to \Diamond\beta)$.

(9) Es sei α allgemeingültig. Sei wieder $\mathcal{R} = (W, R)$ ein Rahmen, $\mathcal{M}$ eine auf $\mathcal{R}$ basierende Struktur, $s \in W$ ein beliebiger Referenzpunkt und $t \in W$ von s aus erreichbar. Die Allgemeingültigkeit von α liefert dann $WW_{\mathcal{M},t}(\alpha) = 1$. Also gilt $WW_{\mathcal{M},s}(\Box\alpha) = 1$. Folglich ist auch $\Box\alpha$ allgemeingültig.

□

Man nennt die Formeln des Schemas (1) *Distributionsaxiome.* (2) und (3) heißen *Dualitätsgesetze* für "$\Diamond$" und "$\Box$", (7) und (8) *Distributivgesetz* von "$\Box$" bzgl. "$\wedge$" bzw. von "$\Diamond$" bzgl. "$\vee$". (9) schließlich wird *Necessitationsregel* genannt. Beachten Sie die Analogie zum formalen Gebrauch des Existenz- und des Allquantors in der Prädikatenlogik. Diese rührt daher, daß $\Box$ durch die metasprachliche $\forall$-Quantifizierung und $\Diamond$ durch die metasprachliche $\exists$-Quantifizierung in W erklärt ist.

Selbsttestaufgabe S62

Zeigen Sie, daß die Formel (3) aus Beispiel 1 nicht allgemeingültig ist.

Wir wollen nun für spätere Zwecke herleiten, daß sich modallogische Formeln in äquivalente Formeln einer gewissen Normalform transformieren lassen.

5.1.13 Definition *(quasi-disjunktive Normalform)*

Eine modallogische Formel α heißt *in quasi-disjunktiver Normalform,* wenn sie von der Gestalt

$$(\alpha_{11} \wedge \ldots \wedge \alpha_{1n_1}) \vee \ldots \vee (\alpha_{m1} \wedge \ldots \wedge \alpha_{mn_m})$$

ist mit $\alpha_{ij} \in AF \cup \{\Diamond\beta \mid \beta \in MF\} \cup \{\Box\beta \mid \beta \in MF\}$ für $i = 1, \ldots, m$ und $j = 1, \ldots, n_i$.

Das folgende Lemma beweist man leicht mit Hilfe von 5.1.10 – 5.1.12 und dem Prinzip der äquivalenten Ersetzung von Teilformeln.

5.1.14 Lemma

Zu jedem $\alpha \in MF$ gibt es ein $\beta \in MF$ in in quasi-disjunktiver Normalform, so daß $\models_r \alpha \leftrightarrow \beta$.

Beweis

Wegen unserer Ausführungen in der Aussagen- und der Prädikatenlogik genügt es, den Beweis hier nur anzudeuten. Aufgrund der Aussagenlogik und von Lemma 5.1.12(2) und (3) gibt es zu α eine Formel $\gamma \in MF$ mit $\models_r \alpha \leftrightarrow \gamma$, bei der kein " $\rightarrow$ "

mehr und das Negationszeichen höchstens vor Aussagensymbolen vorkommt. Über eine modallogische Interpretation der Aussagenlogik, die maximale mit "$\Box$" oder "$\Diamond$" beginnende Teilformeln von γ als atomar ansieht, erhält man dann mit Hilfe der Distributivgesetze für " $\wedge$ " und " $\vee$ " das gewünschte β (s. auch Satz 2.4.5).
$\Box$

Wir werden im nächsten Abschnitt zeigen, daß die Menge der allgemeingültigen modallogischen Formeln entscheidbar ist. Zunächst jedoch wollen wir unser Augenmerk durch die folgende Betrachtung auf einen Spezialfall der Modallogik, die *Zeitlogik,* richten.

Die Bedeutungsgebung für modallogische Formeln mittels Rahmen ist sehr allgemein und gestattet alle Deutungen der Erreichbarkeitsrelation R für die zugrunde gelegte Menge W der möglichen Welten. Unter den für die Informatik wichtigen greifen wir die Deutung von R als *zeitliches Nacheinander* heraus. Es soll also $(s,t) \in R$ genau dann gelten, wenn t zeitlich nach s kommt bzw. s zeitlich vor t steht. Wir sondern damit unter allen möglichen Rahmen die sogenannten *zeitlogischen Rahmen* aus. Es ist allerdings eine schwierige philosophische Frage, welche Mengen W und Relationen $R \subseteq W \times W$ man sinnvollerweise für zeitlogische Rahmen zuläßt. Wir wollen dies hier nicht diskutieren. Um die Darstellung einfach zu halten, sehen wir zunächst alle Paare (W,R) als zeitlogische Rahmen an, für die W eine nicht leere Menge und R eine irreflexive und transitive Relation in W ist. Damit sind insbesondere Zyklen in R ausgeschlossen. "$\Box\alpha$" formalisiert dann „in allen Punkten, die zeitlich nach dem Referenzpunkt stehen, gilt α", "$\Diamond\alpha$" entsprechend „es gibt einen Zeitpunkt nach dem Referenzpunkt, in dem α gilt".

5.1.15 Definition *(zeitlogischer Rahmen, zeitlogisch (allgemein)gültig)*

(1) Sei $\mathcal{R} := (W,R)$ ein Rahmen. $\mathcal{R}$ heißt *zeitlogischer Rahmen,* gdw. R *irreflexiv* und *transitiv* ist, d.h. gdw. für alle $s,t,u \in W$ gilt:

  (i) $(s,s) \notin R$

  (ii) $(s,t) \in R$ und $(t,u) \in R \Longrightarrow (s,u) \in R$

  (R heißt dann auch *strikte partielle Ordnung.*)

(2) Eine modallogische Formel α heißt *zeitlogisch (allgemein)gültig,* gdw. sie in allen zeitlogischen Rahmen gilt.

Wir wollen nun zeigen, daß sich die zeitlogische Allgemeingültigkeit rein modallogisch ausdrücken läßt. Zu diesem Zweck werden wir die zeitlogisch allgemeingültigen Formeln als Rahmen–Konsequenzen eines einzigen „Axiomenschemas" charakterisieren. Zunächst stellen wir fest:

5.1.16 Lemma

Sei $\mathcal{R} = (W, R)$ ein Rahmen. Sei $X := \{\Box\beta \rightarrow \Box\Box\beta \mid \beta \in MF\}$. Dann gilt:
R ist transitiv (d.h. es gilt (ii) von Def. 5.1.15(1)) $\iff$ $\mathcal{R} \models X$.

Beweis:

" $\Longrightarrow$ ":
Sei R transitiv, $\mathcal{M}$ eine auf $\mathcal{R}$ basierende Struktur und $s \in W$. Sei ferner $\beta \in MF$, und es gelte $\Box\beta$ in $\mathcal{M}$ im Punkte s. Zu zeigen ist $\mathcal{M} \models \Box\Box\beta[s]$. Nach Definition 5.1.3 bedeutet dies, daß wir $\mathcal{M} \models \Box\beta[t]$ für alle $t \in W$ mit $(s,t) \in R$ zeigen müssen. Sei also $t \in W$ und es gelte $(s,t) \in R$. Ferner sei der Punkt $u \in W$ von t aus erreichbar, d.h. $(t,u) \in R$. Wegen der Transitivität der Relation R ergibt sich $(s,u) \in R$. Da nach Voraussetzung $\Box\beta$ in $\mathcal{M}$ im Punkte s gilt, folgt $\mathcal{M} \models \Box\beta[u]$. Das bedeutet aber, daß $\Box\beta$ in $\mathcal{M}$ im Punkte t gilt. Dies hat schließlich wie gewünscht die Gültigkeit von $\Box\Box\beta$ in $\mathcal{M}$ im Punkte s zur Folge. Da $\beta \in MF$ beliebig gewählt war, gilt also $\mathcal{R} \models X$.
" $\Longleftarrow$ ":
Wir zeigen die Kontraposition der Behauptung. Sei also (W, R) ein Rahmen, so daß R nicht transitiv ist. Dann gibt es $s, t, u \in W$ mit $(s,t) \in R$, $(t,u) \in R$ und $(s,u) \notin R$. Wir definieren nun eine W-Belegung $\sigma : AS \times W \longrightarrow \{0,1\}$ wie folgt:

$$\sigma(A, v) := \begin{cases} 1 & \text{falls } (s,v) \in R \\ 0 & \text{sonst} \end{cases} \qquad \text{für alle } A \in AS \text{ und } v \in W$$

Dann gilt in der auf $\mathcal{R}$ basierenden Struktur $\mathcal{M} = (W, R, \sigma)$ für ein beliebiges $A \in AS$ die Formel $\Box A$ im Punkte s, nicht jedoch die Formel $\Box\Box A$, denn $WW_{\mathcal{M},u}(A) = 0$. Damit gilt $\Box A \rightarrow \Box\Box A$ nicht in $\mathcal{M}$, also auch nicht in $\mathcal{R}$.
□

Als Korollar ergibt sich die folgende Charakterisierung der Rahmen–Konsequenzen von X.

5.1.17 Korollar

Sei $X := \{\Box\beta \rightarrow \Box\Box\beta \mid \beta \in MF\}$. Dann gilt für alle $\alpha \in MF$:
$X \models_r \alpha \iff \alpha$ gilt in allen transitiven Rahmen.

Selbsttestaufgabe S63

Beweisen Sie das Korollar.

Wir wollen nun zeigen, daß $\alpha \in MF$ genau dann zeitlogisch gültig ist, wenn α Rahmen–Konsequenz von X ist. Aufgrund von Korollar 5.1.17 reicht es dafür zu zeigen, daß α in allen transitiven Rahmen gilt, gdw. α in allen zeitlogischen Rahmen

gilt. Gewiß gilt α in allen zeitlogischen Rahmen, wenn α in allen transitiven Rahmen gilt. Zum Beweis der umgekehrten Implikation konstruieren wir nun zu einem beliebigen Rahmen $\mathcal{R} = (W, R)$, so daß R eine transitive Relation ist, einen „gröberen" zeitlogischen. Dabei bedeutet *gröber*, daß alle dort gültigen modallogischen Formeln auch in $\mathcal{R}$ gelten.
Vorab führen wir als Hilfsmittel den Begriff des *p–Morphismus* ein. (Der Name rührt von *Pseudo–Homomorphismus* her.)

5.1.18 Definition *(p–Morphismus)*

Seien $\mathcal{R} = (W, R)$ bzw. $\mathcal{R}' = (W', R')$ Rahmen, $\mathcal{M} = (W, R, \sigma)$ bzw. $\mathcal{M}' = (W', R', \sigma')$ darauf basierende Strukturen und $f : W \longrightarrow W'$ eine Abbildung mit folgenden Eigenschaften:

(i) $(s,t) \in R \Longrightarrow (f(s), f(t)) \in R'$
(ii) $(f(s), t') \in R' \Longrightarrow$ es gibt ein $u \in W$ mit $f(u) = t'$ und $(s,u) \in R$
(iii) $\sigma(A,s) = \sigma'(A, f(s))$

für alle $s,t \in W$, $t' \in W'$ und $A \in AS$. Dann heißt f ein *p–Morphismus (von $\mathcal{M}$ nach $\mathcal{M}'$)*.
Erfüllt f nur die Bedingungen (i) und (ii), ist aber zusätzlich surjektiv, so nennt man f einen *p–Morphismus von $\mathcal{R}$ auf $\mathcal{R}'$* und $\mathcal{R}'$ *p–morphes Bild* von $\mathcal{R}$.

Man vergleiche den folgenden Satz mit Satz 3.8.13 über die Gültigkeit von Formeln in isomorphen Strukturen.

5.1.19 Satz

Seien $\mathcal{M} = (W, R, \sigma)$ und $\mathcal{M}' = (W', R', \sigma')$ Strukturen. $f : W \longrightarrow W'$ sei ein p–Morphismus. Dann gilt für alle $\alpha \in MF$ und alle $s \in W$:

$$\mathcal{M} \models \alpha\,[s] \text{ gdw. } \mathcal{M}' \models \alpha\,[f(s)]$$

Beweis:

Wir beweisen den Satz durch strukturelle Induktion über den Aufbau von α. Für die Fälle $\alpha = \top$ und $\alpha = \bot$ stimmt die Behauptung offenbar.
Fall $\alpha = A \in AS$:

$$\begin{aligned} \mathcal{M} \models A[s] \Longleftrightarrow\ & \sigma(A,s) = 1 && \Longleftrightarrow \text{(nach Definition 5.1.18)} \\ & \sigma'(A, f(s)) = 1 && \Longleftrightarrow \mathcal{M}' \models A\,[f(s)] \end{aligned}$$

Fall $\alpha = \neg\beta$:

$$\begin{aligned} \mathcal{M} \models \alpha[s] \Longleftrightarrow\ & \mathcal{M} \not\models \beta\,[s] && \Longleftrightarrow \text{(nach Induktionsvoraussetzung)} \\ & \mathcal{M}' \not\models \beta\,[f(s)] && \Longleftrightarrow \mathcal{M}' \models \alpha\,[f(s)] \end{aligned}$$

Die übrigen junktorenlogischen Fälle sind ähnlich einfach und werden von uns daher nicht ausgeführt.

Fall $\alpha = \Box\beta$:

$$\begin{aligned}
\mathcal{M} \models \alpha\,[s] &\iff \text{für alle } t \in W \text{ mit } (s,t) \in R \text{ gilt } \mathcal{M} \models \beta\,[t] \\
&\iff \text{für alle } t \in W \text{ mit } (s,t) \in R \text{ gilt } \mathcal{M}' \models \beta\,[f(t)] \\
&\qquad \text{(nach Ind. Vor.)} \\
&\iff \text{für alle } t' \in W' \text{ mit } (f(s),t') \in R' \text{ gilt } \mathcal{M}' \models \beta\,[t'] \\
&\qquad \text{(dabei gilt „} \Longrightarrow \text{" wegen (ii) und „} \Longleftarrow \text{" wegen (i)} \\
&\qquad \text{von Def. 5.1.18)} \\
&\iff \mathcal{M}' \models \Box\beta\,[f(s)]
\end{aligned}$$

Den Fall $\alpha = \Diamond\beta$ zeigt man völlig analog.

□

Für unsere Zwecke benötigen wir die folgende einfache Folgerung aus Satz 5.1.19.

5.1.20 Korollar

Seien $\mathcal{R} = (W, R)$ bzw. $\mathcal{R}' = (W', R')$ Rahmen. Ferner sei $f : W \longrightarrow W'$ ein p–Morphismus von $\mathcal{R}$ auf $\mathcal{R}'$. Dann gilt für alle $\alpha \in MF$:

$$\mathcal{R} \models \alpha \Longrightarrow \mathcal{R}' \models \alpha.$$

Beweis:

Es gelte $\mathcal{R}' \not\models \alpha$.. Dann gibt es eine auf $\mathcal{R}'$ basierende Struktur $\mathcal{M}' = (W', R', \sigma')$ und einen Punkt $s' \in W'$, so daß α in $\mathcal{M}'$ im Punkte s' nicht gilt. Wir definieren eine W-Belegung $\sigma : AS \times W \to \{0,1\}$ durch

$$\sigma(A, s) := \sigma'(A, f(s))$$

für alle $A \in AS$ und alle $s \in W$. Damit ist eine auf $\mathcal{R}$ basierende Struktur $\mathcal{M}$ festgelegt, und f ist ein p–Morphismus von $\mathcal{M}$ auf $\mathcal{M}'$. Sei s ein Urbild von s' unter f. Nach Satz 5.1.19 gilt α in $\mathcal{M}$ im Punkte s nicht. Es folgt $\mathcal{R} \not\models \alpha$.

□

Wir konstruieren nun aus einem Rahmen $\mathcal{R} = (W, R)$ mit transitivem R einen zeitlogischen Rahmen $\mathcal{R}^* := (W^*, R^*)$ derart, daß $\mathcal{R}$ Bild von $\mathcal{R}^*$ unter einem p–Morphismus ist. Die Grundidee dabei ist es, die transitive Relation R in W zu einer transitiven und irreflexiven Relation R^* auf $W^* := W \times \mathbb{N}$ „aufzublähen".

5.1.21 Lemma

Sei $\mathcal{R} = (W, R)$ ein Rahmen mit transitivem R. Dann gibt es einen zeitlogischen Rahmen $\mathcal{R}^* = (W^*, R^*)$ und einen p–Morphismus f von $\mathcal{R}^*$ auf $\mathcal{R}$.

Beweis:
Wir definieren wie angekündigt $W^* := W \times \mathrm{IN}$. Die Relation R^*, und damit den Rahmen $\mathcal{R}^* := (W^*, R^*)$, legen wir wie folgt fest:

$$((s,i),(t,j)) \in R^* :\Longleftrightarrow (s,t) \in R \text{ und } i < j$$

für alle $s, t \in W$ und alle $i, j \in \mathrm{IN}$. Dann ist $\mathcal{R}^*$ ein zeitlogischer Rahmen. Die Irreflexivität der Relation R^* ergibt sich dabei unmittelbar aus der Irreflexivität der Relation $<$, die Transitivität folgt sofort aus der Transitivität von R und der von $<$. Wir definieren nun in naheliegender Weise eine Abbildung $f : W^* \longrightarrow W$ durch $f(s,i) := s$ für alle $s \in W$ und alle $i \in \mathrm{IN}$. Offenbar ist f surjektiv. Man sieht aber auch leicht, daß f ein p–Morphismus von $\mathcal{R}^*$ auf $\mathcal{R}$ ist. Dabei folgt die Bedingung (i) aus Def. 5.1.18 sofort aus den Definitionen von R^* und f. Wir weisen die Gültigkeit von (ii) nach: Sei $(f(s,i),t) \in R$, wobei $s,t \in W$ und $i \in \mathrm{IN}$ seien. Wir wählen $j \in \mathrm{IN}$ mit $j > i$. Dann gilt $((s,i),(t,j)) \in R^*$ und $f(t,j) = t$. Damit ist die Behauptung des Lemmas bewiesen.
□

Selbsttestaufgabe S64
Zeigen Sie, daß wir im Beweis von Lemma 5.1.21 auch folgendermaßen hätten definieren können:

$$((s,i),(t,j)) \in R^* :\Longleftrightarrow (s,t) \in R \text{ und } ((t,s) \notin R \text{ oder } i < j)$$

für alle $s,t \in W$ und $i,j \in \mathrm{IN}$.

Als Folgerung aus diesem Lemma erhalten wir die gewünschte modallogische Charakterisierung der zeitlogisch gültigen Formeln.

5.1.22 Satz

Sei $X := \{\Box\beta \to \Box\Box\beta \mid \beta \in MF\}$. Dann gilt für alle $\alpha \in MF$:

$$X \models_r \alpha \Longleftrightarrow \alpha \text{ ist zeitlogisch gültig.}$$

Beweis:
Nach Korollar 5.1.17 gilt: $X \models_r \alpha$ gdw. α in allen transitiven Rahmen gilt. Da jeder zeitlogische Rahmen insbesondere transitiv ist, erhalten wir die Implikation

⊛ α gilt in allen transitiven Rahmen $\Longrightarrow$ α gilt in allen zeitlogischen Rahmen.

Sei nun α nicht in allen transitiven Rahmen gültig. Dann gibt es einen Rahmen $\mathcal{R} = (W, R)$ mit transitivem R, so daß $\mathcal{R} \not\models \alpha$. Sei $\mathcal{R}^*$ der zu $\mathcal{R}$ gemäß Lemma 5.1.21 existierende zeitlogische Rahmen. Da $\mathcal{R}$ p–morphes Bild von $\mathcal{R}^*$ ist, folgt $\mathcal{R}^* \not\models \alpha$ nach Korollar 5.1.20. Folglich ist α nicht zeitlogisch gültig. Von ⊛ gilt also auch die Umkehrung. Damit ist die Behauptung gezeigt.
□

Der Leser könnte meinen, daß man sich die Konstruktion von Lemma 5.1.21 hätte sparen und die Irreflexivität von R analog zur Transitivität durch ein modallogisches Formelschema im Sinne von Lemma 5.1.16 hätte ausdrücken können. Wir wollen zum Schluß dieses Abschnitts anmerken, daß dies nicht möglich ist.

Beispiel 2
Sei $\mathcal{R} := (\mathbb{N}, <)$ und $\mathcal{R}' := (\{0\}, \{(0,0)\})$. Wir definieren $f : \mathbb{N} \longrightarrow \{0\}$ durch $f(n) := 0$ für alle $n \in \mathbb{N}$. Dann ist f offensichtlich ein p–Morphismus von $\mathcal{R}$ auf $\mathcal{R}'$. Könnte man nun die Irreflexivität durch ein Schema modallogischer Formeln ausdrücken, so müßte $\{(0,0)\}$ wegen Korollar 5.1.20 irreflexiv sein, da $<$ irreflexiv ist. Dies trifft aber nicht zu. Also gibt es keine Menge X von modallogischen Formeln, so daß für alle Rahmen $\mathcal{R} = (W, R)$ gilt:

$$\mathcal{R} \models X \iff R \text{ ist irreflexiv.}$$

5.2 Entscheidbarkeit

Wir wollen in diesem kurzen Abschnitt die Entscheidbarkeit der allgemeingültigen und der zeitlogisch gültigen modallogischen Formeln beweisen. Dazu bedienen wir uns der Technik der *Filtrat*bildung von Strukturen. Sind eine modallogische Struktur $\mathcal{M} = (W, R, \sigma)$ und eine Formel $\alpha \in MF$ gegeben, dann entsteht ein Filtrat von $\mathcal{M}$ bzgl. α durch Zusammenfassen von Referenzpunkten, die bzgl. Teilformeln von α ununterscheidbar sind, zu Klassen.

5.2.1 Definition *(α–Filtrat)*

Sei $\mathcal{M} = (W, R, \sigma)$ eine modallogische Struktur und $\alpha \in MF$ eine modallogische Formel.

(1) Sei $Tf(\alpha)$ die Menge aller Teilformeln von α. Wir definieren in W wie folgt eine Äquivalenzrelation $\sim_\alpha$: $s \sim_\alpha t :\iff$ für alle $\beta \in Tf(\alpha)$ gilt:

$(\mathcal{M} \models \beta[s] \Longleftrightarrow \mathcal{M} \models \beta[t])$
für alle $s, t \in W$.

(2) Die Äquivalenzklasse eines $s \in W$ bzgl. $\sim_\alpha$ wird mit $\overline{s}$ bezeichnet. Sei $\overline{W} := \{\overline{s} \mid s \in W\}$.

(3) Eine modallogische Struktur $\overline{\mathcal{M}} := (\overline{W}, \overline{R}, \overline{\sigma})$ heißt *α–Filtrat* von $\mathcal{M}$, gdw. folgende Bedingungen erfüllt sind:
   (i) für alle $s, t \in W$ gilt: $(s,t) \in R \Longrightarrow (\overline{s}, \overline{t}) \in \overline{R}$
   (ii) für alle Teilformeln $\Box\beta \in Tf(\alpha)$ und alle $s, t \in W$ gilt: $(\overline{s}, \overline{t}) \in \overline{R}$ und $\mathcal{M} \models \Box\beta[s] \Longrightarrow \mathcal{M} \models \beta[t]$;
   (iii) für alle $B \in AS(\alpha)$ und alle $s \in W$ gilt: $\overline{\sigma}(B, \overline{s}) = \sigma(B, s)$.

Das folgende Lemma zeigt eine erste Möglichkeit, Filtrate einer gegebenen Struktur zu konstruieren.

5.2.2 Lemma

Sei $\mathcal{M} = (W, R, \sigma)$ eine modallogische Struktur, $\alpha \in MF$ und $\overline{W}$ wie in Definition 5.2.1 gebildet. Ferner sei $\overline{R} := \{(u,v) \in \overline{W} \times \overline{W} \mid$ es gibt $s \in u$ und $t \in v$ mit $(s,t) \in R\}$, und $\overline{\sigma} : AS \times \overline{W} \longrightarrow \{0,1\}$ sei definiert durch $\overline{\sigma}(B, \overline{s}) := \sigma(B, s)$, falls $B \in AS(\alpha)$, und beliebig sonst. Dann ist $\overline{\mathcal{M}} := (\overline{W}, \overline{R}, \overline{\sigma})$ ein α–Filtrat von $\mathcal{M}$.

Beweis

Zunächst halten wir fest, daß $\overline{\sigma}$ wohldefiniert ist, da äquivalente Punkte durch Teilformeln von α nicht unterschieden werden können und somit für alle $B \in AS(\alpha)$ die durch $\sigma_B(s) := \sigma(B, s)$ festgelegte Abbildung auf den Äquivalenzklassen bzgl. $\sim_\alpha$ konstant ist (man beachte: $AS(\alpha) \subseteq Tf(\alpha)$). Offensichtlich erfüllt $\overline{\sigma}$ (3)(iii) der Definition 5.2.1. Auch (3)(i) ist offenbar für die im Lemma definierte Relation $\overline{R}$ erfüllt. Zum Nachweis von (3)(ii) seien $\Box\beta \in Tf(\alpha)$ und $s, t \in W$, so daß $(\overline{s}, \overline{t}) \in \overline{R}$ und $\mathcal{M} \models \Box\beta[s]$ gilt. Nach Definition von $\overline{R}$ gibt es $s' \in \overline{s}$ und $t' \in \overline{t}$ mit $(s', t') \in R$. Wegen $s' \sim_\alpha s$ gilt $\mathcal{M} \models \Box\beta[s']$. Daraus folgt $\mathcal{M} \models \beta[t']$. Da $t' \sim_\alpha t$, ergibt sich schließlich $\mathcal{M} \models \beta[t]$.
□

Wir werden später noch eine weitere Art der Filtratbildung benutzen, die im nächsten Lemma beschrieben wird.

5.2.3 Lemma

Sei $\mathcal{M} = (W, R, \sigma)$ eine modallogische Struktur mit transitiver Relation R und α eine modallogische Formel. $\overline{W}$ sei wie in Definition 5.2.1 und $\overline{\sigma}$ wie in Lemma 5.2.2 definiert. Wir legen eine zweistellige Relation $\overline{R}$ in $\overline{W}$ wie folgt fest:

$$(\overline{s},\overline{t}) \in \overline{R} \;:\Longleftrightarrow\; \text{für alle } \Box\beta \in Tf(\alpha) \text{ gilt: } (\mathcal{M} \models \Box\beta[s] \Longrightarrow \mathcal{M} \models (\Box\beta \wedge \beta)[t])$$

Dann ist $\overline{\mathcal{M}} := (\overline{W}, \overline{R}, \overline{\sigma})$ ein α–Filtrat von $\mathcal{M}$. Darüber hinaus ist $\overline{R}$ transitiv.

Beweis

$\overline{R}$ ist nach Definition von $\sim_\alpha$ wohldefiniert; man beachte dabei, daß β und $\Box\beta$ Teilformeln von α sind. Für die Filtrateigenschaft genügt es nun, (i) und (ii) aus Definition 5.2.1(3) nachzuweisen.

zu (i): Seien $s,t \in W$ mit $(s,t) \in R$. Es gelte $\mathcal{M} \models \Box\beta[s]$ für die Teilformel $\Box\beta$ von α. Wegen $(s,t) \in R$ folgt $\mathcal{M} \models \beta[t]$. Sei $u \in W$ mit $(t,u) \in R$. Da R transitiv ist, folgt $(s,u) \in R$. Also gilt auch $\mathcal{M} \models \beta[u]$. Dies bedeutet aber gerade $\mathcal{M} \models (\Box\beta \wedge \beta)[t]$, also $(\overline{s},\overline{t}) \in \overline{R}$.

zu (ii): Seien $s,t \in W$ und $\Box\beta \in Tf(\alpha)$, so daß $(\overline{s},\overline{t}) \in \overline{R}$ und $\mathcal{M} \models \Box\beta[s]$. Nach Definition von $\overline{R}$ folgt $\mathcal{M} \models (\Box\beta\wedge\beta)[t]$, also insbesondere $\mathcal{M} \models \beta[t]$. Damit gilt auch (ii).

Es verbleibt zu zeigen, daß $\overline{R}$ transitiv ist. Wir nehmen dazu an, daß $(\overline{s},\overline{t}) \in \overline{R}$ und $(\overline{t},\overline{u}) \in \overline{R}$ gilt. Wir setzen $\mathcal{M} \models \Box\beta[s]$ voraus und erhalten aus $(\overline{s},\overline{t}) \in \overline{R}$ zunächst $\mathcal{M} \models (\Box\beta \wedge \beta)[t]$, woraus insbesondere $\mathcal{M} \models \Box\beta[t]$ folgt. Dies hat aufgrund von $(\overline{t},\overline{u}) \in \overline{R}$ jedoch $\mathcal{M} \models (\Box\beta \wedge \beta)[u]$ zur Konsequenz. Damit ergibt sich wie gewünscht $(\overline{s},\overline{u}) \in \overline{R}$.

□

Wir formulieren nun das entscheidende Lemma über α–Filtrate modallogischer Strukturen.

5.2.4 Lemma

Sei $\mathcal{M} = (W, R, \sigma)$ eine modallogische Struktur, α eine modallogische Formel derart, daß $\Diamond\gamma \notin Tf(\alpha)$ für alle $\gamma \in MF$, und $\overline{\mathcal{M}} := (\overline{W}, \overline{R}, \overline{\sigma})$ ein α–Filtrat von $\mathcal{M}$. Dann gilt für alle $\beta \in MF$: Ist $\beta \in Tf(\alpha)$, dann gilt die Äquivalenz

$$\overline{\mathcal{M}} \models \beta[\overline{s}] \Longleftrightarrow \mathcal{M} \models \beta[s]$$

für alle $s \in W$. Ferner ist $\overline{W}$ eine endliche Menge, deren Elementezahl sich durch die Elementezahl der Potenzmenge von $Tf(\alpha)$ abschätzen läßt: $\sharp(\overline{W}) \leq \sharp\,(2^{Tf(\alpha)})$.

Beweis

Wir zeigen zunächst die erste Behauptung des Lemmas durch strukturelle Induktion über β. Dabei sind die Fälle $\beta = \top$ und $\beta = \bot$ klar.

Fall $\beta = B \in AS$:

Sei $B \in Tf(\alpha)$, also $B \in AS(\alpha)$. Sei ferner $s \in W$. Dann gilt:

$$\begin{aligned}\overline{\mathcal{M}} \models B[\overline{s}] &\iff \overline{\sigma}(B,\overline{s}) = 1\\ &\iff \sigma(B,s) = 1 \quad \text{(nach (3)(iii) von Def. 5.2.1)}\\ &\iff \mathcal{M} \models B[s]\end{aligned}$$

Die Fälle $\beta = \neg\gamma$, $\beta = \gamma_1 \wedge \gamma_2$, $\beta = \gamma_1 \vee \gamma_2$ und $\beta = \gamma_1 \rightarrow \gamma_2$ führen wir nicht genauer aus. Sie ergeben sich unmittelbar durch Rückgriff auf die Induktionsvoraussetzung, indem man $(\beta \in Tf(\alpha) \Longrightarrow \gamma \in Tf(\alpha))$ bzw. $(\beta \in Tf(\alpha) \Longrightarrow \{\gamma_1,\gamma_2\} \subseteq Tf(\alpha))$ verwendet.

Fall $\beta = \Box\gamma$:
Sei $\beta \in Tf(\alpha)$. Es folgt $\gamma \in Tf(\alpha)$. Nach Induktionsvoraussetzung gilt

$$\overline{\mathcal{M}} \models \gamma[\overline{t}\,] \iff \mathcal{M} \models \gamma[t]$$

für alle $t \in W$.
Sei nun $s \in W$ und es gelte $\overline{\mathcal{M}} \models \Box\gamma[\overline{s}]$. Dies bedeutet $\overline{\mathcal{M}} \models \gamma[\overline{u}]$ für alle $\overline{u} \in \overline{W}$ mit $(\overline{s},\overline{u}) \in \overline{R}$. Sei ferner $t \in W$ mit $(s,t) \in R$. Wegen (3)(i) von Def. 5.2.1 folgt $(\overline{s},\overline{t}) \in \overline{R}$. Es ergibt sich $\overline{\mathcal{M}} \models \gamma[\overline{t}\,]$. Mit der Induktionsvoraussetzung folgt $\mathcal{M} \models \gamma[t]$. Also erhalten wir $\mathcal{M} \models \Box\gamma[s]$.
Jetzt gelte umgekehrt $\mathcal{M} \models \Box\gamma[s]$, wobei $s \in W$ sei. Sei $\overline{t} \in \overline{W}$ von $\overline{s}$ aus bzgl. $\overline{R}$ erreichbar, d.h. $(\overline{s},\overline{t}) \in \overline{R}$. Nach (3)(ii) von Def. 5.2.1 folgt $\mathcal{M} \models \gamma[t]$. Die Induktionsvoraussetzung liefert dann $\overline{\mathcal{M}} \models \gamma[\overline{t}\,]$. Damit folgt $\overline{\mathcal{M}} \models \Box\gamma[\overline{s}\,]$.

Fall $\beta = \Diamond\gamma$:
In diesem Fall ist nichts zu beweisen.

Damit ist die erste Behauptung des Lemmas gezeigt. Um die zweite zu beweisen, definieren wir eine Abbildung $f : \overline{W} \longrightarrow 2^{Tf(\alpha)}$ durch

$$f(\overline{s}) := \{\beta \in Tf(\alpha) \mid \mathcal{M} \models \beta[s]\}$$

für alle $\overline{s} \in \overline{W}$. Diese Abbildung ist wohldefiniert, da Punkte einer Äquivalenzklasse durch Teilformeln von α nicht unterscheidbar sind, d.h. $\overline{s} = \overline{t} \Longrightarrow (\mathcal{M} \models \beta[s] \iff \mathcal{M} \models \beta[t])$ für alle $s,t \in W$ und $\beta \in Tf(\alpha)$ gilt. Wir zeigen nun die Injektivität der Abbildung f. Sei $\{\beta \in Tf(\alpha) \mid \mathcal{M} \models \beta[s]\} = \{\beta \in Tf(\alpha) \mid \mathcal{M} \models \beta[t]\}$. Dann gilt für alle $\beta \in Tf(\alpha)$ $(\mathcal{M} \models \beta[s] \iff \mathcal{M} \models \beta[t])$. Es folgt $s \sim_\alpha t$ nach Definition 5.2.1(1), also $\overline{s} = \overline{t}$. Da $2^{Tf(\alpha)}$ endlich ist (denn $Tf(\alpha)$ ist endlich) und $\overline{W}$ sich injektiv in $2^{Tf(\alpha)}$ einbetten läßt, ist auch $\overline{W}$ endlich. Offensichtlich gilt zudem die angegebene Elementezahlabschätzung.
□

Es sei an dieser Stelle bemerkt, daß wir bei Betrachtung von α–Filtraten der ersten Art (s. Lemma 5.2.2) auf die Voraussetzung "$\Diamond\gamma \notin Tf(\alpha)$ für alle $\gamma \in MF$" in Lemma 5.2.4 hätten verzichten können.

Selbsttestaufgabe S65

Beweisen Sie dies.

Als Korollar aus dem obigen Lemma ergibt sich die folgende *endliche Modelleigenschaft* der allgemeingültigen und der zeitlogisch gültigen Formeln.

5.2.5 Korollar

(1) $\alpha \in MF$ ist genau dann allgemeingültig, wenn α in allen Strukturen $\mathcal{M} = (W, R, \sigma)$ mit $\sharp(W) \leq 2^{\sharp(Tf(\alpha))}$ gilt.

(2) $\alpha \in MF$ ist genau dann zeitlogisch gültig, wenn α in allen Strukturen $\mathcal{M} = (W, R, \sigma)$ mit transitiver Erreichbarkeitsrelation R und mit $\sharp(W) \leq 2^{m(\alpha)+\sharp(Tf(\alpha))}$ gilt, wobei $m(\alpha) := 2 \cdot \sharp_\Diamond(\alpha)$ ist.

Beweis

(1) Ist α allgemeingültig, dann gilt α natürlich auch in allen Strukturen der angegebenen Art. Ist α nicht allgemeingültig, dann gibt es eine Struktur $\mathcal{M} = (W, R, \sigma)$ und einen Punkt $s \in W$, so daß $\mathcal{M} \not\models \alpha[s]$. Sei $\overline{\mathcal{M}} := (\overline{W}, \overline{R}, \overline{\sigma})$ ein α–Filtrat der ersten Art von $\mathcal{M}$. Nach Lemma 5.2.4 und der obigen Bemerkung folgt $\overline{\mathcal{M}} \not\models \alpha[\overline{s}]$. Damit gilt α in $\overline{\mathcal{M}}$ nicht. Wegen $\sharp(\overline{W}) \leq 2^{\sharp(Tf(\alpha))}$ folgt dann die Behauptung.

(2) Ist α zeitlogisch gültig, dann gilt α nach Satz 5.1.22 und Korollar 5.1.17 in allen transitiven Rahmen, also auch in allen Strukturen der angegebenen Art. Ist α nicht zeitlogisch gültig, dann gibt es nach 5.1.22 und 5.1.17 eine Struktur $\mathcal{M} = (W, R, \sigma)$ mit transitivem R und einen Punkt $s \in W$, so daß $\mathcal{M} \not\models \alpha[s]$. Sei $\alpha' \in MF$ diejenige Formel, die aus α entsteht, indem jedes in α vorkommende Zeichen "$\Diamond$" durch "$\neg\Box\neg$" ersetzt wird. Nach Lemma 5.1.12(2) und dem Prinzip der äquivalenten Ersetzung von Teilformeln gilt $\models_r \alpha \leftrightarrow \alpha'$, woraus $\mathcal{M} \not\models \alpha'[s]$ folgt. Ferner zeigt man leicht induktiv über den Aufbau von α, daß $\sharp(Tf(\alpha')) = m(\alpha) + \sharp(Tf(\alpha))$ gilt, wobei $m(\alpha) := 2 \cdot \sharp_\Diamond(\alpha)$ ist. Sei $\overline{\mathcal{M}} = (\overline{W}, \overline{R}, \overline{\sigma})$ ein α'–Filtrat der zweiten Art von $\mathcal{M}$. Nach Lemma 5.2.4 gilt α' in $\overline{\mathcal{M}}$ im Punkte $\overline{s}$ nicht, also gilt auch α in $\overline{\mathcal{M}}$ im Punkte $\overline{s}$ nicht. Ebenfalls aufgrund von Lemma 5.2.4 erfüllt $\overline{W}$ die Abschätzung $\sharp(\overline{W}) \leq 2^{m(\alpha)+\sharp(Tf(\alpha))}$. Schließlich liefert Lemma 5.2.3, daß $\overline{R}$ transitiv ist. Damit gilt α in einer Struktur der angegebenen Art nicht, was zu zeigen war.

$\Box$

Selbsttestaufgabe S66

Verifizieren Sie die Gleichung $\sharp(Tf(\alpha')) = m(\alpha) + \sharp(Tf(\alpha))$ aus dem obigen Beweis.

Wir sind nun fast in der Lage, ein Entscheidungsverfahren für die allgemeingültigen modallogischen Formeln bzw. für die zeitlogisch gültigen Formeln anzugeben.

Wir müssen nur noch garantieren, daß es genügt, statt aller endlichen Strukturen $\mathcal{M} = (W, R, \sigma)$ lediglich solche mit einer standardisierten Referenzpunktmenge W zu betrachten. Dies leistet das folgende Lemma.

5.2.6 Lemma

Sei $\mathcal{M} = (W, R, \sigma)$ eine modallogische Struktur mit endlichem W, etwa $\sharp(W) = k + 1$. Dann gibt es eine Struktur $\mathcal{M}' = (W', R', \sigma')$ mit folgenden Eigenschaften:

(i) $W' = \{0, \ldots, k\} \subseteq \mathbb{N}$;

(ii) für alle $\alpha \in MF$ gilt: $\mathcal{M} \models \alpha \Longleftrightarrow \mathcal{M}' \models \alpha$.

Der Beweis von Lemma 5.2.6 ist sehr einfach und wird von uns hier nicht durchgeführt. Wir empfehlen ihn dem Leser jedoch zur Übung. – Es folgen als Hauptresultate dieses Abschnitts die angekündigten Entscheidbarkeiten.

5.2.7 Satz

(1) $\{\alpha \in MF \mid \models_r \alpha\}$ ist entscheidbar.

(2) $\{\alpha \in MF \mid \alpha$ ist zeitlogisch gültig$\}$ ist entscheidbar.

Beweis

(1) Wir beschreiben einen Entscheidungsalgorithmus.
Eingabe: $\alpha \in MF$;

(a) bestimme $\sharp(2^{Tf(\alpha)}) =: n$;

(b) FOR $i = 1, \ldots, n$ DO
BEGIN
erzeuge sukzessive alle zweistelligen Relationen auf $\{0, \ldots, i-1\}$;
belege jeweils $\{(B, k) \mid B \in AS(\alpha), k \in \{0, \ldots, i-1\}\}$ nacheinanander auf alle möglichen Weisen mit Wahrheitswerten;
teste in jedem Fall, ob α in allen Punkten $k = 0, \ldots, i-1$ gilt;
falls nicht, gib „α ist nicht allgemeingültig" aus und halte
END;

(c) gib „α ist allgemeingültig" aus und halte.

Der Algorithmus hält stets, da es auf einer endlichen Menge nur endlich viele zweistellige Relationen gibt. Man beachte, daß das Testen der Gültigkeit von

α in einem Punkt $k \in \{0, \ldots, i-1\}$ $(1 \leq i \leq n)$ effektiv durchführbar ist. Nach Korollar 5.2.5, Lemma 5.2.6 und dem Koinzidenzlemma 5.1.5 arbeitet der Algorithmus korrekt.

(2) Hier modifiziert man den Algorithmus aus (1), indem man $n := m(\alpha) + \sharp(Tf(\alpha))$ setzt und nur die *transitiven* Relationen $R \subseteq \{0, \ldots, i-1\}^2$ berücksichtigt; man beachte dabei, daß die Transitivität einer zweistelligen Relation auf $\{0, \ldots, i-1\}$ effektiv überprüfbar ist $(1 \leq i \leq n)$.

□

Eine Inspektion der Algorithmen ergibt, daß sie einen enormen Rechenaufwand erfordern. So kann das Verfahren in (1) größenordnungsmäßig n^{2^m} Rechenschritte bis zur Entscheidung benötigen, wobei $m := \sharp(AS(\alpha))$. In [Ladner] ist gezeigt worden, daß $\{\alpha \in MF \mid \models_r \alpha\}$ *PSPACE-vollständig* ist. Damit gehört diese Menge zu den schwierigsten Problemen, die sich von einer Turingmaschine mit polynomialem Speicherplatzbedarf entscheiden lassen.

5.3 Von der Modallogik zur Temporalen Logik

Wir wenden uns nun der Betrachtung spezieller zeitlogischer Rahmen zu. In der Informatik spielen Varianten des Rahmens $\mathcal{N} = (\mathbb{N}, <)$ eine ausgezeichnete Rolle, etwa bei der Spezifikation und Verifikation von Eigenschaften paralleler Programme. Auch die in $\mathcal{N}$ gültigen modallogischen Formeln kann man durch eine Menge $X \subseteq MF$, bestehend aus einigen einfachen Formelschemata, im Sinne von Satz 5.1.22 charakterisieren.

5.3.1 Satz

Sei $X :=$
$$\begin{aligned} &\{\Box\alpha \to \Diamond\alpha \mid \alpha \in MF\} \cup \\ &\{\Box\alpha \to \Box\Box\alpha \mid \alpha \in MF\} \cup \\ &\{\Box(\Box\alpha \wedge \alpha \to \beta) \vee \Box(\Box\beta \wedge \beta \to \alpha) \mid \alpha, \beta \in MF\} \cup \\ &\{\Box(\Box\alpha \to \alpha) \to (\Diamond\Box\alpha \to \Box\alpha) \mid \alpha \in MF\}. \end{aligned}$$
Dann gilt für alle $\gamma \in MF$:
$$X \models_r \gamma \iff \mathcal{N} \models \gamma$$

Wir führen den Beweis dieses Satzes hier nicht weiter aus. Vielmehr werden uns in Kürze einige Beobachtungen dazu veranlassen, über die Modallogik, wovon wir einen Teil als „Zeitlogik" interpretieren konnten, hinauszugehen und zur eigentlichen *Temporalen Logik* zu gelangen. An der Schwelle zur Temporalen Logik beenden wir dann unsere Ausführungen. Der Leser findet Weitergehendes hierzu in [Goldblatt] und [Kröger].

Sei $\mathcal{M} = (W, R, \sigma)$ eine modallogische Struktur. Dann ist (W, R) insbesondere eine mathematische Struktur von Typ $(\{P\}, \emptyset)$ mit $\mu(P) = 2$ im Sinne der Prädikatenlogik (s. Abschnitt 3.3). Wir ordnen nun jedem Aussagensymbol $A \in AS$ einen einstelligen Prädikatsbezeichner $Q(A)$ zu. Dabei soll das zugehörige einstellige Prädikat genau dann auf einen Punkt von W zutreffen, wenn A in $\mathcal{M}$ in diesem Punkte gilt. Auf diese Weise erhalten wir eine prädikatenlogische Struktur $\mathcal{S}_\mathcal{M}$ vom Typ $(\{P\} \cup \{Q(A) \mid A \in AS\}, \emptyset)$ mit Träger W, welche die modallogische Gültigkeit in $\mathcal{M}$ als prädikatenlogische Gültigkeit in $\mathcal{S}_\mathcal{M}$ widerspiegelt. Wir formulieren dies exakt.

5.3.2 Definition *(prädikatenlogische Übersetzung)*

Sei $Q : AS \longrightarrow Präd$ eine injektive Abbildung mit $\mu(Q(A)) = 1$ für alle $A \in AS$. Ferner sei P ein zweistelliger Prädikatsbezeichner und $\tau := (\{P\} \cup \{Q(A) \mid A \in AS\}, \emptyset)$.

(1) Sei $\mathcal{M} = (W, R, \sigma)$ eine modallogische Struktur. Die prädikatenlogische τ–Struktur $\mathcal{S}_\mathcal{M} := (S, \mathbf{P}, \mathbf{g})$ sei festgelegt durch

$$\begin{aligned} S &:= W, \\ \mathbf{P}_P &:= R, \\ \mathbf{P}_{Q(A)}(s) &:\Longleftrightarrow \sigma(A, s) = 1 \text{ für alle } s \in W \text{ und alle } A \in AS, \\ Def(\mathbf{g}) &= \emptyset. \end{aligned}$$

$\mathcal{S}_\mathcal{M}$ heißt *prädikatenlogische Übersetzung* von $\mathcal{M}$.

(2) Sei $x \in Var$. Durch folgende Rekursionsgleichungen ist eine Abbildung $^* : MF \longrightarrow PF_\tau$ der modallogischen Formeln in die prädikatenlogischen Formeln vom Typ τ definiert, wobei $A \in AS$ und $\alpha, \beta \in MF$ seien:

$$\begin{aligned} \top^* &= \top \\ \bot^* &= \bot \\ A^* &= Q(A)(x) \\ (\neg\alpha)^* &= \neg\alpha^* \\ (\alpha \wedge \beta)^* &= \alpha^* \wedge \beta^* \end{aligned}$$

(entsprechend für " $\vee$ " und " $\rightarrow$ ")

$$(\Box\alpha)^* = \forall y(P(x,y) \rightarrow Sub^y_x(\alpha^*))$$
$$(\Diamond\alpha)^* = \exists y(P(x,y) \wedge Sub^y_x(\alpha^*))$$

(wobei y jeweils die Variable $x_i = x0^i x$ mit kleinstem i sei, die in α^* noch nicht benutzt wurde und von x verschieden ist).
Dann nennen wir α^* die *prädikatenlogische Übersetzung* von $\alpha \in MF$.

Offenbar besitzt α^* - falls $\alpha \neq \top, \bot$ ist - genau x als freie Variable, so daß für die Gültigkeit von α^* in τ-Strukturen $\mathcal{S}$ nach dem Koinzidenzlemma 3.3.4 nur die Werte der Belegungen an der Stelle x eine Rolle spielen. Wir schreiben allgemein für Formeln $\beta \in PF_\tau$ mit $Fr(\beta) = \{x\}$ "$\mathcal{S} \models \beta[s]$" anstelle von "$\mathcal{S} \models \beta(\tilde{\sigma})$ für alle $\tilde{\sigma} \in Bel_{\mathcal{S}}$ mit $\tilde{\sigma}(x) = s$" und erhalten:

5.3.3 Lemma

Sei $\mathcal{M} = (W, R, \sigma)$ eine Struktur und $\mathcal{S}_\mathcal{M}$ deren prädikatenlogische Übersetzung. Dann gilt für alle $\alpha \in MF$ und alle $s \in W$:

$$\mathcal{M} \models \alpha[s] \iff \mathcal{S}_\mathcal{M} \models \alpha^*[s].$$

Selbsttestaufgabe S67

Beweisen Sie Lemma 5.3.2.

Als unmittelbare Folgerung aus Lemma 5.3.3 ergibt sich:

5.3.4 Korollar

Sei $\mathcal{M} = (W, R, \sigma)$ eine Struktur und $\mathcal{S}_\mathcal{M}$ die prädikatenlogische Übersetzung von $\mathcal{M}$. Dann gilt für alle $\alpha \in MF$:

$$\mathcal{M} \models \alpha \iff \mathcal{S}_\mathcal{M} \models \alpha^*.$$

Damit ist die Gültigkeit modallogischer Formeln in Strukturen auf die prädikatenlogische Gültigkeit ihrer Übersetzungen zurückgeführt. (Für die Gültigkeit in Rahmen ist dies auf analoge Weise (erststufig) nicht möglich.) In gewisser Weise ist also die Prädikatenlogik 1. Stufe nicht ausdrucksschwächer als die Modallogik. Der Vorteil der Benutzung modallogischer Formeln - und nicht ihrer Übersetzungen - liegt jedoch darin, daß mit ihrer Hilfe Modalitäten *einfach* ausgedrückt werden können. Die zugeordneten prädikatenlogischen Formeln werden wir hier lediglich als „Vergleichssprache" benutzen.

Wir führen in Anlehnung an Lemma 5.3.3 und Korollar 5.3.4 zwei Sprechweisen ein.

5.3.5 Definition

Sei $\alpha \in MF$ eine modallogische Formel und $\gamma \in PF_\tau$ eine prädikatenlogische Formel mit $Fr(\gamma) = \{x\}$. Sei $\mathcal{M} = (W, R, \sigma)$ eine modallogische Struktur und $\mathcal{S}_\mathcal{M}$ die prädikatenlogische Übersetzung von $\mathcal{M}$.

(1) α und γ heißen *äquivalent in* $\mathcal{M}$ *im Punkte* $s \in W$, gdw.

$$\mathcal{M} \models \alpha[s] \Longleftrightarrow \mathcal{S}_\mathcal{M} \models \gamma[s].$$

(2) α und γ heißen *äquivalent in* $\mathcal{M}$, gdw. sie äquivalent in $\mathcal{M}$ in jedem Punkte $s \in W$ sind.
Schreibweise: $\mathcal{M} \models \alpha \leftrightsquigarrow \gamma$.

Nach Korollar 5.3.4 gibt es für eine beliebig gegebene Struktur $\mathcal{M}$ zu allen $\alpha \in MF$ ein in $\mathcal{M}$ äquivalentes $\gamma \in PF_\tau$, nämlich α^*. Ist insbesondere $\mathcal{R} = (W, R)$ ein Rahmen, so gilt $\mathcal{M} \models \alpha \leftrightsquigarrow \gamma$ für alle auf $\mathcal{R}$ basierenden Strukturen $\mathcal{M}$, wobei $\gamma = \alpha^*$.
Wir kehren nun zu unserem zeitlogischen Rahmen $\mathcal{N} = (\mathbb{N}, <)$ zurück und stellen hierfür die gewissermaßen „duale" Frage, ob für jede Formel $\gamma \in PF_\tau$ mit $Fr(\gamma) = \{x\}$ ein in jeder auf $\mathcal{N}$ basierenden Struktur $\mathcal{M}$ äquivalentes $\alpha \in MF$ existiert. Wir werden zeigen, daß dies nicht der Fall ist. Damit ist die zum Rahmen $\mathcal{N}$ gehörende Zeitlogik echt „ausdrucksschwächer" als die „zugeordnete" Prädikatenlogik 1. Stufe. Genauer werden wir beweisen, daß (u.a.) von Eigenschaften die *Gültigkeit in der Vergangenheit* und *in der Zukunft bis zu einem gewissen Zeitpunkt* nicht modallogisch ausdrückbar ist.
Bei den auftretenden prädikatenlogischen Formeln schreiben wir ab jetzt "$y < z$" statt "$P(y, z)$" $(y, z \in Var)$.

5.3.6 Definition *(PAST-Operator, UNTIL-Operator, ausdrückbar)*

Sei $x \in Var$ wie in Def. 5.3.2(2) und $y \in Var$ mit $y \neq x$.

(1) Für jedes $\alpha \in MF$ sei $P(\alpha)$ die prädikatenlogische Formel

$$\exists y(y < x \wedge Sub_x^y(\alpha^*)).$$

$P : MF \longrightarrow PF_\tau$ heißt *(prädikatenlogischer) PAST-Operator.*

(2) Für alle $\alpha, \beta \in MF$ sei $U(\alpha, \beta)$ die Formel

$$\exists y(x < y \wedge \forall z(x < z \wedge z < y \longrightarrow Sub_x^z(\alpha^*)) \wedge Sub_x^y(\beta^*)).$$

$U : MF \times MF \longrightarrow PF_\tau$ heißt *(prädikatenlogischer) UNTIL-Operator.*

(3) Ein n-stelliger *temporärer Operator,* d.h. eine Abbildung $O : MF^n \longrightarrow PF_\tau$ mit $Fr(O(\beta_1, \ldots, \beta_n)) = \{x\}$ für alle $(\beta_1, \ldots, \beta_n) \in MF^n$, heißt *(modallogisch) ausdrückbar,* gdw. es eine Formel $\gamma \in MF$ und Aussagensymbole $A_1, \ldots, A_n \in AS(\gamma)$ gibt, so daß für alle auf $(\mathbb{N}, <)$ basierenden Modelle $\mathcal{M}$ und alle $\alpha_1, \ldots, \alpha_n \in MF$ gilt:

$$\mathcal{M} \models \gamma_{A_1,\ldots,A_n}^{\alpha_1,\ldots,\alpha_n} \leftrightsquigarrow O(\alpha_1, \ldots, \alpha_n)$$

Wir zeigen nun wie angekündigt, daß weder der *PAST*–Operator noch der *UNTIL*–Operator ausdrückbar sind. Dabei werden wir entscheidend vom Koinzidenzlemma und der quasi–disjunktiven Normalform Gebrauch machen.

5.3.7 Satz

Der *PAST*–Operator P und der *UNTIL*–Operator U sind nicht ausdrückbar.

Beweis

Zunächst einmal setzen wir den Beweis für beide Fälle gleich an. Wir nehmen an, der jeweilige temporäre Operator sei ausdrückbar. Sei $\gamma \in MF$ die „den Operator ausdrückende" Formel gemäß Def. 5.3.6(3) und $AS(\gamma) = \{A_1, \ldots, A_k\}$. Nun unterscheiden wir die Fälle P und U:

Fall P:

Wir fixieren ein $A \in AS$ und definieren $\mathbb{N}$–Belegungen σ_1, σ_2 wie folgt:

$$\sigma_1(B,n) := \begin{cases} 1 & \text{falls } n \geq 1 \text{ oder } B = A \in AS \\ 0 & \text{sonst} \end{cases}$$

$$\sigma_2(B,n) := \begin{cases} 1 & \text{falls } n \geq 1 \\ 0 & \text{sonst} \end{cases}$$

für alle $B \in AS$ und $n \in \mathbb{N}$. Sei $\mathcal{M}_1 := (\mathbb{N}, <, \sigma_1)$ und $\mathcal{M}_2 := (\mathbb{N}, <, \sigma_2)$. Offenbar gilt $\mathcal{S}_{\mathcal{M}_1} \models P(A)[1]$. Wegen $\mathcal{M}_1 \models \gamma_{A_1}^{A} \leftrightsquigarrow P(A)$ folgt $\mathcal{M}_1 \models \gamma_{A_1}^{A}[1]$. Da $\sigma_1(A,1) = \sigma_2(A,1)$ ist, folgt $\sigma_1|_{A(1,n,\gamma')} = \sigma_2|_{A(1,n,\gamma')}$, wobei $\gamma' := \gamma_{A_1}^{A}$ und $n := MR(\gamma')$ ist. Das Koinzidenzlemma 5.1.5 ergibt dann $\mathcal{M}_2 \models \gamma'[1]$. Wegen der angenommenen Ausdrückbarkeit von P sind γ' und $P(A)$ auch in $\mathcal{M}_2$ äquivalent, woraus wir $\mathcal{S}_{\mathcal{M}_2} \models P(A)[1]$ folgern. Dies ist aber falsch. Also ist P nicht ausdrückbar.

Fall U:

Wir wählen neben A ein weiteres Aussagensymbol $C \in AS$ und eine $\mathbb{N}$–Belegung σ mit folgenden Eigenschaften:

$$\begin{aligned} \sigma(A,n) = 1 \quad &\Longleftrightarrow \quad n \text{ ist keine Zweierpotenz,} \\ \sigma(C,n) = 1 \quad &\Longleftrightarrow \quad \text{es gibt eine Primzahl } p \text{ mit } n = 2^p \quad \text{und} \\ \sigma(B,n) = 0 \quad &\text{sonst} \end{aligned}$$

für alle $B \in AS$ und alle $n \in \mathbb{N}$. Sei $\mathcal{M} := (\mathbb{N}, <, \sigma)$. Offenbar gilt für alle $s \in \mathbb{N}$: $\mathcal{S}_{\mathcal{M}} \models U(A,C)[s]$, gdw. die auf s folgende Zweierpotenz von der Gestalt 2^p mit p prim ist. Es gilt also insbesondere $\mathcal{S}_{\mathcal{M}} \models U(A,C)[2]$.

Wegen Lemma 5.1.14 können wir o.B.d.A. annehmen, daß γ in quasi–disjunktiver Normalform vorliegt. Da $\mathcal{S}_{\mathcal{M}} \models U(A,C)[s]$ für unendlich viele Punkte s gilt, muß ein Disjunktionsglied von γ ebenfalls an unendlich vielen Punkten gelten, etwa $\alpha_{11} \wedge \ldots \wedge \alpha_{1n_1}$ (s. Def. 5.1.13). Dies hat für die Konjunktionsglieder der Gestalt "$\Diamond\beta$" ($\beta \in MF$) hiervon zur Folge, daß $(\Diamond\beta)^{A,C}_{A_1,A_2}$ in der Struktur $\mathcal{M}$ in *jedem* Punkte $t \geq 2$ gilt. Gleiches gilt natürlich für jedes Konjunktionsglied der Gestalt "$\Box\beta$". Nach Lemma 5.1.6 gilt schließlich ein Konjunktionsglied aus AF, bei dem A_1 und A_2 simultan durch A und C substituiert sind, in jedem Punkte von $\mathcal{M}$, der für die vorkommenden Aussagensymbole dieselbe Wahrheitswertzuweisung wie der Punkt 2 unter σ aufweist, also etwa im Punkt 2^8. Es folgt $\mathcal{M} \models \gamma^{A,C}_{A_1,A_2}[2^8]$. Andererseits ist aber $\mathcal{S}_{\mathcal{M}} \not\models U(A,C)[2^8]$. Dies widerspricht der von uns angenommenen Ausdrückbarkeit von U. Also ist auch der *UNTIL*–Operator nicht ausdrückbar.
□

Gewisse zeitlogische Phänomene, die man durch prädikatenlogische Formeln des Typs τ beschreiben kann, lassen sich also allein modallogisch nicht ausdrücken. Hierzu ist vielmehr eine Erweiterung der modalen Logik notwendig. Im Hinblick auf Informatik–Anwendungen, bei denen die Zeitpunkte $n \in \mathbb{N}$ oft als Schrittzahlen einer Berechnung gedeutet werden, spielt dabei die „Vergangenheit" eine untergeordnete Rolle. Wir führen daher lediglich den *UNTIL*–Operator als zusätzlichen temporallogischen Operator ein und gelangen auf diese Weise zu einer Version der *Temporalen Logik.*

5.3.8 Definition *(temporallogische Formeln)*

(1) $\Sigma_T := \Sigma_M \cup \{\mathcal{U}\}$ heißt *Alphabet der Temporalen Logik* (Σ_M wie in Def. 5.1.1). $\mathcal{U}$ heißt *(formaler) UNTIL–Operator.*

(2) Die Menge TF der *temporallogischen Formeln* ist induktiv definiert wie die Menge der modallogischen Formeln (s. Def. 5.1.1), mit der einzigen zusätzlichen Formelbildungsregel

$$\{\alpha, \beta\} \subseteq TF \Longrightarrow (\alpha\mathcal{U}\beta) \in TF.$$

(3) Für die temporallogische Formel

$$(\bot\mathcal{U}\alpha) \quad (\alpha \in TF)$$

schreibt man oft abkürzend "$\bigcirc\,\alpha$" und nennt "$\bigcirc$" den *NEXTTIME–Operator.*

Zur bequemeren Mitteilung temporallogischer Formeln vereinbaren wir, daß $\mathcal{U}$ stärker binden soll als alle zweistelligen aussagenlogischen Junktoren. Soweit keine Mißverständnisse zu befürchten sind, lassen wir dann Klammern bei der Notation von Formeln weg. – Obgleich temporallogische Formeln Interpretationen in (Strukturen über) allgemeineren Rahmen zulassen, beschränken wir uns hier auf den Rahmen $\mathcal{N} = (\mathbb{N}, <)$. Bei der Semantikdefinition für temporallogische Formeln geben wir, da die anderen Fälle klar sind, lediglich die Bedeutung des *UNTIL*-Operators an.

5.3.9 Definition *(Semantik des UNTIL-Operators)*

Sei $\mathcal{M}$ eine auf $\mathcal{N}$ basierende Struktur, und sei $s \in \mathbb{N}$. Seien ferner $\alpha, \beta \in TF$. Dann *gilt* $\alpha \mathcal{U} \beta$ *in* $\mathcal{M}$ *im Punkte* s, in Zeichen $\mathcal{M} \models (\alpha \mathcal{U} \beta)[s]$, gdw. $(\exists t \in \mathbb{N})$ $(s < t$ und $\mathcal{M} \models \beta[t]$ und $(\forall u \in \mathbb{N})$ $(s < u < t \Longrightarrow \mathcal{M} \models \alpha[u]))$.
Gültigkeit in einer Struktur und *im Rahmen* wird analog zur Modallogik definiert (s. Def. 5.1.3).
Als *temporallogisch allgemeingültige Formeln* bezeichnen wir die im Rahmen $\mathcal{N}$ gültigen temporallogischen Formeln.

Man kann die Entscheidbarkeit auch der temporallogisch allgemeingültigen Formeln beweisen. Allerdings ist der Beweis etwas schwieriger als für den modallogischen bzw. den zeitlogischen Fall. Wir wollen ihn hier nicht ausführen. Als Beispiele temporallogisch allgemeingültiger Formeln notieren wir:

5.3.10 Lemma

(1) $\mathcal{N} \models \top \mathcal{U} \alpha \leftrightarrow \Diamond \alpha$
(2) $\mathcal{N} \models \bigcirc \alpha \rightarrow \Diamond \alpha$
(3) $\mathcal{N} \models \Box \alpha \rightarrow \bigcirc \alpha$

Aus (1) folgt insbesondere, daß die modalen Operatoren "$\Diamond$" und "$\Box$" durch den *UNTIL*-Operator ausdrückbar sind.

Selbsttestaufgabe S68
Beweisen Sie das Lemma.

Die „Übersetzungsfunktion" aus Definition 5.3.2 läßt sich auf die Menge TF der temporallogischen Formeln fortsetzen, indem man 5.3.2 mit TF anstelle von MF liest und noch

$$(\alpha \mathcal{U} \beta)^* := \exists y(x < y \land \forall z(x < z \land z < y \rightarrow Sub_x^z(\alpha^*)) \land Sub_x^y(\beta^*))$$

setzt für alle $\alpha, \beta \in TF$ (vgl. Def. 5.3.6(2)). Damit wird offenbar α^* in jeder auf $\mathcal{N}$ basierenden Struktur $\mathcal{M}$ äquivalent zu α im Sinne von Def. 5.3.5 (mit TF anstelle von MF). Für die Temporale Logik gilt darüber hinaus, daß umgekehrt alle auf Zukünftiges bezogenen temporalen Eigenschaften, die prädikatenlogisch (d.h. mit τ-Formeln) beschrieben werden können, durch eine temporallogische Formel, d.h. mit Hilfe des *UNTIL*-Operators, äquivalent ausgedrückt werden können. Man sagt, daß die Temporale Logik *expressiv-vollständig (bzgl.* $\mathcal{N}$) ist. Auf diesen tiefer liegenden Satz der

Temporalen Logik können wir im Rahmen unseres einführenden Textes nicht weiter eingehen. (Eine Beweisskizze findet man in [Gabbay/Pnueli/Shelah/Stavi].)

Wir möchten den Leser am Ende unserer Ausführungen auf einige weitere Logiken zur Behandlung von Modalitäten und von temporalen Eigenschaften hinweisen. So sind zum Beispiel Logiken untersucht worden, die in gewissem Sinne ausdrucksstärker sind als die von uns als Vergleichssprache herangezogenen prädikatenlogischen τ–Formeln. Darüber hinaus haben Zeitlogiker auch andere Rahmen als $(\mathbb{N}, <)$ untersucht, z.B. $(\mathbb{Z}, <)$, $(\mathbb{R}, <)$ oder Mengen mit einer sich baumartig verzweigenden „Zeitstruktur“. Für verschiedene Arten der Temporalen Logik und insbesondere auch der Modallogik sind *Kalküle* entwickelt und für diese Vollständigkeitsresultate für Klassen von Rahmen erzielt worden. Die *modale* bzw. *temporale Prädikatenlogik* haben wir bei unseren Betrachtungen ganz außer acht gelassen. Wir verweisen zu ihrem Studium auf die angegebene Literatur.

Innerhalb des vorliegenden Textes haben wir den Leser bereits mehrfach auf die Bedeutung einzelner Gebiete der Logik für die Informatik hingewiesen. Die Informatik ist eine sich noch immer rasch und in viele Richtungen entwickelnde Wissenschaft. Dabei spielen verschiedene Methoden der formalen Logik eine zunehmend bedeutende Rolle: Die Informatik macht sich die exakte Durchdringung und strenge Formalisierung des jeweils betrachteten Gegenstandes in der formalen Logik zunutze. Die Anwendung der Aussagen- und der Prädikatenlogik können dabei als in der Informatik mittlerweile etabliert gelten. Aber auch für die Temporale Logik existieren zunehmend Informatik-Anwendungen. Nicht unerwähnt bleiben sollte in diesem Zusammenhang die *Dynamische Logik,* die zur Beschreibung des Ein–/Ausgabeverhaltens von Programmen entwickelt wurde und ebenfalls als eine Variante der Modalen Logik anzusehen ist (s. [Goldblatt]).

Es ist gegenwärtig schwierig, das Gewicht weiterer nichtklassischer Logiken für die Informatik zu bewerten. Hierzu sei auf [Thayse] verwiesen, wo ein Überblick gegeben wird. Im übrigen empfehlen wir dem Leser grundsätzlich, die im Literaturverzeichnis angegebenen Bücher zum weiteren Studium zu nutzen, da wir hier nur Grundlagen bereitstellen und in einige Gebiete der Logik lediglich einen Einstieg vermitteln konnten.

Übungsaufgaben

zu Kapitel 2

Aufgabe Ü1

Beweisen Sie (ohne Anwendung von Satz 1.4.11, Lemma 1.4.12 usw.), daß die Algebra $\widehat{AF}$ der aussagenlogischen Formeln eine Peano–Algebra ist (Satz 2.1.2).

Aufgabe Ü2

Frau Logus sagt zu ihrem Mann: „Du rauchst und siehst immer nur fern. Stattdessen solltest Du mal joggen.“ Nach einigem Überlegen antwortet ihr Gatte: „Ich verspreche Dir für nächsten Sonntag folgendes: Entweder sehe ich nicht fern oder jogge nicht, oder ich sehe fern oder rauche. Entweder jogge ich nicht oder rauche, oder ich jogge oder sehe nicht fern. Entweder ich rauche oder sehe fern, oder ich rauche nicht oder jogge.“ Kann Herr Logus sein Versprechen halten? Wenn ja, was wird er tun?

(a) Geben Sie aussagenlogische Formeln α, β und γ mit den Aussagensymbolen F, J und R an, die bei passender Interpretation die obigen Aussagen liefern.

(b) Lösen Sie die Aufgabe über eine Wahrheitstafel.

(c) Versuchen Sie, einen kürzeren Lösungsweg zu finden.

Tip: Führen Sie $\dot{\vee}$ als metasprachliche Abkürzung für „entweder ... oder “ ein.

Aufgabe Ü3

Es seien $A_1, A_2, \ldots$ paarweise verschiedene Aussagensymbole.

(a) Geben Sie eine Formel $\alpha \in AF$ an, so daß $< \sigma > (\alpha) = 1$ gdw. $|\{B \in \{A_1, \ldots, A_5\} | \sigma(B) = 1\}| \geq 3$.

(b) Geben Sie eine Formel $\beta \in AF$ an, so daß $< \sigma > (\beta) = 1$, gdw. $\sigma(A_1) \leq \sigma(A_2) \leq \ldots \leq \sigma(A_5)$. (Dabei sei $\leq$ die Relation $\{(0,0),(0,1),(1,1)\}$ auf $\{0,1\}$.)

(c) Geben Sie eine Formel $\gamma \in AF$ an, so daß $< \sigma > (\gamma) = 1$, gdw. die Dualzahl, gebildet aus den Ziffern $\sigma(A_4) \ldots \sigma(A_1)$, durch 3 teilbar ist.

Aufgabe Ü4

Es sei $\alpha \in AF$ und $A \in AS$.
Zeigen Sie, daß es Formeln $\alpha_1, \alpha_2, \beta_1, \beta_2, \gamma_1, \gamma_2 \in AF$ gibt mit $AS(\alpha_1) = \ldots = AS(\gamma_2) = AS(\alpha) \setminus \{A\}$ und:

$$\begin{aligned}\alpha &\equiv (A \wedge \alpha_1) \vee (\neg A \wedge \alpha_2)\\ \alpha &\equiv (A \vee \beta_1) \wedge (\neg A \vee \beta_2)\\ \alpha &\equiv (A \rightarrow \gamma_1) \wedge (\neg A \rightarrow \gamma_2)\end{aligned}$$

(Tip: Überführunglemma)

Aufgabe Ü5

Eine Formel $\alpha \in AF$ heiße *abhängig* von $A \in AS$, gdw.

$$< \sigma[A/0] > (\alpha) \neq < \sigma[A/1] > (\alpha)$$

für eine Belegung $\sigma \in BEL$ gilt.

Zeigen Sie:

α ist nicht abhängig von A , gdw. es eine Formel β gibt mit $\alpha \equiv \beta$ und $AS(\beta) = AS(\alpha) \setminus \{A\}$.

Aufgabe Ü6

Es sei $M = (BEL, d)$ der am Ende von Abschnitt 2.4 eingeführte metrische Raum.

(1) Zeigen Sie, daß $Erf(\alpha)$ abgeschlossen ist für jede Formel α.

(2) Zeigen Sie, daß M kompakt ist.

zu Kapitel 3

Aufgabe Ü7

Sei $\tau = (\{M, K, V, \doteq\}, \emptyset)$ ein Typ mit $\mu(M) = 1, \mu(K) = \mu(V) = \mu(\doteq) = 2$. Die Variablen $x, y, \ldots$ sollen sich auf alle Menschen beziehen. $M(x)$ habe die intendierte Bedeutung „x ist männlich“, $K(x, y)$ „x ist Kind von y“, und $V(x, y)$ „x und y sind verheiratet“. “ $\doteq$ ” bezeichne die Gleichheitsrelation.

Geben Sie jeweils eine Formel aus PF_τ mit der folgenden intendierten Bedeutung an:

(a) x ist Schwager von y.

(b) x ist Cousine von y.

(c) x hat einen ledigen Onkel.

(d) Keine zwei der drei weiblichen Enkel von x und y sind Schwestern.

Gehen Sie dabei von „normalen“ (Verwandtschafts)verhältnissen aus.

Aufgabe Ü8

Drücken Sie das Parallelenaxiom von Euklid durch eine metasprachliche Formel aus:

Zu jeder Geraden gibt es durch jeden Punkt, der nicht auf ihr liegt, genau eine Parallele.

Sie dürfen als Relationen nur $Auf\,(g, A)$ mit der Bedeutung „der Punkt A liegt auf der Geraden g", sowie die Gleichheitsrelation benutzen.

(a) Benutzen Sie zunächst zwei Sorten von Variablen!

(b) Geben Sie (unter Verwendung eines geeigneten weiteren Prädikats) eine einsortige Formel an!

Aufgabe Ü9

Zeigen Sie, daß $\widehat{Tm_\tau}$ eine Peano–Algebra ist.

Aufgabe Ü10

Seien $y, z \in Var$ und $\alpha \in PF$. Zeigen Sie, daß $VU_y^z(\alpha) = GU_y^z(\alpha)$ gilt, falls α geschlossen ist. (Tip: Formulieren Sie eine dafür hinreichende Behauptung, die Sie durch strukturelle Induktion beweisen können.)

Aufgabe Ü11

(a) Definieren Sie rekursiv zu jeder prädikatenlogischen Formel α die Menge ihrer *unmittelbaren Teilformeln* (z.B. sind β_1, β_2 die unmittelbaren Teilformeln von $(\beta_1 \wedge \beta_2)$). Wir schreiben $\beta \sqsubset \alpha$, falls β unmittelbare Teilformel von α ist.

(b) Zeigen Sie: β ist Teilformel von α (s. Selbsttestaufgabe S27), gdw. es eine Folge $\beta = \beta_0, \beta_1, \ldots, \beta_n = \alpha$ von Formeln gibt mit $\beta_{i-1} \sqsubset \beta_i$ für alle $i \in \{1, \ldots, n\}$.

(c) Beweisen Sie:
Sei $\alpha \in PF, t \in Tm$ und $y \in Var$. Dann ist t frei für y in α, gdw. für alle in t vorkommenden $z \in Var$ und jede Teilformel $\beta \in PAT$ von α, in der y vorkommt gilt: ist $\beta = \beta_0, \beta_1, \ldots, \beta_n = \alpha$ eine Folge von Formeln mit $\beta_{i-1} \sqsubset \beta_i$ und $\beta_i \mathrel{\ooalign{$=$\cr\hidewidth$|$\hidewidth}} Qy\beta_{i-1}$ für alle i mit $1 \leq i \leq n$, so ist auch $\beta_i \neq Qz\beta_{i-1}$ für alle i mit $1 \leq i \leq n$ ($Q \in \{\forall, \exists\}, \beta_i \in PF$ für $i \in \{0, \ldots, n\}$).

Aufgabe Ü12

Sei $y \in Var$.

(a) Definieren Sie rekursiv eine Funktion $AnzVk : Tm \cup PF \longrightarrow \mathbb{N}$, die die *Anzahl der Vorkommen* von y in $\delta \in Tm \cup PF$ zählt. (Beispiel: $AnzVk(\alpha) = 5$ bei Betrachtung von y und der Formel α aus Beispiel 3 von Abschnitt 3.2.)

(b) Beweisen Sie: Gilt $AnzVk(\alpha) = n$, dann gibt es Wörter $w_0, \ldots, w_n \in W(\Sigma_P)$ mit $\alpha \stackrel{*}{=} w_0\, y\, w_1 \ldots y\, w_n$, und y ist kein Teilwort von w_i für $i = 0, \ldots, n$.

(c) Zeigen Sie: $y \notin Fr(\alpha)$ und $AnzVk(\alpha) \neq 0 \Longrightarrow$ "$\exists$" oder "$\forall$" ist Suffix von w_0 (w_0 wie in (b)).
(Benutzen Sie, daß Wörter genau dann Teilformeln sind, wenn Sie Teilwörter und Formeln sind. Sie können Übungsaufgabe 11(b) nutzbringend verwenden!)

Aufgabe Ü13

Beweisen Sie:

(a) $\models \exists x \forall x P(x,x) \rightarrow \forall x \exists x P(x,x)$

(b) $\exists x \exists y P(x,y) \equiv \exists y \exists x P(x,y)$ (entsprechend mit "$\forall$" statt "$\exists$")

(c) $\exists x\alpha \vee \exists x\beta \equiv \exists x(\alpha \vee \beta)$

(d) Im allgemeinen gilt nicht $\exists x\alpha \wedge \exists x\beta \equiv \exists x(\alpha \wedge \beta)$.

(e) $\forall x\alpha \wedge \forall x\beta \equiv \forall x(\alpha \wedge \beta)$

(f) Im allgemeinen gilt nicht $\forall x\alpha \vee \forall x\beta \equiv \forall x(\alpha \vee \beta)$.

Aufgabe Ü14

Zeigen Sie die Allgemeingültigkeit der folgenden Formeln (wobei $\alpha, \beta \in PF$ und $x \in Var$ seien):

(a) $\forall x\alpha \leftrightarrow \alpha$ (falls $x \notin Fr(\alpha)$)

(b) $\exists x\alpha \leftrightarrow \alpha$ (falls $x \notin Fr(\alpha)$)

(c) $(\forall x\alpha \rightarrow \exists x\beta) \leftrightarrow \exists x\,(\alpha \rightarrow \beta)$

(d) $(\exists x\alpha \rightarrow \forall x\beta) \rightarrow \forall x\,(\alpha \rightarrow \beta)$

Aufgabe Ü15

Sei $\tau := (\{S\}, \emptyset)$ mit $\mu(S) = 2$.
Zeigen Sie, daß die prädikatenlogische Formel α vom Typ τ allgemeingültig ist und damit die bekannte Barbier–Paradoxie (nach der ein Barbier, der genau alle diejenigen Menschen rasiert, die sich nicht selbst rasieren, sich selbst genau dann rasiert, wenn er sich selbst nicht rasiert), auflöst, wobei

$$\alpha = \neg\exists y \forall x(S(y,x) \leftrightarrow \neg S(x,x)) \text{ und } y \neq x.$$

Aufgabe Ü16

Beweisen Sie Lemma 3.3.9(1).

Aufgabe Ü17

Seien $x_1, \ldots, x_n$ paarweise verschiedene Variablen und $t_1, \ldots, t_n \in Tm$ $(n \geq 1)$.

(a) Definieren Sie analog zu Def. 3.2.13 eine Funktion $\tilde{G}$, die angibt, ob $t_1, \ldots, t_n$ *frei (zur simultanen Substitution) für* $x_1, \ldots, x_n$ in einer Formel α sind.

(b) Formulieren Sie für den Fall $Sub^{t_1,\ldots,t_n}_{x_1,\ldots,x_n}$ ein dem Lemma 3.3.6 entsprechendes *Überführungslemma.*

(c) Beweisen Sie dieses im Stile des Beweises von Lemma 3.3.6.

Aufgabe Ü18

Begründen Sie, daß für rekursive Mengen I und J die Axiomenmenge R_1 aus Def. 3.4.3 rekursiv ist.

Aufgabe Ü19

Geben Sie eine Ableitung von

$$\exists x \forall y\, \alpha \rightarrow \forall y \exists x\, \alpha$$

aus der leeren Menge im Kalkül der Prädikatenlogik (Def. 3.4.3) an!

Aufgabe Ü20

Geben Sie einen Beweis von

$$\forall x(\alpha \rightarrow \beta) \rightarrow (\forall x \alpha \rightarrow \forall x \beta) \quad (\alpha, \beta \in PF, \;\; x \in Var)$$

im Kalkül K der Prädikatenlogik aus $\emptyset$ an.

Aufgabe Ü21

Beweisen Sie die Korrektheitsaussage von Satz 3.4.5.

Aufgabe Ü22

Zeigen Sie durch Angabe eines Beweises aus X in K_V, daß das Programm $P :=$ *if* $0 < x$ *then if* $0 < y$ *then* $z := 0$ *else* $(y := 1, z := 0)$ *fi else if* $0 < z$ *then* $y := 1$ *else* $(y := 1, x := 1)$ *fi fi*
korrekt bzgl. der Vorbedingung "$\top$" und der Nachbedingung

$$\text{“}((0 < x \wedge 0 < y) \vee (0 < y \wedge 0 < z)) \wedge \neg(0 < x \wedge 0 < z)\text{”}$$

in allen Modellen von X ist. X sei dabei wie in Beispiel 4 von Abschnitt 3.4 definiert, wobei jedoch $\mathcal{N}$ nun diejenige Struktur ist, bei der zusätzlich die Konstante 0 durch die natürliche Zahl $0 \in \mathbb{N}$ interpretiert wird.

Aufgabe Ü23

Eine prädikatenlogische Formel α heißt in *Negations-Normalform*, falls in ihr das Symbol "$\neg$" nur vor Primformeln steht. Zeigen Sie:

Zu jedem $\alpha \in PF$ gibt es ein $\beta \in PF$ in Negations-Normalform mit $\alpha \equiv \beta$.

(Hinweis: Man kann eine vollständige Induktion nach einem geeigneten Formelparameter durchführen.)

Aufgabe Ü24
Sei $\tau = (I, J)$ ein Typ. Sei α eine τ–Formel in Skolemscher Normalform und $\mathcal{S} := (S, \mathbf{P}, \mathbf{g})$ ein Modell von α. Sei ferner $\mathcal{S}_0 := (S_0, \mathbf{P}^0, \mathbf{g}^0)$, wobei $S_0 := \{W_{\mathcal{S}}(t)(\sigma) \mid t \in U_\tau\}$ mit einem beliebigen (aber fest gewählten) $\sigma \in Bel_{\mathcal{S}}$, $\mathbf{P}^0_R := \mathbf{P}_R \cap S_0^{\mu(R)}$ für alle $R \in I$ und $\mathbf{g}^0_f$ die Einschränkung von $\mathbf{g}_f$ im Definitions- und Wertebereich auf S_0 ist für alle $f \in J$.

(a) Zeigen Sie, daß $\mathbf{g}^0$ wohldefiniert ist.

(b) Beweisen Sie, daß $\mathcal{S}_0 \models \alpha$ gilt.

Aufgabe Ü25
Es sei $\tau = (\{Q\}, \{f, g\})$ mit $\mu(Q) = 2$, $\mu(f) = 0$ und $\mu(g) = 1$ ein Typ. Ferner seien $x, y, z \in Var$ und X sei die folgende Formelmenge:

$$X := \{\forall x\, Q(x,x),\ \forall x \forall y\, (Q(x,y) \longrightarrow Q(y,x)),\ \forall x \forall y \forall z\, (Q(x,y) \wedge Q(y,z) \longrightarrow Q(x,z))\}$$

(a) Geben Sie drei verschiedene Herbrand–Modelle von X an.

(b) Zeigen Sie: Es gibt ein "kleinstes" Herbrand-Modell von X, d.h. eine Herbrand–Struktur $\mathcal{H} = (U_\tau, \mathbf{Q}, \mathbf{h})$ mit $\mathcal{H} \models X$, so daß $\mathbf{Q}_Q \subseteq \mathbf{Q}'_Q$ gilt für alle $\mathcal{H}' = (U_\tau, \mathbf{Q}', \mathbf{h})$, die $\mathcal{H}' \models X$ erfüllen.

Aufgabe Ü26
Definieren Sie einen geeigneten Typ τ und eine erfüllbare Formelmenge $X \subseteq PF_\tau$, die kein endliches Modell besitzt.

Aufgabe Ü27
Beweisen Sie folgendes „Gegenstück“ zu Satz 3.6.5 *(Löwenheim–Skolem–aufwärts)*:

Zu jeder τ–Struktur $\mathcal{S} := (S, \mathbf{P}, \mathbf{g})$ und jeder Menge $\hat{S} \supseteq S$ gibt es eine τ–Struktur $\hat{\mathcal{S}} = (\hat{S}, \hat{\mathbf{P}}, \hat{\mathbf{g}})$, so daß für alle $\alpha \in PF_\tau$ und alle Belegungen σ der Variablen über $\mathcal{S}$ gilt: $\mathcal{S} \models \alpha(\sigma)$ gdw. $\hat{\mathcal{S}} \models \alpha(\sigma)$

Aufgabe Ü28
In der Literatur findet sich der Satz von Herbrand auch in folgender Version: Sei α eine Aussage des Typs τ in pränexer Normalform. Dann ist α genau dann allgemeingültig, wenn es eine Disjunktion von Instanzen von α gibt, die eine Tautologie ist.
Dabei verstehen wir hier unter „Instanz“ von α eine Formel, die aus der Matrix von α durch Substition von konstanten Termen eines geeigneten Erweiterungstyps von τ

für die Variablen entsteht.
Beweisen Sie diese Version des Satzes von Herbrand.

Aufgabe Ü29

Zeigen Sie, daß die Formel $\exists x \forall y R(x, y) \rightarrow \forall y \exists x R(x, y)$ aus Beispiel 3 von Abschnitt 3.3 allgemeingültig ist, indem Sie den Algorithmus von Satz 3.6.11 auf diese Formel anwenden.

Aufgabe Ü30

Sei $\tau = (I, J)$ ein Typ mit lediglich 0–stelligen Prädikatsbezeichnern, so daß I und J entscheidbare Wortmengen sind. Zeigen Sie, daß dann auch $\{\alpha \in PF_\tau \mid \models \alpha\}$ entscheidbar ist.

Aufgabe Ü31

Beweisen Sie Lemma 3.8.6.

Aufgabe Ü32

Sei $\tau = (I, J)$ ein Typ. Beweisen Sie Satz 3.8.14 unter der zusätzlichen Annahme, daß I und J endliche Mengen sind.

Aufgabe Ü33

Beweisen Sie Satz 3.8.14 unter Benutzung von Aufgabe Ü32 für einen beliebigen Typ τ.

Aufgabe Ü34

Sei τ wie in Beispiel 2 von Abschnitt 3.9. Seien ferner die Bezeichnungen wie dort. Eine τ–Struktur $\mathcal{S} = (S, \{(<, <_S), (\doteq, =_S)\}, \emptyset)$ heißt *lineare Ordnung,* falls $\mathcal{S}$ ein Modell der ersten drei Elemente von DLO ist. $\mathcal{S}$ heißt *Wohlordnung,* falls $\mathcal{S}$ eine lineare Ordnung ist und für alle $T \subseteq S$ es ein $a \in T$ gibt mit $a =_S b$ oder $a <_S b$ für alle $b \in T$.

Zeigen Sie:
Es gibt keine Teilmenge $X \subseteq PF_\tau$, so daß für alle τ–Strukturen $\mathcal{S}$ gilt:

$\mathcal{S} \models X$ gdw. $\mathcal{S}$ ist Wohlordnung.

(Hinweis: Erweitern Sie τ um abzählbar viele nullstellige Funktionsbezeichner; gehen Sie indirekt vor und wenden Sie den Kompaktheitssatz an.)

Aufgabe Ü35

Sei $\tau = (\{R\}, \emptyset)$ mit $\mu(R) = 1$. Zeigen Sie, daß $\{\alpha \in PF_\tau \mid \models \alpha\}$ entscheidbar ist.

Aufgabe Ü36
Beweisen Sie Satz 3.10.3.

Aufgabe Ü37
Beweisen Sie Satz 3.10.5.

Aufgabe Ü38
Zeigen Sie, daß die Gleichheit in Strukturen nicht durch eine Formel $\alpha_{\doteq}$ definierbar ist.

Aufgabe Ü39
Beweisen Sie die Existenz eines Modells von $Th(\mathcal{R})$ (s. Abschnitt 3.10 E), in dem es Elemente a mit $0 < a < r$ für alle „Standard-rationalen- Zahlen" $r \in \mathbb{Q}$ gibt.. (*infinitesimale Elemente*).

Aufgabe Ü40
Sei P das Beispielprogramm aus Abschnitt 3.10 H des Kurstextes. Gehen Sie von der dort angesprochenen naiven Semantik für *while*-Programme aus und geben Sie eine $S2S$-Formel α an, die gerade das Halten von P ausdrückt.

zu Kapitel 4

Aufgabe Ü41
Geben Sie einen Typ τ und eine von $\top$ verschiedene geschlossene prädikatenlogische Formel $\alpha \in PF_\tau$ an, die nicht äquivalent zu einer Konjunktion von Hornklauseln ist (und beweisen Sie dies).

Aufgabe Ü42
Sei $\tau = (\{A, M\}, \{a, s\})$ ein Typ mit $\mu(A) = \mu(M) = 3$, $\mu(a) = 0$ und $\mu(s) = 1$. Geben Sie ein Logik-Programm über τ an, das im Sinne von Satz 4.3.5 die Addition bzw. die Multiplikation auf den natürlichen Zahlen berechnet.

Aufgabe Ü43
Zeigen Sie, daß die Menge der Spezialisierungen unter Komposition abgeschlossen ist.

Aufgabe Ü44
Wenden Sie den Unifikationsalgorithmus (Satz 4.2.5) an auf die Primformelmengen
(a) $\{P(f(x, g(c(\,), y)), h(x)),\ P(f(f(u, v), z), h(f(c(\,), d(\,)))))\}$
(b) $\{P(x, y), P(f(c(\,)), g(x)),\ P(f(z), g(f(z)))\}$,

wobei $P \in$ *Präd*, $c, d, f, g, h \in$ *Funk* und $u, v, x, y, z \in$ *Var* seien.

Aufgabe Ü45

Sei $A_n, n \geq 1$ die folgende Menge atomarer Formeln über einem geeigneten Typ τ:

$$A_n := \{R(x_1, \ldots, x_n), R(f(x_0, x_0), \ldots, f(x_{n-1}, , x_{n-1}))\},$$

wobei $x_0, \ldots, x_n \in Var$ paarweise verschieden seien. Zeigen Sie, daß A_n unifizierbar ist und der Unifikationsalgorithmus bei ungeschicktem Vorgehen mindestens 2^n elementare Operationen erfordert.
Geben Sie einen schnelleren Lösungsweg an.

Aufgabe Ü46

Beweisen Sie Satz 4.3.5 ausführlich.

Aufgabe Ü47

Entwerfen Sie ein Logik-Programm P über einem geeigneten Typ τ, das die Peano-Algebra der aussagenlogischen Formeln als intendiertes Modell hat und die Erfüllbarkeit aussagenlogischer Formeln erkennt (d.h. genau dann eine erfolgreiche Berechnung besitzt, wenn die „eingegebene" Formel α erfüllbar ist).

(Hinweis: Wählen Sie $\tau := (\{\text{SAT}, \text{NONTAUT}\}, \{g_\top, g_\bot, g_\neg, g_\wedge, g_\vee, g_\rightarrow\})$ mit $\mu(\text{SAT}) = \mu(\text{NONTAUT}) = 1$, $\mu(g_\top) = \mu(g_\bot) = 0$, $\mu(g_\neg) = 1$ und $\mu(g_\wedge) = \mu(g_\vee) = \mu(g_\rightarrow) = 2$.)

zu Kapitel 5

Aufgabe Ü48

Beweisen Sie (6), (7) und (8) aus Lemma 5.1.12. Zeigen Sie darüber hinaus:

$$\models_r \neg\Diamond\,\alpha \leftrightarrow \Box\neg\alpha \quad \text{und} \quad \models_r \neg\Box\,\alpha \leftrightarrow \Diamond\neg\alpha$$

für alle $\alpha \in MF$.

Aufgabe Ü49

Sei $X := \{\Box\,\alpha \rightarrow \alpha \mid \alpha \in MF\}$ und $Y := \{\alpha \rightarrow \Box\Diamond\alpha \mid \alpha \in MF\}$.

Zeigen Sie, daß für alle $\beta \in MF$ gilt:

(a) $X \models_r \beta \iff \beta$ gilt in allen *reflexiven* Rahmen
(d.h. in allen Rahmen (W, R) mit $(s, s) \in R$ für alle $s \in W$).

(b) $Y \models_r \beta \iff \beta$ gilt in allen *symmetrischen* Rahmen
(d.h. in allen Rahmen (W, R) mit
$(s, t) \in R \Longrightarrow (t, s) \in R$ für alle $s, t \in W$).

Aufgabe Ü50

Seien $\mathcal{M} = (W, R, \sigma)$ und $\mathcal{M}' = (W', R', \sigma')$ modallogische Strukturen. $\mathcal{M}$ und $\mathcal{M}'$ heißen *isomorph*, gdw. es eine bijektive Abbildung $f : W \longrightarrow W'$ gibt mit folgenden Eigenschaften:

(i) $(s, t) \in R \iff (f(s), f(t)) \in R'$ für alle $s, t \in W$

(ii) $\sigma'(B, f(s)) = \sigma(B, s)$ für alle $(B, s) \in AS \times W$

(f heißt dann *Isomorphismus von* $\mathcal{M}$ auf $\mathcal{M}'$.)
Beweisen Sie:

(a) Sind $\mathcal{M}$ und $\mathcal{M}'$ isomorph und ist f ein Isomorphismus von $\mathcal{M}$ auf $\mathcal{M}'$, dann gilt für alle $\alpha \in MF$ und alle $s \in W$:
$$\mathcal{M} \models \alpha[s] \iff \mathcal{M}' \models \alpha[f(s)]$$

(b) Ist W endlich, dann ist $\mathcal{M}$ isomorph zu einer Struktur $\mathcal{M}'$, welche ein Anfangssegment $\{0, \ldots, k\}$ der natürlichen Zahlen als Menge der Referenzpunkte hat.

Überlegen Sie sich, daß Sie damit Lemma 5.2.6 gezeigt haben.

Aufgabe Ü51

Es seien wie folgt zweistellige Operatoren $O_i : TF \times TF \longrightarrow PF$ definiert ($i = 1, \ldots, 4$):

(i) α *unless* $\beta := O_1(\alpha, \beta) := \exists y(x < y \land \beta^*(y) \land \forall z(x < z \land z < y \to \alpha^*(z))) \lor \forall y(x < y \to \alpha^*(y))$

(ii) α *while* $\beta := O_2(\alpha, \beta) := \exists y(x < y \land \neg\beta^*(y) \land \forall z(x < z \land z < y \to (\alpha \land \beta)^*(z))) \lor \forall y(x < y \to \alpha^*(y))$

(iii) α *before* $\beta := O_3(\alpha, \beta) := \forall y(x < y \land \beta^*(y) \to \exists z(x < z \land z < y \land \alpha^*(z)))$

(iv) α *atnext* $\beta := O_4(\alpha, \beta) := \exists y(x < y \land \alpha^*(y) \land \beta^*(y) \land \forall z(x < z \land z < y \to \neg\beta^*(y))) \lor \forall y(x < y \to \neg\beta^*(y))$

Zeigen Sie, daß $O_1 - O_4$ temporär–logisch ausdrückbar sind (vgl. Def. 5.3.6(3)).

Literaturverzeichnis

Bell, J.L; Machover, M.:
A Course in Mathematical Logic,
North–Holland, Amsterdam, 1977

Bergmann, E.; Noll, H.:
Mathematische Logik mit Informatik–Anwendungen,
Springer, Berlin, 1977

Boolos, G.; Jeffrey, R.:
Computability and Logic,
Cambridge University Press, London, 1974

Börger, E.:
Berechenbarkeit, Komplexität, Logik,
Vieweg, Braunschweig, 1985

Böhme, G.:
Einstieg in die Mathematische Logik,
Hanser, München, 1981

Cohen, D.E.:
Computability and Logic,
Ellis Horwood, Chichester, 1987

van Dalen, D.:
Logic and Structure, second edition,
Springer, Berlin, 1983

Dowsing, R.D.; Rayward–Smith, V.J.; Walter, C.D.:
A First Course in Formal Logic and its Applications in
Computer Science, Blackwell, Oxford, 1986

Ebbinghaus, H.D.; Flum, J.; Thomas, W.:
An Introduction into Mathematical Logic,
Springer, Berlin, 1983

Enderton, H.B.:
A Mathematical Introduction to Logic, second printing,
Academic Press, New York, 1973

Friedrichsdorf, U.:
Einführung in die Logik
(unter besonderer Berücksichtigung der Modallogik),
Arbeitspapiere Nr. 7, 19
Fachgruppe Sprachwissenschaft der Universität Konstanz,
Konstanz, 1989 und 1990

Gabbay, D.; Pnueli, A.; Shelah, S.; Stavi, J.:
On the Temporal Analysis of Fairness,
Proc. 7th Ann. ACM Symp. on Principles of
Programming Languages, 1980, pp. 163 - 173

Genesereth, M.R.; Nilsson, N.I.:
Logical Foundations of Artificial Intelligence,
Morgan Kaufmann, Los Altos(Cal.), 1987

Goldblatt, R.:
Logics of Time and Computation,
Center for the Study of Language and Information,
Lecture Notes Nr. 7, Leland Stanford Junior University, Stanford, 1987

Harel, D.:
First-Order Dynamic Logic,
Lecture Notes in Computer Science, Springer, Berlin, 1979

Hehner, E.C.R.:
The Logic of Programming,
Prentice-Hall, London, 1984

Hermes, H.:
Aufzählbarkeit, Entscheidbarkeit, Berechenbarkeit, 3. Auflage,
Springer, Berlin, 1978

Hopcroft, J.E.; Ullmann, J.D.:
Introduction to Automata Theory,
Languages and Computation,
Addison-Wesley, Reading (Mass.), 1979

Hughes, G.E.; Cresswell, M.J.:
Einführung in die Modallogik,
de Gruyter, Berlin, 1978

Kleene, S.C.:
Mathematical Logic,
Wiley, New York, 1967

Kröger, F.:
Temporal Logic of Programs,
EATCS Monographs on Theoretical Computer Science,
Springer, Berlin, 1987

Ladner, R.E.:
The Computational Complexity of Provability
in Systems of Modal Propositional Logic,
Siam J. Comput. 6 (1977), pp. 467 - 480

Lewis, H.R.; Papadimitriou, C.H.:
Elements of the Theory of Computation,
Prentice-Hall, London, 1981

Lloyd, J.W.:
Foundations of Logic Programming,
second edition,
Springer, Berlin, 1987

Loeckx, J.; Sieber, K.:
The Foundations of Program Verification, second edition,
Teubner, Stuttgart, Wiley, New York, 1987

Mendelson, E.:
Introduction to Mathematical Logic, second edition,
van Nostrand, New York, 1979

Monk, J.D.:
Mathematical Logic,
Springer, New York, 1976

Prestel, A.:
Einführung in die Mathematische Logik und Modelltheorie,
Vieweg, Braunschweig, 1986

Richter, M.M.:
Logikkalküle,
Teubner, Stuttgart, 1978

Robinson, J.A.:
Logic: Form and Function,
Edingburgh University Press, Edinburgh, 1979

Schoenfield, J.R.:
Mathematical logic,
Addison-Wesley, Reading (Mass.), 1967

Schöning, U.:
Logik für Informatiker,
Reihe Informatik, Band 56,
Bibliographisches Institut & F.A. Brockhaus, Zürich, 1987

Siefkes, D.:
Formalisieren und Beweisen
Logik für Informatiker,
Vieweg, Braunschweig, 1990

Tarski, A.:
Einführung in die mathematische Logik,
Vandenhoeck & Ruprecht, Göttingen, 1966

Thayse, A.(ed.):
From Standard Logic to Logic Programming,
Wiley, Chichester, 1988

Thayse, A.(ed.):
From Modal Logic to Deductive Databases,
Wiley, Chichester, 1989

Weihrauch, K.:
Computability,
EATCS Monographs on Theoretical Computer Science,
Springer, Berlin, 1987

Yasuhara, A.:
Recursive Function Theory & Logic,
Academic Press, New York, 1971

Das Griechische Alphabet

A	α	Alpha	N	ν	Nü
B	β	Beta	Ξ	ξ	Xi
Γ	γ	Gamma	O	o	Omikron
Δ	δ	Delta	Π	π	Pi
E	ϵ, ε	Epsilon	P	ρ	Rho
Z	ζ	Zeta	Σ	σ	Sigma
H	η	Eta	T	τ	Tau
Θ	θ,ϑ	Theta	Υ	υ	Ypsilon
I	ι	Iota	Φ	ϕ, φ	Phi
K	κ	Kappa	X	χ	Chi
Λ	λ	Lambda	Ψ	ψ	Psi
M	μ	Mü	Ω	ω	Omega

Verzeichnis der verwendeten Symbole

Stichwort– und Namensverzeichnis